再生産・蓄積論草稿の研究

谷野勝明

八朔社

はしがき

　資本制経済の構造分析や恐慌論の展開に際して，重要な理論的基礎とされてきたのが，『資本論』第二部第3篇の社会的総再生産過程論である。そのため，それをめぐる論争も幾度となく繰り返されてきた。しかし，そうした論争には第二部第3篇の正確な理解が必須の前提となるにもかかわらず，マルクス自身の第二部草稿に接することが可能になったのは漸く近年になってからのことである。第二部草稿の第2稿から第8稿までを含んだ新 *MEGA*（*Marx-Engels Gesamtausgabe*）第Ⅱ部第11巻（Ⅱ/Bd.11）が公刊され，初稿を収めたⅡ/Bd.4.1および第4稿を収めたⅡ/Bd.4.3，さらに，エンゲルスによる準備原稿と現行版を収めたⅡ/Bd.12, 13と合わせて，第二部に関する基本資料を，われわれはやっと研究できるようになったのである。そこで，筆者は，新 *MEGA* に基づいて，『経済学批判要綱』における再生産・蓄積論の萌芽から，『経済学批判（1861-63年草稿）』における「総再生産過程」論の形成を経て，『資本論』第二部初稿・第2稿の第3章，第8稿の第3篇へと至る展開をまとめる計画を立てていた。ところが，そのⅡ/Bd.11の編集に携わった大谷禎之介氏による第2稿から第8稿までの解説が公表されたものの，そこではかなり独自な解釈が断定的に示され，初稿・第2稿と第8稿との関連が断絶的に描き出されていた。大谷氏は『資本論』第二部第8稿の第3篇現行版第21章部分や第三部草稿の現行版第5篇部分を解読し紹介するなど，『資本論』研究に計り知れない貢献をしてきただけに，『資本論』研究の分野に混乱をもたらしかねない状況となってしまった。この大谷氏の見解および関連する先行研究を詳しく検討した結果，それらへの批判が必要だと思われたので，『資本論』第二部第3篇部分の初稿・第2稿・第8稿の研究を独立させることとした。

　そうした事情から，本書の課題は，『資本論』第二部初稿・第2稿から第8稿への展開に関する大谷氏の見解の立ち入った検討を手掛かりとして，新 *MEGA* に基づいて，第二部第3章＝篇における総再生産過程論の内容理解

を深化させる所に置かれている。「前編　再生産論をめぐる諸問題について」では，第3章＝篇の単純再生産論部分に関連する諸論点ごとに初稿・第2稿から第8稿への展開内容を明らかにし，「後編　蓄積＝拡大再生産論をめぐる諸問題について」では，第8稿の蓄積＝拡大再生産論の内容理解を深め，終章では初稿で項目として設定された「再生産過程の攪乱」の問題とその行方を明らかにすることを目指した。

　本書の構成に関しては，まず，序論で，これまでの諸研究をふり返ることによって問題の所在を明確にした後で，前編においては，第1章で，第二部第3章＝篇の再生産論の課題は初稿時点から社会的総再生産過程の解明で一貫しており，また，資本循環と所得流通の絡み合いの視点も初稿から十分意識されていたこと，第2章で，分析基準としての商品資本の循環の把握も第2稿において明確になされていることを明らかにした。そして，第3章で，初稿・第2稿における貨幣流通の媒介の捨象とその後の導入という「二段構え」の方法は，決して総再生産過程の解明を制約するものではないし，また，その捨象の場合の消費手段生産部門・生産手段生産部門間の交換の考察は「超歴史的な」補塡関係の解明などではなく，貨幣流通の考察部分では労働者の介在に伴う困難も把握されていること，第4章では，貨幣流通要因導入後に取り上げられる貨幣の機能は流通手段に限定されてはおらず，固定資本の償却基金・貨幣材料の再生産に関係する問題も視野に入れられていることを明らかにした。さらに，第5章で，資本循環論の第5稿～第7稿における進展によって，第8稿での再生産論の展開が準備されたわけではないこと，第6章では，可変資本の循環と賃銀収入の流通の問題も第2稿までに把握されており，第8稿での「厳しい自己批判」ではないことを明らかにした。

　後編においては，第7章で，初稿では，「剰余価値の資本への再転化の現実的諸条件」が論じられ，蓄積基金の積立と投下に関係する問題も視野に入れられていたことを明確にし，その後に，第8章で，第8稿の蓄積＝拡大再生産論の前半部分に関して，現行版のエンゲルスによる「単純再生産から拡大再生産への移行」という補筆の草稿からの内容的なずれを明らかにし，その箇所の主題は総生産物の諸要素の「配列」・「機能規定」に関する拡大再

生産の場合の独自性そのものの解明にあったという読解を確定的なものとし，「移行」の問題の解明は第 8 稿蓄積＝拡大再生産論の中心的課題ではないことを主張した。第 9 章では，初稿における「再生産の弾力性」の論述を分析し，それを第 8 稿での再生産表式分析と結びつけた試論を提示した。第 10 章では，第 8 稿の表式分析の第 1 回目で採られた部門Ⅰ・Ⅱの蓄積率同一の想定は，両部門間の過不足のない転換と矛盾しないし，その表式分析の失敗の原因でもなく，また，再生産論の形成過程では「生産と消費との均衡」の視点から基調をなしていたことを確認し，そして，その想定が第 1 回目の表式分析の中で誤りと認識されたわけでもないし，さらに，表式分析第 2 回目以降でなされた部門Ⅰ蓄積率の先行的決定も，確固とした根拠に基づいてはいないことを明確にした。第 11 章では，第 1 回目表式分析では労働者が今年度の賃銀で買うのは来年度の商品生産物だと想定され，第 8 稿の単純再生産の考察においても同様であったという解釈が成り立たない点を明らかにすることによって，第 8 稿の蓄積＝拡大再生産論で「追加労働者による消費手段の購買」の時期の問題が解決されたという見解を退けた。第 12 章では，現行版では「第 1 例」とされた第 2 回目表式分析および「第 2 例」とされた第 5 回目表式分析でも，商品資本の循環形態の分析基準の上に，蓄積のための総生産物の機能配置の析出が試みられ，新たに直面した問題の探求には二段構えの分析方法が採られていることを示し，そして，現行版「補遺」部分と合わせて，探求の過程で諸論点の拡充と認識の深化がなされており，それらを「部門Ⅱおける蓄積」という探求以前の項目名で裁断してしまっては，諸問題の解明はできないことを示した。

　そして，終章では，初稿の項目「再生産過程の攪乱」に関して，その内容を確認し，その問題の第 2 稿での継承と第 8 稿での行方を明らかにし，さらに，前編で見た大谷氏たちのような初稿・第 2 稿への低い評価では，「恐慌の発展した可能性」に関する『61－63年草稿』や『資本論』第二部初稿・第三部草稿・第二部第 2 稿における論述が過小評価されることになり，「再生産過程の攪乱」の問題の理論的展開への貴重な手掛かりを見失わせる結果になりかねないという主張を行なった。全体として，『資本論』第二部第 3 篇

に関しては，第8稿は初稿・第2稿を整序し発展させたものであり，第2稿から第8稿にかけて根本的な視角の変換が行なわれたのではないという像を描き出し，そうした理解の上に，現行版でも未完成な表式分析の展開や，再生産論と恐慌論との関連把握がなされるべきことを主張した。

　本書は，日本の『資本論』研究の成果を継承し，その方法を徹底させることによって，マルクスの草稿を解明しようとしているので，先学の見解を継承したところはなるべく本文にそれからの引用を組み込むこととし，同意しえないところは本文と補注で批判をくわえた。草稿の正確な理解のためには煩雑さは避けられなかったし，晦渋なところもあるが，全体の論旨を把握し易くするために「小括」部分を設けたり，見出しも可能な所はなるべく争点が明確になるようにしてみた。なお，草稿類の訳文については，これまでの邦訳を参考に *MEGA* から訳出したが，その相違点までは記していない。

　なお，本書では，初稿・第2稿と第8稿との関連を論点ごとに明確にして行き，それらを通じて，全体として両者の関連が断絶しているとの見解を退け，初稿・第2稿の意義を押し出すという方法を採っているので，総再生産過程論の形成過程の全般的研究や概説にはなってはいない。『要綱』と『61-63年草稿』における再生産論の形成に関しても，拙著『経済科学の生成』（時潮社，1991年）の関連部分と拙稿「マルクスの経済表について」（『経済』2005年2月号）を基にまとめるつもりであったが，『資本論』第二部初稿・第2稿と第8稿に関する部分の論述に集中した。また，その第二部第3章＝篇部分に関しても，各草稿に沿ったコンメンタールではないので，単純再生産の場合の価値－素材補塡関係やそれを媒介する貨幣流通，固定資本の再生産などの詳しい論述は行なっていないし，さらに，各草稿の執筆時期に関する細かい考証も含まれてはいない。再生産論の形成過程に関する概要としては既に水谷謙治氏の『再生産論』（有斐閣，1985年）第二編「形成史」があるし，また，全側面にわたっての詳論では，厖大な紙幅が必要となるだけでなく，却って研究史上の争点がぼやけてしまうからである。

　本書の前編は，「再生産論の形成をめぐる諸問題について——第2稿・第8稿断絶説批判——」と題して，（上）を関東学院大学経済学会研究論集『経済

系』第246集（2011年）に・（下）を第250集（2012年）に発表した論文であり，また，序論は，同稿（上）および同誌第260集掲載の「『単純再生産から拡大再生産への移行』の問題について」（2014年）の「はしがき」を統合したものである。後編に関しては，第8章が上記の第260集の論稿であり，第7章5に前記（下）の一部を使用したが，それ以外は全く新たに執筆したものである。終章も，5のみ前記（下）の「むすびにかえて」を用いたが，他は新稿である。既発表部分には，論争文であるという関係から，原則として加筆修正はほどこしてはいない。手を加えたのは，拙稿発表後に公刊された $MEGA$, Ⅱ/Bd.4.3に関連する部分のみである。

　本書も上梓するまでには，多くの方々のお世話になっている。大学院時代からの富塚良三先生の御教示によるところが大きく，本書をまとめ上げるに際しても，先生の研究成果を踏まえた次元での議論となるよう努めた。『経済系』第246集・第250集の拙稿については，大谷説批判が「実証的に」なされていると，肯定的な評価をしていただくことができた。本書は，富塚氏の見解を補強するものになっているが，ただ，初めに結論ありきで研究したわけではないことはお断りしておきたい。また，市原健志氏にもたいへんお世話になった。市原氏はマルクスの自筆原稿の調査を行なわれ，また $MEGA$ による公刊の作業にも携わっておられた。氏の研究室で，『資本論』第二部・第三部草稿の未公刊部分の貴重な筆写ノート等によりながら，幾つもの論点について御教示いただいた。草稿に密着した内容読解という点においては，小林賢齊氏の諸論稿からも多くを学んだつもりでいる。大谷氏の見解に対する全面的批判は，氏の業績に真正面から取り組んだ結果であり，言うまでもないことではあるが，筆者は氏の『資本論』研究への貢献に対しては深い敬意を抱いており，御寛恕を請う次第である。また，本書公刊にあたっては，中田常男氏に出版社への紹介の労をとっていただいた。本書の一部となった論稿を発表した関東学院大学においても，村岡俊三，佐伯尤，久保新一，渡辺憲正，清晌一郎の諸先生をはじめとする方々にいろいろとお世話になった。この機会に，これらの諸氏に心からの感謝の意を表したい。

　さらに，困難な出版事情にもかかわらず本書の発刊を引き受け，しかも増

え続けた原稿までも受け入れていただいた八朔社の片倉和夫氏に厚く御礼を申し上げる。市原氏の『再生産論史研究』と同じ八朔社から出版できたことには感慨無量なものがある。

　なお，本書は，関東学院大学教員サバティカル研究の成果であり，同大学経済学会出版補助を受けている。こうした制度こそが研究を活性化させるものと実感した次第である。

　　　2015年1月11日

著　　者

目　次

はじめに

序　論　再生産・蓄積論草稿をめぐる諸研究 …………………………… 1

前編　再生産論をめぐる諸問題について

第1章　再生産論の課題に「転換」はあったか ………………………… 11
　　　1　第8稿第3篇の「課題」としての「社会的総再生産過程の考察」　11
　　　2　第2稿第3章の「流通－および再生産過程の実体的諸条件」　14
　　　3　資本の循環と一般的商品流通との絡み合いは第2稿の「新たな視点」か　21

第2章　分析基準としての商品資本循環形態の把握に「変更」はあったか …………………………………………………… 25
　　　1　ケネー経済表の基礎をなす循環形態の評価に「訂正」はあったか　25
　　　2　商品資本の循環の独自性は第2稿では「明確」でないのか　33

第3章　二段構えの叙述方法は再生産論展開の「制約」か ………… 38
　　　1　貨幣流通・貨幣資本の捨象は「ひとまず」ではないのか　38
　　　2　貨幣流通捨象の場合の部門間補塡関係は「超歴史的」か　43
　　　3　部門間取引の分析に「矛盾」はあるか　47

第4章　二段構えでは「貨幣運動の全面的な組み入れ」はできないか …………………………………………………… 52
　　　1　「媒介する貨幣流通の叙述」では貨幣は流通手段に「限定されていた」か　53

　　　　2　二段構えでは固定資本の補塡は「分析」できないか　57
　　　　3　二段構えでは貨幣材料の再生産は「分析」できないか　59

第5章　第8稿の分析を準備したのは資本循環論の「進歩」か…………62
　　　　1　資本の循環と一般的商品流通との関連は第2稿では「明確」でないか　62
　　　　2　資本－賃労働関係の前提の認識は第2稿にはないか　70

第6章　第8稿での可変資本と賃銀に関する論述は
　　　　「自己批判」か……………………………………………………74
　　　　1　可変資本の循環と賃銀収入の流通の把握に「自己批判」はあったか　75
　　　　2　可変資本の貨幣形態での還流と資本関係の再生産の把握に「自己批判」はあったか　88
　　　　3　資本と収入との関連の把握に「自己批判」はあったか　93

　　　　小　　括……………………………………………………………99

　　　　　　後編　蓄積＝拡大再生産論をめぐる諸問題について

第7章　蓄積＝拡大再生産の分析は第8稿が「はじめて」か………103
　　　　1　第二部初稿の蓄積＝拡大再生産の構成　103
　　　　2　初稿では拡大再生産の「物質的基礎」は「分析」されていないか　105
　　　　3　初稿「剰余価値の資本への再転化の現実的諸条件」の論述は第8稿にはつながらないか　115
　　　　4　初稿における「剰余価値の資本への再転化の現実的諸条件」把握の限界　119
　　　　5　第2稿第2章「5）蓄積」・初稿第3章「6）蓄積を媒介する貨幣流通」の論述は第8稿にはつながらないか　121
　　　　小　　括　130

第8章　「単純再生産から拡大再生産への移行」は
　　　　第8稿の「課題」の1つか……………………………………132

1　蓄積＝拡大再生産論の冒頭で「単純再生産から拡大再生産への移行」に関する「問題が立てられ」ていたか　132

　　2　エンゲルスによる「拡大再生産への移行」の補筆は「きわめて適切」か　142

　　3　総生産物の「機能配置」の「相違」と「変化」とは同じか　149

　　4　「拡大再生産への移行」の「困難」は「明らかに」されているか　152

　　5　拡大再生産の条件をマルクスは「苦心」なしに把握していたのか　159

　　小　括　162

第9章　**総再生産過程論と「再生産の弾力性」について** ……………… 164

　　1　初稿第3章における「再生産の弾力性」について　164
　　2　単純再生産表式分析と「再生産の弾力性」について　173
　　3　「拡大再生産の開始」について　178

第10章　**拡大再生産表式分析における蓄積率の決定について** ………… 186

　　1　第1回目の表式a）の分析の概要　187

　　2　部門Ⅰ・Ⅱの蓄積率同一の想定では「過不足のない転換」は「不可能」か　190

　　3　第1回目分析の蓄積率同一の想定と初稿における再生産過程の「並行」の関連について　192

　　4　第1回目分析で「知った」のは部門Ⅰ蓄積率が部門Ⅱ蓄積率を「条件づけ」ることなのか　201

　　5　部門Ⅰ蓄積率の「先行的」決定は「第2回目以降の考察」で「確認」されているか　205

　　6　第2回目・第5回目の表式における2年度以降の併行的発展について　208

　　小　括　211

第11章　**追加可変資本部分の転態について** ……………………………… 213

　　1　第1回目分析で部門Ⅱは追加「生産手段を買」い部門Ⅰは貨幣を「受け取っ」ているか　215

　　2　第1回目分析で貨幣が部門Ⅰの追加労働者に賃銀として

「支払われ」ているか　217

　　3　単純再生産の第2稿での「想定」は第8稿で変更されたのか　220

　　小　括　226

第12章　拡大再生産の「探求の過程」が「見えなくなっている」のはどこか……………229

　　1　第2回目表式分析＝現行版「第1例」の第1年度の展開　231

　　2　第2回目表式分析の第2年度の展開　238

　　3　第5回目表式分析＝現行版「第2例」の展開　244

　　4　第5回目表式分析途上の「中間的総括」と表式分析の「帰結」について　252

　　5　拡大再生産表式分析の「探求の過程」は二段構えではないか　258

　　6　第8稿末尾＝現行版「補遺」部分と表式分析との関連について　261

　　小　括　272

終　章　「再生産過程の攪乱」の問題はどう理解すべきか……………276

　　1　初稿における「再生産過程の攪乱」の一文は「留保的文言」か　277

　　2　初稿には「再生産過程の攪乱」に関する論点提示はないか　284

　　3　第2稿では「再生産過程の攪乱」の問題は構想されていなかったか　296

　　4　第8稿における「再生産過程の攪乱」の問題の行方　311

　　5　第2稿・第8稿断絶説で「再生産過程の攪乱」は把握できるのか　320

装丁：高須賀優

凡　例

A　マルクスの著作・草稿などのうち頻出するものは，以下のように略記する。その他のものの略記については，注で断わる。以下からの引用に際しては，その原書頁を本文中に記す。邦訳書頁については，それらにも原書頁が付記されている場合は略す。

1) *Karl Marx-Friedrich Engels Werke*（Berlin, Dietz Verlag, 1956-68），大内兵衞・細川嘉六監訳『マルクス＝エンゲルス全集』（大月書店，1959〜78年）——***MEW***，『全集』と略記する。

2) *Karl Marx Friedrich Engels Gesamtausgabe*（*MEGA*）（Berlin, Dietz Verlag, 1975-92; Akademie Verlag, 1998-）——本書では旧『メガ』は使用していないので，単に***MEGA***と略記し，Ⅰ・Ⅱ・Ⅲ・Ⅳで各部を表わす。***MEGA***からの引用は本文中に（Ⅱ/11, S.342）のように略記する。

3) K. Marx, *Das Kapital, Kritik der politischen Ökonomie*, Bd.1 ([1867] 4. Aufl. 1890)・Bd.2 (1885)・Bd.3 (1894), in : *MEW*, Bd.23-25 (1962-64).『資本論』現行版の対応箇所やそれからの引用頁は*MEW*の頁を本文中に（***K***.Ⅱ, S.354）のように略記する。資本論翻訳委員会訳（新日本出版社）や邦訳『全集』版（岡崎次郎訳）には*MEW*の頁が欄外に記されているので，邦訳頁は示さない。なお，長谷部文雄訳（青木書店，1954年，河出書房，1964〜65年）にはInstitut版の頁が付記されているが，本書では*MEW*版の頁のみとした。

4) *Marx-Engels Gesamtausgabe*（*MEGA*）, Hrsg. von der lnternationalen Marx-Engels-Stiftung Amsterdam, Abt. 2: „*Das Kapital" und Vorarbeiten*, Bd.11: *Manuskripte zum zweiten Buch des „Kapitals" 1868 bis 1881*, Bearbeitet von Teinosuke Otani, Ljudmila Vasina und Carl-Erich Vollgraf, (Berlin, Akademie Verlag, 2008).——本書からの引用は本文中に（Ⅱ/11, S.342）のように略記する。

5) 中峯照悦・大谷禎之介他訳『資本の流通過程「資本論」第 2 部第 1 稿』（大月書店，1982年）には，*MEGA*の頁がないので，邦訳頁も併記する。『資本論』第二部第 2 稿第 1 章については，ロシア語版からの重訳になるが，八柳良次郎訳「『資本論』第 2 部第 2 草稿 (1)〜(7・完)」（『マルクス・エンゲルス・マルクス主義研究』第 4 号〜第10号，1988年〜90年）があるので，その邦訳頁を併記し，第 8 稿現行版第21章部分については大谷「『蓄積と拡大再生産』（「資本論」第 2 部第21章）の草稿について——「資本論」第 2 部第 8 稿から——」（上）・（下）（『経済志林』第49巻第 1 号，第 2 号，1981年）の頁を併記する。

6)『資本論』第一部の各版の邦訳書には*MEGA*の頁がないので，邦訳頁も併記する。初版については江夏美千穂訳『初版資本論』（幻燈社書店，1983年）の，第

2版については同訳『第二版資本論』（幻燈社書店，1985年）の，フランス語版については江夏・上杉聰彦訳『フランス語版資本論』下巻（法政大学出版局，1979年）の邦訳頁を併記する。同様に，Ⅱ/Bd.4.1に所収の「直接的生産過程の諸結果」についても，岡崎訳（大月書店，1970年）の頁を併記する。

7）『資本論』第三部主要草稿第5章については，大谷氏の一連の諸論稿があり，本書では「『貨幣資本と現実資本』（「資本論」第3部第30－32章）の草稿について――第3部第1稿の第5章から――」（『経済志林』第64巻第4号，1997年）の頁を併記する。

8）K. Marx, *Grundrisse der Kritik der politischen Ökonomie*（*Rohentwulf*）*1857-1858*, Anhang 1850-1859 (Berlin, Dietz Verlag, 1953), 高木幸二郎監訳『経済学批判要綱』全5冊（大月書店，1958～65年），Ökonomische Manuskripte 1857/58, in: *MEGA*, Ⅱ/Bd.1（1976, 1981），資本論草稿集翻訳委員会訳『1857－58年の経済学草稿』全2冊（大月書店，1981年，1993年）――『要綱』と略記し，引用頁は（***Gr***.S.324, Ⅱ/1, S.334）のように示す。

9）K. Marx, *Zur Kritik der politischen Ökonomie*, Erstes Heft（1859）, in: *MEW*, Bd.13（1961），杉本俊朗訳『経済学批判』，『全集』第13巻（1964年）所収，in: *MEGA*, Ⅱ/Bd.2（1980），資本論草稿集翻訳委員会訳『経済学草稿・著作 1858-1861年』（大月書店，1984年）所収――引用頁は（***Kr***.S.122, Ⅱ/2, S.208）のように示す。

10）K. Marx, *Zur Kritik der politischen Ökonomie*（*Manuskript 1861-1863*）, in: *MEGA*, Ⅱ/Bd.3（1976-82），資本論草稿集翻訳委員会訳『経済学批判（1861－1863年草稿）』全6冊（大月書店，1978～94年）――『61－63年草稿』と略記し，引用頁は，（Ⅱ/3, S.2259）のように示す。なお，K. Marx, *Theorien über den Mehrwert*, Teile Ⅰ-Ⅲ, in: *MEW*, Bd.26（1965-67），『剰余価値学説史』（岡崎・時永淑訳『全集』第26巻全3冊（1969～70年）所収）部分は（***Mw***.Ⅱ, S.520, Ⅱ/3, S.1141）のように示す。

B 引用文中の記号については，以下のとおりである。
1）下線は，原文のものであり，
2）〈 〉内は，マルクス自身によって削除されている箇所である。
3）。は，原文中の傍点，または隔字体であり，
4）／は，原文における改行箇所を示す。
5）〔〔 〕〕内は，原書の編集者または邦訳者による補足である。
6）傍点・は，筆者によるものであり，
7）〔 〕内は，筆者による補足・挿入である。
8）引用文出典中の〔 〕は，引用文とは相違する記述を含んだ版であることを示す。

C 訳文については，邦訳書に必ずしも従ってはいない。

序論　再生産・蓄積論草稿をめぐる諸研究

　『資本論』第二部現行版は，エンゲルスによってマルクスの草稿の第2稿から第8稿までが編集されたものであるが，その第2稿から第8稿までの解説が，それらを含んだ $MEGA$ 第Ⅱ部第11巻の編集に携わった大谷禎之介氏によってなされている。それは，第二部第3篇（章）の再生産論の展開という観点からすると，「第2稿の第3章から第8稿の第3篇にかけて，マルクスが決定的な理論的飛躍を成し遂げた」（下187頁）という見解になる。その論理構造を捕捉するのは，氏の論稿が第二部の形成過程の全般にわたるものなので，容易なことではないが，その骨格を組み立てるならば，以下のようになろう。初稿の第3章では，消費手段生産部門と生産手段生産部門という「両生産部門における商品資本の循環，資本家の剰余価値の変態（w_g_w），労働者の労働力の変態（W(A)_G_W）」という「3つの循環ないし変態が互いにどのように絡み合って社会的総再生産過程を形成しているのか，ということを，商品資本の循環を基礎に据えて全面的に考察する，という見地」が「まだ十分に意識されていなかった」が，第2稿の第3章では，この「見地を基本に据えることになった」。ところが，第2稿「第3章では，第1稿から引き継いだ枠組みに制約されて，新たに得られた右〔上記〕の視点を十分に生かすことができなかった。その枠組みとは，社会的総資本の総再生産過程の考察を，……まず貨幣流通を捨象して叙述し，そのうえで，その捨象した貨幣流通を……叙述する，という二段構えの構成である」（上154～155頁）。第2稿「第3章の執筆のなかで，マルクスは，第1稿から引き継いだ構想と，

（1）　大谷禎之介「『資本論』第二部仕上げのための苦闘の軌跡——メガ第Ⅱ部門第11巻の刊行によせて——」（上）・（中）・（下）（『経済』2009年3月号・4月号・5月号）。本論文からの引用は本文中に頁数のみ示す。

この新しい観点との相克に直面して，古い枠組みを維持できなくなり，執筆の中断を余儀なくされた。第8稿は，この新しい観点にもとづいて第3章を全面的に書き直したものであ」り（下185頁），この「新たな段階での社会的総資本の総再生産過程の分析を準備した」のは，第2稿より後に執筆された第5～7稿の「資本循環論における……進歩」であった（中124頁）。要旨は以上となろう。そして，初稿から第2稿を経て第8稿にいたる過程で，「決定的であるのは，社会的総再生産過程の分析の中心課題の変化である」（下185～186頁），との評価が下されるのである。

このような見解は，宮川彰氏による，第8稿において，第3篇の「課題」が「決着」して，「社会的総資本の再生産と流通」が「はじめて正面にすわることとな」り，第2稿の「二分法接近法」が「止揚」され，「いわゆる貨幣ヴェール的扱いの古典派的な二分法接近が斥けられ」たという見解や，伊藤武氏による，貨幣流通の媒介なしの叙述の意義を認めず，「二重の叙述様式」の「方法上の制約」を強調し，「第8稿において根本的な改訂が行なわれなければならなかった」とする見解と同一の系譜に位置づけられる。したがって，大谷氏の見解は，宮川氏に対して，「第2稿から第8稿への発展関係」をマルクス再生産論成立史における決定的な「確立」の画期とみなすのは「ゆき過ぎ」であると批判した水谷謙治氏の見解とは異なる位置にある。また，第8稿の表題は「Ch Ⅲ.) b Ⅱ.)」と記されているだけであることに着目し，それは，「その前に書かれた第2稿の表題をそのまま追認し，踏襲することを示し

（2） 宮川彰「マルクス『資本の流通過程』論の成立」（『経済と経済学』第67号，1990年），のちに同著『再生産論の基礎構造――理論発展史的接近――』（八朔社，1993年）所収，200～201頁。なお，「マルクス再生産論の確立過程――資本循環論仕あげによるスミス・ドグマ克服を軸として――」（『経済と経済学』第54号，1984年，のちに前掲書，所収）に同様の記述がある。

（3） 伊藤武「マルクス再生産論の展開――第二稿から第八稿へ――」（『大阪経大論集』第153号，1983年）56頁。同稿「『資本論』第二部第二稿の再生産論」（『大阪経大論集』第172号，1986年）148，121頁。

（4） 水谷謙治「再生産論の確立過程の研究」（『立教経済学研究』第38巻第2号，1984年），のちに同著『再生産論』（有斐閣，1985年）所収，199頁。

ている」とし,「第8稿は基本的に,第2稿の枠内にあって,第2稿を補完するものとして位置づけられている[5]」と評価する早坂啓造氏の見解や,さらに,単純再生産に関する「第2稿の論述内容は,……第1稿におけるものや主として第8稿による現行『資本論』第2巻第3篇第20章における論述内容と大筋において異なるものではない[6]」として,第8稿と第2稿との間には「断絶はな[7]」いと評価する富塚良三氏の見解とは,対極を成している。

また,第8稿「Ⅱ)蓄積すなわち拡大された規模での生産」に関しても,大谷氏は,「第1稿および第2稿での第3章の叙述にたいする,第8稿での第3篇の叙述の最大の特色は,ここではじめて,第1稿以来の課題であった拡大再生産の分析が行なわれたことである」(下169頁)として,初稿・第2稿と第8稿とを断絶させ,初稿の蓄積＝拡大再生産論の意義を認めない。そればかりか,現行版では第21章第2節後半以降にあたる第8稿「Ⅱ)」の「5)部門Ⅱにおける蓄積」以降では,エンゲルスが「草稿にきわめて大きく手を入れたために,草稿でのマルクスの叙述の流れをそのまま読むことがほとんどできなくなってしまっている」(下170頁)とし,第8稿「Ⅱ)」での蓄積＝拡大再生産分析にもかなり独自な理解を示している。第1に,現行版では第21章冒頭から第2節にあたるこの「Ⅱ)」の「1)」から「5)」の冒頭部分までに関して,「マルクスは拡大再生産の考察を,どのようにして拡大再生産の開始……が行なわれうるか,そのさいに生じる困難はなにか,ということから始めている」(下172頁)と解して,「単純再生産の内部で,どのようにして拡大再生産のための物質的土台が生み出されうるのか,ということ」が,マルクスがその「Ⅱ)」の「3)」で「はじめて解明した最大の問題」であり(下171頁),エンゲルスによる「単純再生産から拡大再生産への移行」(K.Ⅱ, S.492, Ⅱ/12, S.458,

---

(5) 早坂啓造『「資本論」第Ⅱ部の成立と新メガ——エンゲルス編集原稿(1884-1885年・未公表)を中心に——』(東北大学出版会,2004年)249頁。
(6) 富塚良三「再生産論の課題〔Ⅲ〕——『資本論』第2部第2稿第3章の再生産論について——」(『商学論纂』第44巻第2号,2002年)のちに同著『再生産論研究』(中央大学出版部,2007年)所収,194頁。
(7) 同上書,299頁。

Ⅱ/13, S.461)という表現は「きわめて適切」(下172頁)なものと評価している点である。第2に,現行版の第21章第3節「表式による蓄積の叙述」にあたる「(Ⅱ)」の「5)」の途中からの「表式を利用した蓄積の進行過程の考察」に関しては,マルクスは,第Ⅰ・Ⅱ両部門の蓄積率を共に50％と想定した「1回目の考察のなかで,過不足のない転換を前提した正常な経過のもとでは,第Ⅰ部門の蓄積率によって第Ⅱ部門の蓄積率が条件づけられていることを知」り,「2回目以降の表式展開では」,「第Ⅰ部門の蓄積率を先行的に50％としたうえで,これに従属的に対応するように,第Ⅱ部門の蓄積率を決定している」とするが,これは「念のために」なされた指摘であり(下176~177頁),表式展開の2回目の試みで「決定的に重要なのは,マルクスが,追加労働者による消費手段の購買について,追加労働者は労働力の対価として今年受け取った賃金で,今年のうちに,前年の労働によって生産された商品生産物の一部を買い戻す,という……想定を取ったことである」(下177頁),としている点である。第3に,現行版の「第4節 補遺」部分にあたる第8稿の末尾部分は,「5)」で「提起」されていた「基本的な問題の一つ」である「Ⅱにとっての『貨幣源泉』はどこにあるのか,という問題についての最終的なコメントであ」り,それで「『5 第Ⅱ部門での蓄積』の考察が,だからまた『Ⅱ 蓄積または拡大された規模での生産』の分析が終わった」(下184~185頁)として,第8稿蓄積＝拡大再生産論の完結性が強調され,その結果として,初稿の蓄積＝拡大再生産論末尾に示されている「再生産過程の攪乱」やそれに関連すると見られる諸論点が第二部第3篇の蓄積＝拡大再生産論の枠外に置かれることとなっている点もある。

　以上のような特徴を持つ大谷氏の今回の論稿における蓄積＝拡大再生産に関する見解は,「単純再生産から拡大再生産への移行」の問題の解明を現行版第21章の「1つの中心的課題」として強調し,両部門の併行的発展の試み

---

(8)　大谷「資本の流通過程と恐慌」(経済理論学会年報第13集『現代資本主義と恐慌』1976年,所収),のちに同著『マルクスに拠ってマルクスを編む』(大月書店,2003年)所収,173頁。

の意義を認めないという氏の従来の見解を維持しながら，その上に，「追加労働者による消費手段の購買」の時期の問題を提起した前畑憲子氏の見解を高く評価して(下190頁)組み込んだものであり，さらに，末尾の「補遺」部分をⅡ)の結論として高く評価する点において伊藤(武)氏の見解と相通ずるものと位置づけることができる。その結果として，今回の論稿の蓄積＝拡大再生産理解は，全体として，現行版第21章部分の通説的な理解や，マルクスの草稿との相違をも充分に考慮に入れた富塚氏による『資本論体系4 資本の流通・再生産』の「原典解説 第21章 蓄積と拡大再生産」とは大きく異なるものとなっている。また，現行版の「表式的叙述」では「必ずしも明瞭には浮出ていない」ものの「拡大再生産表式展開の基本軸」は見い出されるとする小林賢齊氏の見解とも異なっている。さらに，富塚氏が，第2稿の構成の空白となっている第3章「2)」の内容を初稿の第3章構想の後半部分と対応させて「再生産過程の攪乱」に関連するものと理解し，その部分は第8稿においても執筆されるに至っておらず，その展開の必要性を強調する点とも対照的である。ところが，大谷氏の今回の論稿では，拡大再生産論部分に関しては，その課題が第8稿の論述を概観しその特徴を示すことに置かれているためか，富塚氏による第2稿第3章の「2)」に関する問題提起への言及どころか，「原典解説」への言及すら一切なされていない。

　こうした見解に対して，富塚氏が反論しているのは当然である。富塚氏は初稿の蓄積＝拡大再生産論の意義を強調することによって，大谷氏によるそ

---

(9)　前畑憲子「いわゆる『拡大再生産出発表式の困難』について——第2部第8稿における『出発表式』設定の意味——」(『岐阜経済大学論集』第28巻第1号，1994年) 47頁。
(10)　伊藤(武)「『資本論』第二部第八稿の拡大再生産論」(『大阪経大論集』第176号，1987年) 5頁，23〜26頁。
(11)　富塚「原典解説 第21章 蓄積と拡大再生産」富塚・井村喜代子編『資本論体系4 資本の流通・再生産』(有斐閣，1990年) 118〜159頁。
(12)　小林賢齊「拡大再生産表式の展開軸——『資本論』第Ⅱ部第Ⅷ稿における——」(『武蔵大学論集』第34巻第2・3・4号，1986年) 29頁。
(13)　富塚，前掲「再生産論の課題〔Ⅲ〕」(『再生産論研究』) 202〜207頁。

れへの過小評価を批判し，また，蓄積率の決定の問題については，自説を対置させながら，大谷氏にあっては，それが「問題として明確に意識され把握されないままに，……マルクスの『悪戦苦闘』の跡を辿るだけに終わってしま」い，その「意味」が「全く理解」されていない，と批判している[14]。「単純再生産から拡大再生産への移行」の問題や末尾の現行版「補遺」部分の評価に関しては取り上げられてはいないが，これは，前者については繰り返し批判がなされており[15]，後者については詳しい検討が個別論文においてなされているためであろう[16]。

　そこで，第8稿「Ⅱ）蓄積または拡大された規模での生産」の内容を把握するためには，大谷氏の見解と富塚氏の見解とを対比させながら，マルクスの草稿の細部にまで立ち入って，第8稿・蓄積＝拡大再生産論の1）〜5）冒頭における「単純再生産から拡大再生産への移行」の問題，「表式を利用した蓄積の進行過程の考察」のうち部門Ⅰ・Ⅱの蓄積率の決定の問題を検討することが必要となる。さらに，今回の論稿で前面に押し出されている追加可変資本部分の転態の時期の問題についても，大谷氏が採用した前畑氏の見解に対しては，宮川氏によっても「マルクスによる取引過程把握の到達の評価にかんするかぎりでは，妥当なものであり，基本的に支持できるものである」[18]

---

(14)　同稿「『再生産過程の撹乱』に関する考察〔Ⅱ〕——『資本論』第2部第1稿，第2稿および第8稿の関連について——」(『商学論纂』第52巻第1・2号，2011年) 140〜146頁。

(15)　同上，150〜152頁。

(16)　同稿「再生産論と恐慌論との関連について（二）——久留間教授の公開回答状（二）に対する再批判——」(『商学論纂』第19巻第1号，1977年)，のちに前掲『再生産論研究』所収，111〜114頁，前掲「原典解説 第21章 蓄積と拡大再生産」(『資本論体系4』) 125〜126頁，同稿「再生産論と恐慌論の関連について——『資本論体系第9巻（上）の第Ⅰ部『恐慌・産業循環論の体系』に対する諸批判に答えて——」(『マルクス・エンゲルス・マルクス主義研究』第40号，2003年)，のちに前掲『再生産論研究』に「再生産論の課題〔4〕——再生産論と恐慌論の関連に関する諸説の検討——」として所収，280〜284頁。

(17)　同稿「『資本論』第2部第3篇『社会的総資本の再生産と流通』第21章『補遺』の内容読解の試み」(『商学論纂』第28巻第5・6号，1987年) 323頁。

(18)　宮川，前掲書，355頁。

という積極的評価がなされているので，これを検討しなければなるまい。

　本書では，このような対照的な評価がなされている第二部第3篇（章）の初稿・第2稿から第8稿への展開について，大谷氏の論稿を中心に検討することを通じて，前編では，社会的総再生産過程の単純再生産論部分に関連する諸問題を明らかにし，後編では，第8稿の蓄積＝拡大再生産論の内容理解を深めることを課題とする。その際に，大谷氏の見解の先に示した骨格をなすそれぞれの論拠，および独特の第8稿蓄積＝拡大再生産論理解の論拠について，氏の論稿に内在して詳細に検討を加えて行くことにする。また，大谷氏の論稿では，その概説的な性格上，個々の論点については立ち入って論じられていない憾みがあるので，同一の系譜にある宮川氏や伊藤(武)氏，前畑氏の見解をも取り上げる。ただ，当然ながらそれぞれの見解にも相違はあろうから，論点によっては批判の直接的対象が変わる場合が生ずる点はあらかじめ断っておきたい。

前　編
再生産論をめぐる諸問題について

第1章　再生産論の課題に「転換」はあったか

　『資本論』第二部第3篇の課題について，大谷氏や宮川氏は，第2稿から第8稿にかけて，「『実体的諸条件』の解明から社会的総再生産過程の考察への課題の転換」(中130頁)があったと主張する。こうした見解は，従来のように，再生産論の対象や課題が論じられている現行版第3篇第18章「研究の対象」や第20章第1節「問題の提起」が，後者の最後の1段落を除けば，第2稿から採られたものであり，前者は「8つの草稿中でも唯一のまとまった論述である」ところから，それはエンゲルスが「序文」で言う第8稿では「新たに言うべきことのなかった」(K.Ⅱ, S.12)部分に含まれるとして，再生産論の課題については，第2稿と第8稿とは同様のものとして理解することへの批判を意味している。

1　第8稿第3篇の「課題」としての「社会的総再生産過程の考察」

　大谷氏によれば，「第8稿の第3篇の課題」としての「社会的総再生産過程の考察」とは，「個別諸資本の諸変態相互間の，また，それらと一般的商品流通との絡み合いを論じることによって，社会的総商品資本の循環を，さまざまの個別資本の総計すなわち資本家階級の総資本である社会的資本の運動形態としても，また社会的資本によって生産される剰余価値または剰余生産物の運動形態としても，考察すること，そしてこの考察のなかで，年々の再生産のさまざまの要素の転換を分析して社会的再生産の諸条件を摘出する」(中130頁)，ということである。
　しかし，この説明から想起されるのは，現行版第3篇第18章「研究の対

---

(1) 水谷，前掲書，194頁。

象」部分の下記のような論述である。

「個別諸資本の循環は，絡み合い，前提し合い，条件づけ合っており，まさにこの絡み合いにおいて社会的総資本の運動を形成する。……社会的総資本の循環は，個々の資本の循環には属さない商品流通，すなわち資本を形成しない諸商品の流通をも含んでいる。／今や，社会的総資本の構成部分としての個別諸資本の流通過程（この過程はその総体において再生産過程の形態をなす）が，したがってこの社会的総資本の流通過程が考察されねばならない。」(K.Ⅱ, S.354.)

この記述と大谷氏による「第8稿の第3篇の課題」としての「社会的総再生産過程の考察」の説明との間に，内容的な相違は見出しえない。ところが，この記述は第2稿の第3章冒頭部分（Ⅱ/11, S.342-343）から採られたものであり，同様の記述は現行版第3篇第18章の他の箇所や第2稿からの第20章第1節「問題の提起」にも見られるのだから，大谷氏の言う「社会的総再生産過程の考察」の「課題」は第2稿においても第3章の「課題」とされていたことになる。大谷氏のように，第8稿では「第3章の課題についての新たな視点」による論述が展開されていると考えたとしても，第2稿の第3章でも，その「見地」や「視点」は「基本に据え」られているのだから，「二段構えの叙述方法」(上155頁，下186頁)の変更によって，「課題」そのものまでが「転換」したり「変化」したりするわけではなかろう。

しかも，現行版では第3節での「Ⅰ(v+m)対Ⅱc」に続く第4節冒頭の箇所，第8稿では見出しはなく，「(v+m)Ⅰ＝c(Ⅱ)」に関する論述と「cⅠ」は「後に」考察するという但し書に続く箇所には，第3篇における「最も重要な問題」に言及した次のような記述がある。

「商品生産物Ⅱの価値についてなお研究しなければならないのは，その(v+m)Ⅱの構成諸部分である。それの考察は，われわれがここで取り扱う最も重要な問題とは関係はない。その問題とは，すなわち，各個別的な資本家的商品生産物の価値の$\overbrace{c+v+m}$への分解は，たとえさまざまな現象形態によって媒介されるとしても，いかにして年間総生産物の価値に当てはまるかということである。この問題は，一方では，

第1章　再生産論の課題に「転換」はあったか　　13

(v+m)Ⅰ対 cⅡ の転換によって解決されており，他方では，年間商品生産物Ⅰのうち cⅠ の再生産の研究によって解決される。」（〔K.Ⅱ, S.401〕Ⅱ/11, S.734.）〔引用文１A。〕

ここでは，第３篇の「最も重要な問題」に関して，まず，これから展開しようとする「(v+m)Ⅱ の構成諸部分」の「考察」が，それとは「関係はない」ものとされている。第８稿でのこの考察には貨幣流通による媒介の解明が組み込まれているのだから，この媒介の契機は問題の最重要度を決める要因とまでは考えられていないことになろう。

その「最も重要な問題」自体の説明は中段部分でなされているが，それと対比されるべきは，初稿の第３章の第１節末尾の次の記述である。

「社会の総生産物は，収入（＝可変資本の価値プラス剰余価値）という一つの部分と資本（不変資本）を補塡する一つの部分とに配分される。／つまり，再生産〔過程〕の内部でわれわれが研究するのは，定式 $P=c+\widehat{v+m}$ は，社会によって生産される総商品資本の素材変換の中で，どのように確証され実現されるのか，また，どのような条件の下で，各個別資本の生産物である $P=c+\widehat{v+m}$ は，確証され実現されるのか，ということである。」（Ⅱ/4.1, S.343. 訳251頁。）〔引用文１B。〕

この引用文１Bは引用文１A中段での説明と同一の内容を述べていると解することができる。しかも，引用文１Bの「社会の総生産物は」云々の文が受けている記述の１つは，「追加的労働の一部分はｃの再生産のために支出され，それゆえ v+m の一定量だけは……生産手段で表示される。しかしこの追加的労働によって創造された価値はｃそのものの生産物では消費されず，むしろそのうちの v+m に等しい部分は個人的消費のための生産物を生産する諸資本のｃを補塡する」（Ⅱ/4.1, S.342. 訳250～251頁）というものである。この記述部分は，第８稿からの引用文１Aにおける，「この問題は，一方では，(v+m)Ⅰ対 cⅡ の転換によって解決される」という記述と内容的に同一のことを意味している。もう１つの記述は，「他方，ある一定の資本量の生産物として同様に $c+\widehat{v+m}$ に等しいｃの生産手段に関しては，それは<u>再生産された使用価値</u>であるにもかかわらず，それは新たに創造された価値

を，新たに追加された労働の結晶化を表わしてはいない。これらの生産物は相互に補填しあうのであり，したがってそれらの補填はそれらの価値の大きさによって規定されている。しかし，v＋mに等しいPは価値からみても使用価値からみてもそれらを補填しない」（Ⅱ/4.1, S.342-343, 訳251頁）というものである。この部分は，引用文1Aの「他方では，年間商品生産物Ⅰのうちc Ⅰの再生産の研究によって解決される」という記述と照応する。しかも，引用文1Bがこうした「最も重要な問題」を内容としており，そして，その引用文1Bの「社会の総生産物は収入（＝可変資本の価値プラス剰余価値）という１つの部分と資本（不変資本）を補填する１つの部分とに配分される」という表現と，第２稿の第３章「１）」の項目の「社会的に考察された，可変資本，不変資本，剰余価値」という表題との類似性からすると，第２稿の「１）」でもこうした問題が念頭に置かれていたと解することができる。したがって，第二部第３章〔篇〕の「最も重要な問題」の内容に関しては，初稿から第８稿まで一貫していると言うことができる。

　以上のように，大谷氏の言う「第８稿の第３篇の課題」は第２稿第３章の課題と同内容であり，マルクス自身の考えていた第３章＝篇の「最も重要な問題」も初稿から第８稿まで同様なのだから，第８稿において論述の充実や新たな展開がなされていても，それを「課題」の「転換」や「変化」と評価することはできないのである。

2　第２稿第３章の「流通－および再生産過程の実体的諸条件」

　次に，大谷氏が言う「課題の転換」前の第２稿第３章に関しては，氏は，表題である「流通－および再生産過程の実体的諸条件」を重視し，これは，初稿における，第１章・第２章での「流通と再生産」の「形態的な考察を踏まえて」，その「第３章　流通と再生産」では「『流通と再生産』の『実体的な諸条件』を論じよう」という「考えを受け継いで」いる（上154頁）としている。そして，この「実体的（realまたはreell）」とは「使用価値にかかわる，という意味であ」り，「だから，第３章が明らかにすべき『再生産の実体的

諸条件』とは，社会的再生産の進行のために，使用価値の観点から区別される生産諸部門のあいだで，使用価値を異にする生産物が相互に転換されるのに必要な諸条件，ということであった」，あるいは，「第3章での社会的総再生産過程における『実体的諸条件』のかなめ」は「生産諸部門間の転態を制約する使用価値的諸条件である」(上154頁)としている。

　大谷氏の記述からは，第2稿までの第3章では問題が使用価値の側面に重点を置いて考察されていると解していることは読み取れるが，その記述の具体的意味は判然としない。もし，宮川氏のように，第2稿までの「実体的諸条件」の解明は，「形態運動とは別ものの，再生産のための生産物素材の比例条件をあきらかにすることにとどまる」が，第8稿において，「価値と素材両視点をいれた『社会的総資本の再生産と流通』……がはじめて正面にすわることとなる」(2)，と考えられているとすれば，「価値と素材両視点をいれた『社会的総資本の再生産と流通』」が「正面にすわる」のは第8稿においてが「はじめて」だということになるのだから，第2稿の考察ではマルクスは「価値と素材両視点をいれ」ていないということにならざるをえない。

　しかし，第2稿においても，第二部「資本の流通過程」で問題とされているのは，「<u>過程進行中の資本価値</u>」(Ⅱ/11, S.26, 訳(3)34頁，その他)であり，第3章の分析対象とされたW′…W′循環では「<u>増殖された資本価値</u>の運動」(Ⅱ/11, S.42, 訳(4)59頁)であり，「<u>資本価値</u>」とは「<u>資本として機能する</u>という使命を持つ価値」(Ⅱ/11, S.10, 訳(1)10頁)のことである。こうした「過程を進みつつあり，自分自身で運動する実体」としての価値(K.Ⅰ, S.170)が問題とされているのだから，第3章での社会的総再生産過程において価値補填の観点が捨象されることは理論的にありえないことである。だからこそ，現行版の第2稿から採られた箇所には，再生産過程は，「われわれの当面の目的のためには，Wの個々の構成諸部分の価値－ならびに素材補填の観点から」考察されねばならない，と明記され，ここで問題とされるのは，「総資本の〔機能の〕結果として生み出された<u>生産物価値そのものの内部における運動</u>」

---

(2)　宮川，前掲「マルクス『資本の流通過程』論の成立」(前掲書)200頁。198頁も。

であるとされている（K.Ⅱ, S.392, 393, Ⅱ/11, S.368, 370）のである。そして，「素材補塡の観点」の強調も，「この運動は，価値補塡であるだけでなく素材補塡でもあり，それゆえ社会的生産物の価値構成諸部分の〔相互の――草稿なし〕比率によって制約されていると共に，それら〔構成諸部分〕の使用価値，それらの素材的姿態によっても制約されている」（K.Ⅱ, S.393, Ⅱ/11, S.370）とされているように，「価値補塡の観点」はいわば自明のこととして，それだけではなく「素材補塡の観点」も加えた内容で，「価値－ならびに素材補塡」という形でなされているのである。第3章では，生産手段と消費手段の価値として現われる社会的総生産物の価値の運動が解明されようとしているのであって，「実体的諸条件」という表題から，課題を素材視点からのみの分析とするのは，文面にとらわれて本質を見失った一面的な理解である。

　また，用例からしても，第2稿には，「資本価値の現実的な（reell）変態，より正確には二重の変態」という表現があり，その二面として「素材的な変態」と「価値の変化」が指摘されている（Ⅱ/11, S.11, 訳（3）11頁）。「現実的な」という語は「素材的な」という意味のみを持つものとして使われているわけではない。ただ，この箇所は，大谷氏の場合には，「『実体的』という概念」が「拡張された」ものとして，特殊な例のように評価されている（上154頁）。では，その概念はそれ以前には「素材的な」側面のみを意味していたのだろうか。初稿を詳しく見ることにしよう。

　まず，初稿の第二部冒頭には「実体的（real）諸契機」に言及した次の記述がある。

　　「第3章で行なうように，流通過程を現実的な（wirklich）再生産過程および蓄積過程として考察する際には，単なる形態の考察の他に，次のような実体的な諸契機がつけ加わる。／1）実体的な再生産……に必要な諸使用価値が再生産され，かつ相互に条件づけあう，その仕方。／2）再生産は，再生産を構成するその諸契機の，前提された価値－および価格諸関係によって条件づけられており，そして，その諸関係は，諸商品がその価値で売られる場合は，労働生産力の変化によるその真実価値（real value）の変動によって変化しうる。／3）流通過程によって媒

介されたものとして表現される，不変資本，可変資本，剰余価値の関係。」(Ⅱ/4.1, S.140-141. 訳9～10頁。)〔引用文1C。〕

そして，第3章の冒頭部分には，「交換の実体的（real）諸条件」に言及した次の記述がある。

> 「資本家にとってであれ労働者にとってであれ収入をなす諸商品も，不変資本の構成要素をなす諸商品も，何よりも資本の生産物として，それゆえまた商品資本として存在しなければならない。それゆえ，収入に入る商品資本と収入に入る他の商品資本との交換，ならびに収入に入る商品資本と不変資本を形成する商品資本との交換，ならびに不変資本を形成する商品資本の相互の交換が行なわれねばならない。こうした交換の実体的諸条件を研究することがわれわれの今度の仕事である。」
> （Ⅱ/4.1, S.306. 訳202頁。）〔引用文1D。〕

その第3章本論部分には「商品資本間の現実的（wirklich）素材変換」に関する次の記述がある。

> 「われわれは異なった生産部面の商品資本間の現実的素材変換だけを考察する」。「その場合には常にAの不変資本の価値はBの収入の価値に等しい。／したがって第1に……商品資本Aは，使用価値から見れば，社会の現実的収入を，すなわち社会の年間生産物のうち消費ファンドに移ることが予定されている部分をなす。／第2に，Aの総商品資本の，言い換えれば生活手段の生産に充用された資本の総生産物の価値は，年間に新たに付加された総労働が生産した，言い換えればこの総労働がそこに結晶している総価値に等しい。」(Ⅱ/4.1, S.316. 訳216頁。)〔引用文1E。〕

さらに，第3章の第1節末尾には，先の引用文1B（13頁）の中に見られるように，「総商品資本の素材変換」という表現がある。*

* この「実体的（realまたはreell）」の用例の詳しい分析は，早坂氏によってなされている[3]。

このように，商品資本相互の交換が問題とされ，その交換を条件づける

（3） 早坂，前掲書，250頁以下。

ものとして，引用文1Cの1）に記されている使用価値視点と2）に記されている価値視点が注目され，その二側面から3）の「流通過程によって媒介されたものとして表現される，不変資本，可変資本，剰余価値の関係」が問題とされる。それは，引用文1Bに見られるように，「第一部第2章（2および3）で示しておいた」（Ⅱ/4.1, S.315, 訳214頁）とされる「定式 $P = c + v + m$」との関連が強く意識されている。そうした内容を持つものとして，「流通過程を現実的な再生産過程および蓄積過程として考察する際には」「実体的な諸契機が付け加わる」とされているのである。さらに遡って，『経済学批判（1861-63年草稿）』を見ても，ノート14では，「現実的な（wirklich）再生産過程の考察では生産物の現物形態が重要になる」（Ⅱ/3, S.1383）というように，使用価値的側面にも留意した再生産過程の表現として，「現実的再生産過程」の語が用いられ，その上で，ノート17の「エピソード。資本制的再生産における貨幣の還流運動」では，それまでの「収入と資本の交換」・「蓄積」の考察が，「〈「現実的な総〔〔再生産過程〕〕の」→〉総再生産過程で相異なる諸資本の使用価値と価値が相互に補塡し支払い実現し合う仕方の考察」（Ⅱ/3, S.1717）と約言されている。問題が価値と使用価値の両視点から把握されていると言えよう。したがって，初稿においても，第2稿と同様に，再生産過程は「Wの個々の構成諸部分の価値－ならびに素材補塡の観点から考察されねばならない」とされていたと評価することができる。

**　引用文1Cについては，伊藤（武）氏は，「「（2）としてあげられている労働の生産力の変動によって生じる，再生産を構成する諸契機の，前提された価値＝価格諸関係の変化を別とすれば現実の再生産に必要なそして生産で消費された諸使用価値つまり生産資本の諸要素の素材補塡が，生産物のなかの不変資本，可変資本および剰余価値部分の流通のなかでの転換によっていかに媒介されるのか，これが第3章での分析の課題をなすということである」と解している(4)。氏にあっては，引用文1Cの2）は「労働の生産力の変動によって生じる価値＝価格諸関係の変化」としてのみ解されているが，それは「価値－および価格諸関係」の1つの問題である。したがって，それを「別と」したからといって，「再生産は，再生産を構成するその諸契

（4）　伊藤（武）「再生産論の課題——第2部第1稿第3章の検討——」（『大阪経大論集』第164号，1985年）199頁。

機の，前提された価値＝価格諸関係によって条件づけられている」こと自体の問題側面が捨象されるわけではない。

　大谷氏の言うように，「使用価値の観点から区別される生産諸部門」，「使用価値を異にする生産物」が問題とされるにしても，総資本・総生産物の二部門分割は，「２つの部類に分けるものは……それらの使用価値だけではなく，それらの範囲が一方では新たに追加された労働によって形成される価値により，他方では不変資本の価値によって与えられている」（Ⅱ/4.1, S.339-340, 訳247頁）とされているように，商品資本・生産資本を「諸使用価値によって区別しなければならない」（Ⅱ/4.1, S.306, 訳203頁）という把握と，労働の二重性解明による生産過程における不変資本と可変資本＋剰余価値との関連把握を基礎に置いての展開である。だからこそ，それらの間の「内的に──内的必然性として──存在する連関」（Ⅱ/3, S.284）が問題となりうるのである。二部門分割も，「流通過程を現実的な再生産過程および蓄積過程として考察する際には」「実体的な諸契機が付け加わる」（Ⅱ/4.1, S.140, 訳9頁），ということを意味する。

　大谷氏のように，「社会的総再生産過程における『実体的諸条件』のかなめ」は「生産諸部門間の転態を制約する使用価値的諸条件である」とするのは，「使用価値の観点」に傾きすぎており，一面的である。初稿や第２稿の「実体的諸条件」の考察の場合においても，総資本による総生産物＝総商品資本の価値・素材補塡関係が考察されるのであって，この点も第８稿との間に本質的な相違はない。

　そして，「流通－および再生産過程の実体的諸条件」の研究と「社会的総再生産過程の考察」との用例を見ると，初稿では第２部第３章独自の課題と対象・方法に関連して次のように記されている。「現実的再生産および流通過程は……さまざまな産業の諸資本に分裂している総資本の過程としてのみ把握されうる。したがって……現実的再生産過程の考察方法が必要である」（Ⅱ/4.1, S.182, 訳59頁）。「資本が通過する諸変態の諸条件」を「立ち入って気にかけ」る「現実的再生産過程の考察では……われわれは始めから……社会の総資本をその運動において考察せねばならない」（Ⅱ/4.1, S.341, 訳249頁。同様の

記述は S.140-141, 訳9～10頁, S.302, 訳200頁, S.354, 訳267頁にもある）。こうした把握は初稿以前から一貫しており，『61－63年草稿』においても，ノート15および17では，それまでの考察が回顧され，「総再生産過程の考察」（Ⅱ/3, S.1593）の文言が「資本家階級全体つまり総資本の再生産過程」云々の論述の後に記され，そして，「現実の総〔〔再生産過程〕〕の考察」が「総再生産過程」云々の「考察」（Ⅱ/3, S.1717）と言い換えられている。このように，「現実的再生産過程」と「総再生産過程」との関連が意識されている。第2部第1・2章〔篇〕に対比した第3章〔篇〕の特徴を言う際に，「再生産過程」の性格の相違を表わす場合には形態変換に対して「現実的再生産過程」とされ，考察対象の違いを表わす場合には1つの個別資本に対して社会的「総資本の再生産過程」・「総再生産過程」とされているのである。そして，初稿でも，流通－および再生産過程の「実体的諸条件」の研究と「現実的再生産過程」の考察とが素材的側面にも留意するという同じ意味合いで用いられているのだから，「再生産過程の実体的諸条件」の研究と「社会的総再生産過程の考察」とは二者択一的な概念として用いられているのではない。したがって，第2稿の表題に「流通－および再生産過程の実体的諸条件」と記され，第8稿の表題にそれがないからといって，第2稿から第8稿にかけて，「『実体的諸条件』の解明から社会的総再生産過程の考察への課題の転換」があったとすることはできない。
***

 *** しかも，第8稿の表題は「Ch Ⅲ）bⅡ.)」と記されているだけなので，早坂氏のように，それは「第2稿の表題をそのまま追認し，踏襲することを示している」⁽⁵⁾と解することもまた可能である。

 以上，*1・2*のように，第2部第3章＝篇の課題は初稿から第8稿まで一貫しており，第2稿から第8稿にかけての「『実体的諸条件』の解明から社会的総再生産過程の考察への課題の転換」はなかったのである。

（5） 早坂，前掲書，249頁。

3　資本の循環と一般的商品流通との絡み合いは第2稿の「新たな視点」か

　先に大谷氏によって「第3章の課題についての新たな視点」とされた「商品資本の循環」過程・「剰余価値の変態」w－g－w・「労働力の変態」A－G－Wの3要因とそれらの「絡み合い」という「視点」・「見地」は，「第1稿の第3章ではまだ十分に意識されていなかった」(上154～155頁)のだろうか。

　大谷氏の言う第2稿における「第3章の課題についての新たな視点」の獲得という評価の典拠は明記されてはいないが，第2稿では新しい「見地を基本に据え」たが，初稿からの「枠組みに制約されて」，その「視点を十分に生かすことができなかった」というのは，その「視点」に基づいて論述を展開したが不成功に終わらざるをえなかったということなのだから，「視点」の獲得は論述に先立っていたか，論述の始めの部分でなされたことになろう。そうだとすると，大谷氏の念頭には現行版第18章や第20章第1節に採られている第2稿の記述があったものと推察される。そこで，その記述と初稿およびそれ以前の記述との比較によって，大谷氏が言う「視点」・「見地」が意識されていたかどうかを検討しよう。

　まず，「社会的資本に総括されたものとしての個別諸資本の循環」，すなわち「その全体性において考察されたこの循環は，資本の流通だけではなく一般的な商品流通をも包括し」，また，「この総過程は，生産的消費（直接的生産過程）ならびにそれを媒介する形態諸変化（素材的に見れば諸交換）」と同様に，「個人的消費ならびにそれを媒介する形態諸変化を包含する」(K.II, S.352, II/11, S.341)という点については，『61－63年草稿』の「ケネーによる経済表」の項目において，「資本の流通と一般的流通との関連」は，ケネーが「経済表における構想に基づいて示唆した」「運動の全体について」の論点の1つに挙げられており（Mw.I, S.319, II/3, S.656），総再生産過程の一論点として早くから着目されていたことがうかがわれる。そして，初稿では，第1章の「資本の流通」に関して「本来的な流通部面内部での変態W'－G－

Wの両行為」を論じた箇所には，次のような記述がある。

「交換が絶えまなく行なわれるためには，Wが……絶えまなく現実に再生産されなければならない。そして，生産諸条件を再生産する資本がW′-Gを通過する一方では，それらのものが再生産条件としてそこに入って行く資本がG-Wを通過する。つまり，相異なる諸資本の並行的な再生産諸過程が，それらの並行が前提されている。……W′-Gも，そのGは，W′が生産条件としてそこに入って行く他の一資本の一段階の転化した姿態であるか，あるいは収入の転化した姿態であるかのいずれかであるということを前提している。これらの諸契機は，個別資本の再生産過程および流通においては現われない。現実的な再生産－および流通過程は……総資本の過程としてのみ把握されうる。」(Ⅱ/4.1, S.181-182. 訳58～59頁。)

このように，「個別諸資本の循環」相互の絡み合いおよびその「資本の循環」と所得流通との絡み合いという問題の所在が把握されている。その考察は，「この部の第3章で行なわれる」とされているが，その第3章においても，「われわれのこれまでの考察では，……商品資本の一部分が，労働者たちであれ資本家たちであれ，……消費者たちの消費ファンドに移って行くということが前提されていただけである。だが，個人的消費は総再生産過程の一契機をなすのであって，それは今やそうしたものとして考察されねばならない」(Ⅱ/4.1, S.305-306, 訳201～202頁）として，総再生産過程には「個人的消費ならびにそれを媒介する形態諸変化または諸交換」が含まれ，その考察が第3章での総再生産過程論の一論点となることが明確に意識されている。

そして，「一般的な商品流通」の構成部分のうちの「個人的消費に入り込む諸商品の循環，すなわち労働者が彼の賃銀を支出し，また資本家が彼の剰余価値（またはその一部分）を支出して入手する諸商品の循環」(K.Ⅱ, S.352. Ⅱ/11, S.341)については，初稿では，第1章の貨幣資本の循環形態の項目で「資本家と労働〔者〕との間の取引」を論じた箇所で，その取引は「労働者にとっては」「A-G（彼の労働の販売），G-W（彼の労賃による諸商品の購買）」のように「現われる」とされ，「この場合労働者にとって見られるの

第1章　再生産論の課題に「転換」はあったか　23

は単純な商品流通の形態である」ことが指摘されている（Ⅱ/4.1, S.155, 訳27頁）。この箇所を含む前後の部分は，エンゲルスによる第二部「序文」に言う「4つの草稿からの指示と覚え書」・「最後の改訂のための覚え書」において「第3章に属する」（Ⅱ/11, S.529）とされた箇所であるので，初稿では先取りした形で論じられていたことになるが，「労働者が彼の賃銀を支出して入手する諸商品の循環」について把握されていたことには変わりはない。資本家については，『61-63年草稿』の「ケネーによる経済表」の項目において，「資本家自身も年々一定量のものを消費する。彼は，既に自分の商品を貨幣に転化させていて，この貨幣を自分が最終的に消費しようとする商品に対して支出する。この場合にはW-G-Wである」（Mw. Ⅰ, S.302, Ⅱ/3, S.640）ことが指摘されている。

　さらに，「諸商品への〔剰余価値と——草稿なし〕労賃の支出は資本流通のいかなる環をもなすものではない」（K. Ⅱ, S.352, Ⅱ/11, S.341）が，「社会的商品生産物のうち，労働者がその労賃の支出により資本家が剰余価値の支出によって消費する部分の運動は……個別諸資本の運動と絡み合ってもいる」（K. Ⅱ, S.392, Ⅱ/11, S.368-369）点については，初稿でも，「個人的消費過程それ自体は，形態的には，資本の循環の中に含まれていない」と把握され（Ⅱ/4.1, S.172, 訳47頁），そして，A-G，G-Wの考察が，前掲の貨幣資本の循環形態の項目で「資本家と労働〔者〕との間の取引」を論じた際に，「可変資本としての資本の側での現実の流通」の記述との関連において行なわれて，そこでは「労働者にとってのG-Wは……資本家にとってはW-Gとして現われる」と指摘されており，労賃の支出と資本の運動との絡み合いの問題は明確に示されている（Ⅱ/4.1, S.155, 訳27頁）。剰余価値の支出と資本の運動との絡み合いの問題が把握されていた点は，『61-63年草稿』の上記の記述にこの「収入の支出が売り手の資本を補塡する」（Mw. Ⅰ, S.302, Ⅱ/3, S.640）と続けられていることからうかがわれる。そして，初稿第3章においては，消費手段生産部門と生産手段生産部門の二部門分割の下で，「労働者は，彼の労賃を貨幣形態から商品形態に転換し」，「それによって」「彼は可変資本の貨幣形態を回復させる」（Ⅱ/4.1, S.308, 訳205頁）ことなどが指摘され，資本流通と所

得流通との絡み合いについての論述（Ⅱ/4.1, S.308-309, 訳205〜206頁, S.312-313, 訳210〜212頁）が実際に試みられている。

　以上のように見てくるならば，大谷氏の言う「第3章の課題についての新たな視点」のうち，資本の循環過程，「資本家の収入（剰余価値）の変態」，「労働力の変態」の3つの要因とそれらの「絡み合い」という「視点」・「見地」は，初稿の第3章でも存在し，その論述も試みられている，と評価できるのである。

　では，資本の循環形態のうちで「商品資本の循環を基礎に据え」るという「見地」は，いつ「十分に意識され」ることになったのであろうか。項目を改めてこの問題を検討しよう。

第2章　分析基準としての商品資本循環形態の把握に「変更」はあったか

　総再生産過程論の分析基準としての商品資本の循環形態の把握について，大谷氏は，第２稿段階では，その循環形態の「独自性はまだ完全にはとらえられていなかった」とし，そして，第５稿〜第７稿におけるその「独自性の明確化」を，「第８稿における新たな段階での社会的総資本の総再生産過程の分析を準備した」要因の１つとして強調している（中123〜124頁）。こうした見解は，多くの論者のように，第二部現行版における，「われわれが分析しなければならないのはW′-G′-W…P…W′という流通図式である」(K.Ⅱ, S.391, Ⅱ/11, S.368) という記述が第２稿から採られているところから，第２稿第３章において「商品資本の循環W′-W′が分析対象と規定されている」と評価するのではなく，第５稿における「改稿では，形態Ⅲ〔W′…W′〕が社会的再生産の考察のための唯一の図式として，資本循環論の観点から確定され」た，という宮川氏の主張に近い。

1　ケネー経済表の基礎をなす循環形態の評価に「訂正」はあったか

　大谷氏にあっては，第２稿におけるW′…W′循環形態の把握の不充分さの「一つの表現」として，ケネー経済表の基礎をなしている循環形態に関する評価の「誤り」が指摘され，第５稿でのそれの「訂正」が強調されている（中123頁）。この「誤り」の「訂正」とは，第２稿の記述と現行版に採られて

（１）　水谷，前掲書，194頁。
（２）　宮川「資本循環論の確立指標についての覚書――『資本論』第２巻草稿の1870年代の改稿によせて――」（『経済と経済学』第71号，1992年），のちに前掲書，所収，152頁。

いる第5稿の記述とを比較して言われているものである。それらを示せば下記のとおりである。

　　　第5稿の記述。「W′…W′はケネーの経済表の基礎となっており，彼がG…G′に対立させてこの形態を選んだということ，そしてP…Pを選ばなかったということは，偉大な正確な手腕を示すものである。」（K.Ⅱ, S.100-101. Ⅱ/11, S.638.）〔引用文2A。〕

　　　第2稿の記述。「この図式〔P…P循環形態〕とのちに第Ⅲ〔項〕で考察すべき図式〔W′…W′循環形態〕とがケネー『経済表』の基礎をなしている。」（Ⅱ/11, S.33. 訳（4）49頁。）〔引用文2B。〕

　さらに，初稿の記述は次のとおりである。

　　　「重農主義者たちが形態Ⅰ〔＝貨幣資本循環〕の代わりに形態Ⅲ〔＝生産資本循環〕および形態Ⅳ〔＝商品資本循環〕を流通過程の本質的な形態と考えたことは，彼らの偉大な功績である。」（Ⅱ/4.1, S.153. 訳25頁。）

　この第2稿と第5稿のケネー評価の相違に関しては，大谷氏の論稿では，P…P循環形態の評価の相違という事実の指摘に止まり，それ以上の説明は見られないので，宮川氏の主張を検討することにしよう。それによれば，「マルクスは，第2稿では，――初稿と同様に――いまだ流通図式ⅡとⅢとの双方が，ケネーの社会的総再生産過程の分析の基礎になっているとみなしていた。」「流通図式ⅡとⅢとがともに，流通図式Ⅰと対立して，形態上同じように，『再生産を媒介する契機として』流通過程W′－G′－Wを共有しているという点で，そのケネー評価が引き出されているのである。もちろん，このような形態上の共通性によっては，流通図式ⅠとⅡ・Ⅲとを分かつことができても，流通図式ⅡとⅢとを区別することはもとより不可能である」，とされる。

　しかし，第3章の考察でW′…W′がG…G′およびP…Pとの明確な区別の上で分析基準とされるという方法は，第2稿においては確立していないのであろうか。W′…W′が第3章の分析基準とされていること自体は，前掲のよ

（3）　同前，148頁，149頁。

第2章 分析基準としての商品資本循環形態の把握に「変更」はあったか

うに,「われわれが分析しなければならないのは W′－G′－W…P…W′ という流通図式である」と明記されているとおりであり,この点は宮川氏も認めるところではある。宮川氏が問題とする「流通図式ⅡとⅢ」との「区別」については,第2稿の第1章においても,「第3の流通図式 W′－G′－W－P－W′」についての論述の中では,下記のように論じられている。

　「図式ⅠとⅡでは,循環は,一方は貨幣資本の形態にある資本価値で,他方は生産資本の形態にある資本価値で開始される。図式Ⅲでは,循環は商品資本で開始され,この商品資本は常に資本価値の他に剰余価値を包含している。……商品資本の運動 W′－G′ は総生産物の運動であり,それゆえ総価値の運動である。したがって図式ⅠとⅡは最初から……自立的な資本循環の2つの異なる形態であるのに対して,図式Ⅲは資本価値で始まるのではなく,むしろ資本価値の循環は第2局面において初めて総価値すなわち総生産物の流通から自立的に分離されている。図式ⅠとⅡでは播種から,図式Ⅲでは収穫から出発する。または,重農主義者たちが言うように,最初の2つの図式では前貸しから出発し,後者では回収から出発する。」(Ⅱ/11, S.41-42. 訳(4)58頁。)〔引用文2C。〕

ここでは,「流通図式ⅡとⅢ」との「区別」は,「出発点」が「前貸資本価値」か「剰余価値を含む」「総生産物」=「総価値」かという点から強調されている。これと内容的に同一のものと見做される論述が現行版の第2篇「資本の回転」第7章「回転時間と回転数」にある。それは,「資本の回転」の考察に利用すべき循環形態を明確にするために,「形態Ⅰ G…G′,Ⅱ P…P,Ⅲ W′…W′」が対比された次の論述である。

　形態ⅠとⅡという「両形態は,形態Ⅲとは,前貸資本価値〔草稿──下線〕が──貨幣としてであれ素材的生産諸要素の姿態でであれ──出発点となっており,それゆえまた復帰点ともなっていることによって区別される。……形態Ⅲでは,資本価値は,……既に増殖された資本価値として〔草稿──なし〕,諸商品〔草稿──商品生産物〕の形態にある富の総

---

(4) 同前,156頁。

体として過程を開始するのであり，前貸資本価値はこの富の一部分にすぎない。〔草稿――したがって〕この最後の形態〔Ⅲ〕は，個別諸〔草稿――なし〕資本の運動が社会的総資本〔草稿――社会的総生産物〕の運動との連関において把握される第3篇〔草稿――章〕にとって重要である。」(K.Ⅱ, S.155. Ⅱ/12, Apparat, S.998. Ⅱ/4.3, S.354.)〔引用文2D。〕

この引用文2Dはエンゲルスによれば「第4稿の結び」(K.Ⅱ, S.28)の箇所（ノート頁では51〔Ⅱ/12, Apparat, S.998, Ⅱ/4.3, S.354〕）に含まれているものであり，第4稿は第2稿以前に執筆されたとされているのだから，第4稿の引用文2Dで明記されている図式ⅡとⅢとの区別は，宮川氏が問題とした第2稿第1章の図式Ⅱの項目でも，明確に把握されていたことになる。このように，マルクスが，第3章の考察に関して，G…G′およびP…PとW′…W′との明確な区別の上に，その分析基準として，「P…Pを選ばない」で，W′…W′を意識的に選び採っていたのは，第4稿・第2稿第1章・第3章の初めの箇所において一貫しており，それによって第2稿第3章が実際に執筆されていたということになる。したがって，マルクス自身の第3章に関する分析基準は第5稿よりも前に確定していたと評価できるのである。

このようなマルクス自身の第3章に関する分析基準の確定を認めるならば，大谷氏や宮川氏のように引用文2Aに記されているケネー評価を第5稿における「進歩」としたのでは，その「進歩」が生じるまでは，一方で自身の社会的総再生産過程の分析ではW′…W′を基準としながら，他方でケネー経済表に対してはP…PとW′…W′を基準に評価していたことになり，両者の評価基準の間に齟齬が生じ，奇妙なことにならざるをえない。

そこで，次に，引用文2Aに記されているケネー経済表の基礎に関する評価が第5稿における「進歩」なのかどうかという点も検討しよう。

第2稿の第1章における「第3の流通図式」W′…W′の論述中にある，図式ⅠおよびⅡと図式Ⅲとの相違を指摘した引用文2Cでは，「重農主義者たち」の分析が「回収から出発する」点が着目されている。そうした論述を受けて，「第3章」に言及した箇所において，「ケネー博士はその『経済表』によって，経済的な総運動を，数本の交差した斜めの線の中に総括するこ

第2章　分析基準としての商品資本循環形態の把握に「変更」はあったか　29

と，そして1つの全体像で示すことを企てた」として，「ケネー博士の独創的な大胆さ」が評価されている（Ⅱ/11, S.45-46, 訳（4）60頁）。したがって，第1章の「図式Ⅲ」の論述箇所においては，「第3章」に関連するケネー評価は，図式ⅡとⅢとの「区別」の把握の上で，図式Ⅲ W′…W′が「基礎となっている」点が明確に把握されていることになる。また，第一部で，「第二部第3章において私は現実的連関の分析を行なうであろう」と言及された箇所には，フランス語版では，「流通から出てくるままの姿態で年生産の形象を示すという試みを彼らの『経済表』の中で初めて行なったことは，重農主義者の大きな功績である」（K.Ⅰ, S.617, Ⅱ/7, p.513, 江夏・上杉訳（下）244～245頁），という記述がある。「流通から出てくるままの姿態で年生産の形象を示す」というのは「回収」から「出発する」ということであるのだから，第二部第3章に関連するケネー評価は W′…W′ 循環形態に関わるものとして把握されていたことになる。この記述があるフランス語版は第5稿執筆前に出版されていたのだから，この点にも第5稿の引用文2Aに見られるケネー評価は第5稿の執筆よりも前からのものであり，それの執筆途上での認識の深まりによってもたらされたものではないことが示されている。

　では，第2稿や初稿の P…P 循環も含めたケネー経済表や重農主義に対する評価はどのように理解すればよいのであろうか。

　「重農学派」の「功績」のうち，「流通に関する章」に関連する問題としては，『61-63年草稿』「5）剰余価値に関する諸学説」の「b 重農学派」の項目では，「重農学派は，資本が流通において採る諸形態（固定資本と流動資本，といっても彼らの場合にはまだ他の名称をもって呼ばれている）を規定し，また一般に，資本の流通過程と資本の再生産過程との関連を規定している」，という点が指摘され，それには「流通に関する章で立ち返ることにしよう」とされていた（Mw.Ⅰ, S.13, Ⅱ/3, S.338）。資本の流通過程に関する重農学派の「功績」とされているのは，社会的総再生産過程論に固有の問題についての貢献だけでなく，「流通に関する章」の問題全体に係わるものである。

　そこで，大谷氏や宮川氏が「誤り」だとした第2稿や初稿におけるケネー評価についても，その記述の位置・文脈に注意すると，前者は，「図式ⅡP

－W′－G′－W－P」の項目において，これからP…P循環形態の考察に入ろうとしている箇所にあり，また，後者は，循環形態を形式的に4つ取り上げ，そのうちの「第1の循環」形態である貨幣資本の循環形態を考察する途上にある。叙述の位置・文脈としては，いずれも商品資本の循環形態の考察に入る手前の箇所でなされたものである。

そして，第2稿の引用文2Bについては，その記述の直前の文章は，「流通過程は単に再生産を媒介する契機として現われるにすぎない。ケネー博士の貢献は，彼が初めて明白に流通をそのように規定したことである」(Ⅱ/11, S.33. 訳(4)49頁)，というものである。引用文2Bと同様の記述は第4稿にもあり，そこでは下記のように記されている。

「資本価値の貨幣形態がその循環の第1形態で持つ自立性の仮象は，形態Ⅱにおいては消え失せるが，その形態Ⅱは形態Ⅰの批判をなし，それを<u>自己増殖する価値の特殊な現象形態である</u>という真の姿・内容に帰着させる。それゆえにケネー博士は彼の<u>経済表</u>において本質的にはこの形態Ⅱ（および（u.*）次の形態Ⅲ）を重商主義に対立させている。ただ，その純粋な形でではなく，さらに具体的諸規定が混入され，さらにまた価値増殖過程の誤解によって曇らされているのではあるが。」(Ⅱ/11, Apparat, S.1482. Ⅱ/4.3. S.307-308.)

　　＊　この語は，以前に平田清明氏によって紹介されていたリュベールの解読では，"in"であった。(5)

第2稿引用文2Bでも第4稿でも，ケネーは，「資本価値の貨幣形態がその循環の第1形態で持つ自立性の仮象」にとらわれていないことから評価されている。評価の観点は，形態ⅠG…G′批判，「重商主義に対立させている」循環形態の把握というものなのである。

これを見れば，第2稿引用文2Bや初稿におけるケネー評価は，「流通に関する章で立ち返る」とされた「資本の流通過程と資本の再生産過程との関

（5）　平田清明「剰余（増加）価値のプロブレマティーク——物象化視座と領有論的課題——」（『経済系』第124集，1980年）6～7頁。

第2章　分析基準としての商品資本循環形態の把握に「変更」はあったか

連」について，社会的総資本の構成要素としての個別資本の観点からの考察に係わるものであり，それにその後で取り上げられる社会的総資本の観点からの評価が追記されたものと解することができる。これらの箇所でのケネー評価は，「ケネーの社会的総再生産過程の分析の基礎になっている」かどうかというよりも，もう少し広い意味での評価と理解することができるのである。このように考えれば，第2稿や初稿においてケネー評価にP…P循環形態が挙げられていたとしても，それは「誤り」とは言えない。むしろ，『61－63年草稿』において，ケネーの「こうした試みは，資本の生産過程全体を再生産過程として説明し，流通を単にこの再生産過程の形態としてだけ，すなわち貨幣流通をただ資本の流通の一契機としてだけ説明する」と評価していた点を，個別資本の観点からと社会的総資本の観点からとの2つの次元に分けて評価していると解すれば，『61－63年草稿』からの進歩であるとも評価されうるのである。[**]

> [**] なお，「流通に関する章で立ち返る」とされていた論点としては，固定資本と流動資本の規定の問題もあった。この点については，第2稿から採られた現行版第2篇「第10章 固定資本と流動資本とに関する諸学説。重農主義とアダム・スミス」においては，「ケネーは，年前貸と原前貸との区別を，正当にも，生産資本の，すなわち直接的生産過程に合体された資本の区別として述べている」とされ，さらに，「生産資本のこの両要素の区別は，ケネーの場合，正当にも，この諸要素が完成生産物の価値に入り込む様式の相違に，それゆえそれらの価値が生産物価値によって流通させられる様式の相違に，それゆえまたそれらの補填または再生産の様式の相違に還元されている」($K.$Ⅱ, S.189, Ⅱ/11, S.140-141）とされ，こうした点からもケネーは評価されている。しかも，第2稿の第1章における「第3の流通図式」$W'\cdots W'$についての論述の中では，「次章〔＝「第2章 資本の回転」〕のように，個別諸資本の自立的循環が問題になるところではどこでも，われわれは図式Ⅰ，Ⅱに立脚する」（Ⅱ/11, S.45, 訳（4）60頁），とされ，「資本の回転」に関する箇所では，第4稿で，「生産物形成への回転の影響が主として注目される限りでは循環Ⅱが固持されるべきである」（$K.$Ⅱ, S.155, Ⅱ/4.3, S.355）とされているのだから，第2章における固定資本と流動資本の考察にはP…P循環形態が基礎に置かれるべきだと考えられていたと解される。こうした側面からすれば，ケネー経済表の基礎に関してW'…W'だけでなく，P…P循環も挙げられていても，なんら不適切なことではない。

これに対して，第5稿の引用文2Aの記述の位置・文脈を見ると，商品

資本の循環形態の考察が進められ，この循環形態が社会的総資本の再生産の分析基準として相応しいことが論じられた後に，重農学派に言及した箇所での評価である。第5稿で「P…Pを選ばなかった」とされているのは，総再生産過程の分析の基準としての考察の途上での記述のために，もっぱらその側面からの評価であったからである。

*** ただし，固定資本と流動資本の把握については，第8稿の冒頭から採られた「対象についての諸叙述」においても，「剰余価値の生誕地は生産部面であって流通部面ではない」($K.$ Ⅱ, S.360, Ⅱ/11, S.701)ことが指摘され，スミスの「退歩」として「『固定〔資本〕』および『流動〔資本〕』が決定的区別として把握され固持されている」ことが強調されている ($K.$ Ⅱ, S.362, Ⅱ/11, S.702)。それと同様に，第5稿においても，ケネーの功績としては，生産過程をも含めて労働の二重性の観点から評価をして，固定資本と流動資本の区分よりも一歩掘り下げた不変資本と可変資本の区別を重視し，流通過程に関する評価としてはW'…W'の視点から社会的総資本の運動としての「資本の流通過程と資本の再生産過程との関連」の解明についての貢献を記述しているとも考えられる。こうした評価の相違は，理論的把握の質的な進展を反映しているというよりも，評価の力点の相違によるものと見るべきであろう。

したがって，第5稿の引用文2Aにおけるケネー評価と第2稿の引用文2Bや初稿における評価とは，評価の観点が同一とは断定できない。両者の間の評価の相違とは，それが記されている叙述の位置・文脈の相違による視点の相違によるものであり，前者が「誤り」で後者がその「訂正」という関係にあるとは考えられない。評価の視点が同一かどうかの検討なしに，それらの箇所の比較によって，W'…W'循環形態の把握に関して，第2稿の不充分さの「一つの表現」を見い出し，第5稿におけるそれの「独自性の明確化」の反映を見ようとするのは，方法的に妥当ではないのである。

以上のように，第5稿よりも前にも，第3章の総再生産過程の分析に関しては，第5稿に記されているのと同じケネー評価がなされていたと見るべきであり，第3章の分析基準としては，第1章のW'…W'循環形態の分析の基礎上にその形態が意識的に選び採られていたということになる。

2 商品資本の循環の独自性は第2稿では「明確」でないのか

　大谷氏が，第5稿において「商品資本の循環の独自性」が「明確に把握」されたものとして重視している（中123頁）記述についても検討しよう。その記述は，宮川氏によって，第5稿における「商品資本の循環図式の確立」の「決定的ポイント」を「要約」したと評価されたものである。それは下記の論述である。

　　「循環 W′…W′ は，その軌道の中で他の産業資本を W（＝A＋Pm）の形態で前提しているからこそ，（そして Pm はさまざまな種類の他の資本を……含んでいるからこそ，）この循環そのものは次のことを要求する。すなわち，この循環を……すべての個別的産業資本に共通な運動形態として考察するだけでなく，また同時に，個別諸資本の総計の…運動形態として──そこでは個々の産業資本の運動はただ1つの部分運動として現われ，この部分運動は他の部分運動と絡みあい他の部分運動によって条件づけられているような総資本の運動形態として──，考察することを，要求する。」(K.Ⅱ, S.100-101. Ⅱ/11, S.636.)

これに対して，宮川氏によって，「社会的総資本の考察を図式Ⅲで基礎づける理由について，第2稿は……十分には展開していない」，とされた箇所が次の記述である。

　　「図式Ⅲ……では，商品資本の運動は……資本価値の自立的循環の前提としても現われ，またその運動がこの循環によって条件づけられるものとしても現われる。それゆえ，この図式がその独自性において理解され考察されるならば，……個別資本の変態という価値運動と他の個別諸資本の諸変態との〔関連〕，および社会的総生産物のうち個人的消費に充てられる部分の流通との〔関連〕を解明することが必要になる。しかし，

（6）　宮川，前掲「資本循環論の確立指標についての覚書」（前掲書）152頁。
（7）　同上，150頁。

このことは，循環の形態だけを問題にしているここでは，まだ行なわれえない。われわれはこの問題を本書の第３章で論ずる。」(Ⅱ/11. S.45. 訳(4)59～60頁。)〔引用文２Ｅ。〕

宮川氏は，この箇所では，「どのような意味で，商品資本Ｗ′の運動が資本循環の『前提』としてあらわれ，またこの循環によって『条件づけられる』かということ」について，「立ち入った考察はみられない」，と評価するのである。ところが，それとは正反対に，この箇所は，富塚氏によって，第５～７稿の資本循環論における理論的前進を強調する見解を批判するに際しての典拠の１つにされてもいる。もう１つの典拠は下記の箇所である。

「図式Ⅲでは，出発点および終結点は完成した<u>商品生産物</u>であり，そして，それは使用価値として消費に役立たなければならず，またその属性に応じて，個人的消費にだけか，再生産的消費にだけか，最後に場合によっては両方の消費過程のどちらにも入り込むことができる。それゆえ，そのさまざまな形態における消費過程は，ここでは，資本価値の循環そのものにとっての諸条件の１つとして現われる。」(Ⅱ/11, S.42, 45. 訳(4)59頁。)〔引用文２Ｆ。〕

このように，Ｗ′…Ｗ′循環の独自性把握に関する第５稿の意義を確定するためには，上記の第２稿からの引用文２ＥとＦの評価が必要となる。まず，この引用文２Ｆの方から見て行けば，この論述は，宮川氏にも着目され，「<u>この消費の契機についての至当な認識は，第５稿においても……引き継がれている</u>」，と評価されている。同様の点を明言したものとして，現行版の「Ｗ′…Ｗ′という形態では，総商品生産物の消費が，資本そのものの循環の正常な進行の条件として前提されて」おり，「消費は，その全体が——個人的消費として，および生産的消費として——条件としてＷ′の循環に入り込む」(K.Ⅱ, S.97)，という記述がある。この記述は，商品資本の循環形態の特徴を指摘したものとして一般にも認められ，また，富塚氏によって再生産

---

(8) 　同前，150～151頁。
(9) 　同上，150頁。

論の方法的基準としての観点からW′…W′循環の特質を示したものとして重視されている。そして，この現行版の記述に類似した箇所としては，これまでにも，リュベール版の検討から第4稿における考察が着目されていた[10][11]。ところが，上記の現行版の論述とされた第5稿の箇所は，この第4稿の論述がその注の部分に利用されたもの（Ⅱ/11, S.632. Apparat, S.1482. Ⅱ/4.3, S.313, 314.）であった。宮川氏は「消費の契機」を重視しながらも，「問題は，その消費の契機についてどのように資本循環論による基礎づけをあたえるかである[12]」として，第2稿をあまり評価しないが，引用文2Fを「至当な認識」と認め，その上で，第5稿に採られた第2稿よりも前の第4稿の記述を考慮するならば，W′…W′循環が「消費の契機を包摂しうる形式」[13]であることは，第2稿段階でも明確に把握されていたとしなければならないであろう。

　次に，引用文2Eについて見ると，そこでの「個別資本の変態という価値運動と他の個別諸資本の諸変態との〔関連〕，および社会的総生産物のうち個人的消費に充てられる部分の流通との〔関連〕を解明することが必要になる」という記述は，大谷氏が第5稿で明確にされたとする「社会的総資本の総再生産過程として考察することを，この循環形態そのものが要求する」という点（中124頁）が第2稿においても把握されていたことを示している。そして，大谷氏がその理由としている，「商品資本の循環の場合にだけ，商品が生産資本の前提として現われる。すなわち，商品の生産手段および労働力への転換は，流通過程W—G—Wの全体を含んでおり，この過程の結果なのである」（中123頁）という点も，引用文2Eの，「図式Ⅲ……では，商品資本の運動は……資本価値の自立的循環の前提としても現われ，またその運動

───────────────
(10) K.Marx, "Le mouvement circulaire du capital," *Karl Marx Œuvres, Économie II*, édition établie et annotée par Maximilien Rubel（Paris, 1968）.
(11) 八柳良次郎「資本循環論の成立過程」（『経済』1985年8月号）204～205頁。清水耕一「『資本』第Ⅱ部第Ⅰ・Ⅳ稿における『資本の姿態変換』論」（2）（『経済学論叢』第34巻第3・4号，1985年）118～119頁。
(12) 宮川，前掲「資本循環論の確立指標についての覚書」（前掲書）156頁。
(13) 同上，152頁。

がこの循環によって条件づけられるものとしても現われる」という記述からうかがうことができる。しかも，引用文2Eは，最後の第3章への言及部分を除いて，第5稿の「商品資本の循環」の項目の本文末尾部分に採用されている（$K.Ⅱ, S.102, Ⅱ/11, S.639$）のであり，マルクスによって重視されていたことが明らかである。

しかし，こうした問題把握を認めたとしても，引用文2Eは，宮川氏のように，「論拠をあたえられていない」[14]ものと評価されるかもしれない。そこで，商品資本の循環形態の独自性を指摘したものとして広く認められている下記の箇所を見よう。

　「W'…W'では，商品形態にある資本が生産に前提されている。前提として，それは再びこの循環の内部で第2のWに向かう。……このWは，大部分は他の産業資本のW'として再生産されなければならない。この循環では，W'は運動の出発点，通過点，終結点として現われ〔現行版──存在し〕，それゆえ常にその場に存在する。それは再生産過程の恒常的条件である。」（$K.Ⅱ, S.98, Ⅱ/11, S.633.$）〔引用文2G。〕

ここでは，W'…W'の「通過点」に係わる「他の産業資本のW'」の存在が指摘されており，そして，この指摘が意味するのは，大谷氏と宮川氏が重視している，W'…W'が「その軌道の中で他の産業資本」を「前提している」ということである。この引用文2Gも，実は，第4稿のこれまでに着目されていた箇所[15]が利用されたものであり，第5稿では注の部分にある（$Ⅱ/11, S.633. Apparat, S.1482, Ⅱ/4.3, S.315-316$）のだから，第2稿の引用文2Eでは，記述が圧縮されすぎているものの，その論拠自体は把握されていると解することができるのである。宮川氏にあっては，第5稿において，「この形態Ⅲにおいてだけ W が循環そのものの内部で W の前提として現われる」という点や，「W'…W'は，その進行のなかで W' の形態にある他の産業資本を前提している」という点（$K.Ⅱ, S.100$）が論じられていることが重視されているが，

───────────

(14)　同前，149頁。
(15)　清水，前掲論文，122頁。

それらの論述箇所もこうした論点をより具体的に展開しているものと考えられる。

したがって，G…G′循環・P…P循環と対比してのW′…W′循環の独自性は，第4稿を経た第2稿時点では明確に把握されていたのであり，宮川氏のように，W′…W′循環についての第2稿の記述は，G…G′・P…Pとの「区別がまだ不明確な」ままに止まっていると評価するのは妥当ではない。

そして，第5稿のうち，$MEGA$, Ⅱ/Bd.11の付属資料の第5稿「成立と来歴」で「原初稿」と呼ばれた本文部分は，第二部「序文」に言う「4つの草稿からの指示と覚え書」の前に書かれ，その覚書では，W′…W′循環に関する第5稿と第2稿との間の本質的な相違への言及はないのだから，両者の間で理論的に決定的な質的転換がなされたとは見做し難い。第5稿においては，商品資本の循環の独自性がより詳しく論述されようとしたということであって，第5稿に至って「商品資本の循環の独自性」がはじめて「明確に把握」されたということではないのである。また，第5稿で展開された論述の内容も，再生産論の質的に新たな展開をもたらすものとは言えないであろう。したがって，第2稿時点においては，富塚氏の言うように，W′…W′循環形態の「特質」は「ほぼ完全な形において」「把握されて」おり，「その意味での再生産論を展開するに充分な方法的視点が，定立されていた」と評価できるのである。

以上のように，第2部第3章＝篇の分析基準としての商品資本の循環の独自性は第2稿段階においては「明確に」把握されていたのである。

第3章〔篇〕の課題の設定もそのための分析基準の把握も明確であるとすれば，第2稿が未完成に終わった要因は，大谷氏が強調する「二段構えの構成」・「叙述方法」が「制約」となっていたことになるのだろうか。この点を次に検討しよう。

---

(16) 宮川，前掲「資本循環論の確立指標についての覚書」（前掲書）149頁。
(17) 富塚，前掲「再生産論の課題〔Ⅲ〕」（『再生産論研究』）193頁。

第3章　二段構えの叙述方法は
　　　　再生産論展開の「制約」か

1　貨幣流通・貨幣資本の捨象は「ひとまず」ではないのか

　第二部第3章の構成や叙述方法は，初稿と第2稿においては，「素材変換を媒介する貨幣流通」の捨象とその後での導入という二段構えにされていた。大谷氏は，この「二段構えの叙述方法による制約」を強調し，「媒介する貨幣流通を度外視」するという「方法そのものが，根本的な難点を内包している」として，「一般的に表現すれば，貨幣流通を度外視して社会的再生産過程を考察するというのは，資本がその循環過程でとる諸形態から貨幣資本という形態を，だからまた資本の貨幣形態での前貸および還流を度外視してそれを考察する，ということである。……諸資本の変態と諸収入の変態との絡み合いの総体としての社会的総資本の再生産過程では，貨幣は，素材変換を媒介する流通手段としてだけでなく，前貸され還流してくる貨幣資本として機能するのであって，この総再生産過程の考察で貨幣流通を度外視するというのは，同時に，貨幣資本として機能する貨幣の運動をも度外視する，ということにならざるをえない」(上157頁）と批判している。
　こうした「二段構えの叙述方法」の評価については，そうした叙述方法を採る理由についてのマルクス自身の記述を見よう。そうしたものとして着目されているのは第2稿の次の記述である。

　　　「問題を最も単純な諸条件に帰着させるには，ひとまず（zunächst）貨幣流通それゆえにまた資本の貨幣形態を全く捨象しなければならない。流通する貨幣総量は明らかにそれが流通させる社会的総生産物の価値の要素をなしはしない。したがって，総生産物の価値がどのように不

第3章 二段構えの叙述方法は再生産論展開の「制約」か

変〔資本〕価値等々に配分されるかという問題は，それ自体，貨幣流通からは独立した問題である。貨幣流通を考慮に入れずに問題を論じた後に，初めて，貨幣流通を媒介とする場合に，どのような現象が現われるかを知ることができる。」（Ⅱ/11, S.369. 新日本出版社版『資本論』第7分冊，訳注，628頁。）〔引用文3A。〕

こうした理由を貨幣の機能の側面から述べたものと解されるのが，初稿の第3章冒頭部分の「貨幣流通」の「捨象」に関する次の叙述である。

「貨幣は，一方では，諸商品が一般的消費ファンドに入るための通過点として役立つにすぎず，また資本が可変資本である限りでは，労働者たちにとっては彼らが消費用の必需品を買うための通貨に帰着するのであり，他方では，資本が完成生産物の形態から自己の対象的な生産諸要素の現物形態に再転化するための通過点として役立つにすぎない。その限りでは資本の貨幣形態は，商品の変態 W-G-W における貨幣一般と同様に，再生産の，媒介的で消えてしまう形態として〔機能する〕にすぎないし，また，現実的再生産過程そのものとは何の関係もない。ただ1つの例外をなすのは，貨幣資本すなわち貨幣形態にある資本が遊休している資本を表わし，そしてそれが，生産資本として機能することが予定されてはいるがまだ現実にはそうしたものとして機能していないというその合い間にある資本を表わしている限りである。したがって，この形態ではそれはまだ流通過程および再生産過程には全く入らない。それゆえ以上に述べたところから次のことが出てくる。――貨幣は，それが資本の形態として現実に機能する限りでは，現実的再生産過程の形態的でかつ消えてしまう媒介にすぎない。貨幣はそれが自立して自己を固守する限りは，再生産過程にはまだ全く入っておらず，それに入ることが予定されているだけである。したがってどちらの場合にも実体的な再生産過程の考察のためには，貨幣をひとまず（zunächst）捨象することができる……。それゆえわれわれはこの考察においては貨幣流通（および貨幣資本としての形態にある資本）を捨象する。」（Ⅱ/4.1, S.302, 305. 訳200～201頁。）〔引用文3B。〕

引用文3Aでは,「貨幣流通それゆえにまた資本の貨幣形態を全く捨象しなければならない」と明記され,引用文3Bでは,「資本の貨幣形態」・「貨幣資本」が問題とされ,「この考察においては貨幣流通(および貨幣資本としての形態にある資本)を捨象する」と明記されているのだから,大谷氏が「貨幣流通」の「捨象」という「方法」の「根本的難点」として力説する「貨幣資本として機能する貨幣の運動をも度外視する,ということ」も,マルクスにあっては意識的になされていることになる。その理由も「貨幣は,それが資本の形態として現実に機能する限りでは,現実的再生産過程の形態的でかつすぐに消えてしまう媒介にすぎない」などと明記されている。大谷氏が「貨幣資本としての形態にある資本」の「捨象」を否定的に評価するなら,引用文3Aや3Bに記されているこれらの点への批判が必要になるが,それはなされてはいない。大谷氏の「方法そのもの」の「根本的な難点」としての「貨幣資本としての形態にある資本」の「捨象」に関する批判は論断に止まっていると言わざるをえない。

　　* 　初稿の引用文3Bは,伊藤(武)氏の場合には取り上げられている(1)。しかし,氏は,他方で,第2稿の「社会的資本の再生産の『媒介する貨幣流通なしの叙述』と『媒介する貨幣流通を入れた叙述』という二重の叙述様式」に関して,「その結果」,マルクスは「商品転換を媒介する貨幣をたんに流通手段としてのみ把えて,この転換を実際上商品対商品の交換とし,その結果,社会的な再生産を媒介する貨幣・貨幣資本の役割を見失った」,とも述べている(2)。「資本の貨幣形態は再生産の,媒介的で消えてしまう形態として〔機能する〕にすぎない」という点が,初稿では,貨幣流通の捨象と二段構えの叙述方法の根拠とされているのに,伊藤(武)氏にあっては,全く逆に,「二重の叙述様式」の「結果」とされ,さらに,「貨幣資本の役割」は,意識的に方法上捨象されているのではなく,「その結果」「見失」なわれたものとされている。誤読に基づく論難という他はなく,こうした批判に何の意味があるのだろうか。

　ただし,引用文3Bには,括弧に入れて「(これより進んだ諸規定は,商人資本等々ならびに剰余価値が分裂して行くさまざまの特殊的範疇が考察さ

---

(1) 伊藤(武),前掲「再生産論の課題」203〜204頁。
(2) 同稿「マルクス資本循環論の成立——『資本論』第2部第2稿を中心に——」(『大阪経大論集』第187・188号,1989年) 33〜34頁。

れた後に，第三部の最後の章で初めて問題となるであろう」(Ⅱ/4.1, S.305, 訳201頁）という断り書きが続けられている。『61-63年草稿』では、「総再生産過程の考察」(Ⅱ/3, S.1593)、「現実的再生産過程」論に関して、ノート17・18の「エピソード。資本制的再生産における貨幣の還流運動」において、その「過程を説明した際にはわれわれは貨幣流通を捨象しておいた」とされ、そうしたそれまでの考察に対比させて、「問題は今や購買するための貨幣に関連がある」とされている（Ⅱ/3, S.1717）が、ノート18の「第３篇 資本と利潤」プランではその終わりの部分に「10）資本制的生産の総過程における貨幣の還流運動」の項目が予定されていた**ところから、第二部初稿の段階でも、第３章の本論に入る前に記された引用文３Ｂの箇所では、こうした貨幣流通による媒介の問題は第三部で・貨幣流通による媒介なしの考察は第二部でという構想であったという解釈も不可能ではない。大谷氏の批判も、第二部第３章が貨幣流通捨象の考察だけでは不適当ということかもしれない。

**　このプランを根拠にして、*MEGA*, Ⅱ/Bd.3.6の「注解」は、「マルクスは、資本主義的生産の総過程における貨幣の還流運動を明らかにまず最初に第３項目『資本と利潤』で述べるつもりであった」としている（Ⅱ/3.6, Apparat, S.3104）。しかし、この点に関しては「明らかにまず最初に」とまでは断定できない。『61-63年草稿』の「エピソード」とノート18第３篇プランの項目「10）」を全く同一視はできないからである。「貨幣の還流運動」の考察という点では同じであっても、それらの表題は、「エピソード」では「再生産における」というように一般的に表現されているのに対して、第3篇プランでは「総過程における」として特定されている。内容からしても、「エピソード」では、考察の進展と共に、「再生産における貨幣の媒介運動」が「媒介の小売商人を省略して」(Ⅱ/3, S.1730) 論述され、「生活手段を生産する」「部類Ⅰの内部流通」・その部類Ⅰと生産手段を生産する「部類Ⅱ」との「両部類間の貨幣流通」・「部類Ⅱにおける不変資本」をめぐる「貨幣流通」が明らかにされており、そして、そうした考察を基礎に、それとは明確に区別された問題として「運動全体における商業資本」(Ⅱ/3, S.1743) の考察が行なわれている。そうした点を重視し、それを、プランでは「貨幣の還流運動」の考察が「総過程における」と特定されている点と結び付けるならば、「再生産における貨幣の還流運動」の考察の全てを第三部で行なうというのではなく、貨幣流通による媒介なしの総再生産過程およびその媒介の商業資本を捨象した基本的問題の論述は第二部で行なうという構成を見通す地点にまで到達していたと評価できるのである。ただし、こうした解釈を採る場合には、「エピソード」やノート22での「再生産」の考察（Ⅱ/3, S.2274-2283）では利

子や地代範疇が組み込まれているので，その点に論述の不整合が残されていることにはなる。

しかし，初稿の「第3章 流通と再生産」の「第1節」の執筆が進んだ時点では，そうは言えない。「貨幣流通」の「捨象」に関する次のような記述があるからである。

「最終的な叙述では，この第1節を，1）総再生産過程における商品資本の現実的素材変換，2）この素材変換を媒介する貨幣流通，という2つの部分に分離した方がよいであろう。今そうなっているように，貨幣流通を考えに入れることは，絶えず展開の脈絡を破ることになるからだ。」（Ⅱ/4.1, S.314, 訳213頁。）〔引用文3Ｃ。〕

ここでは，貨幣流通を捨象した「総再生産過程における商品資本の現実的素材変換」の考察だけでなく，「この素材変換を媒介する貨幣流通」も共に第二部の第3章の「第1節」の中で行なわれるものと明記されている。『61－63年草稿』では別の部に編成されていたとも解しうるこの問題が，基本的部分に関しては，「総再生産過程」論・「現実的再生産過程」論の構成部分として第二部第3章に属するものとされているのである。先の引用文3Ｂ（39頁）に続く記述では，「われわれはそれを，せいぜい，現実的再生産過程の考察から貨幣流通にとっての特殊的規定がこの過程の契機として明らかになる場合に，時折考慮に入れるだけである」（Ⅱ/4.1, S.305, 訳201頁）とされていたが，考察を進めるにしたがい，貨幣流通を入れた論述を行なうことになり，「現実的再生産過程」の「契機として」の「貨幣流通」に関する論述を第二部第3章で行なうことを明記したものと思われる。

したがって，初稿段階でも，第2稿と同様に，「1）」の部分で捨象された「商品資本の現実的素材変換」を「媒介する貨幣流通」それゆえに「資本の貨幣形態」・「貨幣資本」の考察も，第二部第3章「第1節」の重要な構成部分とされているのである。
＊＊＊

＊＊＊　伊藤(武)氏は，最近の論稿では，引用文3Ｂに関して，「つまり，社会的総生産物の流通においては，貨幣は単なる流通手段として機能するだけであるからそれは捨象することができるというのである」と，先の補注（40頁）で批判した以前の解

釈とは異なる説明をしている。しかし，マルクスにあっては「ひとまず捨象する」とされているのに，その「ひとまず」という限定的な意味が込められた語が無視されており，そして，引用文3Cにおいて，「素材変換を媒介する貨幣流通」が「第1節」の構成部分とされていることも全く意に介されていない。きわめて粗雑で恣意的な解釈と評さざるをえない。

そうした理論構成の下での貨幣流通の捨象は「ひとまず」なされるのだから，貨幣流通捨象の方法を採ると，第二部第3章の全体として，貨幣資本として機能する貨幣の運動も捨象され，それによって総再生産過程の解明が「制約」されるということにはならないのである。

2　貨幣流通捨象の場合の部門間補塡関係は「超歴史的」か

では，大谷氏は，「総再生産過程」の考察において，「貨幣流通（および貨幣資本としての形態にある資本）を捨象」してしまうと，解明される内容・問題はどのようなものになると考えているのだろうか。大谷氏にあっては，貨幣流通による媒介の度外視の「結果として，すべての変態 $W-G-W$ は，商品が直接に他商品に転化する過程 $W-W$ として観察されることになり，それら相互の絡み合いを成立させるものは商品と商品との交換だということになる」(上155～156頁)とされ，「媒介する貨幣流通を度外視」するというのは「素材変換だけを考察する」・「叙述する」(上156頁，157頁)，ということだともされる。そして，「貨幣流通を度外視してしまえば，第Ⅰ部門の生産手段と第Ⅱ部門の消費手段とが交換されることによって，前者の生産手段が消費手段に，後者の消費手段が生産手段に転換されるという，両部門間の超歴史的な補塡関係を把握すること」ができる(上156頁)だけだと述べている。こうした見解は，宮川氏による，「二分法アプローチでは，……単純な交換かせいぜい単純な商品流通を対象設定するものでしかない」という把握

（3）　同稿「再生産論と恐慌論──『未完の大著の〈空白の一章〉』とはなにか──」(『大阪経大論集』第59巻第5号，2009年) 145頁。
（4）　宮川，前掲「マルクス再生産論の確立過程」(前掲書) 323頁。

や，伊藤(武)氏による，初稿からの引用文1D（17頁）を，「生活手段部門内部での転換，生活手段部門と生産手段部門との相互の転換および生産手段部門内での転換」を指摘したものと解し，「たんに素材的な交換の分析にとどまって」いる，という理解と共通点を持っている。

　しかし，まず，第2稿の「1）A）単純な規模での再生産　a）媒介する貨幣流通なしの叙述」・初稿の「第1節」の1）の項目で貨幣流通を捨象して考察されるのは商品資本相互間の交換であって，それは「商品と商品との交換」と同じではない。初稿においては，貨幣流通の捨象の方法によって研究されるのは，引用文1D（17頁）に見られるように，「収入に入る商品資本と収入に入る他の商品資本との交換，ならびに収入に入る商品資本と不変資本を形成する商品資本との交換，ならびに不変資本を形成する商品資本の相互間の交換」であり，この箇所に限らず，常に商品資本相互間の交換と表現されているからであり，そして，第2稿ともなれば，分析の方法的基準として商品資本の循環形態が据えられることや，その循環形態の特徴として，循環の始点をなすのは資本価値と共に剰余価値をも未分離の状態で含んでいるW′であることが明言されているからである。「諸商品」の交換と言っても，「資本の生産物としてそれゆえまた商品資本として存在する」(Ⅱ/4.1, S.306, 訳202頁）それらの交換が考察されるのである。自己増殖した価値としての商品資本が考察されるのだから，マルクスは「単純な商品の域を越えている」(Ⅱ/3, S.60）のであり，「商品流通の抽象的な考察にとっては無縁だった更に進んだ諸規定を含んでいる」「諸商品の流通を資本の流通過程として」（「直接的生産過程の諸結果」Ⅱ/4.1, S.51, 訳193頁）解明しようとしているのである。

　　＊　伊藤(武)氏の場合は，更に進んで，「『貨幣抜き』の転換では，事実上直接的な生産物交換を前提するしかない」と言い切っている。しかし，貨幣流通の捨象とは「貨幣をただ価値の表現として，計算貨幣としてのみ考察する」(Ⅱ/3, S.1717）ということで

（5）　伊藤(武)，前掲「再生産論の課題」203頁。最近の「再生産論と恐慌論」でも同様の理解が示されている。
（6）　同稿「『資本論』第2部第2稿と第8稿の再生産論」(『大阪経大論集』第60巻第2号，2009年）131頁。

あり，その捨象の場合でも，貨幣は「計算貨幣」（Ⅱ/4.1, S.165, 訳40頁）すなわち「価値の表現」としては考察の範囲に入っているのだから，「貨幣流通の捨象」は「貨幣抜き」ということではないし，問題は価値と使用価値の二視点から考察されているのである。「貨幣流通の捨象」がなされるからといって，『資本論』第一部において，「商品流通」と「直接的生産物交換」との「相違」を論じ，その「同一視」を批判している（K.Ⅰ, S.126-127, 128）マルクスが，ここでの問題を「直接的な生産物交換」に引き戻してしまっているとは考えられない。

　そして，商品資本の運動の分析だからこそ，交換される商品の価値量が全体として一括されて問題とされるのではなく，その価値の構成が問題となる。初稿においては，「ここでは流通は捨象する」という但し書が付された引用文１Ｅ（17頁）で「われわれは異なった生産部面の商品資本間の現実的素材変換だけを考察する」と述べている箇所では，「生活手段の生産に充用された資本の総生産物」である「商品資本Ａ」を「使用価値から見」ているだけではなく，「Ａの不変資本の価値はＢの収入の価値に等しい」とされているように，「不変資本の価値」や「収入の価値」，後者は「＝可変資本の価値プラス剰余価値」という価値の構成が問題とされている。しかも，「Ａの総商品資本の価値は……年間に新たに付加された総労働が……そこに結晶化している総価値に等しい」（Ⅱ/4.1, S.316, 訳216頁）と記されているように，価値に結晶化している「年間に新たに付加された総労働」が問題とされ，また，Ａの総価値のうち「消費された不変資本の価値に等しい部分は過去の労働を表示する」とされ，さらに，Ａの「不変資本に付加された新たな労働の量」が表示する部分は，「一方では，商品資本のうち労働者の支払労働あるいは彼の労賃が表示されている部分，他方では，商品資本のうち彼の不払労働あるいは資本家の剰余価値が表示されている部分」（Ⅱ/4.1, S.314, 訳213~214頁），とされている。しかも，そうした記述の場合には，「追加的価値はもっぱら新たに追加された労働の量によって規定され」，「これに対して，この労働が追加された際の形態，紡績労働や織布労働等々は，総生産物にそれの特定の姿態とそれ特有の使用価値とを与える」（Ⅱ/4.1, S.340, 訳247頁）とされているように，労働の二重性の視点も明示されている。このように，「異なった生産部面の商品資本間の現実的素材変換だけを考察している」と言う場合にも，剰余価値

を含む価値の構成や，それらに対象化されている「年間に新たに付加された労働」と「過去の労働」との関係，「支払労働」と「不払労働」が問題とされ，そうした概念的な区分を内容として含む総商品資本間の交換が問題とされているのである。これは大谷氏の言うような「商品と商品との交換」という問題を越えているし，ましてや文字通りの「素材変換だけ」の問題ではない。

そして，こうした商品資本と商品資本との交換も，大谷氏が言うように，貨幣流通の媒介の「度外視」の「結果として」「観察されることにな」ってしまったのではなく，マルクスは，社会的総再生産過程の本質を鮮明に示すために，「資本が貨幣に形態的に転化すること，資本が貨幣形態を周期的にとることが，摩擦なしに行なわれるものと前提」(Ⅱ/4.1, S.306, 訳201頁) して，これを意識的に分析対象にしているのである。

貨幣流通の捨象は引用文３Ａ (38頁) に記されているように，「問題を最も単純な諸条件に帰着させる」ために方法的になされているのであり，そうした考察方法によって，「問題」自体が単なる「商品と商品との交換」へと引き戻されてしまったり，「対象設定」が宮川氏の言うような「単純な交換かせいぜい単純な商品流通」へとずれて行ったりするわけではないのである。

次に，大谷氏が貨幣流通捨象の場合には「超歴史的な補填関係」が把握されるだけだと理解する生産手段と消費手段の交換に関連する叙述を見よう。初稿でも，生産手段と消費手段の交換と言っても，「生産手段つまり不変資本の素材的要素から成る生産物」(Ⅱ/4.1, S.334, 訳239頁) と，消費手段，つまり，初稿の表現では「生産物の中に実現された可変資本」(Ⅱ/4.1, S.332, 訳236〜237頁) すなわち可変資本と剰余価値の「素材的要素」(Ⅱ/4.1, S.335, 訳240頁) から成る生産物との交換として問題とされている。引用文１Ｄ (17頁) で言われているのも，「収入に入る商品資本と不変資本を形成する商品資本との交換」と表現されているように，商品資本の価値的成分の側面も踏まえた交換であって，そうした諸契機抜きの生産手段生産部門内・生活手段生産部門内・両部門間の単なる「素材的な交換」ではない。その交換の問題は労働次元にまで掘り下げられて，それらの「交換は，新たに追加された労働と，過去のすなわち年間に追加されたのではない労働との交換である」(Ⅱ/4.1, S.318,

訳217〜218頁），と把握されているのである。

　また，第2稿の貨幣流通捨象の方法を採る理由を記した引用文3Ａ（38頁）によれば，貨幣流通を捨象して解明すべき最も基本的な事柄は，「総生産物の価値がどのように不変〔資本〕価値等々に配分されるかという問題」であるが，初稿での引用文1Ｂ（13頁）に見られる同様の文言は，先に（13頁で）見たように，「ｃの収入と$\overparen{v+m}$を創造する資本のｃとのこの交換が困難の一部を解決する」（Ⅱ/4.1, S.342, 訳251頁）という点の指摘を受けていたのだから，生産手段生産部門と消費手段生産部門間の交換・取引は，こうした「問題」・「困難」の「解決」の一要因にされている。両部門間の交換の内容は，第2稿の第3章の「1）社会的に考察された，可変資本，不変資本，剰余価値」の解明の意義を持つものとされているのである。

　生産手段生産部門と消費手段生産部門間の交換は以上のような内容と意義を持っているのだから，その考察を，第Ⅰ部門の「生産手段が消費手段に」，第Ⅱ部門の「消費手段が生産手段に転換されるという，両部門間の超歴史的な補填関係を把握すること」と理解する方が誤っていると言わざるをえない。

3　部門間取引の分析に「矛盾」はあるか

　第2稿における再生産論の展開を「制約」したのが「二段構えの叙述方法」・「構成」であるとする大谷氏の見解について，*1*・*2*とは異なる側面から検討を続けよう。大谷氏によれば，「媒介する貨幣流通」「度外視」の「方法そのもの」の「根本的な難点」は，「ほんらい貨幣形態で前貸されるほかはない可変資本を，貨幣流通……を度外視して論じなければならない，という矛盾である」（上157頁）が，その「難点」は「両部門間の相互補填の把握において明らかとなる」とされ，「第Ⅰ部門〔部門表示は第8稿のもの〕の資本家による可変資本の貨幣形態での前貸，すなわち労働者からの労働力の購買と，第Ⅰ部門の労働者による第Ⅱ部門の消費手段の購買という……両部門間での転換の二つの決定的な媒介契機が後景に退かざるをえない」ことが指摘されている（上156頁）。特に，第2稿第3章で，生産手段生産部門の資本家

たちは「貨幣流通を度外視するという想定の下では——資本の可変的部分を消費手段の形態で前貸するほかはない」(Ⅱ/11, S.406)とされた点が問題視され，「この想定のもとでは……第Ⅰ部門の労働者による第Ⅱ部門の商品の購買は完全に消え失せる」という「不都合が生じる」とされている（上156～157頁）。

こうした見解は，大谷氏の論稿の注に示されている（中135頁）ように，伊藤(武)氏が，第8稿におけるⅠ(v+m)対Ⅱcの転態に関しての，「この相互転換は貨幣流通によって媒介されており，そして，それは決定的に重要である。なぜなら，可変資本部分は，絶えず貨幣形態で，貨幣形態から労働力に転換される貨幣資本として更新されねばならないからである」(K.Ⅱ, S.397-398, Ⅱ/11, S.731)という記述を重視して，そこでは「可変資本はまず最初に労働力に転化すべき貨幣資本として現われねばならないことを指摘しているのであり，それ故に，この転換を貨幣流通の媒介なしに叙述することは誤りであることを指摘している」と評価している点と対応している。また，宮川氏が，「二分法アプローチ」の「基本的な欠陥」として，部門間取引では，「部門Ⅱ〔部門表示は第2稿のもの〕の労働者の賃金収入の運動が介在してくるため」両部門の資本家と部門Ⅱの労働者が「相互に商品所有者として鼎立し，そして一方的な売買……をおこなうことによって，はじめて取引が成り立つ。したがって，貨幣流通の媒介なしには商品交換は一歩たりともすすみえない」という部門間「取引そのものの困難」を指摘し，「貨幣流通を捨象するアプローチでは，一方で，一方的売買の相互噛みあわせによって進行する部門間取引の把握を不可能ならしめられるか，さもなくば，……非現実的でしかない現物支給たる『前提』に依拠せざるをえない。したがって，貨幣流通の媒介をひとまず度外視しておくという方法は，もはやゆるされない」としている点とも共通する。

（7）　伊藤(武)，前掲「マルクス再生産論の展開」56頁。
（8）　宮川「マルクス再生産論の確立過程」(『経済と経済学』第54号，1984年)，のちに前掲書，所収，323頁。
（9）　同上，309～310頁。

しかし，初稿や第2稿でも，生産手段生産部門の労働者による消費手段生産部門からの消費手段の購買という部門間取引の「決定的な媒介契機」は明確に把握されている。初稿の貨幣流通による媒介の問題を論じた箇所では，労働者は，「自分の商品（労働〔力〕）と転換して」「鋳貨」を「入手し」，「次にこの鋳貨を生活手段に支出する」が，「しかしB〔生産手段生産部門〕の労働者は，彼らを雇用している資本家Bの商品は買わないのであり，したがって，彼らの労賃が前貸しされる際の貨幣を資本家Bに返さない。反対に彼らは彼らの」鋳貨で「A〔生活手段生産部門の資本家〕の諸商品を買う」（Ⅱ/4.1, S.313, 訳212頁）ことも記されている。第2稿の「b）貨幣流通による媒介を入れた叙述」においても，生産手段生産部門の「資本家Ⅱ」は労働者Ⅱに「貨幣を支払い」，労働者Ⅱはそれで「資本家Ⅰの商品を買い」，「資本家Ⅰはこの額で資本家Ⅱから生産手段を買い」，「このようにして資本家が年間に支出した可変資本の貨幣形態は彼らに還流する」（Ⅱ/11, S.430）とされ，可変資本部分に関して前貸しされた貨幣の還流運動の特徴が指摘されている。しかも，こうした労働者による消費手段の購買という「媒介契機」が持つ重要な意味も把握されていたことは，『要綱』の「過剰生産」の「構図」を論じた箇所において，「労働者が消費者・交換価値措定者として資本に相対し，貨幣所持者の形態，貨幣の形態で流通の単純な中心となる」（Gr. S.323, Ⅱ/1, S.330）ということが強調されていた点からうかがわれる。

そして，留意されるべきは，こうした労働者による消費手段の購買という「媒介契機」の把握とその重要性の認識がなされた上で，「二段構えの叙述方法」・「構成」が採用されている点である。「二段構えの構成」を記した先の本章 *1*（42頁）における初稿からの引用文3Cは，「今そうなっているように，貨幣流通を考えに入れる」との文言に示されているように，貨幣流通による媒介を論じた箇所を受けており，その箇所には，上記の，労働者による消費手段の購買という「媒介契機」に関する叙述が含まれているからである。この「媒介契機」は「1）総再生産過程における商品資本の現実的素材変換」では意識的に捨象され，「2）この素材変換を媒介する貨幣流通」で展開するものとされていることになる。この問題を論述しえないがゆえに貨幣流通

「度外視」は誤りだと結論するには，この意識的な捨象の意図の検討が不可欠であろうが，大谷氏にあっては，可変資本は「ほんらい貨幣形態で前貸されるほかはない」(上157頁)とされるだけである。こうした貨幣形態での前貸しの強調だけでは，第一部第7篇において指摘されている，労働者に支払われる貨幣は「ただ労働生産物の転化した形態にすぎ」ず，「労賃の形態で絶えず労働者に還流するのは労働者自身によって絶えず再生産される生産物の一部分であ」り，「資本家によって労働者に前貸しされるのは労働者自身の対象化された労働である」(*K*.Ⅰ, S.592-593)という側面は後景に退いたままになりかねない。

　こうした問題把握がその後も維持されていたことは，第二部第5稿による現行版第2章の同様の記述（*K*.Ⅱ, S.76, Ⅱ/11, S.607）から明らかであるが，こうした側面からすれば，第2稿の資本の可変的部分の「消費手段の形態で」の「前貸し」の想定も，不自然さはあるが，あながち全く否定しさることはできないように思われる。先に本書第1章 *1*（12頁）で見たような，第8稿でも「最も重要な問題」とされた「各個別的な資本家的商品生産物の価値の c+v+m への分解は……いかにして年間総生産物の価値に当てはまるかということ」（〔*K*.Ⅱ, S.401〕Ⅱ/11, S.734）を解明する際には，問題は，まず，総商品資本の諸契機相互間の価値的・素材的な対応諸関係そのものとして，さらに，それらの諸関係を労働次元にまで遡って付加労働と過去の労働との関係として抽象的に考察しなければならないのだから，それらの諸関係それ自体の説明としては，総商品資本間の転態に売買当事者がどのように関与するかを初めから具体的に説明する必要はなく，それは次の貨幣流通による媒介を論ずる段階でなされればよいのである。そのように考えれば，貨幣流通を「ひとまず」「度外視」するという方法は決して不適切なことではない。

　現に，第2稿の「二段構えの構成」の下でも，大谷氏の言う生産手段生産部門の労働者による消費手段生産部門からの消費手段の購買という部門間取引の「決定的な媒介契機」は，より具体化された形で詳細に展開されている。貨幣の還流運動の考察に続く箇所（Ⅱ/11, S.443ff.）では，既に紹介されていたように，部門ⅠがⅠa（労働者用生活手段）とⅠb（資本家用生活手段）

に，部門ⅡがⅡαα（Ⅰa用の生産手段），Ⅱα（Ⅱα・Ⅱαα用の生産手段），Ⅱββ（Ⅰb用の生産手段），Ⅱβ（Ⅱββ・Ⅱβ用の生産手段）に分割され，それぞれの亜部門間の流通が考察され，各部門における可変資本の貨幣での前貸しと出発点への還流，不変資本の貨幣での前貸しと還流，剰余価値の流通のための貨幣の支出と還流が明らかにされている。この6亜部門分割の表式分析において，各部門の労働者による「労働者用生活手段」生産部門Ⅰaからの消費手段の購買が示されており，この点から労働者による消費手段の購買という「媒介契機」がより具体化された形で，詳細に展開されていると見做されるのである。そして，このやや煩雑な観もある6亜部門分割の分析を整理したものが，第8稿における消費手段を「必要消費諸手段」と「奢侈的消費諸手段」とに二分割した考察部分であるという見方ができる。第8稿では，こうした特殊規定の前に，二部門分割での「$(v+m)Ⅰ=c(Ⅱ)$」に関する論述箇所において，生産手段生産部門の労働者による消費手段生産部門からの消費手段の購買という「決定的な媒介契機」が，一般的分析として明確に論述されたということであろう。したがって，第8稿でのこの「媒介契機」の論述も，第2稿で採られていた「二段構えの叙述方法」の解消ということを直接的に意味するわけではない。

　以上のように，部門間取引における労働者の介在に伴う「困難」の問題は，第2稿・初稿の第3章では分析されなかったのではなく，「貨幣流通による媒介を考慮した叙述」において展開されているのであり，また，その分析が貨幣流通を「度外視」した場合になされえないとしても，そのことは，そうした方法が「誤り」で「ゆるされない」ものであり，「二段構えの叙述方法による制約」であった，ということにはならないのである。

---

(10)　水谷謙治・名和隆央「『資本論』第二部第二草稿（「第三章」）の未公開部分について——その概要と解説——」（『立教経済学研究』第33巻第1号，1979年）155頁以下，および167頁以下。

第4章　二段構えでは「貨幣運動の全面的な組み入れ」はできないか

　「二段構えの叙述方法」が再生産論展開の「制約」となっているとの大谷氏の考えは，第8稿における「二重の叙述方法の放棄」による「貨幣運動の全面的な組み入れ」が強調されている点にも示されている。そこでは，「第1稿でも第2稿でも，社会的再生産の総運動のなかで貨幣が果たす役割が，基本的には，『素材変換を媒介する貨幣流通』という見地から考察され，したがってもっぱら流通手段としての機能に限定されていたのにたいして，第8稿では，総運動のなかで貨幣が果たすさまざまの独自な役割が明確に把握され，分析されるにいたった。いまでは，社会的総再生産過程の分析を……二段構えで行なうという以前の叙述方法で遂行できないことは，マルクスにとって明らかであった」（中131頁）とされ，第8稿では，「遊休貨幣資本の形態ないし蓄蔵貨幣の形態」にある貨幣が問題とされるに至り，その「遊休貨幣資本の形成と解消を伴う資本運動」として，固定資本の償却基金および蓄積基金の積立と投下の問題や貨幣材料の再生産の問題が初めて論じられたとされている。この点も，宮川氏の見解，すなわち，第2稿における「二分法アプローチでは」，貨幣は「たんに……流通手段として機能させられるにすぎない」というように，その取扱いが「一面的であ」り，第8稿では，「資本の運動によって要請される貨幣蓄蔵機能が……合理的に組みこまれることになった」という把握と同一である。

（1）　宮川，前掲「マルクス再生産論の確立過程」（前掲書）323頁，322頁。また，同稿「マルクス『資本の流通過程』論の成立」（『経済と経済学』第67号，1990年），のちに前掲書，所収，200頁。

第4章　二段構えでは「貨幣運動の全面的な組み入れ」はできないか　53

1 「媒介する貨幣流通の叙述」では貨幣は流通手段に「限定されていた」か

　初稿・第2稿の「貨幣流通の媒介を入れた叙述」の場合に問題とされる貨幣の役割は「もっぱら流通手段としての機能に限定されていた」のか，という点から検討しよう。

　第2稿の第3章においても，「社会的総資本の構成部分として考察された貨幣資本」がきわめて重要な問題と見做されていたことは，その冒頭部分で，そうしたものとしての「貨幣資本」が「この章のもっと後の部分で初めて取り扱われるべき」($K.$Ⅱ, S.354, Ⅱ/11, S.343) 問題として明記され，しかも，その上で，第2章までの個別資本の回転の考察で明らかにされた，「過程進行中の資本価値のうち常に生産資本として機能しうる部分は，前貸資本価値のうち常に生産資本と並んで貨幣形態で存在しなければならない部分によって制限されている」(ebd.) という論点が，社会的総資本の観点から考察されている点に示されている。その際には，「定在し獲得されている」貨幣元本は「一部分は通流手段として一部分は蓄蔵貨幣として機能する」($K.$Ⅱ, S.357, Ⅱ/11, S.346) ものとして考えられており，蓄蔵貨幣としての機能も念頭に置かれていたことがうかがわれる。そして，その第3章冒頭部分の直前の第2章末尾・現行版第17章部分を見ると，そこでは，「国内に現存する金属貨幣の総量」が問題とされ，単純再生産の場合について，それは「商品を流通させるのに十分であるだけではなく」，「貨幣通流の諸変動に応じるのに十分でなければならない」とされた後に，「現存する貨幣総量が蓄蔵貨幣と通流貨幣とに分かれる比率は常に変化するが，貨幣の総量は常に蓄蔵貨幣として現存する貨幣と流通貨幣として現存する貨幣との合計に等しい」($K.$Ⅱ, S.327, Ⅱ/11, S.316) ことが指摘され，同様のことはその後の論述 ($K.$Ⅱ, S.330, Ⅱ/11, S.320) でも繰り返されている。蓄積の場合についても，「増大した価値の商品総量の流通に必要とされる追加貨幣」の「調達」方法の1つとして，「貨幣の蓄蔵形態から流通形態への転化」が指摘され，「社会的貨幣総量」は「常に

蓄蔵貨幣および通流の状態にある貨幣という2つの形態で存在する」(K.Ⅱ, S.330, Ⅱ/11, S.320) とされている。さらに，第3章の「もっと後の部分」を見ると，6亜部門分割の表式分析においては，「初めに可変資本の貨幣形態として存在している」貨幣について，「それが可変資本の貨幣形態であるのは，資本家の手中においてのみである」とされるが，それは「労働力に転換するべき準備蓄蔵貨幣として」であるとされている（Ⅱ/11, S.464）のである。この記述からすれば，「貨幣流通の媒介を入れた叙述」の際には，蓄蔵貨幣の機能をも含めなければ，問題そのものが成り立たないと考えられていることになろう。

蓄蔵貨幣の問題は，第3章 *1* (39頁) で取り上げた貨幣流通「捨象」の理由を記した初稿の引用文3Bにおいても関説されている。そこでは，「貨幣資本すなわち貨幣形態にある資本が遊休している資本を表わし，そして，それが，生産資本として機能することが予定されてはいるがまだ現実にはそうしたものとして機能していないというその合い間にある資本を表わしている」場合が取り上げられ，「したがって，この形態ではそれはまだ流通過程および再生産過程には全く入らない」と指摘され，「貨幣はそれが自立して自己を固守する限りは，再生産過程にはまだ全く入っておらず，それに入ることが予定されているだけである」という点が，貨幣が「形態的で消えてしまう媒介にすぎない」という点と並んで，貨幣流通の「ひとまず」の「捨象」のもう1つの根拠とされている（Ⅱ/4.1, S. 302, 305, 訳201頁）。この引用文3Bで貨幣流通捨象の方法を導き出しているのは，「第1章 資本の流通」の「貨幣資本」の項目で指摘された「貨幣は資本の形態的変態において，購買手段ないし支払手段として機能し，そして，中断が生じる限りで〔貨幣としての〕貨幣として機能する」(Ⅱ/4.1, S.196, 訳74頁) という諸側面からの検討を通じてなのである。このことを逆から見れば，「1)」の箇所で捨象された「貨幣資本」のこれらの役割が「2)」では考察され，それには蓄蔵貨幣の機能も含まれているということである。その初稿の「6）蓄積を媒介する貨幣流通」では，単純再生産の考察が念頭に置かれながら，「通流の状態にある貨幣量の中に，われわれは内外の交易上の不一致の調整のために存在する蓄蔵

第 4 章　二段構えでは「貨幣運動の全面的な組み入れ」はできないか　55

貨幣を含めている」(Ⅱ/4.1, S.359, 訳274頁) とも記されているのである。

　さらに,「貨幣資本」に関連する初稿第 1 章での考察では,「一定量の予備資本が貨幣で必要である」ことも論じられており, そこでは,「資本家が販売の日常的な停滞や支払停止等々に耐え, しかも絶えず途切れることなく可変資本を貨幣の形態で前貸ししうるように諸機能を調整するためには, 一定量の予備資本が貨幣で必要である」とされている（Ⅱ/4.1, S.199, 訳75～76頁)。このうちの後者に関連する記述は, 初稿では「利子生み資本についての第 4 章」と呼ばれ・実際の第三部草稿では第 5 章として執筆された箇所にある。「可変資本は実際には労働者たちの生活諸手段であり, 彼ら自身の生産物の一部分である」が,「それは彼らには（少しずつ）貨幣で支払われて」おり,「この貨幣を資本家は前貸ししなければならない。そして, 彼が, 前の週に支払ったその旧貨幣で次の週に新たな可変資本を再び支払えるかどうかは, 信用制度の組織によるところが大きい。資本のさまざまな諸範疇（例えば不変資本と生活手段の形で存在する資本と）の間の交換の場合も同様である」(K.Ⅲ, S.546-547, Ⅱ/4.2, S.601-602)。こうした指摘は,「生産のさまざまな構成諸部分」の「交換は貨幣によって媒介されている」ことの例としてなされ, この「交換」については「われわれは以前に見た」と記されているのだから, ここでは第二部初稿第 3 章項目「1)」における再生産過程の考察との関連が強く意識されている。総生産物の「構成諸部分」の「交換」の「貨幣による媒介」はその第 3 章項目「1)」の中の「2)」部分の主題なのだから, そこでの考察では, 第三部第 5 章で信用制度と関連する一層具体的な展開の前提となるような支払手段・蓄蔵貨幣の機能の問題も取り上げられると解されねばならないのである。

　貨幣の支払手段としての機能についても見よう。この問題が重視されていたことは,『61-63年草稿』の「総再生産過程論」の展開を受けたノート 17・18「エピソード。資本制的再生産における貨幣の還流運動」の,「媒介の小売商人を省略し」た上での「再生産における貨幣の還流運動」を考察した箇所の記述に示されている。そこでは, 生産諸要素を生産する「部類Ⅱにおける不変資本」をめぐる「貨幣流通」の論述の際に,「ここでは, 事柄の

性質に基づいて，貨幣は支払手段として展開するであろう」とされ，そして，「それゆえに運動は貨幣なしに相殺によって均衡される」という点と，「それにもかかわらず」，「生産物AがBに入って行く期間と，BがAに入って行く等々のそれとはいろいろに相違していることがありうるのだから」，「ここでも貨幣流通は多かれ少なかれ起こりうるし，そして起こるであろう」という点が指摘され，その上で，「ここではそのようなことを考察することが重要である」(Ⅱ/3, S.1742)とされているからである。

　そして，そうした論点は，初稿第3章では，「素材変換を媒介する貨幣流通」を項目「1)」の中の「2)」の部分として展開することが明記された少し後の箇所で，「資本家としての資本家の間での流通，互いに補塡しあう諸資本の流通」の問題が取り上げられ，「ここでは，貨幣は主として<u>支払手段</u>として相互の差額の決済のために機能する。……しかし，それが支払手段として機能しようと，流通手段（購買手段）として機能しようと，この部面で必要な貨幣……はBの資本家の間でのみ，彼らの不変資本の転態のために流通する」(Ⅱ/4.1, S.320, 訳220頁)と論述されている。このように，不変資本の補塡に関しては，社会的総資本の再生産過程の把握が「二段構え」でなされて行った『61-63年草稿』であっても，再生産過程における貨幣流通の考察の際には貨幣の支払手段としての機能についても視野に収めて，考察が展開されようとし，そして，初稿の第3章では，この論点は項目「1)」の中の「2)」の構成部分として実際に論述されているのであり，その「2)」では貨幣の支払手段としての機能も考察の対象に入っていることになる。第2稿でも同様に考えられていたことは，第3章の6亜部門分割の表式分析の際には，見出しの「<u>c)</u>」では「購買手段」に続けて括弧に入れて「<u>（および支払手段）</u>」と表記され，本文では，「詳細には考察しない」にしても，「支払手段が流通する貨幣量の一部をなす」ことが記され，「支払手段」が「流通手段」に言い添えられている（Ⅱ/11, S.463-465）ことや，第3章直前の第2章末尾の蓄積に関する箇所でも，「<u>遊休貨幣資本が機能し始める</u>」のは「購買-または支払手段として」である（K.Ⅱ, S. 346, Ⅱ/11 , S.334）というような表記がなされているところから，うかがわれる。

以上のように，「貨幣流通の媒介を入れた叙述」の場合には，そこで問題とされる貨幣の機能は，大谷氏たちが言うのとは異なり，「もっぱら流通手段としての機能に限定され」てはおらず，蓄蔵貨幣も含まれており，支払手段についても念頭に置かれていた。そして，そこでの「考察」は，第1章での貨幣資本の考察を前提とし，第三部第5章に連繋するものであり，全体の体系の中に位置づけられてもいたのである。したがって，これらの問題の所在の把握や論述は，「二段構えの叙述方法」とは関係はない。

2　二段構えでは固定資本の補填は「分析」できないか

次に，固定資本の補填・貨幣材料の再生産・蓄積基金の積立と投下という諸問題を含めた分析が「二段構え」の「叙述方法で遂行できないこと」は「マルクスにとって明らかであった」のか，という問題を検討しよう。ただ，蓄積基金に関しては後編第7章 *5* で取り上げるので，本章では前二者について考察する。

固定資本の補填の問題は，1867年8月24日付書簡では，「今書いている第二部（流通過程）の結びの所」との関連から，エンゲルスに「償却基金」の利用による生産拡張の問題に関して「もう1度，教えを乞わねばならない」と記されている（*MEW*.Bd.31, S.327）。「償却基金」に係わる論点がこの時点では第3章で取り上げることにされているのだから，第3章での考察の対象には，この形態での蓄蔵貨幣の問題も含まれていることになる。

第3章での固定資本の補填の問題の扱いについては，初稿の場合には，「既に不変資本の再生産について述べたところで片づいている」とされる（Ⅱ/4.1, S.344, 訳253頁）に止まってはいるが，社会的総資本の場合の固定資本の現物補填と価値移転との対応関係の問題は把握されていたと見做すことはできる。『61-63年草稿』では，「1年間に，一定数の機械などが現実に新しい機械に取り替えられねばならない段階に絶えず到達する。したがって，毎年，一定量の古い機械などが現実に現物で新しい機械に取り替えられねばならない。そして，機械などの年々の平均的な生産がこれに一致する。この機械などの代価を支払うための価値はそれらの再生産期間（機械の）に応じて商品〔の売

上高〕の中から準備されている」(*Mw*.Ⅱ, S.480, Ⅱ/3, S.1103*) というように，一方での購買と他方での販売，両者の一致の問題が認識されていたからである。

＊　宮川氏は，『61－63年草稿』のこの記述について，「ここに」固定資本の価値移転と現物補塡との「一致」に関する「考え方が，はじめて提示され」たとして，これは，「のちの『資本論』第２巻第３篇であらわれる範疇『部分１』・『部分２』の明確な萌芽である」と評価している。このように評価するならば，「摩滅分をめぐる一方的な売りと買い」の問題も，『61－63年草稿』以降の「再生産過程における貨幣流通」に関する考察において念頭に置かれていると解すべきであろう。

書簡に言われている「結び」が第３章のどの箇所かは特定できないが，償却基金の積立・投下やそれの利用による生産拡張の論点については，『61－63年草稿』では「資本の蓄積，収入の資本への転化」に関する部分で言及されている（Ⅱ/3, S.1104）のだから，初稿段階でも同様に考えられているという推定もできるし，あるいは，初稿第３章では，項目「1)」・「2)」に続く項目で，「蓄積に移行する前に」，「再生産過程における固定資本の役割について」の「若干のこと」(Ⅱ/4.1, S.344, 訳253頁) や，「再生産〔過程〕の弾力性」(Ⅱ/4.1, S.381, 訳294頁) の問題が取り上げられているのだから，単純再生産の一般的運動の分析に続いて，「蓄積に移行する前に」特殊的規定として取り上げるという構成であった，という解釈も可能である。いずれにしても，「二段構えの叙述方法」は，単純再生産については引用文３Ｃ（42頁）のように項目「1)」内部の，また，拡大再生産に関しては項目「5)」・「6)」ないしは末尾プランでは項目「3)」内部の方法なのだから，「1)」の中にそれよりも後に予定されていた固定資本に係わる問題が展開されていなくとも当然であるし，「6)」ないしは「3a)」に論述がないのはこの問題に決着がつけられなかったことが原因と考えることができる。

前記書簡の後に執筆された第２稿では，この「償却基金」の利用による生産拡張の問題が解決され，その論述が第２章で展開されている。その第２稿でも，第３章の単純再生産の考察に入る際の固定資本の取扱いに関する説明

（２）　同稿「償却基金の利用による生産拡張について──マルクスの所説における矛盾とその克服──」（『経済と経済学』第44号，1980年），のちに前掲書，所収，287頁。

に際しては,「生産物に移転される固定不変資本の価値部分は,同じ規模で再生産を始めるために現物補塡されねばならない固定資本の価値部分に等しいことが前提される」(Ⅱ/11, S.372) というように,両者の一致が強調されてはいるが,その具体的態様の論述が展開されるまでには至っていない。この点は,表紙目次の「A 単純な規模での再生産」は「(p.141-)」というように終わりの頁が未記入であり,「b)媒介する貨幣流通を入れた叙述」には頁自体の記入がなされていない (Ⅱ/11, S.4) ことに示されているように,第3章の論述が単純再生産の項目「b)」における6亜部門分割の表式分析の箇所で中断され完結していないことによる。固定資本に係わる問題を展開する箇所にまで論述が進まなかったのである。

以上のように,第2稿でも初稿でも,固定資本の補塡の問題が展開されていないのは,「二段構えの叙述方法」が「制約」となっているからではないのである。

3 二段構えでは貨幣材料の再生産は「分析」できないか

貨幣材料の再生産については,第2稿では,「社会的総資本の構成部分としての貨幣資本」を考察した箇所において,「社会的な労働と生産諸手段のうち,摩滅鋳貨を補塡するために,貨幣の年々の購入または生産に支出されねばならない部分が,"その分だけ"社会的生産の規模を削減するということは,自明である」(K.Ⅱ, S.357, Ⅱ/11, S.346) とされているが,この記述は,第2章末尾の現行版第17章部分においての,「金銀の年々の生産の最小限は,年々の貨幣流通によって引き起こされる金銀の摩滅に等しくなければならない。さらに,年々生産されて流通する商品総量の価値額が増大する時には,年々の金銀生産も増大しなければならない……。／したがって,社会的労働力の一部分および社会的生産諸手段の一部分は,年々,金銀生産に……支出されねばならない」(K.Ⅱ, S.327, Ⅱ/11, S.316),という指摘を受けたものと解される。ここでは,「この貨幣総量(貴金属の総量)は次々と蓄積されてきた社会の蓄蔵貨幣である。この蓄蔵貨幣の一部が……摩滅によって消耗さ

れる限り，それは年々……新たに補塡されねばならない」(ebd.) とされているのだから，蓄蔵貨幣の一形態として扱われようとしていたと言えよう。第3章の「A）単純な規模での再生産」の項目「b）」においても，「磨滅した貨幣を補塡するには，年間生産物の一部は補塡の金等と交換されねばなら」ず，「国内で一定量の社会的資本と社会的労働力が貴金属の生産部門に支出されねばならない」と指摘されるが，「このことは，B b）の部分で詳細に論ずることにするので，ここではさしあたり捨象されうる」（Ⅱ/11, S.424）と明記されている。ここでの「B b）」とは「B）拡大された規模での再生産，蓄積」の項目「b）貨幣流通による媒介を入れた叙述」のことであり，ここで「B b）」とされたのは，生産者が「剰余生産物を……新たに生産された追加の金または銀を流通に投げ入れる金生産者または銀生産者に販売するならば……，彼の潜在的貨幣資本は，金や銀からなる国内の蓄蔵貨幣の増分を形成する」（Ⅱ/11, S.18, 訳（4）50頁），ということを重視したのであろう。

　貨幣材料の再生産の問題のこうした扱いは初稿でも同様である。そこでは，この問題は，その第3章の項目「6）蓄積を媒介する貨幣流通」において取り上げられ，「年々の国民的剰余生産物の一部分は金銀と交換されて，まず最初は個々の資本家の販売された商品資本の貨幣形態として返され，それから，収入のであろうと資本のであろうと流通手段として流通に入って行く」ことが記されている（Ⅱ/4.1, S.360, 訳274頁）。これは，『61-63年草稿』ノート17・18「エピソード」において展開されている「媒介の小売商人を省略し」た上での「再生産における貨幣の還流運動」の考察が進んだ時点で，「今なお考察すること」として指摘された論点のうち「3）金銀生産者」（Ⅱ/3, S.1743）が，第3章の中で，「蓄積を媒介する貨幣流通」なしの論述を前提に，それに続く項目「6）」ないしは「3 a）」に位置づけられたことを示している。ただ，初稿では，この貨幣材料の再生産については，「貨幣としての貨幣の現実的な蓄積を，一国民について，資本制的生産の基礎上で語りうるのは，ただ，それの再生産過程一般の拡大に伴って，収入のうち金または銀と交換される部分もまた——流通に含まれている部分も，既に述べたような貨幣蓄蔵を必要とするさまざまな機能のために，絶えず蓄蔵貨幣を形成する部分も

――拡大される，という限りにおいてである」（Ⅱ/4.1, S.360, 訳275頁），とされているに止まるが，『61-63年草稿』では，「貨幣材料の生産者としての金生産者」がⅠ・Ⅱの「部類とは別に」「特殊な一部類を形成する」もの（Ⅱ/3, S.1752）として，取り上げられ，それについての考察が展開されている（Ⅱ/3, S.1755-1758）。この「貨幣材料の生産者として金生産者」の問題が第3章での貨幣流通を考慮した考察部分に含まれてきているのである。

　貨幣材料の再生産の問題は，第2稿では，単純再生産に関する「A)」では「b)」の部分でも意識的に捨象され，「B)」の拡大再生産・蓄積との関連において「貨幣流通による媒介を入れた叙述」として考察されることになっており，初稿でも，第3章の「蓄積を媒介する貨幣流通」の項目において考察されることになっているのだから，その解明を「二重の叙述方法という枠組み」が「制約」していることにはならないのである。

　以上のように，総再生産過程の問題が「二段構え」で構成されようとされた第2稿でも初稿であっても，第3章での再生産過程における貨幣流通の考察の際には，固定資本の補塡・償却基金も，また，貨幣材料の再生産も取り扱うことに予定されており，こうした問題の「組み入れ」はなされているか，なされうる理論構成にされていたのである。それら自体の問題が論述として展開されるまでには至らなかったのは，固定資本の補塡の問題も貨幣材料の再生産の問題も，蓄積の問題との関連が未解決であったことが大きく作用しているように思われる。したがって，これらの論点の展開は「二段構えの叙述方法」とは関係はなく，「二重の叙述方法の放棄」と「貨幣運動の全面的な組み入れ」とは関連はない。両者を関連づける大谷氏や宮川氏の議論では，いつの間にか問題がすり変わってしまっているのである。

　以上のように，「二段構えの叙述方法」という「枠組み」は第2稿第3章での「新たな視点」からの展開の制約要因とはならないのである。この点以外にこの制約要因と見做されている点を，次に検討しよう。

第5章　第8稿の分析を準備したのは
　　　　資本循環論の「進歩」か

　大谷氏によって第2稿「第3章の課題についての新たな視点」とされた総再生産過程における「商品資本の循環」過程・「剰余価値の変態」w－g－w・「労働力の変態」A－G－Wの要因の「絡み合い」の解明を制約する要因として，氏の論稿から読み取れるもう1つの問題は，それを「厳密に分析する前提」が欠如しているという点である。その論稿では，それらの「絡み合い」を「厳密に分析する前提がつくりだされた」のは「貨幣資本が果たす貨幣機能と資本機能との明確な区別」によってであり，その区別が，「第8稿における新たな段階での社会的総資本の総再生産過程の分析を準備した」第5稿～第7稿での資本循環論の「2つの点での進歩」のうちの1つとされている（中123～124頁）からである。資本の循環過程・剰余価値の変態・労働力の変態の「絡み合い」の「視点」と論述の試みが初稿からなされていると評価できる点は第1章3で，また，資本循環論の「進歩」のもう1つの「商品資本の循環の独自性の明確化」という点は第2章で論じたので，この「資本の循環過程と一般的商品流通との区別と関連」の明確化という問題も検討しよう。

1　資本の循環と一般的商品流通との関連は第2稿では「明確」でないか

　大谷氏は，「マルクスは第5稿－第7稿のなかで，資本の循環過程と一般的商品流通との区別および関連を明確に叙述しようと努め」，そこでは，「一般的商品流通の事象を資本循環における機能的に規定された一部分にする諸契機ないし諸関係が明確にとらえられ」ており，また，そのことによって「同時に他方では，資本循環の部分を成していない一般的流通の諸過程がそれとして明確にとらえられた」とする。そして，「そのポイントは，なによ

りもまず」，貨幣資本が果たす「貨幣機能と資本機能との区別および関連を厳密に把握すること，とりわけG_WにおけるGが貨幣として果たす機能を同時に資本としての機能にするものはなにか，ということを明確に述べることであった」とし，さらに，「生活手段の個人的消費によって労働力の再生産を媒介するW_G_Wも，資本家が貨幣形態にある剰余価値を個人的消費のために支出するg_wも，ともに一般的商品流通のうちの資本の循環の外部にある部分であることが明確にされ」，「これによって，社会的総資本の総再生産過程におけるそれらの過程と資本循環との絡み合いを厳密に分析する前提がつくりだされた」としている（中122～123頁）のである。こうした見解は，宮川氏による，再生産論の確立にとって資本循環論の確立を決定的なものと評価し，「第5稿－第7稿での循環論仕上げの眼目」は，「『資本循環過程』・『資本の流通』・『一般的商品流通』の三者の相互関連を明確にした点にある」とする見解と共通性がある。両者の相違は，宮川氏が第5稿の記述を重視するのに対して，大谷氏の場合には第6稿と第7稿を取り上げての説明になっている点である。

そうした説明の違いの背後には，$MEGA$, II/Bd.11によって可能となった第5稿の執筆経過の認識の深まりがあるものと推察される。大谷氏によれば，マルクスは，まず「各ページの上半部」を使って第5稿「原初稿」を執筆し，その後に「叙述を中断し」て「4つの草稿からの指示と覚え書」＝「以前の諸草稿のなかの利用すべき諸箇所への指示ないし摘要」を作成し，それを「参照しながら，ブランクとなっていた第5稿の各ページの下半部に，以前の叙述から多くの箇所を……『追補』または『注』のかたちで書き加えた」。そして，エンゲルスの「序文」によって知られていた「この第2の叙述が基礎に置かれなければならない」(K.II, S.11, II/11, S.539) というマルクスの「一文が書き付けられたのは，目の前に，第1稿－第4稿および，まだ『原初稿』だけが書かれている第5稿および……第8稿第1層の冒頭部分があるだけのときであった」，とされている（中120～121頁*）。

（1） 宮川，前掲「マルクス再生産論の確立過程」（前掲書）316頁。

＊　ここでは，大谷氏が以前に述べていた，マルクスは「第2の叙述が基礎に」という指示書きの「あとに第5稿に着手した」という見解が修正されている。この以前の見解は，伊藤(武)氏による，マルクスは「第2稿に理論的誤りを見出し」，その「自己批判のうえに」第8稿が成立したとする見解に対して，富塚氏が，第二部「序文」でエンゲルスは「第2稿は第2部の論稿のうちで或る程度まで完成している唯一のもの」と評価し，「最後の改訂のための覚え書」では「第2稿が基礎に」と「マルクス自身が『明言している』ことを伝えている」とし，「『根本的な理論的誤り』をしていると自ら考えているものを『基礎にせよ』と言うであろうか？ マルクス自身は第2稿が『根本的な理論的誤まり』をしていたなどと考えてはいなかった」と反論していることへの批判であった。それに対して，富塚氏は，大谷氏が「第8稿を書いている時期については，〈覚え書〉でのマルクスの言明はなんの意味ももたない」とした点を捉えて，それは「マルクス自身がそう言っているわけでは決してない」と反論した。今回の論稿においては，本文のような修正がなされ，「第8稿を含むすべての草稿を目の前に置いて，第2稿を基礎にすべきだとマルクスが書いたわけではない」という事実の記述に止められてはいるが，他方で，「この一文が書き付けられたのは」，「第1稿－第8稿のすべてが書き終えられたあとではなかったことに注意が必要である」とも強調されており（中121頁），言外には，依然として，「覚え書」での言明は第8稿の時期には「なんの意味ももたない」という評価がほのめかされていると言えよう。

　このような第5稿の成立事情の把握からすれば，宮川氏のように，第5稿～第7稿を第2稿に対する一体のものとして評価し，第2稿と第5稿との連続性を否定することはできない。まず，「第2の叙述が基礎に」という一文が記された時期が，実は第5稿原初稿執筆の後であったとすれば，マルクスにあっては第2稿と第5稿原初稿との間に本質的な意味での発展・飛躍を意識してはいなかったということになるからである。そして，宮川氏自身に

（2）　大谷「再生産論と恐慌論との関連をめぐる若干の問題について——富塚良三氏および報告者へのコメントおよび質問——」（『マルクス・エンゲルス・マルクス主義研究』第40号，2003年）30頁。
（3）　伊藤(武)『マルクス再生産論研究——均衡論批判——』（大月書店，2001年）ⅰ頁。
（4）　富塚「再生産論の課題〔Ⅱ〕——『資本論』第2部初稿第3章『流通と再生産』再論——」（『商学論纂』第43巻第1号，所収），のちに前掲『再生産論研究』所収，169頁。
（5）　大谷，前掲論文，31頁。
（6）　富塚，前掲「再生産論と恐慌論の関連について」（『再生産論研究』）259頁。

第5章　第8稿の分析を準備したのは資本循環論の「進歩」か

よって「資本循環論の確立の指標」と評価されていた第5稿の論述も，その連続性を示しているからである。その論述は下記のとおりである。

　「循環 G…G′ は，一方では，一般的商品流通と絡みあい，それから出てそれに入り込み，それの一部分をなす。他方では，循環は，個別資本家にとっては資本価値の独自な自立的運動をなすのであって，この運動は，部分的には一般的商品流通の内部で行なわれ，部分的にはその外部で行なわれるが，しかも常にその自立的性格を保持する。」(K.Ⅱ, S.61. Ⅱ/11, S.590.)〔引用文5A。〕

　「一方では，各個別資本は，その両流通段階 G−W と W′−G′ とにおいて，一般的商品流通――そこでは，各資本が，貨幣としてあるいは商品として機能しまたは連結している――の一原動力（Agens）をなし，かくしてそれ自身商品世界の一般的変態列の中の一環をなしている。他方では，各個別資本は，一般的〔草稿――なし〕流通の内部ではそれ自身の自立的循環を描く。」(K.Ⅱ, S.62. Ⅱ/11, S.590-591.)〔引用文5B。〕

この引用文5Aも5Bも，現行版では本文とされているが，第5稿では「本文の下の注」(K.Ⅱ, S.11) にあって，「原初稿」に書き加えられた部分（Ⅱ/11, S.590）であり，前者は第2稿のノート頁5（Ⅱ/11, S.14, 訳(1)15頁）が，後者はノート頁11（Ⅱ/11, S.30, 訳(3)35～36頁）が利用されたものであった**。これは，「第2の叙述が基礎に」という一文を記した後の作業で，第2稿の重要な記述が第5稿に取り入れられたということであり，第2稿と追補・注も含めた第5稿全体との間に本質的な点での連続性があることを意味する***。

　　** 第2稿ノート頁11の論述は伊藤(武)氏によって引用されていたが，宮川氏もその後の論稿では，それらの部分が第2稿から「ほぼそのまま」「再録され」たものであり，「完成度の高いもの」と評価している。そのように認めるならば，宮川氏が再生産論の展開にとって重要な契機をなすものと把握し，引用文5Bに依拠して強調

（7）　宮川，前掲「マルクス再生産論の確立過程」（前掲書）315～316頁。
（8）　伊藤(武)，前掲「マルクス資本循環論の成立」23～24頁。
（9）　宮川「資本循環論の確立指標についての覚書」（『経済と経済学』第71号，1992年），のちに前掲書，所収，142頁。

する，「資本循環過程は……自己増殖主体たる資本関係を内実にもち，したがって『原動力 Agens』を内蔵する売り買いとして，商品流通の一環をなしてゆく」という「資本循環の商品流通にたいするアクティヴな連関の洞察」[10]は，第2稿においてもなされていた，としなければならないであろう。

***　宮川氏によって重視されたもう1つの箇所は本文ではあっても角括弧内にあり（K.Ⅱ, S.64-65, Ⅱ/11, S.594），覚え書的なものであった。

　第2稿と第5稿との連続性を認めるならば，第2稿と第8稿との間に資本循環論の本質的な「進歩」を見出すためには，その時期はもっと限定されて，注も含めた第5稿と第6稿・第7稿との間でなければならない。しかし，第6稿は現行版の「第1章の大部分を含んでいるが，4つ折り判で17ページにすぎ」ず，第7稿は「2つ折り判で7ページにすぎない」（K.Ⅱ, S.11）し，執筆の日数も僅か（中121～122頁）なのだから，第5稿と第6稿・第7稿との間に本質的な意味での発展関係はないと，先ず推論するのが自然であろう。

　しかし，大谷氏は，第7稿・第6稿を論拠として，「資本の循環過程と一般的商品流通との区別および関連」の明確化を以下のように説明するのである。「第7稿でマルクスは次のように書いた」として，第1に，「G_WにおけるGの貨幣機能を資本機能にするものは，資本がその循環のなかで貨幣機能を果たす段階と他の諸段階，とりわけ資本が生産過程で価値増殖する段階との関連である」と説明し，それに，「しかし」と続けて，「貨幣が労働力を購買できるのは，買い手が生産手段の所持者である資本家であり，売り手が生産手段から切り離された労働力しかもたない労働者であるという，『買い手と売り手とが相対するときの両者の経済的根本条件の相違』すなわち『彼らの階級関係』があるからである」と指摘し，そして，「この関係の定在こそが，たんなる貨幣機能を資本機能に転化させることができる」（K.Ⅱ, S.37, Ⅱ/11, S.693）という文を引用している。そして，第2に，「他方，W′_G′については，第6稿でマルクスは，資本価値プラス剰余価値という価値関係を表わしているW′の貨幣への転化は同時に商品資本の貨幣資本への転化であって，商品の貨幣への転化である商品流通の単純な過程W_Gに資本機能の

---

(10)　同前，316頁。

刻印を押すものは，この価値関係なのだ，と述べた〔Ⅱ/11, S.677-678〕」という点を指摘している（中122頁）。

しかし，第1のG_Wに関する指摘の前段部分と第2のW'_G'に関する指摘については，第2稿でも明確である。資本の循環過程と一般的商品流通との区別と関連を「明確にした」ものとして宮川氏によって重視された引用文5Aにあたる第2稿の論述には，「資本価値の独自な自立的運動」に関して，「この運動の自立性は次の点に現われる」として，以下のような記述が続いている。

　　「両方の流通断片，G_WとW'_G'，購買と販売は，資本運動の諸局面として<u>機能的</u>に規定された性格を有する。G_W，購買は<u>素材的に規定</u>されている。貨幣がそれに転換される……諸商品は<u>特殊な使用形態</u>を持たねばならない。それらの商品は，一方では生産諸手段として役立つべきものであり，他方では労働力からなるべきものである。……一般的商品流通の行為としての流通断片W'_G'……は，資本価値の運動における生活断片としては，諸商品の生産に前貸しされた資本価値の実現であるだけでなく，同時に，生産過程で商品に付加された剰余価値の実現でもある。」（〔K.Ⅱ, S.61. Ⅱ/11, S.590〕Ⅱ/11, S.14-15. 訳(1)15頁。）〔引用文5C。〕

ここでは，資本の循環過程の一局面としてのG－WとW'－G'の内容が明確に記されている。それでも，宮川氏のように，資本の循環過程と一般的商品流通との関連は第2稿では「断片的に示唆される[11]」に止まっていると評価されるかもしれない。しかし，引用文5Cとその直前の引用文5Aにあたる部分は，貨幣資本の循環形態の総循環に関する論述に入ろうとする箇所にあり，「<u>第1局面：G－W</u>」に関する論述（Ⅱ/11, S.10, 訳(1)10頁）と「<u>第3局面：W'－G'</u>」に関する論述（Ⅱ/11, S.13, 14, 訳(1)14頁）を受けて，そこでの問題を確言したものである。また，引用文5B（65頁）にあたる部分は，同様の問題を「貨幣資本・生産資本・商品資本」の範疇を導入して論述し直した箇所と，それらを受けた次の「資本の総循環」の論述との間への挿入を指示

---

(11)　同前，140頁。

されたものである。その前では，G-Wの過程は，「一般的商品流通の部面に属し」，「流通の一局面として，単純な流通行為，商品変態の一環，貨幣の商品への転化，購買である」が，「過程進行中の資本価値の循環の第1局面としては，この購買は素材的に規定されて」おり，「資本循環の第1局面としては……形態的な商品変態〔の一環〕G_W……は，同時に（zugleich），前貸資本価値の自己増殖を開始する過程であり，貨幣の労働力および生産諸手段への転化である」ことが，そして，W′-G′に関しては，「商品の機能は，ここでは，商品の生産に前貸しされた資本価値……を貨幣形態に再転化すること，および商品に付加された剰余価値に金を着せることでもある。それゆえ，資本価値はその最終局面では商品資本として機能する」（Ⅱ/11, S.26, 27, 訳（3）34, 35頁）ことが指摘されており，挿入を指示された論述はそれらを概括する形になっている。したがって，引用文5Cを含めた引用文5Aと引用文5Bにあたる部分は，問題が「断片的に示唆される」ようなものではなく，第2稿「第1章 資本の循環」の項目「1）」「a）貨幣資本の流通図式。資本の諸変態。貨幣資本。生産資本。商品資本」の中で資本の循環過程と一般的商品流通との関連を「総括」した重要な記述なのである。

****　宮川氏は，資本の循環過程と一般的商品流通との関連の把握に関して，第2稿では，両者が「絡み合う」と表現されていることを問題として，「概括・整序の仕方において徹底を欠き」，「曖昧さ」が残っているとし，それに対して，第6稿と第7稿では，両者の関連を論じた箇所において，「同時に（zugleich；gleichzeitig）」という語が用いられている（K.Ⅱ, S.34；S.32, 44）点に着目し，そこから，一挙に，資本循環と一般的商品流通との関連が「一個同一の過程をめぐる異なった形態規定性の……重層的な関係として，はじめて明確に」され，両者が「同時性 Gleichzeitigkeit の関係で，最終的に結びつけられた」という結論を引き出している。

しかし，第2稿の論述においても，両者の関連については，両者が「対立・背反や継起・並列に立つ」ように論じられているわけではなく，氏の言うような，「一個同一の流通の過程で『一般的形態』（W-G，G-W）を共有し，重なりあう関係に立つ」という内容で把握されているように思われる。また，「同時に」という語は，本文で引用した論述にも見られるように，第2稿でも用いられているし，宮川

---

(12)　同前，140～141頁。
(13)　同上，141頁。

第5章　第8稿の分析を準備したのは資本循環論の「進歩」か　69

氏が指摘した第6稿での W′-G′ に関する箇所の場合には，実は草稿にはなく（Ⅱ/11, S.677），エンゲルスによる補筆（Ⅱ/12, S.18）である。このような語の用法から，この論点に関する本質的な意味での理論的深化を読み取ろうとすることはできない。第5稿から第7稿における資本循環論の確立という主張を保持しようとするために，無理を重ねているとしか思えない。

　こうした論点は，初稿では把握されていたのであろうか。第1に，G-W に関しては，初稿では，「G は資本として機能すべきであり，したがってそれは生産過程の諸要素として現われねばならない，ということによって規定されている」とされ，「単純な商品変態と資本の変態との間の区別」に関して，「資本の変態の場合」の「G-W は，貨幣と商品とのこうした交換によって準備される独自の生産過程によって規定されている。〔G-W の〕W として現われる商品の使用価値は，ここでは概念的に規定されている」ことが指摘されている（Ⅱ/4.1, S.148, 149, 訳19～20頁）。そして，「形態 G-W-G′」においては，資本は，「最初，貨幣資本（その使命（Bestimmung）からみて，即自的に，可能的に（δυνάμει）資本であった貨幣）として存在する」（Ⅱ/4.1, S.141, 訳11頁）ものと把握されている。

　第2に，初稿では，W′-G′ についても，「直接的生産過程の結果として存在しているのは，ある商品大量……であって，そこには最初の資本価値のほかに剰余価値が対象化されている」（Ⅱ/4.1, S.183, 訳61頁）とされ，資本は「諸商品がもっぱら価値増殖された資本の担い手として，その1つの存在様式として機能することによって，商品資本として存在する」（Ⅱ/4.1, S.141, 訳11頁）とされ，「この商品も今や……貨幣に転化されねばならない」（Ⅱ/4.1, S.183, 訳61頁）ことが指摘されている。しかも，その意味も，「資本の価値増殖は，それが資本の生産物としての商品において，すなわち資本の商品資本への転化において実現されている限りでは，同時に」，「価値の形態・その貨幣形態に関しての」「資本の価値喪失（Entwertung）である」とされ，資本は「直接に価値として機能しうるこうした形態」を「変態 W-G によって……とにかくもう一度獲得しなければならず」（Ⅱ/4.1, S.184, 訳61頁），そして，次いで「それは再び貨幣資本して存在するが，しかし今度のそれは……生産過程を通過

することによって実現された資本〔〔として〕〕（実現態からみて）存在する」（Ⅱ/4.1, S.141-142, 訳11頁）というように論じられている。こうした記述からすれば，大谷氏が指摘している「G―WにおけるGの貨幣機能を資本機能にするもの」についても，W′―G′についても，その内容は初稿段階で既に基本的には把握されていたと評価することができる。

以上のように，「資本の循環過程と一般的商品流通との区別および関連」は，資本循環論の固有の論点とされており，その把握は初稿においても基本的にはなされており，第2稿では「第1章 資本の循環」の展開の中でより明確な形で論述されていたと評価できるのである。

2 資本－賃労働関係の前提の認識は第2稿にはないか

大谷氏によるG－Wに関する指摘の前段部分については上のように理解できるが，それは「しかし」という形で第7稿からの引用部分につなげられているので，そこに力点が置かれているのかもしれない。その引用箇所は，伊藤（武）氏によっても，「資本家と賃労働者という階級関係の定在がたんなる貨幣機能を資本機能に転化させることを指摘する」ものとして重視され，それが基準とされて，第2稿では，「貨幣資本は，貨幣形態にある資本として，ただ貨幣機能を果すにすぎず，貨幣機能が資本の循環過程のなかでは資本の機能になると述べるにとどまり，たんなる貨幣機能を資本の機能に転化させる諸関係を明らかにしえなかった」とも結論されているし，また，宮川氏も同じ箇所を引用し，この論点は「第2稿ではまったく欠落している」(15)としているので，大谷氏も同様のことを主張したいのかもしれない。

この点の叙述は，確かに，第7稿において明確な形でなされており，それは評価されるべきである。しかし，「第8稿における新たな段階での社会的総資本の総再生産過程の分析を準備した」という観点から見た場合には，こ

---

(14) 伊藤（武），前掲「マルクス資本循環論の成立」17頁，34頁
(15) 宮川，前掲「資本循環論の確立指標についての覚書」（前掲書）148頁。

うした点の叙述の明確化がどのような意味でそうした要因となるのか，その関連は大谷氏の論稿では全く説明されてはいない。

　しかも，そうした問題把握自体としても，その点の認識は第２稿からも読み取れる。第２稿からの引用文５Ｃ（67頁）では，Ｇ－Ｗについて「資本運動の諸局面として機能的に規定された性格を有する」ものとして論じている箇所で，「貨幣がそれに転換される諸商品」は「一方では生産諸手段」・「他方では労働力」云々の文言に続く省略したところには，「もし貨幣所有者が労働力を購買できないとすれば，労働力がそれ自身の保有者によって商品として提供されないとすれば，およそ貨幣は資本に転化しえないであろうし，およそ価値は一般的に資本価値として機能しえないであろう」（Ⅱ/11, S.14-15, 訳（１）15頁）という記述がある。この部分も含めて，引用文５Ｃは伊藤（武）氏によっても引用されているが，これは，逆から読めば，貨幣機能を資本の機能に転化させるのは，「貨幣所有者が労働力を購買でき」る・「労働力が……商品として提供され」るという関係であるということになろう。文章表現としては第７稿とは異なってはいるものの，内容としては同一であると言えよう。

　また，貨幣を「生産資本に転化させるためには，生産諸手段の恒常的な現存それゆえにその生産だけではなく，賃労働者の恒常的な現存もまた前提とされている」ということが指摘されており，この点に関しては，「労働者は絶えず賃労働者として商品市場に現われる。なぜなら，資本制的生産過程が労働者を絶えずこの性質で市場に投げ出すからである」（Ⅱ/11, S.32, 訳（３）37頁）とされ，それは「第一部で見た」とされている。そして，同様に「第一部で示された」こととして，「買い手としての資本家と，労働力の売り手としての労働者との平等は，流通過程から生じる単なる外観にすぎない」（Ⅱ/11, S.21, 訳（２）86頁）とされ，それに付された第一部初版からの「実際に，労働者は，彼が自分を資本家に売る前に，既に資本に属している」（K.Ⅰ, S.603, Ⅱ/5, S.468）という引用文は，その第６章〔現行版第７篇〕において「資本関係そのもの」の再生産を論じた箇所からのものである。しかも，その箇所では，「生産手段と生活手段との所持者と労働力の所持者とが，互いに買い手と売り手として相対していなければならなかった」（K.Ⅰ, S.595, Ⅱ/5, S.461）

ということが,「貨幣を資本に転化させるための本源的な前提」(Ⅱ/5, S.461, Ⅱ/6, S.526) とされていた。したがって,第一部のそれらの論述を前提とした第二部における G－W の論述に際しては,資本－賃労働の階級関係の問題もまた事実上前提とされていたと言うことができよう。しかも,生産諸手段と賃労働者の「恒常的な現存」云々の記述が,「したがって,流通図式 G＿W＿P＿W'＿G' は,資本制的生産過程の連続性を前提しており,それゆえ,生産資本と,その機能である資本制的生産過程とが,出発点,したがってまた復帰点を形成するところの循環形態を前提している」(Ⅱ/11, S.32, 訳(3)37頁),と論じられて,生産資本循環形態が展望されている点も,現行版に利用されている第7稿 (K.Ⅱ, S.39-40) と共通している。*

　　* ただし,この点の指摘は,第7稿では,「第1段階 G－W」の末尾にあり,「第2段階,生産資本の機能」への移行の箇所に位置づけられているのに対して,第2稿では「流通図式 G＿W＿P＿W'＿G'」の論述箇所で「この循環はそれ自身によってその実在的な,背後に存在する基礎としての他の循環形態を指し示す」(Ⅱ/11, S.32, 訳(3)37頁) ということを示す際になされ,生産資本循環形態の論述へと連なっている,という相違はある。

　なお,初稿においても,「G－W のうちには……G－A が含まれている,つまり,形態自身のうちに労働者が再び資本の搾取可能な材料として存在するということが……前提されている」(Ⅱ/4.1, S.172, 訳47頁) という記述があり,また,第2稿における第一部との関連の記述に見られるような点は念頭に置かれていたであろうから,そうした視点自体への留意はなされていたと言えるであろう。

　G－W の局面と資本家と労働者との関係の問題については,第7稿おける指摘が第8稿の再生産論の展開にとってどのような意味で重要な要因になっているかは論証されているわけではないし,また,この問題自体としても,それは第2稿においても認識されており,それが第7稿では明確な形で叙述されたということであり,そこで「理論的な前進」がなされたということではないのである。

　以上のように,大谷氏によって第5稿～第7稿における資本循環論の「進歩」(中124頁) の1つとされた「貨幣資本が果たす貨幣機能と資本機能との明

確な区別」は，第2稿においてもなされている。宮川氏が言うように，第5稿〜第7稿においては「資本循環と商品流通との相互関連の分析が一つの基調をかたちづくっている⁽¹⁶⁾」のではあるが，それは叙述の整備・充実と見做されるべきであって，その意味で資本循環論が「仕上げられて」(*K.*Ⅱ, S.11)いったということであり，「第2稿に比した第5稿−第7稿の理論的拡充」とまで言うのは，過大評価であろう。したがって，資本循環論の「進歩」が，「第8稿における新たな段階での社会的総資本の総再生産過程の分析を準備した」とすることはできず，第2稿から第8稿への再生産論の展開にとっての決定的な意義を持つと評価することはできない。第2稿においても，総資本の総再生産過程における資本の循環過程・「剰余価値の変態」・「労働力の変態」の「絡み合い」を，「厳密に分析する前提」(中123頁)はつくりだされており，それを前提としてその第3章は展開されていたのであって，この点も第2稿と第8稿には本質的な相違はないのである。

　では，大谷氏によって，第5稿〜第7稿において第1章部分を「書き直す努力をしたのちに……はじめて可能とな」り（下189頁），マルクス自身の「厳しい自己批判」(下187頁)としてきわめて高く評価された，第8稿の単純再生産に関する論述の最後の部分はどのように理解すべきなのであろうか。次にそれを検討しよう。

---

(16) 同稿，前掲「マルクス再生産論の確立過程」（前掲書）316頁。

第6章　第8稿での可変資本と賃銀に関する論述は「自己批判」か

　第8稿の単純再生産論に関して，大谷氏によって高く評価されている箇所は，現行版では第20章第10節「資本と収入，可変資本と労賃」に利用されている部分である。大谷氏は，そこで批判されている「一者にとって資本であるものは他者にとっては収入であり，またその逆であるという観念」(K.Ⅱ, S.437, Ⅱ/11, S.780) こそ，「第8稿の第一層でのマルクスのそれであり，第1稿での『資本と資本との交換，資本と収入との交換，収入と収入との交換』という把握そのものであ」り，マルクスはその箇所で「かつての自分の『誤解』とそれを生みだした『事実的諸関係』を明らかにしよう」としているとし，そして，第1に，「可変資本の貨幣形態での前貸と還流という，資本循環の運動 $G\_W \cdots P \cdots W'\_G'$ と，労働者のもとでの労働力の変態の運動……とが，商品の売買という単純な流通によって絡み合っているという『事実的諸関係』」が，第2に，「さらに，その奥に潜む本質的な内的関連，すなわち……出発点に還流してきた貨幣が，同時に還流してきた『潜勢的な可変資本』であるのは，労働者の側での労働力の変態……によって商品としての労働力がふたたび再生産され，この貨幣によって『現実の可変資本』に転化しうることによるのだ，という内的な関連」が「明らかに」されている，としている（下189頁）。こうした点を第8稿の到達点として強調するのも，伊藤(武)氏や宮川氏と共通している。[1]

（1）　伊藤(武)，前掲「マルクス再生産論の展開」60頁，63頁。宮川，前掲「マルクス再生産論の確立過程」（前掲書）305～306頁，319頁。

第6章　第8稿での可変資本と賃銀に関する論述は「自己批判」か　75

1　可変資本の循環と賃銀収入の流通の把握に「自己批判」はあったか

　大谷氏たちによってマルクスの「厳しい自己批判」とされている以下の記述から見よう。
　　「資本家Ⅰは常に可変資本を自分の手中に保持している。すなわち，1）貨幣資本として，2）自分の生産資本の要素として，3）自分の商品資本の価値部分として（だから商品価値で），4）再び貨幣としてであって，この貨幣にはこの貨幣が転換できる労働力が再び相対している。……／可変資本は常になんらかの形態で資本家Ⅰの手中にあるのだから，それが誰かにとっての収入に転換されるとは決して言えない。……労賃として受け取られた貨幣が労働者階級の手中で経験するさまざまな転換は，可変資本の転換ではなく，貨幣に転化された彼らの労働力の価値の転換である。」(*K*.Ⅱ, S.445.　Ⅱ/11, S.788-789.)〔引用文6A。〕
　　「可変資本が，資本家にとっては資本として，労働者にとっては収入として，二重に機能するのではなく，同じ貨幣が，まず資本家の手中では彼の可変資本の貨幣形態として（したがって潜勢的な可変資本として）存在し，そして，資本家がそれを労働力に転換するや，労働者の手中では販売された労働力の等価として」存在する。(*K*.Ⅱ, S.437-438.　Ⅱ/11, S.781.)〔引用文6B。〕
　こうした把握に到達していないものとして，大谷氏は第8稿の第一層と呼ぶ部分の記述と初稿の記述を，宮川氏は第2稿の記述を挙げている。大谷氏の場合には，第5稿～第7稿の意義を強調する一方で，「第二稿でマルクスは，可変資本はあくまでも資本が循環のなかで取る形態にとどまるのであって，……可変資本そのものが労働者の手に移るわけではない，ということを明確にした。つまり，資本の循環的運動と労働力の変態運動との二つを区別したうえで，それらが貨幣および商品の位置変換によって媒介されるのだ，ということをはっきりと把握した」(上151～152頁)との評価もなされており，こうした見解は伊藤(武)氏の以前の論稿における見解と同様である。そ

のように第2稿を評価するならば，第8稿の引用文6Aが，第5稿〜第7稿の「のちに」「はじめて可能となった」ことにはなるまい。ただ，この第2稿評価については，大谷氏や伊藤(武)氏にあっては明瞭ではないところもあるし，また，宮川氏の場合には，スミスの，「資財」のうち「生産的労働者だけを維持するのに用い」られる部分に関しての，「それは，彼〔雇主〕に対して資本の機能を果たした後で，これらの人手〔労働者〕の収入を構成する」という記述を，「『資本』が『収入』になり変わる，範疇転化を遂げる」という認識であると理解した上で，第2稿にはこのスミスの「資本－収入転化命題」「そのままの受容」の論述があるとされているので，第2稿までの記述を第8稿と比較検討しよう。

　　＊　伊藤(武)氏の場合には，「マルクスの拡大された視野に照応する新たに獲得された諸論点は……第2稿執筆の最終段階にいたって漸く獲得された」とされているが，他方では，「新しい諸観点の確立をもたらしたのは……第2稿における資本循環論の展開による……拡大された視野によるものであ」るとされたり，その後の著書では第8稿の「新しい分析視角は……第5〜7稿における資本循環論の彫琢によって獲得された」ことが強調されたりと，首尾一貫していないように思われる。

　第8稿引用文6Aに言う「可変資本は常になんらかの形態で資本家」の「手中にある」ことは，初稿でも明確に把握されている。第1章3（23頁）で取り上げた第二部第1章の貨幣資本の循環形態の項目における「資本家と労働〔者〕との間の取引」を論じた箇所では，「資本家によって労働の価格として支出された貨幣が必要生活手段の売り手としての資本家の元に戻っ

（2）　伊藤(武)，前掲「『資本論』第二部第二稿の再生産論」146頁。
（3）　Adam Smith, *An inquiry into the nature and causes of the wealth of nations* (1776), edited by Edwin Cannan (1904, 6th ed., London, 1950) Vol.1, p.315. 大内兵衛・松川七郎訳『諸国民の富』（岩波書店，1969年）525頁。
（4）　宮川，「スミスの〈ドグマ〉について――『分解』手法の意義とその批判――」（『経済学研究』第21号，1978年），のちに前掲書，所収，47頁。
（5）　同稿，前掲「マルクス再生産論の確立過程」（前掲書）302頁。
（6）　伊藤(武)，前掲「『資本論』第二部第二稿の再生産論」146頁，149頁。
（7）　同稿「『資本論』第2部第8稿の単純再生産論」（『大阪経大論集』第49巻第1号，1999年），のちに前掲書，所収，84頁。

第6章　第8稿での可変資本と賃銀に関する論述は「自己批判」か　77

てくる還流」の過程が詳しく考察され，「可変資本としての資本の側での現実の流通」は「$G-A。P。G+\Delta G$，または，$W(=G)$ および $\Delta W(=\Delta G)$」（Ⅱ/4.1, S.155, 訳27頁）とされているからである．第2稿には，宮川氏によって，「可変資本の賃金収入への転化，範疇転化」が「いわれ」ていると批判された箇所もあるが，それは下記の論述である．[8]

　　「労働力の価値に等しい可変資本の価値が直接に生活手段の形態 v で前貸しされるという所与の前提の下では，この可変資本，例えば v300 ポンドは，その300ポンドが現実に生産資本の可変的成分に転化した後では，すなわち資本家がこの300ポンドの生活手段で生きた労働力を買った後では，ただ労働者の収入としてのみ現われる，ということが既に前提されている．」（Ⅱ/11, S.407.）〔引用文6C．〕

　しかし，この前後を全体として見るならば，引用文6Cは「300v ──可変資本すなわち生産過程における労働力── $\widehat{300v+m}$，これがその事象が資本の流通として現われる形態である」（Ⅱ/11, S.407）ことの考察の文脈上にあり，また，引用文6Cに続く記述は，「そして，それと共に同時に，労働過程の生産物にこのように資本家によって前貸しされた v300 ポンドの価値が価値部分として再び現われるということ，すなわち彼の資本の可変部分は労働者の労働によって生産過程から彼の元に還流してくるということが想定されている」（ebd.）というものであり，全体では資本の循環運動のうちの可変資本の流通が問題とされていると解される．したがって，第2稿でも，第8稿引用文6Aに言う「可変資本は常になんらかの形態で資本家」の「手中にある」点は認識されていると見做すことができる．

　また，引用文6A後半の，「労賃として受け取られた貨幣が労働者階級の手中で経験するさまざまな転換は……貨幣に転化された労働力の価値の転換である」という点も把握されている．初稿では，上記の「可変資本としての資本の側での現実の流通」の指摘に続いて，「これに対して，資本家と労働〔者〕との間の同じ取引は，……労働者にとっては」，「AまたはW……，

（8）　宮川，前掲「マルクス『資本の流通過程』論の成立」（前掲書）197頁．

A－G（彼の労働〔力〕の販売），G－W（彼の労賃による諸商品の購買），したがって，W－G－W，すなわち彼の商品である労働〔力〕の貨幣に対する販売と，この貨幣による商品（生活手段）の購買」のように「現われる」とされ，「この場合……貨幣は，彼〔労働者〕にとっては流通手段としてのみ……機能する」（Ⅱ/4.1, S.155, 訳27頁）とされているからである。第２稿でも，これと同様の記述が第１章の貨幣資本の循環形態に関する論述部分の「１）貨幣資本」の箇所に見られる。「労働力の購買にあてられる」「60ポンド」について，「労働者にとっては，それは商品変態W－G－Wにおける商品のつかの間の貨幣形態でしかない。労働力が貨幣60ポンドで販売され，〔労働者は〕その貨幣60ポンドで生活諸手段を購買する。したがって，この60ポンドは流通手段として機能するだけである」（Ⅱ/11, S.18, 訳（２）82頁），とされている。このように，可変資本の運動と労働力の変態の運動の両者は明確に区別されている。

　しかも，上記の第２稿第１章の論述は，「貨幣資本は一般的商品流通との関連では貨幣以外の何ものでもない」という書き出しに始まる段落にあり，先の論述の直前では，その「60ポンド」は「資本家の手中では貨幣資本の可変部分である」とされた後に，「とはいえ」という形で，それは，「一般的商品流通の内部では資本家自身にとっても」「労働力の購買手段または支払手段」という「特定の機能だけを果たす」と続けられ，「さらに，この同じ60ポンドは，それが労働者の手に移るや，それの資本性格を失う」と記されている（Ⅱ/11, S.18, 訳（２）82頁）のだから，第８稿からの引用文６Ｂにおける，「同じ貨幣が，まず資本家の手中では彼の可変資本の貨幣形態として……存在し，そして，資本家がそれを労働力に転換するや，労働者の手中では販売された労働力の等価として」存在するという点も把握されていたと解することができる。また，この点の指摘は第２稿の第３章においてもなされている。それは，宮川氏に対して，水谷氏が可変資本と収入との区別は「第２稿でもそれ以前でも明示されている」と批判した際の典拠の１つとされた下記の論述である。

　　「貨幣は初めに貨幣資本として機能し，次いで労働者にとって流通手段として機能し，そのようにしてその出発点へ戻る。／初めに資本（可

変）が貨幣の姿で前貸しされ，次いで収入がその貨幣の姿で支出される。」（Ⅱ/11, S.453.）〔引用文6D。〕

この引用文6Dと同様の記述は初稿にもある。「同じ貨幣額が資本家と労働者の間を労賃に支払われる可変資本の貨幣形態として，そして自分の労賃を必要生活手段に転換する労働者の購買手段として流通する」ことを論じた箇所（Ⅱ/4.1, S.153-154, 訳25～26頁）である。この2つの運動の絡み合いを媒介する貨幣の機能に関する把握についても，第8稿と第2稿・初稿との間に本質的な相違はない，と言えよう。

この引用文6Dに関しても，宮川氏は，ここでは資本の収入への「範疇転化」という「矛盾・難点」は「除去されている」としながら，これは「資本の循環運動のイニシアチブのもとでの諸規定の絡みあいを積極的にあきらかにするものではない」として，その意義を認めようとしない。しかし，氏が「資本循環の商品流通にたいするアクティヴな連関」が「洞察」されているものとして評価した第5稿の記述は，先に第5章 *1*（65頁）で見たように第2稿から採られたものなのだから，そこでの「各個別資本は一般的商品流通の一原動力をなしている」という記述を考慮して，ここで「資本（可変）が貨幣の姿で前貸しされる」ことが「出発点」とされている点を見れば，第2稿で「資本の循環運動のイニシアチブ」を念頭におかずに論述が展開されていたとは考えられない。

ここで，宮川氏による引用文6Cへの批判の中身も見ておけば，それは，引用文6Cでは，「『生活手段の形態で前貸しされる』ところの可変資本が労働力の購買手段として機能したあとに，その可変資本が『労働者の収入としてあらわれる』，または機能するというのであるから，同じ貨幣もしくは生活手段形態の生産物が，資本家の手では可変資本規定を受けとるが，他方労働者の手ではそれが転化して賃金『収入』規定を受けとるのだという認識で

（9）水谷，前掲書，199頁。
（10）宮川，前掲「マルクス再生産論の確立過程」（前掲書）312～313頁，328頁。
（11）同上，316頁。

ある」(傍点原文)というものである。しかし，この後半の引用文6Cの「認識」に関する文の主語は「同じ貨幣もしくは生活手段形態の生産物」とされており，これらは資本の循環運動と労働力の変態運動との絡み合いの媒介者＝中間項なのだから，宮川氏自身が，ここでの認識は，資本と収入とが「直接につきあわ」されて(傍点原文)，「資本が直接対立物たる収入に範疇転化」する(傍点引用者)というものではない，と語っていることにならざるをえまい。

その引用文6Cにおける認識を示せば，そこでは「可変資本の価値が直接に生活手段の形態vで前貸しされるという前提」が採られているのだから，下記のようになろう。

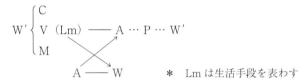

　　　　　　　　　　　　　　　＊ Lmは生活手段を表わす

引用文6Cで言おうとされているのは，その前に記されている，「労働者は交換において彼の労働力と引き換えに受け取った<u>v300ポンドの価値の生活手段</u>を収入として消費する。それらは彼の個人的消費元本に入る。それらは，彼の労働力の不断に繰り返される販売の周期的果実であるので，収入である」(Ⅱ/11, S.407)と言う論述を受けて，その「v300ポンドの価値の生活手段」が「労働者の収入として現われる」ということなのである。

もっとも，宮川氏は，水谷氏による批判の一典拠にされた初稿の，「可変資本は貨幣形態においてのみ<u>前貸し</u>される。……それに対して，それがその素材的要素から見て消費に入るや，それは<u>可変資本</u>としてではなく，労働者が彼の収入を支出していく<u>商品</u>……として彼に相対している」(Ⅱ/4.1, S.323, 訳225頁)という記述に対しても，「ここでは，可変資本の『素材的要素』が『労働者の収入』の等価たる『商品』としてとらえられ，『消費に入る』とさ

---

(12) 同前，302〜303頁。
(13) 同上，313頁，312頁。

第6章　第8稿での可変資本と賃銀に関する論述は「自己批判」か　81

れているのであ」り，これは「資本－収入転化把握そのものである」としているので，同様の反論を行なうかもしれない。しかし，上記の引用文の「労働者が彼の収入を支出して行く商品」は，「この商品を売る資本家にとっては商品資本，それを買う労働者にとっては単なる商品」という意味で言われ，資本の循環運動と労働力の変態運動との絡み合いの媒介者として考えられているのだから，これは可変資本が収入に「直接」「範疇転化する」ということではあるまい。

　同様に，この媒介者としての貨幣の機能についても，それが強く意識されていたことは，第2稿第3章においても，貨幣は，可変資本・労働者の収入・不変資本などの貨幣形態としての「さまざまな諸機能を，それが流通している間に持つことは決してなく，それが流通していない間に常に持つだけである。流通自体の中へは貨幣は常に流通手段としてのみ入って行く」（Ⅱ/11, S.464），という記述**に示されている。また，先に（78頁で）引用した，第2稿第1章の貨幣資本の循環形態の「1）貨幣資本」の箇所で記されていた，「労働力の購買にあてられる」「60ポンド」は「それが労働者の手に移るや，それの資本性格を失う」という点は，第8稿でも，「Ⅰの可変資本，貨幣での1000Ⅰv」について，「この貨幣は，労働力に転換されるや，Ⅰの可変資本の貨幣形態として機能することをやめ」る（K.Ⅱ, S.445; Ⅱ/11, S.789）というように記されているし，宮川氏も第2稿第1章の「この記述自体は，まちがいではない」としている。

　　** 宮川氏はこの記述に対しても批判しているが，その基礎にあるのは，「第2稿第3章で想定される貨幣機能は……唯一『流通手段』としてのそれである」という理解である。しかし，そうした理解が一面的なことは既に第4章 *1* で見たとおりである。

　そのように理解するならば，引用文6Cについても，可変資本の「素材的

―――――――――――
(14)　同前，327頁。
(15)　同稿，前掲「資本循環論の確立指標についての覚書」（前掲書）155頁。
(16)　同稿，前掲「マルクス再生産論の確立過程」（前掲書）307頁。

要素」をなす「生活手段」が「交換が行なわれれば」、「資本性格を失」い、「労働者の収入としてのみ現われる」ことが言われているものとして理解されるべきであろう。労働者が受け取るものは、「一般的商品流通の内部で」のことなのだから、可変資本ではなく、貨幣であり生活手段である、と考えられているのである。したがって、「同じ貨幣もしくは生活手段」が「労働者の収入として現われる」という「認識」は、宮川氏の言うような、「(可変)資本の収入への転化、範疇転化、の容認」とはならない。このように引用文6Cの認識を解するならば、その文の主語は「可変資本」と記されてはいるが、意味するところは、可変資本の価値が前貸しされる際にその形態を採っていた「生活手段」ということになり、それが労働力の購買手段として機能し、「労働力の収入として現われる」ということになる。引用文6Cの難点は、「認識」自体の誤りではなく、その「認識」が厳密に表現されていないということであろう。

　以上のように、大谷氏が指摘している可変「資本の循環的運動と労働力の変態運動との」「区別」という第1の論点に関しては、第2稿において明確に把握されており、その問題についての第8稿における論述は第5稿～第7稿における第1章の「書き直し」に基づく「厳しい自己批判」ではないのである。

　ただ、大谷氏はこの論点に関して第2稿に対する初稿の限界を強調しているので、初稿についても検討を加えておこう。その批判は、「マルクスは第1稿では……可変資本は収入として支出される、つまり可変資本は労働者の手に移って収入となる、と書いていた」(上151頁)というものであり、問題とされたのは下記の2箇所である。

　　「全可変資本が実際には（realiter）収入として支出される、すなわち、資本家にとってはそれは労働に転化するが、労働者にとってはそれは収入に転化する。」(Ⅱ/4.1, S.305. 訳202頁。)〔引用文6E。〕

　　「収入という言葉には可変資本の補塡が含まれている。というのは、

---

(17) 同前、303頁。

第 6 章　第 8 稿での可変資本と賃銀に関する論述は「自己批判」か　　83

可変資本は，それが資本家の手中に〔ある〕間だけ資本であり，それが労働者の手に移るや，収入となるからである。」（Ⅱ/4.1, S.319. 訳220頁。）〔引用文 6 F.〕

　上記の引用文 6 E には，論者によって正反対の評価がなされている記述が続いているので，それも示せば，下記のとおりである。

　　「つまり，実際には（realiter），貨幣形態によって行なわれる媒介を度外視すれば，可変資本は生活手段の形態で存在し，その生活手段が労働者階級の収入をなす。それゆえ，現実的生産過程の考察では，剰余価値として資本家によって消費される生産物部分も，労賃として労働者によって消費される生産物部分も，収入という共通の範疇に属する。したがってここでは，そのものとしての可変資本は，すなわち，それが，労賃にそれゆえにまた労働者にとっての収入に転化するのではなく，資本家にとっての労働につまり労働＝必要労働＋剰余労働に転化する限りでは，さしあたりわれわれの考察の外に置かれる。」（Ⅱ/4.1, S.305-306. 訳202頁。）〔引用文 6 G。〕

　この引用文 6 G における傍点部分を，水谷氏は宮川氏への批判の一典拠にし，富塚氏は傍点部分以降を可変資本の循環・再生産の特質を把握したものとして評価し，そして，大谷氏による初稿の評価への批判の一典拠として対置したのであるが，それに対して，その箇所についても，伊藤（武）氏は否定的にしか評価せず，宮川氏も「初稿第 3 章の明白な限界」と評価して水谷氏に反論している。宮川氏によれば，この記述でマルクスの言おうとしているのは，「可変資本＝生活手段＝賃金収入と同等視でき」，「収入一括の想定のために」，「『さしあたりわれわれの考察の外に置く』べきは，価値増殖する

---

(18)　水谷，前掲書，199頁。
(19)　富塚，前掲「再生産論の課題〔Ⅱ〕」（『再生産論研究』）162頁，173頁。
(20)　同稿，前掲「『再生産過程の撹乱』に関する考察〔Ⅱ〕」130頁。
(21)　伊藤（武），前掲「再生産論の課題」201頁。「『資本論』第 2 部第 1 稿の再生産論について――富塚良三氏の拙論批判に関連して――」（『マルクス・エンゲルス・マルクス主義研究』第40号，2003年）19頁。

かぎりでの可変資本であって，……収入に『転化する』ものとしての可変資本こそ考慮に入れる[22]」ということである。しかし，ここでは，宮川氏が言う「収入に『転化する』ものとしての可変資本」は，「そのものとしての可変資本」とは明確に区別されたものであり，総「生産物」のうちの可変資本に対応する価値部分で素材的には生活手段の形態で存在する部分が労働者にとっては賃銀収入になるということを表現したものであるのだから，可変資本・生活手段・賃金収入の３者が単純にイコールで結ばれ，「同等視でき」るとされていたわけではない。引用文６G冒頭の「実際には（realiter）」の語にも，総商品資本のうちの可変資本に対応する価値部分が「素材的」には「生活手段」の形態を採っているという点が含意されていると解される。

　そうした引用文６G理解から引用文６Eを見れば，前者は後者を「つまり」で説明しているのだから，引用文６Eの「実際には（realiter）」の語にも同様の意味が込められていることになり，そこに１つの焦点があると見做されるべきである。翻って，引用文６Eまでの文脈を見ると，そこでは，「可変資本について言えば，それは貨幣の形態で労働者に前貸しされ，労働者は……その受け取った貨幣で自分の生活手段を買う。……労働者は彼の全賃銀を彼の労働能力の再生産のために，それゆえ必需品の購入に支出する，ということが前提されている」（II/4.1, S.305-306, 訳202頁）との論述がなされており，これは第３章での分析に入る前にその前提を記したものなのだから，主旨の１つは収入として支出される賃銀が「全」額であるということである。それを「それゆえ」で受けているのが引用文６Eなのだから，そこでも焦点の１つは「可変資本」が「全体の」とされていることである。

　このような前後関係を考慮すれば，引用文６Eを記した際に頭を占めていたのは，総商品資本のうちの可変資本価値部分の「素材的形態」をなす「生活手段」の「全」部分が労働者によって「収入として」消費されるという点である。こうした箇所を大谷氏のように「可変資本は収入として支出される」と要約したのでは，ここでの焦点が外されてしまい，マルクスの本意か

---

(22)　宮川，前掲書，326頁。

第6章　第8稿での可変資本と賃銀に関する論述は「自己批判」か　85

らずれたものとなってしまう。上記の点は，第2稿の引用文6Cに関して先に（80頁で）図示したのと同様のことなのであり，そこで引用した，「労働者が彼の収入を支出して行く商品」は「この商品を売る資本家にとっては商品資本，それを買う労働者にとっては単なる商品」という記述も初稿のものなのだから，初稿でも，可変資本が資本としての規定性において「労働者にとっての収入に転化するのではない」と把握されていたと評価されるべきである。したがって，引用文6Eの主旨は第2稿の引用文6Cの前後を含めた箇所と同様なのであり，この点から初稿と第2稿との本質的な相違を言うことはできないのである。

　引用文6F（82頁）も見ておけば，文脈からすれば，それは，生産手段生産部門Bの「商品資本のうちの……不変資本の価値だけを表わしている部分」に関する「商品資本の現実的素材変換」の考察の後の，「AおよびBの総商品資本」が問題とされた箇所における，そのうち「1/3が収入を，2/3が資本を補塡する」（Ⅱ/4.1, S.319, 訳220頁）という指摘に続けられた括弧内の記述である。「資本を補塡する」という文言によって「Bの商品資本全体はただ資本（不変資本）だけ……を表わす」ということを表現したので，それに対応して，もう一方の「可変資本の補塡」が言い添えられたものと解される。引用文6Fは，生産手段生産部門における不変資本の相互「転態」に関する論述中の補足的な言及であるのだから，その箇所も文章表現そのものを絶対視するのではなく，そこでの含意が重視されるべきであろう。そのためには，引用文6Fの前段の「可変資本の補塡」については，富塚氏によって取り上げられた下記の論述が考慮されねばならない。

　　「彼ら〔労働者たち〕は商品の購買によって，資本家に彼らの労賃が前貸しされた際の貨幣を返すのであり，したがって彼らは，自分たちの貨幣所得の支出によって，可変資本の貨幣形態を補塡する。しかし，彼らはこの資本そのものを補塡するのではない。……同一の貨幣が，交互に，労賃の貨幣形態および可変資本の貨幣形態として存在する。現実の（wirkliche）可変資本は消尽されてしまうのであり，それが補塡されるのは，資本家と労働者との間のこうした交換によってではなくて，それの

新たな再生産によってである。」（Ⅱ/4.1, S.310. 訳207～208頁。）〔引用文6H。〕

このように，「可変資本の補塡」はその「貨幣形態」の補塡の側面とその「現実の」補塡の側面＝引用文6Gに言う「そのものとしての」可変資本の補塡の側面との両面から明確に把握されている。引用文6Fは社会的な「総商品資本」に関連した記述であり，また，その記述までの部門Bの不変資本部分に関する考察では貨幣流通は捨象され，その貨幣流通の問題は引用文6Fの後に論じられているのだから，括弧内においても同様の貨幣流通捨象の想定で問題が考えられていたと解すれば，そこでの可変資本の「補塡」の意味はその「貨幣形態」での補塡にはなりえない。それは，引用文6Hに言う「それの新たな再生産による」「現実の」可変資本＝「そのものとしての可変資本」の価値的な補塡のことであり，そして，部門A・B〔Ⅰ・Ⅱ〕が一括された総資本として問題とされているのだから，同時に，可変資本の素材的形態の補塡のことである。『61－63年草稿』で，可変資本は「現実に再生産される」（Ⅱ/3, S.155）とされ，そして，「給養品」は「交換が行なわれれば，収入となる」（Ⅱ/3, S.129）と記されていたのと同様のことが考えられていたことになる。それを受けて，大谷氏によって問題とされた文言が記されているのだから，その文の「可変資本」とは，「労賃に転換される前に，可変資本がその中に存在している素材的姿態」である「生活手段」（Ⅱ/4.1, S.306, 訳203頁）のことになろう。第一部の「資本の蓄積過程」章〔篇〕における，「可変資本は，労働者が……社会的生産のどんな体制の下でも絶えず自分で生産し再生産しなければならない生活手段元本すなわち労働元本の1つの特殊な歴史的現象形態でしかない」（K.Ⅰ, S.593, Ⅱ/5, S.459）という指摘の場合と同様の把握であろう[***]。しかも，こうした把握の仕方に注意が払われていたことは，第一部の「資本の蓄積過程」章＝篇の上記の箇所に対してフランス語版では，「可変資本はここではただ賃労働者への支払元本としてのみ考察されている」（Ⅱ/7, p.493, 江夏・上杉訳（下）219頁）という注が追加されている点に示されている。もしこうした把握に対しても第二部第8稿で「厳しい自己批判」がなされていたとするならば，第8稿執筆後の第一部「第3版のための仕事」（MEW.Bd.36, S.476）では，マルクスは「できるだけ僅かな変更と追加に止め

る」(*MEW*.Bd.35, S.246) つもりではあっても,「スイスの工場法の写し」を入手して (*MEW*.Bd.35, S.379) 利用しようとしている程なのだから,この点の改訂は彼の学問的良心からして避けて通れないはずである。しかし,「自用本への書込み」(*MEW*.Bd.36, S.476) などにこの箇所への改訂の指示はない (Ⅱ/8, S.12; S.29) し,「度々の口頭の指示」(*K*.Ⅰ, S.34) をも受けていたエンゲルスによって出版された第3版でも初版以来の記述のまま (Ⅱ/8, S.535) である。「生活手段元本すなわち労働元本の特殊な現象形態」という側面からの「可変資本」の認識自体に,第二部第8稿で「厳しい自己批判」がなされたということではないのである。

　　＊＊＊　伊藤(武)氏は,引用文6Fに関して,そこでの「可変資本というのは支払財源としての生活手段であって,それは資本家の手から労働者の手に移って労働者の収入となるということを意味している」と解し,そして,こうした可変資本把握が,第一部第7篇における把握と「同一のものである」ことを認めながらも,それを,第一部第7篇の上記の論述までも含めて,「こうした把握では特殊な歴史的形態としての資本主義的生産がただちには把握されない」として,否定してしまう[23]。しかし,「労働元本の現象形態」の「一つの特殊な歴史的」性格が問題とされているのに,そうした把握がどうして,「結局可変資本は超歴史的に把握されてしまう」とされるのか,全く理解できない。

　　また,引用文6Hについては,「現実の可変資本とは労働者の生活維持財源としての生活手段であり,それは労働者の消費によってなくなってしまうのであるが,それを補填するのは,……それの新たな再生産であるとされ」ている,と解しながらも,「マルクスは,可変資本を労働者の収入が転化する生活手段と同一視することによって,可変資本の補填を明らかにできないでいる」と批判している[24]。しかし,引用文6Hでは,氏が言うような,「生産過程でこの生産資本の一要素となった労働力は現実に消費され,その価値創造によって可変資本は剰余価値とともに補填される」ということが述べられているのである。

また,貨幣流通による媒介が念頭におかれていた引用文6Hの「同一の貨幣が,云々」という記述は,労働者による商品の購買についての論述なので,資本家による労働力の購買についての引用文6Bとは念頭に置かれている事

---

(23)　伊藤(武),前掲「再生産論の課題」202～203頁。
(24)　同上,206～207頁。

象は相違しているが,「同じ貨幣」が「労賃の貨幣形態および可変資本の貨幣形態として存在する」という内容自体については,同様の把握がなされていると評価できる。

以上のように,引用文6Fについても,その前後の論述や引用文6Hを見れば,可変資本が資本としての規定性において「労働者の手に移って収入となる」ということを主張した箇所と見做されるべきではない,と言えよう。

初稿の引用文6Eも6Fも,その前後を全体として見れば,問題とされているのは,大谷氏が強調する「可変資本は労働者の手に移って収入となる」ということや,宮川氏の言う可変資本の収入への「範疇」の「直接」「転化」ということではない。「認識」が基本的なところで誤っているのではなく,それらの文の主語が「可変資本」と簡略的に記されたことによって,その「認識」が厳密に表現されなかったということであろう。

以上のように見てくるならば,第2稿においても,初稿においても,第8稿で批判の対象とされた「可変資本は資本家の手の中では資本として機能し,労働者の手の中では収入になる(収入として機能する)」という把握がなされていたと解することはできず,第8稿においては,「厳しい自己批判」がなされたというよりも,整序された叙述がなされ確定されたと言うべきなのである。

2 可変資本の貨幣形態での還流と資本関係の再生産の把握に「自己批判」はあったか

大谷氏が第8稿で明確にされた問題としている,「出発点に還流してきた貨幣が,同時に還流してきた『潜勢的な可変資本』であるのは,労働者の側での労働力の変態……によって商品としての労働力がふたたび再生産され,この貨幣によって『現実の可変資本』に転化しうることによる」という「内的な関連」(下189頁)についても検討しよう。こうした見解も,伊藤(武)氏による,第8稿における両部門間の転態とⅡ部門内での転換に関する考察の「主題は可変資本の転態,可変資本として前貸された貨幣資本の出発点への

第6章　第8稿での可変資本と賃銀に関する論述は「自己批判」か　89

還流であり」,「それによって再生産論は……資本－賃労働関係の再生産を明らかにするものとなった(25)」という見解と同様の把握である*。

　　*　伊藤(武)氏の以前の論稿では，第2稿においても「資本－賃労働関係が再生産されることが指摘されている」点が認められていた(26)。

　これに対して，富塚氏は,「可変資本の循環・再生産がすなわち資本－賃労働関係の再生産に他ならない」ことを，マルクスは「第2稿においても極めて明確に把握していた」とし，初稿についても,「可変資本として投下された貨幣の資本家の許への還流は，資本－賃労働関係の再生産の別様の表現に他ならないことが……述べられている」，としている(27)。そうした評価の典拠とされたのは，第2稿については，下記の箇所である。

　　　「資本家は資本家階級として再生産される。なぜなら，<u>社会的な生産手段は彼らの不変資本として再生産され</u>，そして，労働力は新たに生産資本の可変成分をなしているからである。／労働者階級は賃銀労働者として再生産される。なぜなら，労働の実現手段は資本として，疎外された富として存在し，生活手段は商品資本の一部として存在しているからである。労働者は，労働力を新たに資本家に売ることによって，つまり生きている労働力を生産資本の成分に転化することによって，商品資本の一部を買わねばならないのである。」(Ⅱ/11, S.408.)〔引用文6Ⅰ。〕

　この引用文6Ⅰは，「貨幣流通による媒介なしの叙述」において，消費手段生産部門Ⅰと生産手段生産部門Ⅱの考察がなされた後の，「<u>生産資本の一部分としてのⅤ</u>」と題された箇所にあり，そして，この論述が受けているのは，「総生産の姿（Bild）を理解するためには，再生産された<u>商品資本</u>〔の考察〕だけでは十分ではな」く，「考慮しなければならない」点として「<u>資本家そのもの</u>」および「労働者によって売られる<u>特殊な商品</u>——すなわち労働

---

(25)　同稿，前掲「『資本論』第2部第8稿の単純再生産論」（前掲書）93頁，84頁。
(26)　同稿，前掲「『資本論』第二部第二稿の再生産論」132頁，138頁。
(27)　富塚「再生産論の課題〔Ⅲ〕」（『再生産論研究』）201頁。同稿「再生産論の課題〔Ⅱ〕」（同上書）161頁，168頁。

力」を指摘した文章である（Ⅱ/11, S.407-408）。しかも，その消費手段生産部門である部門Ⅰに関する箇所では，伊藤(武)氏も指摘しているように，「100ポンドvに等しいこの生産物部分の消費は，それ自身のうちに，1）これら諸商品の消費，それらが商品市場から引き離されて労働者階級Ⅰの消費元本に入ること，2）これらの諸商品の消費による労働者自身の再生産，3）彼らが絶えず彼らによって生産された商品量のこの部分の価値と引換えに自身の労働力を資本に販売する，それゆえに可変資本価値を労働力に転化させ，そして労働力によって同一価値を補塡することによる，彼らの<u>賃銀労働者への再転化と不断の存在</u>とが含まれている。この労働者の消費過程は資本の可変的成分の補塡または不断の再生産によって随伴され，そして条件づけられている」(Ⅱ/11, S.375) と記されており，この点の内容が明確に把握されていることが読み取れる。引用文６Ⅰは，生産手段生産部門に関する分析の後の「<u>生産資本の一部分としてのV</u>」と題された箇所にあるのだから，「貨幣流通による媒介なし」の場合に，可変資本に力点が置かれて，その再生産が資本－賃労働関係の再生産にほかならないとされた問題が，総再生産過程論の固有の一論点として把握されていたことになる。

さらに，「貨幣流通による媒介を入れた叙述」の場合についても，「可変資本として投下された貨幣の還流」の問題は明確に把握されており（Ⅱ/11, S.462），そして，その「貨幣形態での可変資本の出発点への還流」に関連して，「労働者は生活手段の消費によって彼自身の労働力を維持し再生産している」が，「彼は賃労働者としてもまた再生産されている」こと，「したがって，取引の終わりには，資本家Ⅰは再び100の貨幣を所有して労働者Ⅰに相対し，労働者Ⅰは100の労働力の販売者として資本家Ⅰに相対している」ことが指摘され（Ⅱ/11, S.425-426），さらに，6亜部門分割表式による分析の箇所においては，伊藤(武)氏も認めているように，この問題は「明確に把握され」ている。

この論点についても，「貨幣流通による媒介」を考慮する場合としない場

---

(28) 伊藤(武)，前掲「『資本論』第二部第二稿の再生産論」131～132頁。

合の「二段構えで」認識が深められているのである。この論点に関して消費手段生産部門における論述が詳しいのは，伊藤（武）氏も言うように，関係が「単純かつ明瞭にあらわれている」ので，問題を純粋に指摘できるからであり，また，第２稿では第８稿とは部門表示が逆でこの部門がⅠとされているので叙述の順序としてそのⅠから論述が始められているという事情もあろう。したがって，部門Ⅱとされた生産手段生産部門に関する叙述が充分でなかったとしても，そのことはこの問題自体が軽視されていたことにはならないのである。

初稿については，富塚氏によって引用された下記の箇所がある。

> 「資本家は労働者に貨幣で，すなわち，彼の……労働能力の価値の転化形態でもあり，労働者がそれで買う諸商品の転化形態でもある貨幣で支払う。この貨幣は，切符として，つまり資本家の側からの労賃の価格だけの商品量に対する指図証券（Anweisung）として機能するにすぎない。労働者がこの指図証券を呈示すると，資本家は，それを再び引き換えて，今度は労働能力の価値すなわち労賃に等しい諸商品を現実に与える。この還帰（return）は切符の回収にすぎず，それゆえ切符のその発行者への還帰にすぎない。それは，必要生活手段から成っている資本の一部分が生きた労働と交換されるという本当の取引をおおい隠すだけの取引である。商品市場から新たに商品を引き出すためには，労働者は新たにA〔労働力〕を売らねばならない，等々。」（Ⅱ/4.1, S.156. 訳28～29頁。）〔引用文６J。〕

この箇所と同様に，資本家から労働者に払い出される「生活手段から成る商品資本の一定量を引き出すための，すなわち，消費元本のために市場からそれを取り出すための指図証券」（Ⅱ/4.1, S.306, 訳203頁）を述べた第３章の箇所について，伊藤（武）氏は，そこの箇所での「労働者が自分の労賃を支出して入手する生活手段は，実際には，可変資本が，労賃に転換される前に，その中に存在している素材的姿態である」（ebd. 同上）とする把握や，引用文６F

---

(29) 同前，132頁。

に見られる「可変資本は労働維持財源にほかならない」とする「把握では，労働力が商品としてあらわれるという，したがって可変資本は労働力に転化されるべき貨幣資本としてあらわれるという生産の資本主義的形態を把握すること，したがって再生産を資本主義的再生産過程として分析することは不可能となる」，と批判している。しかし，初稿においても，「労働能力の再生産」は，「直接には再生産過程の結果ではない」が，「1）W′が，労働者の買う，〔〔そして〕〕彼自身の再生産の物質的諸条件をなす必要生活手段を表わしており，2）彼が過程の終りには再び労働〔能力〕の単なる売り手として再生産されており，そして，3）彼の諸生産物が彼に新たに資本として対立する，という限りで」，「再生産過程の結果」である（Ⅱ/4.1, S.171-172, 訳46頁），と把握されているのだから，伊藤(武)氏のような批判は成り立たない。

そして，可変資本として投下された貨幣の還流の問題も把握されており（Ⅱ/4.1, S.153-154, 訳25～26頁），引用文6Jに関連しては，貨幣の「還流の継続性」は「その背後に隠された独自な関係」として「ここでは資本家と労働者との関係」を「表現している」（Ⅱ/4.1, S.156-157, 訳29頁），とされている。したがって，第8稿において「資本家のもとへのこの……貨幣の復帰は，同時に，この……貨幣によって買われうる商品としての労働力の復帰または維持であり，それゆえ，潜勢的可変資本としての……貨幣の復帰である」(K.Ⅱ, S.442)と記されていた点は，初稿においても把握されていたことになる。引用文6Jでも，富塚氏が言うように，「資本家の側に可変資本が……再び貨幣資本として労働力の購入に投じうべき形態において回収され還流する反面，労働者は労働力を再び商品として売らざるをえない状態においてのみ自己自身を再生産することができる」ことが論じられているのである。

以上のように，可変資本として投下された貨幣の還流が資本－賃労働関係の再生産を表現しているという論点に関しても，第2稿や初稿において既に把握されており，第8稿における「厳しい自己批判」を通じて初めて把握さ

---

(30) 同稿，前掲「再生産論の課題」202頁。
(31) 富塚，前掲「再生産論の課題〔Ⅱ〕」（『再生産論研究』）161頁。

れたわけではないのである。

3　資本と収入との関連の把握に「自己批判」はあったか

　前記（74頁）の「一者にとって資本であるものは他者にとっては収入であり，またその逆であるという観念」に関する第8稿第2層と呼ばれる部分の論述と，大谷氏によって，そうした「観念」に陥っていたと見做された第8稿第1層と呼ばれる時期までの論述についても検討しよう。第8稿第2層と呼ばれる部分の論述は次のとおりである。

　　「一者にとって資本であるものは他者にとっては収入であり，またその逆であるという観念は，部分的には正しいにしても，一般的にそう観念されるや全く誤りになる——つまり，それは，年間再生産に伴って行なわれる全転換過程の完全な誤解を，したがって部分的な正しさの事実的基礎に関する誤解をもまた含んでいる——。われわれは今この見解の部分的な正しさの基礎をなしている事実的諸関係を総括する。それによって同時にこの諸関係の誤った把握も明らかになろう」。(K.Ⅱ, S.437. Ⅱ/11, S.780.)〔引用文6K。〕

これに対して，第8稿第1層と呼ばれる部分にある論述は，下記のとおりである。

　　「A・スミスは既に次のことに気がついていた。すなわち，一方では，（社会の年間総生産物をなす）商品資本の一方の種類の一定の価値部分は，その生産に従事する個別的な労働者や資本家にとっての収入をなすが，社会の収入の成分をなしはしないのであり，他方では，商品資本の他方の種類の一価値部分は，それの個別的所有者すなわちこの投資部面に従事する資本家にとっての資本価値をなすが，それにもかかわらずただ社会的収入の一部分をなすにすぎない，ということにである。」(K.Ⅱ, S.369. Ⅱ/11, S.709.)〔引用文6L。〕

　まず，ここでの引用文6Kでの批判は，この「観念」が「部分的には正しい」ことを認めた上で，「一般的にそう観念されるや全く誤りになる」と

いうものである。引用文6Lでは，「個別的な労働者や資本家にとって」の問題と「社会にとって」の＝「社会的立場から見た」(K.Ⅱ, S.368, Ⅱ/11, S.708, 709) 問題とが相違しており，前者の「観念」でそのまま後者の事実までは説明できないということが言われており，この論述箇所も「部分的な正しさ」を「一般」化すると「誤りになる」という面においては，引用文6Kと同様の認識である。引用文6Lに対しては，大谷氏は，Ⅰ(v+m)の部分は「それ自体としては，けっして『その生産に従事する個々の労働者や資本家にとっての収入をなしている』のではなく」，Ⅱcの部分は「それ自体としては，けっして『社会的収入の一部分』ではない」(中129頁) と批判している。しかし，まず，その批判ではマルクスの原文にはない「それ自体として」という文言が補われており，その文言が先に (83頁で) 見た引用文6Gのように文章の含意を正反対にさせてしまう場合があるにもかかわらず，この補筆の意味の説明はなされていない。これでは，この批判は論断にすぎないと言うほかはない。そこで，この文言を考慮せずに，マルクスが大谷氏の言うように「自己批判」して引用文6Lを書き直した場合を想定すれば，その内容は，Ⅰ(v+m) は「個別的な労働者や資本家にとって」収入をなしてはおらず，「社会の収入の成分」もなしていない等々という全く空疎なものとなってしまうし，また，それでは，引用文6Kに言う前記の「観念」の「部分的な正しさ」も説明できない。さらに，引用文6Kにおける「部分的な正しさの基礎をなしている事実的諸関係」の内容に関しても，大谷氏は，本章冒頭 (74頁) で引用した文言に見られるように，「資本の循環」と「労働力の変態の運動」との「単純な流通」による「絡み合」いという意味に解しているが，そのような解釈では，「正しさ」が「部分的な」点は説明できなくなってしまう。この点は，やはり，Ⅰ(v+m)＋Ⅱ(v+m) によってⅡ(c+v+m) が買われるという関係として把握されるべきである。少なくとも，こうした把握を「自己批判」する理由は全くない。このように，引用文6Kは第8稿第1層と呼ばれる部分にある引用文6Lの「厳しい自己批判」をなしていることにはならないのである。

　　＊　なお，大谷氏は，この引用文6Lが1877年「3月に書かれた」(下187頁) とす

第6章　第8稿での可変資本と賃銀に関する論述は「自己批判」か　　95

ることによって，第8稿での「自己批判」が1877年4月から1878年7月の間に執筆された第5稿～第7稿によって「はじめて可能となった」（下190頁）という主張と整合させている。しかし，引用文6Lの執筆時期を上のように断定する根拠は何ら示されてはいない。

「一者にとって資本であるものは他者にとっては収入であり，またその逆であるという観念」については，初稿第3章においても，第三部主要草稿「第7章。諸収入（諸所得）とその源泉」の「2）」＝現行版「第49章　生産過程の分析によせて」においても，批判的に論評されている。

初稿第3章においては，この「観念」は，「一者にとって資本であるものが他者にとっては収入であり，かくして終局的に全体にとって一括すれば，一商品の価値は収入（賃銀プラス剰余価値）に分解するにちがいないという決まり文句」（Ⅱ/4.1, S.328, 訳231頁）というように記述されたり，また，「2）収入と資本。収入と収入。資本と資本。（それらの間の交換）」の項目では，「これまでの経済学は……資本と収入との区別は単に主観的なものであって，だから一者にとっての収入は他者にとっての資本なのだ等々と言明する」（Ⅱ/4.1, S.344, 訳253頁）という形で指摘されている。そして，この「収入と資本との区別が一方では単に主観的なものとして現われる」ことの例としては，「AとBとの間での交換の場合には，同じ交換が，Aにとっては不変資本の実現および補塡として，Bにとっては収入の実現および支出として現われる」という点が指摘され，さらに「しかも，この主観的な区別はここでは物象的な区別に対立して現われる。というのは，Bの収入を実現するBの商品は，客観的には，社会の不変資本の再生産過程の一契機を表示し，そして，その価値で彼の不変資本を実現するAの商品は，社会の消費元本の一部分の再生産を表示しているからである」（Ⅱ/4.1, S.344, 訳252頁），とされている。そして，それに続けて，「しかし，同時に，これらの区別は客観的である。……それらの区別は，総商品資本……のさまざまな構成諸部分が特定の諸機能の遂行のために配分されねばならない比率を表現している」（ebd. 訳253頁）とされ，この「区別」の「主観的な」点を一般化することによって，この「区別」を解消させれば「全く誤りとなる」ことが指摘されている。この「主観的なもの」

とは「その時々に買い手と売り手という立場からのみ，そして彼らにとってのみ生じるもの」(ebd. 訳252頁) とされているのだから，それは第8稿の引用文6Lでの「個別的な労働者や資本家にとっての」問題に，また，「客観的な区別」は「社会にとって」の=「社会的立場から見た」(K.Ⅱ, S.368, Ⅱ/11, S.708, 709) 問題に対応するものと解される。なお，初稿のこうした論述は，第3章の項目「1)」において社会的な総商品資本の価値=素材補塡運動が貨幣流通による媒介の問題をも含めて明らかにされた後の，項目「2)」において「収入と資本。収入と収入。資本と資本。(それらの間の交換)」の見出しの下になされている。こうした脈絡も，第8稿において上記の「観念」を批判した箇所が単純再生産の考察を受けてその末尾の箇所に置かれていることと共通している。

　第三部主要草稿「第7章。諸収入（諸所得）とその源泉」の「2)」でも，それまでの経済学において「誤解はさまざまな形態で表現される」例として，「一者にとっての収入は他者にとっての資本を表わし，それゆえにこれは単に主観的な関連でしかない」(K.Ⅲ, S.858, Ⅱ/4.2, S.870) 点が挙げられたり，また，誤った分析に至らせる「諸困難」の1つとして，「収入と資本との明確な諸規定は互いに入れ替わりその位置を変え，その結果，それらは，個別的な資本家の立場からの相対的な規定であるにすぎず，生産過程そのものの規定ではないように見える，という困難」を指摘した箇所では，その例として，「不変資本を生産する部門の労働者たちと資本家たち等の収入は，消費諸手段を生産する資本家階級の不変資本を価値においても素材的にも補塡する」点を指摘した後で，それに続けて，「したがって，一者にとって収入であるものが他者にとっては資本であり，そして，これらの諸規定が商品の価値構成諸部分の現実的な区分とは無関係であるという観念によって，『言い逃れる』ことができる」(K.Ⅲ, S.853, Ⅱ/4.2, S.865) と述べられている。

　初稿第3章と第三部主要草稿第7章「2)」においては，「一者にとって資本であるものは他者にとっては収入であり，またその逆であるという観念」に対して，自らの社会的再生産過程論を基礎にして，これらの区別は単に主観的なものではなく「客観的で」あり，社会的な「総商品資本の構成諸部

第6章　第8稿での可変資本と賃銀に関する論述は「自己批判」か　97

分」の「配分」「比率」を表現しているという点から，明確に批判しているのである。

　以上のことから，「第8稿の第一層」まではこうした「観念」に「一般的に」従っていたのではないことは明らかである。

　なお，大谷氏は，初稿では，マルクスは「社会的総再生産過程の運動の核心を，商品形態を取った資本および収入が持ち手を変える三つの『交換』に見て」いるとし，その「難点」を指摘している。これに対しては既に富塚氏の批判があるが[32]，この点も検討しておこう。

　第1に指摘されている「難点」は，「資本家も労働者もこれらの取引で，自分の資本または収入を，そのような規定性において相手に引き渡す」，あるいは，彼らは「自分の資本や収入を手放す」というように把握されている（上153頁）という点である。しかし，「商品資本の——すなわち年々の総生産物の——さまざまな部分の交換」は「常にただ商品資本の交換，それらの購買と販売……にほかならない」とされている（Ⅱ/4.1, S.344, 訳252頁）のだから，その際に「相手に引き渡」されるのは商品・貨幣であると把握されていたことになろう。「収入と資本。収入と収入。資本と資本。（それらの間の交換）」というのは，「商品資本の……さまざまな部分の交換」を特徴づける「実体的な諸目的，消費元本および生産元本への商品資本の配分」(ebd. 同上) を明示するための1つの表現であり，大谷氏の言うような把握がされていたとは考えられない。

　第2に，「消費手段生産部門の労働者たち」は「資本家から受け取ったそれぞれの生産物（消費手段）を互いに交換するのではない」こと，また，「生産手段生産部門の労働者たち」は「生産手段生産部門の資本家から受け取った，生産手段の形態にある商品を，消費手段生産部門の資本家のもつ消費手段の形態にある商品と交換するのではない」（上153頁）ことが指摘されている。しかし，そうしたことはマルクス自身も留意しており（Ⅱ/4.1, S.310, 訳207頁；Ⅱ/11, S.378），大谷氏が問題とした初稿の記述は，「素材的に見れば」という

---

(32)　同稿，前掲「『再生産過程の攪乱』に関する考察〔Ⅱ〕」135〜138頁。

ように，分析視角を限定した上で，「事柄はあたかも……というのと同じことである」というように，ある側面を明確にするために比喩的に表現したものである。そうした点を無視して，記述の一部を現実の事態の説明として文字どおりに受け取るのは，妥当ではない。

第3は，「このような表現においては，資本家のもとでの可変資本の貨幣形態での前貸による貨幣資本の労働力への転化と，その可変資本の貨幣形態での還流という，社会的総再生産過程における決定的な契機がすっぽり抜け落ちてしまう」(上153頁)という批判である。「資本家のもとでの……貨幣資本の労働力への転化」という契機が「社会的総再生産過程」においてはどういう意味で「決定的な」のかは判然としないが，この契機自体は「先取りする形で〔第二部〕第1章の……『貨幣資本の循環形態』論において，しかもかなり詳細に論じられている」[33]し，「貨幣形態での還流」についての記述が第3章にあることは先に(85頁で)見た。「決定的な契機」というのが「可変資本の貨幣形態での前貸」と「可変資本の貨幣形態での還流」のことであるならば，その点は第3章 *3* (49頁)で見てきたとおりである。

以上のように，大谷氏による，「<u>一者にとって資本であるものは他者にとっては収入</u>であり，またその逆であるという観念」こそ，「第1稿での『資本と資本との交換，資本と収入との交換，収入と収入との交換』という把握そのものである」という評価は，誤っているというほかはない。初稿の第1章の論述を「覚え書」(Ⅱ/11, S.529)にしたがって，第3章における二部門分割の場合に具体化して論じていることが，大谷氏たちには「自己批判」と映っているのであり，この点に関しても，第8稿において，第2稿までの達成を否定するような「厳しい自己批判」がなされたということではないのである。

---

[33] 同前，137頁。

小　括

　以上，見てきたように，第二部第３章＝篇の課題が社会的総再生産過程の解明にあることは，表題が再生産の「実体的諸条件」とされている第２稿やその前の初稿でも同様であり，第２稿と第８稿で課題の転換があるわけではなく，また，資本循環と所得流通の絡み合いの視点も，分析基準としての商品資本循環の把握も第２稿において明確であり，初稿でも基本的には把握されていた。そして，そうした視点と「相剋」すると批判された第２稿・初稿の「二段構えの叙述方法」・「構成」に関しては，「素材変換を媒介する貨幣流通」の捨象は「ひとまず」であって第３章の全体としてなされているのではないし，貨幣流通捨象の場合の消費手段生産部門・生産手段生産部門間の交換は部門間の「超歴史的な」補塡関係として把握されているのでもなかった。さらに，その貨幣流通の考察部分では，部門間取引における労働者の介在に伴う「困難」の問題も把握されており，そして，貨幣の機能は流通手段に限定されておらず，固定資本の償却基金・貨幣材料の再生産に関係する問題も視野に入れられていた。「二段構えの叙述方法」や「構成」は社会的総再生産過程の解明を制約してはいないのであり，第２稿・第８稿断絶説の要をなすこの「方法」への批判は成立しえなかった。また，資本循環論の固有の論点としての「資本の循環過程と一般的商品流通との区別および関連」の問題や「貨幣資本が果たす貨幣機能と資本機能との明確な区別」の問題は，初稿でも基本的には把握され，第４稿を経た第２稿では整序された形での論述が試みられており，第５稿～第７稿での進展は叙述のより一層の明確化・充実と見做されるべきであった。そして，第８稿における「厳しい自己批判」については，可変資本の循環と賃銀収入の流通との区別と関連の把握は，第２稿でもなされており，初稿に関しても，認識としては，「可変資本は労働者の手に移って収入となる」というものではないし，可変資本の貨幣形態

での還流が資本－賃労働関係の再生産を表現しているという論点に関しても，第2稿や初稿において既に把握されていた。「一者にとって資本であるものは他者にとっては収入であり，またその逆であるという観念」もマルクスのそれではなかった。再生産論に係わる基本的諸論点の問題把握は第2稿までになされていたのであり，第2稿から第8稿にかけてあったのは認識の深化と叙述の充実・表現の厳密化であり，認識の転換ではない。したがって，その形成過程に関して，第2稿から第8稿にかけての決定的な理論的飛躍を強調し，第2稿と第8稿とを断絶したものと理解することは妥当ではないのである。

後　編
蓄積＝拡大再生産論をめぐる諸問題について

現行版第二部第3篇第21章「蓄積と拡大再生産」の元となった第8稿における蓄積＝拡大再生産論は，「Ⅱ）蓄積または拡大された規模での生産」と題され，そこには，区分のための数字「1）」～「5）」があるだけであり，「5）」のみ「部門Ⅱにおける蓄積」という表題が付いている。そして，その「5）」の途中から，表式による再生産の考察が5回繰り返されて行なわれている。現行版第21章の区分と表題はエンゲルスによるものであり，論述にもかなり手が加えられているので，マルクスの草稿とは異なるものとなっているが，論述の展開順序は変えられてはいない。

　この蓄積＝拡大再生産論部分についても，大谷氏は，第8稿と第2稿・初稿とを断絶させ，初稿の蓄積論の意義を認めていない。そして，第8稿「5）部門Ⅱにおける蓄積」以降については，エンゲルスの編集によって「マルクスの叙述の流れをそのまま読むことがほとんどできなくなってしまっている」(下170頁)と評し，第8稿での蓄積＝拡大再生産分析についてはかなり独自な理解を示している。後編では，大谷氏の見解と富塚氏の見解とを対比させながら，初稿の蓄積論の意義を確定し，その上で，第8稿の細部にまで立ち入って，蓄積＝拡大再生産論の「1）」～「5）」冒頭における「単純再生産から拡大再生産への移行」の問題，「表式を利用した蓄積の進行過程の考察」のうち部門Ⅰ・Ⅱの蓄積率の決定の問題，今回の論稿で前面に押し出されている追加可変資本部分の転態の時期の問題を明らかにする。さらに，「5）」以降の「マルクスの叙述の流れ」の意義についても検討する。草稿「1）」・「2）」＝現行版第21章冒頭部分は第7章 *5*・第8章 *1* で，草稿「3）」～「5）a）」冒頭＝現行版第1・2節部分は第7章 *5*・第8章で取り上げている。草稿第1回目「表式a）」分析＝現行版第3節冒頭部分は第10章 *1*～*4*・第11章で，草稿表式分析第2回目以降＝現行版第3節1～3部分は第10章 *4*～*6*・第12章 *1*～*5* で，草稿末尾「b）」＝現行版第4節部分は第12章 *6* で考察している。そして，これらの考察を前提として，初稿で明示されている「再生産過程の攪乱」の問題を終章において考察する。

第7章　蓄積＝拡大再生産の分析は第8稿が「はじめて」か

　まず、大谷氏が、「第1稿および第2稿での第3章の叙述にたいする、第8稿での第3篇の叙述の最大の特色は、ここではじめて、第1稿以来の課題であった拡大再生産の分析が行なわれたことである」(下169頁) として、第二部初稿・第2稿と第8稿とを断絶させて、初稿の蓄積＝拡大再生産論の意義を全く認めていない点から検討を始めよう。

1　第二部初稿の蓄積＝拡大再生産の構成

　蓄積＝拡大再生産に関する論述は、第2稿の場合には、第2部第3章の「1) 社会的に考察された可変資本、不変資本、および剰余価値」の項目の「B) 拡大された規模での再生産。蓄積」以降に予定され、その「B)」の項目は、「a) 貨幣流通なしの叙述／b) 媒介する貨幣流通のある叙述」に分けられ、その後に、更に上記の「1)」の項目に対応する「2)」の項目が存在していた。しかし、実際の論述はそれ以前の「A)」の途中で中断されてしまったので、その具体的内容をうかがうことはできない。項目「2)」は、本文だけでなく、表題も見あたらない。

　それに対して、初稿の場合には、蓄積＝拡大再生産に関する論述は、「3)」と「5)」の項目の間の「再生産の弾力性」に関する論述に続いて、「5) 蓄積すなわち拡大された規模での再生産」、「6) 蓄積を媒介する貨幣流通」、「7) 再生産過程の、並行、段階的連続、上向的進行、循環」、「8) 必要労働と剰余労働（剰余生産物）」として展開され、その後には「9) 再生産過程の攪乱」の項目が設定され、そこでは、「第三部第7章を考慮すること」と記されるのみで終わっている。そして、その後で、「したがって、この第3章

の項目は次のとおりである」として，下記のような構成が確認されている。

「1）流通（再生産）の実体的諸条件。／2）再生産の弾力性。／3）蓄積すなわち拡大された規模での再生産。3a)蓄積を媒介する貨幣流通。／4）再生産過程の，並行，上向的進行での連続，循環。／5）必要労働と剰余労働？／6）再生産過程の攪乱。／7）第三部への移行。」(Ⅱ/4.1, S.381. 訳294頁。)

この初稿の蓄積＝拡大再生産論に関しては，富塚氏の場合には，草稿の「5）」〔確認された構想では3)〕で「剰余価値の資本への再転化の現実的諸条件」が論述され，「6）」〔3a)〕で「蓄積を媒介する貨幣流通」の問題が取り扱われ，「7）」・「8）」〔4)・5)〕で「9）」〔6)〕の「『再生産過程の攪乱』の論述を準備する論点として」，「諸部門間の技術的＝経済的連繋と生産と消費の矛盾，過剰蓄積」という「基本的諸要因が提示され」ている，と解されており，さらに，「7）」・「8）」・「9）」〔4)・5)・6)〕が第2稿の第3章の空白となっている「2）」の内容と対応するものとされている。こうした評価が提示されているにもかかわらず，この初稿の蓄積＝拡大再生産に関する論述を「拡大再生産の分析」と評価しないのであれば，その根拠を大谷氏は示すべきであろうが，それはなにも示されていない。初稿の蓄積＝拡大再生産論に関しても，それは「第一部の蓄積論にたいする補足的展開にすぎないものであって，第二部第3章に位置する拡大再生産に固有な課題は提起されることもなく終わっている」として，全く評価しない伊藤(武)氏と同類の見解なのかもしれない。「7）」〔4)〕については本書第10章 **3** で，「7）」～「9）」〔4)～6)〕の問題に関しては終章で扱うこととし，ここでは，第8稿「Ⅱ）」と初稿の「5）」における「剰余価値の資本への再転化の現実的諸条件」の論述・「6）」での「蓄積を媒介する貨幣流通」の論述との関係を検討しよう。

（1） 富塚，前掲「再生産論の課題〔Ⅱ〕」(『再生産論研究』) 174～178頁。
（2） 伊藤(武)「マルクス拡大再生産論の成立過程」(『大阪経大論集』第174号，1986年) 249～250頁。

2 初稿では拡大再生産の「物質的基礎」は「分析」されていないか

　大谷氏による初稿の蓄積＝拡大再生産論への否定的な評価が垣間見られるのは，第8稿における表式の5回目の展開途上で「拡大再生産の展開についての中間的総括」(下181頁) が行なわれていると評価される際に，第二部初稿との関連ではなく『資本論』第一部フランス語版との関連が取り上げられている点である。大谷氏によれば，その第8稿での「中間的総括」においては，「追加生産手段と追加消費手段との供給源泉としての剰余生産物」についての「把握」がなされ，「わが国でしばしば『余剰生産手段』と呼ばれている」・「第Ⅰ部門の剰余生産物に含まれる，両部門のための追加生産手段の価値額が，両部門での蓄積を制約していること」が「明確に指摘」され (下182頁)，さらに，「通常『拡大再生産の条件』と呼ばれている」Ⅰ(v＋mv＋mk)〔資本家の個人的消費分〕＝Ⅱ(c＋mc) という関係が「明示的に記」されている(3)(下182～183頁)，とされている。そうした形で「確認」され「さらに具体的に述べ」られる (下181頁) ことになったのは，「生産手段生産部門で生産された剰余生産物が両部門の追加生産手段を，消費手段生産部門で生産された剰余生産物が両部門の追加労働者のための追加生活手段を，それぞれ含んでいなければならない，ということ」であり，そうした問題把握の到達点に関しては，1872～1875年刊行の第一部フランス語版の「第7篇 資本の蓄積過程」「第24章 剰余価値の資本への転化」「第1節 累進的規模での再生産……」における記述が指示される (下182頁) だけで，それ以前に執筆されていた第二部初稿における蓄積＝拡大再生産に関する論述には言及されることがないのである。
　これに対して，富塚氏は，「第8稿において拡大再生産が行われるための

---

(3) こうした評価は，大谷，前掲「再生産論と恐慌論との関連をめぐる若干の諸問題について」(31頁) において示されていた。

『物質的基礎』ないしは『前提』として指摘された論点の提示は，すでに第1稿において行われていた」として，初稿の蓄積＝拡大再生産論の意義を強調し，大谷氏による過小評価を批判した。

こうした対照的な評価がなされているので，大谷氏が問題とした第8稿の箇所および指示された第一部フランス語版の論述，さらに富塚氏が評価した初稿の論述を見ることにしよう。

まず，第8稿において，「追加生産手段と追加消費手段との供給源泉としての剰余生産物」についての「把握」がなされているとされたのは，以下のような記述である。

> 「蓄積を前提すれば，$v+m(Ⅰ)$はcⅡよりも大きい……ということは自明である。というのは，1）Ⅰは，その剰余生産物の一部分を自分の生産資本に合体し，それを不変資本に転化させる……からである。2）Ⅰは自分の剰余生産物のうちから，Ⅱの内部での蓄積に必要な不変資本〔現行版——のために素材〕を提供しなければならないからである。」($K.Ⅱ$, S.510. Ⅱ/11, S.817. 訳（下）48頁。）〔引用文7A。〕

> 「Ⅱは，Ⅰのための追加可変資本を提供する。可変資本に関する限りでは，Ⅱは，自分の総生産の，したがってまた特に自分の剰余生産物のより大きな部分を必要消費手段の形態で再生産することによって，Ⅰのために，また自分自身のために蓄積する。」($K.Ⅱ$, S.512. Ⅱ/11, S.819. 訳（下）55頁。）〔引用文7B。〕

この引用文1Bには，大谷氏が，「両部門間の転換が正常に経過するために必要な条件」が「まとめ」られたものと評価して引用している（下182頁）文章が続いているが，それの引用は，その文章を構成する各文を読解する際に本書第12章 *4*（252頁）で行なわねばならないので，ここでは略する。

次に，大谷氏によって指示されている第一部フランス語版の箇所は以下のとおりである。

（4）富塚，前掲「『再生産過程の撹乱』に関する考察〔Ⅱ〕」140〜141頁。この点は，同稿「再生産論の課題〔Ⅱ〕」（『再生産論研究』）174頁で指摘されていた。

第7章　蓄積＝拡大再生産の分析は第8稿が「はじめて」か

「蓄積するためには純生産物の一部を資本に変換しなければならない。しかし，……人が資本に変換しうるものは……，労働過程で機能するのに適している物すなわち生産手段と，労働者を維持するのに適している物すなわち生活手段とでしかない。したがって，年間剰余労働の一部は，前貸資本の補塡に必要な分を越える追加の生産手段と生活手段の生産に，使用されていなければならない。つまり，剰余価値が資本に変換可能であるのは，剰余価値を自己の価値とする純生産物が，既に新たな資本の素材的要素を含んでいるからに他ならない。」(Ⅱ/7, p.504. 江夏・上杉訳(下)234頁。〔K.Ⅰ, S.606-607.〕)〔引用文7Ｃ。〕

これに対して，富塚氏が評価した初稿の論述とは，「剰余価値のうち生産資本に転化されることになる部分は<u>可変資本</u>と<u>不変資本</u>とに転化されねばならない」(Ⅱ/4.1, S.354, 訳267頁)，とされた後に展開されている下記のような論述である。

剰余価値が「可変資本に転化するためには」，「追加労働の供給を前提する」ならば，「追加可変資本は，素材的には，労働者階級のための追加生活手段から成っている」ので，「剰余価値を表わす剰余生産物の一部分は，それが労働者の消費に入るような<u>形態</u>で<u>生産</u>されていなければならない。」「剰余価値のうち追加<u>不変資本</u>に転化されるべき部分」に関しては，「この転化が可能であるためには，<u>剰余生産物</u>は<u>追加生産手段の形態</u>で，すなわち，それが不変資本として機能することができるような形態で<u>再生産</u>されていなければならない。」(Ⅱ/4.1, S.354-355. 訳267〜268頁。)〔引用文7Ｄ。〕

この初稿の引用文7Ｄを見れば，大谷氏の言う「追加生産手段と追加消費手段との供給源泉としての剰余生産物」についての「把握」がここに示されていることは明らかである。ただ，この引用文7Ｄは初稿の内容を紹介した松尾純氏の論稿でも項目「<u>蓄積すなわち拡大された規模での再生産</u>」の主要論点として取り上げられており(5)，それを大谷氏が見落しているはずはないのだから，その箇所を指摘するだけでは問題は片付くまい。大谷氏にあっても，前述の伊藤(武)氏と同じように，その「把握」が評価に値しないものと

考えられているのかもしれない。そこで，第8稿で「明示」されていたとされる「余剰生産手段」は初稿段階では把握されていなかったのかという点から検討しよう。

まず，検討の対象とするこの「余剰生産手段」に関する大谷氏の概念規定はやや独自なものであることを確認しておこう。大谷氏は「余剰生産手段」とは「第Ⅰ部門の剰余生産物に含まれる，両部門のための追加生産手段の価値額」と解しているが，こうした理解は，この「余剰生産手段」の重要性を早くから強調していた富塚氏による把握とは相違している。富塚氏は，その主著『恐慌論研究』において，「拡張再生産が展開されうるためには，先ずもって，第Ⅰ，第Ⅱ両部門の不変資本の補塡に要する以上の，その意味で余剰な・生産手段の生産が，第Ⅰ部門においてあらかじめなされていなければならない」という形で，この概念を使用していたが，この著書の元になった論文では，そうした記述の後に，「価値観点からみた『純生産物』の一部が蓄積にふりむけられうるためには，それに対応して『純生産物』の一部がすでにあらかじめ余剰生産手段の現物形態をとっていなければならない」と記されており，また，別の論稿では，「追加労働力」の対をなす「追加生産手段」のことが「すなわち同一規模での再生産を維持するに必要な額を超える余剰の生産手段」と規定されている。さらに，比較的近年の『資本論体系4』の「原典解説」では，第8稿の表式分析第1回目の表式 a) 部分に関して，「年間生産物の諸要素の機能配置が拡大された規模での再生産の物質的基礎をなしている」(K.Ⅱ, S.502; Ⅱ/11, S.807, 訳(下)10頁) という文言へのエンゲルスによる補筆部分である，「a)では，(1000v+1000m)Ⅰ＝2000

（5） 松尾純「『資本論』第二部『第1草稿』（1864～65年）について」（『経済評論』1975年10月号）118頁。

（6） 富塚『恐慌論研究』（未来社，1962年，増補版，1975年）71頁。

（7） 同稿「恐慌理論の基本構成——再生産論と恐慌論——」（『講座 恐慌論 Ⅲ 恐慌の基礎理論』東洋経済新報社，1958年，所収）85頁。

（8） 同稿「再生産論の構成」（大阪市立大学経済研究所編『経済学辞典』岩波書店，1965年の「再生産過程」の項目，425頁，同著『蓄積論研究』未来社，1965年，所収）457頁。

第7章　蓄積＝拡大再生産の分析は第8稿が「はじめて」か　109

Ⅰ(v+m) は1500Ⅱcとの交換において部門Ⅰでの*蓄積のための500Ⅰmという超過分・余剰・剰余（Überschuß）を残す」(K.Ⅱ, S.502; Ⅱ/12, S.468; Ⅱ/13, S.471) との文中の「500Ⅰm」・「超過分」が，「余剰生産手段」とされ，表式 a) においては「部門ⅠにⅠ500Mの生産手段の現物形態での『超過分』が生産されて」いる，と記されている。このように「余剰生産手段」概念は素材視点に力点を置いたものとして用いられているのであって，大谷氏のような「両部門のための追加生産手段の価値額」という価値視点に力点を置いた理解とは異なっている。こうした「余剰生産手段」理解の相違も念頭に置きながら，マルクス自身の把握を検討して行こう。

　＊　このエンゲルスの補筆に対して，富塚氏は，「適切ではある」が，「Ⅰ500Mの『超過分』がすべて『部門Ⅰでの蓄積』のためのものとしたのは不正確であ」り，これは当該箇所前後の「マルクスの不適切な立論をそのまま踏襲した」ことによる，と評価している。このマルクスの立論については，本書第10章 **2**（190頁）で取り上げる。

フランス語版の引用文7Cを，大谷氏は「社会的総資本が生産する総剰余生産物について，それが追加生産手段と追加労働力のための追加生活手段とを含んでいなければならない，と述べていた」(下181頁) と要約するのであるが，その場合には，引用文7Cの「年間剰余労働の一部が前貸資本の補塡に必要な分を越える追加の生産手段と生活手段の生産に使用されてい」るという点が重視されているのであろう。そこでは，「前貸資本の補塡に必要な分を越える」ものとして「追加の生産手段と生活手段」が把握されているのだから，「余剰生産手段」の内容は把握されていたと言える。しかし，その点ならば，初稿段階でも把握されていたと評価できよう。そうした把握は既に『61-63年草稿』に見られるからである。そのノート4における，「年々の利潤と賃銀が利潤と賃銀の他に不変資本をも含む年々の商品を買うということは，どうして可能であるかの研究」の冒頭では，「現存不変資本の再生産」に対するものとして「資本の蓄積」が指摘され，それは，「現存していて補

---

(9)　同稿，前掲「原典解説　第21章　蓄積と拡大再生産」（『資本論体系4』）132～133頁，135～137頁，138～139頁。「拡大再生産の構造と動態（Ⅱ）」（同上書）298～299頁，302頁。

塡されねばならない不変資本量を越える新しい不変資本の形成」，あるいは「再生産されるべき不変資本を越える（im Ueberschuß）新しい不変資本の形成」として把握されており，それは「少しも困難を含んでいない」(*Mw.* I, S.78, II/3, S.398) と見做されていた。また，ノート13においては，「資本の蓄積，収入の資本への転化」について，「剰余価値は一部分は不変資本に一部分は可変資本に転化されねばならない」とされた (*Mw.* II, S.477-478, II/3, S.1101) 後に，「問題」が「一般的蓄積の諸条件とは何か」というように「定式化され」(*Mw.* II, S.483, II/3, S.1106)，それについて，「一産業部面における蓄積，すなわち追加資本の形成は，他の産業諸部門における追加的生産の同時的ないし平行的な（parallel）形成を前提とする。したがって，不変資本を供給するすべての部面の生産規模は同時的に増大しなければならない**」(*Mw.* II, S.485, II/3, S.1107) と論じられている。ノート4でもノート13でも，「不変資本」の語が用いられ，価値視点・素材視点の両側面が曖昧な文章になってはいるが，ノート22になると論述が明確なものになっている。そこでは，「剰余価値は常に剰余生産物の形で現われる。すなわち……生産物のうち最初に投下された資本を補塡する諸部分を超える超過分（Ueberschuß）の部分の形で現われる」(II/3, S.2254) とされ，その「剰余生産物が剰余資本に転化する場合」の箇所では，「これは可変資本および不変資本への転化として生じる」とされ，「必要生活手段の形態で存在する部分」(II/3, S.2257)，および「種子，原料，補助材料，半製品，家畜，機械装置，用具から成」り「不変資本に転化される」部分 (II/3, S.2261) が指摘されている。ここでの，前貸「資本を補塡する諸部分を超える超過分」との表現は，上記のエンゲルスの補筆部分の表現と同じである。また，そこには，「剰余価値が現われる形である超過（überschüssige）使用価値」(II/3, S.2254) という文言もあり，この「超過分」は価値視点からだけで把握するのは一面的であることを示している。こうした把握が『61–63年草稿』に見られるのだから，その後の初稿段階でも，フランス語版における「前貸資本の補塡に必要な分を越える」ものとしての「追加生産手段」の把握，また，両部門の不変資本の補塡に要する以上の，蓄積のための「超過分」という「余剰生産手段」の把握は，なされていた，

ということになる。しかも，初稿においては，「拡大再生産過程の物質的基礎（materielle Basis）をなすのは，生産手段と生活手段の価値ではなくてそれらの量である」(Ⅱ/4.1, S.351, 訳263頁）という文言があるのだから，「拡大再生産過程の物質的基礎」という概念も素材視点に力点を置いて用いられている。そのようなものとして，「拡大再生産過程の物質的基礎」として「余剰生産手段」なるものの把握が，初稿においてなされていたのである。

　　** 伊藤（武）氏も，「ここで，マルクスは 現存不変資本の補塡を越える余剰の生産手段の存在を指摘している」と解している。[10]

さらに，フランス語版引用文7Cにおける「年間剰余労働の一部が……追加の生産手段と生活手段の生産に使用されてい」るという点が，初稿段階で明確に意識されていたかどうかを確認するために，フランス語版で置き換えられた第一部初版第6章の記述に着目しよう。第二部初稿は，第一部草稿に引き続いて執筆されているのだから，後者の中の既に記された叙述を前提しているか，あるいは，当該箇所が加筆部分だったとしても，第一部初版の原稿の出来上がりは1867年4月2日以前（*MEW*. Bd.31, S.281）なのだから，同時期の文章と見做すことができよう。その第一部初版第6章の記述においては，「社会的資本すなわち資本家階級の総資本」が「年間に生み出す剰余価値」は「剰余生産物のうちに体現されて」おり，その「剰余生産物」は，「資本家たちによって収入として消費される部分も国際貿易……も無視すれば」，「現物形態では，生産手段……と必要生活手段とからのみ，したがって，不変資本と可変資本の素材的諸要素からのみ成り立っている。したがって，これらは……生産された剰余価値そのものの既に現存する存在様式である」(Ⅱ/5, S.469-470, 訳659~660頁；Ⅱ/6, S.535, 訳680頁）」，とされている。そして，そうした論述を受けてその後に展開されているスミスのV＋Mのドグマ批判の箇所では，「資本に転化される剰余価値」は「不変資本と可変資本とに，生産手段と労働力とに分かれる」(Ⅱ/5, S.475, 訳666頁；Ⅱ/6, S.540, 訳687頁〔*K*.Ⅰ, S.616〕）とされている。第一部初版のこうした把握と対応させて先の

---

(10)　伊藤（武），前掲「マルクス拡大再生産論の成立過程」236頁。

第二部初稿の引用文７Ｄの記述を理解するならば，そこでの「剰余生産物」は「社会的な」「総資本」の「年間の」「剰余生産物」のことであり，そして，その「一部分」が「追加生産手段の形態」と「追加生活手段」の「形態」で「生産されている」というのは，「不変資本と可変資本の素材的諸要素」が「生産された剰余価値そのものの既に現存する存在様式である」ということと同じ意味になろう。そして，こうした第二部初稿引用文７Ｄとフランス語版引用文７Ｃとを比較すれば，取り上げられているのが前者では労働の所産を「素材的」側面から表現した「剰余生産物」であり，後者では労働次元にまで遡っての「年間剰余労働」であるという点は相違している。しかし，第二部初稿の他の箇所には，「全追加資本は（価値の点から見れば）もっぱら年間に新たに追加された労働（剰余労働）の結晶化である」（Ⅱ／4.1, S.356, 訳269頁）という記述もあるのだから，両者において論述の意味するところは基本的には同じである。

　また，「追加不変資本」・「追加可変資本」の「素材的要素」が，「既に生産されている」「超過分」を残すような「素材的構成になっている」という把握もフランス語版と初稿では共通している。フランス語版引用文７Ｃにおいて，「年間剰余労働の一部は……追加の生産手段と生活手段の生産に使用されていなければならない。つまり，剰余価値が資本に変換可能であるのは，剰余価値を自己の価値とする純生産物が，既に新たな資本の素材的要素を含んでいるからに他ならない」とされていた点も，第一部初版では，「剰余生産物」は「生産手段……と必要生活手段」＝「不変資本と可変資本の素材的諸要素からのみ成り立って」おり，「したがって，これらは……生産された剰余価値そのものの既に現存する存在様式である」とされ，また，初稿引用文７Ｄでも，「剰余生産物の一部分は労働者の消費に入るような形態で生産されていなければなら」ず，一部分は「追加生産手段の形態で……再生産されていなければならない」とされており，同様の把握となっている。このように，「追加不変資本」・「追加可変資本」の「素材的要素」は，「既に生産されている」「超過分」を残すような「素材的構成になっている」という点は一貫している。こうした把握も，第８稿の「Ⅱ）」の「１）」で「１つの個別

資本」の「蓄積の場合」の剰余価値の「追加不変資本」への転化の「前提」を論じた箇所で，その「前提」の「2）」として「事実上既に前もって拡大された規模での生産が行なわれているということが前提されている」(K.Ⅱ, S.485-486. Ⅱ/11, S.790-791, 訳(上)33頁)，とされている点に連なっていると解すべきであろう。この記述の前後の検討は後編第8章で行なう。

そして，初稿「5）蓄積すなわち拡大された規模での再生産」の後半には，下記のような記述もある。

「すべての蓄積，あるいは拡大された規模での再生産は，継続的な相対的過剰生産に，すなわち，既存の資本……を再生産するだけの再生産に比較しての過剰生産に帰着する。しかもこうした過剰生産は，資本制的生産様式の不断の，継続的な，内在的な一契機なのである」(Ⅱ/4.1, S.357. 訳270頁)。

この論述は諸論者によって着目されているものであり，ここでの「既存の資本……を再生産するだけの再生産に比較しての過剰生産」の内容を蓄積のための「余剰生産手段」と「余剰生活手段」の生産を意味するものとする解釈には対立はない。この記述をフランス語版引用文7Cと比較すれば，それは，後者において「追加の生産手段と生活手段」が「前貸資本の補塡に必要な分を越える」ものとして把握されている点と同じ内容のものと見做される。そして，それは，『61−63年草稿』ノート13において「一般的蓄積の諸条件」の考察の結語とされた，「蓄積が〔可能〕であるためにはすべての部面において不断の剰余生産が必要である」(Mw.Ⅱ, S.486, Ⅱ/3, S.1108) という把握を引き継いだものであろう。

　　*** 伊藤(武)氏は，この箇所について，前注に示した『61−63年草稿』ノート13の記述の理解との対応において，「資本蓄積の一般的諸条件の指摘」が行なわれているとしており，近年の論稿では，そこでは「余剰生産手段の存在が拡大された規模での再生産の条件となる」ことが指摘されている，としている。また，富塚氏は，ここでは，

---

(11) 同前，248，249頁。
(12) 同稿「『資本論』第2部第1稿の再生産論──MEGA研究〔2〕」(『大阪経大論集』第58巻第7号，2008年) 218頁。

「現存資本の再生産に要する以上の・余剰の生産手段および（追加雇用労働者用の）生活手段の生産がすでに行なわれているということ」が指摘されている，と解している。
＊＊＊＊　富塚氏の場合には，「余剰生産手段」の存在が初稿では「相対的過剰生産」と記されていることについて，その「表現の仕方の含意」が次のように「推測ないしは推論」されている。「余剰の生産手段および……生活手段の生産がすでに行なわれているということは，それだけの追加資本の投下を可能にする条件であると同時に，それを規定する条件でもあるということに他ならない」，あるいは，「それだけの額の蓄積による追加資本投下がなされなければならないということをも意味する」，と。初稿における「蓄積の必然性」（Ⅱ/4.1, S.358, 訳272頁）という文言と連繋させ，また，『61－63年草稿』ノート13における本文に引用した文言とも統一的に把握しようとすれば，充分可能な「推論」と言えよう。

　以上のように，初稿段階においても，大谷氏の言う「追加生産手段と追加消費手段との供給源泉としての剰余生産物」については内容的に充分な「把握」がなされているし，さらに，富塚氏が言うような，拡大再生産の展開のために，部門Ⅰにおいて「あらかじめ」生産「されていなければならない」・「両部門の不変資本の補塡に要する以上の……生産手段」という「余剰生産手段」についても，把握されていたのである。拡大再生産の「物質的基礎」・「物質的前提」の規定に連なるような諸論点の把握がなされているものと評価することはできるのである。

　しかし，初稿において「余剰生産手段」や拡大再生産の「物質的基礎」・「物質的前提」が把握されていることは認めながら，「それは資本主義的な拡大再生産を分析するための出発点にすぎない」と理解し，初稿の蓄積＝拡大再生産論について，それは，「1861－63年草稿においてすでに重要な論点が提起されていたにもかかわらず，第一部の蓄積論にたいする補足的展開にすぎないものであって，第二部第3章に位置する拡大再生産に固有の課題は提起されることもなく終わっている」という伊藤(武)氏の見解もあるので，初

---

(13)　富塚，前掲「再生産論の課題〔Ⅱ〕」（『再生産論研究』）175頁。
(14)　同上，および，同稿，前掲「『再生産過程の攪乱』に関する考察〔Ⅱ〕」142頁。
(15)　伊藤(武)，前掲「『資本論』第2部第1稿の再生産論」218頁。
(16)　同稿，前掲「マルクス拡大再生産論の成立過程」249～250頁。

稿引用文7Dがある第3章「5)蓄積すなわち拡大された規模での再生産」の論述を,『61-63年草稿』との関連にも留意しながら,さらに見ることにしよう。

3 初稿「剰余価値の資本への再転化の現実的諸条件」の論述は第8稿にはつながらないか

初稿の蓄積=拡大再生産論では「第二部の再生産論で解明されるべき問題は提起さえされていない」という伊藤(武)氏による評価の理由とされたのは,「ここでは,二部門分割もおこなわれず」に終わっているという点である。⁽¹⁷⁾

確かに,初稿の引用文7Dの箇所では,二部門分割の側面が記述の上では明確に示されてはいない。しかし,初稿の蓄積=拡大再生産の考察でも,問題の探求は社会的総資本の二部門分割・三価値構成の下でなされている,と見做される。初稿引用文7Dの論述は,第一部初版の第6章(現行版第7篇)にあたる「第一部第5章」への言及の後に,「いまやわれわれはこの〔剰余価値の資本への〕再転化の<u>実体的</u>諸条件を調べねばならない」(Ⅱ/4.1, S.354, 訳267頁)として問題設定がなされた直後に行われているのだから,第一部初版第6章の繰り返しではありえないし,そして,この「<u>実体的</u>諸条件」については,本書前編第1章において見たように,初稿の場合には,「現実的再生産および流通過程は……さまざまな産業の諸資本に分裂している総資本の過程としてのみ把握されうる」(Ⅱ/4.1, S.182, 訳59頁)とされ,また,単純再生産の場合には,「こうした交換の実体的諸条件を研究することがわれわれの今度の仕事である」とされた上で,総資本の総「商品資本」が「生活手段」と「生産手段」に分けられている(Ⅱ/4.1, S.306, 訳202〜203頁)からである。このように把握された初稿の蓄積=拡大再生産論の一側面からすれば,第8稿の引用文7A・Bにおいて生産手段生産部門が追加生産手段を・消費手段生産部門が追加生活手段を「提供する」とされている点は,初稿段階でも把握

---

(17) 同前,249頁。

はされていたと見做すことができる。そこでも，生産手段生産部門において第Ⅰ・第Ⅱ部門の不変資本の補塡に要する以上の生産手段の生産が行われていなければならないという点は把握されていたと評価することができよう。

また，伊藤(武)氏の場合に，初稿では第二部の蓄積＝拡大再生産論で解明されるべき「問題は提起さえされていない」との評価が導き出されたのは，初稿の論述が「資本蓄積の一般的諸条件の指摘に止まっている」(18)，という理解にもよっている。しかし，剰余生産物に関する流通が三大区分の上で指摘されている点は，評価されるべきである。「剰余価値のうち追加不変資本に転化されるべき部分」についての論述箇所では，第1に，「A〔消費手段生産部門〕の剰余生産物がBにとっての可変資本を，すなわち，労働者に前貸しされる資本の素材的要素を形成し，同様にB〔生産手段生産部門〕の剰余生産物がAにとっての不変資本を形成するかもしれない」(Ⅱ/4.1, S.355, 訳269頁)とされ，両部門間取引が指摘されている。そして，それだけではなく，第2に，「剰余生産物の一部分は，直接に，追加不変資本として，それが生産物として出てきたその生産過程に入ることができる。……それ以外の部分は，資本家たちの間での交換によって媒介されない限り，生産過程に入ることができない」(Ⅱ/4.1, S.355, 訳269頁)という指摘もなされている。この「交換によって媒介され」る場合というのは，『61－63年草稿』ノート22に言うところの「不変資本の生産者たちが不変資本を相互に交換することがありうるのであって，この場合には不変資本は，それが持ち手を変えた後に，持ち手のそれぞれに不変資本として役立つが，剰余生産物のこの部分を全体として見れば，その全体が直接に不変資本に転化されたのであり，新たな追加的不変資本がつくりだされた」(Ⅱ/3, S.2259)ということを意味している。生産手段生産部門内部における追加不変資本に転化される追加生産手段相互の転態が把握されている，と言えよう。さらに，第3に，初稿の上の文の省略箇所には，角括弧に入れて，「〔ことによる可変資本としてとも〔〔言える〕〕かもしれないが，しかし可変資本は常に貨幣として前貸しされる〕」(Ⅱ/4.1, S.355-356,

---

(18) 同前。

第7章 蓄積＝拡大再生産の分析は第8稿が「はじめて」か 117

訳269頁）と記されている。これは，『61－63年草稿』ノート22における「同様に，剰余生産物の一部分は直接に可変資本に転化可能である」（Ⅱ/3, S.2259），という指摘と同様の事態が念頭に置かれており，意味するところは，消費手段生産部門内部における追加可変資本に転化される追加生活手段部分の転態のことだと解される。このように，総生産物の総流通の三大区分の把握には至ってはいないものの，「剰余生産物」部分に関しては，生産手段生産部門と消費手段生産部門との間の取引，生産手段生産部門内部での相互補塡，消費手段生産部門内部での労働者を媒介とした相互補塡関係として問題が探求されていたのである。

　　＊　伊藤（武）氏も，初稿の論述に関して「Aの生産物は生活手段であり」，「Bは生産手段を生産する」と説明し，初稿のそうした論述を「部門間〔内？〕および部門間転換」の「指摘」と解しているのだから，「ここでは，二部門分割もおこなわれず」に終わっているという評価は，完全に自家撞着に陥っているとしか言いようがない。
　　＊＊　初稿の場合には，『61－63年草稿』ノート22とは異なって，「可変資本は常に貨幣として前貸しされる」と注記されている点は，初稿の第1章において資本の循環過程の考察が展開されており，そこで可変資本の循環の考察がなされていることの反映であろう。第二部が三章構成で体系的に論述されようとしたことによる進展と評することができる。

　さらに，初稿における「剰余価値のうち生産資本に転化されることになる部分は可変資本と不変資本とに転化されねばならない」（Ⅱ/4.1, S.354, 訳267頁）という論点に含意されている問題としては，スミスのドグマ批判の問題もある。「剰余価値のうち追加可変資本に転化されるべき部分」についての論述箇所には，「ここで避けるべき唯一の誤りは，以前に指摘した誤り，すなわち，剰余価値のうち追加可変資本に転化されるこの部分を全剰余価値と混同するという誤りである」（Ⅱ/4.1, S.355, 訳268頁）という指摘もなされている。また，「剰余価値のうち直接には資本家の収入の一部分として現われるこの部分が資本に転化されるからと言って，このことから逆に，この追加資本が剰余価値に・すなわち剰余価値が収入として現われる形態に・分解する，とい

---

(19) 同稿，前掲「『資本論』第2部第1稿の再生産論」218頁。

うことには決してならない」(Ⅱ/4.1, S.356, 訳269頁) という指摘もなされている。こうした指摘は，初稿の単純再生産論におけるV＋Mのドグマ批判と連繋し，そして，第一部初版第6章で，「第二部第3章における現実的な関連の分析」の際に「スミスのドグマが経済学に対して社会的再生産過程の基本機構を把握することさえも妨げたということが明らかに」される (Ⅱ/5, S.475, 訳667頁；Ⅱ/6, S.541, 訳688頁) と予告された問題の一環をなすものである。また，『61－63年草稿』ノート13リカードゥ「蓄積論」において，「資本に再転化される剰余価値は前年中に新たに付加された労働だけからなっている」が，「この新しい資本が全部労賃に支出され新しい労働と交換されるだけかということ」(Mw.Ⅱ, S.486, Ⅱ/3, S.1108) が「本質的問題」とされ，生産手段生産部門における追加不変資本の直接的形成およびそれらの相互転態の存在を明らかにすることによって，リカードゥやスミスの蓄積把握を批判している。初稿での「追加生産手段」・「追加不変資本」の論述もこうした点を引き継いだものであり，そのような意味を持たされていたと解することができる。このように，蓄積＝拡大再生産論でもV＋Mのドグマ批判の論点が重視されているのだから，初稿でもその「本質的問題」が解明されているものとして評価することができよう。

　この観点は初稿の後のフランス語版の時期にも後退しているわけではない。前記の第一部初版第6章での「第二部第3章」における「スミスのドグマ」批判への言及部分 (Ⅱ/5, S.475, 訳667頁) は第2版にはあっても (Ⅱ/6, S.541, 訳688頁)，現行版には見当たらない (K.Ⅰ, S.616) が，マルクスの1877年の「アメリカ版編集指図書」では，フランス語版の叙述はこの箇所の「あとに追加すること」[20](Ⅱ/8, S.30; S.13) と指示されていたのであり，現行版のようにこの「第2版の箇所を削ってフランス語版の箇所と入れ換える」のはマルクスの趣旨には「合わない」[21]からである。初版・第2版のこの文言が保持されて

---

[20] 佐藤金三郎「『『資本論』第1巻，アメリカ版のための編集指図書』(マルクス) について」(『経済学年報』31号，1971年) 27頁。

[21] 林直道編訳『資本論 第1巻 フランス語版――第7篇『資本の蓄積』・第8篇『本源的蓄積』――』(大月書店，1976年) 249頁。

いるということは，この論点が蓄積＝拡大再生産の分析における「本質的問題」の1つとされ続けていたことを示している。

以上のように，初稿においても，問題は二部門分割の下で探求されており，剰余生産物に関する流通は三大区分され，スミスのドグマ批判も意図されていた。『61－63年草稿』で提起されていた重要な論点は取り上げられているのであり，伊藤(武)氏のように「第二部第3章に位置する拡大再生産に固有な課題は提起されることもなく終わっている」評するのは，誤りである。初稿の蓄積＝拡大再生産に関する論述は，「第一部の蓄積論にたいする補足的展開にすぎないもの」などではなく，第二部第3章＝篇における「拡大再生産の分析」としての固有の意義を持つものと評価しうるのである。

では，初稿における蓄積＝拡大再生産に関する論点の提示や論述の試みは，どこまで問題を解明しえているのであろうか。次に，この点を，大谷氏が第8稿における「拡大再生産の展開についての中間的総括」で「明示的に記されてい」た（下182～183頁）という拡大再生産の基本条件の把握という観点から見ておこう。

4　初稿における「剰余価値の資本への再転化の現実的諸条件」把握の限界

第8稿においては，引用文7Aに見られるように，問題が蓄積の場合の「$v+m(I)$はcⅡよりも大きい」という部門間均衡条件との関連において取り上げられており，しかも，引用文7Bに続けて，Ⅰ$(v+mv+mk)$〔資本家の個人的消費分〕＝Ⅱ$(c+mc)$という拡大再生産の基本条件・部門間均衡条件が「明示的に記されてい」た（下182～183頁）。このような把握は初稿においてはなされていない。初稿における，前掲の「A〔消費手段生産部門〕の剰余生産物がB〔生産手段生産部門〕にとっての……労働者に前貸しされる資本の素材的要素を形成し，同様にBの剰余生産物がAにとっての不変資本を形成する」（Ⅱ/4.1, S.355, 訳269頁）との記述も，その考察の対象は剰余生産物部分に限定されており，ここで，総資本による総生産物に関する拡大再生産の

場合の部門間均衡条件が明らかにされているとまでは評価できない。初稿が論述の下敷きとした『61-63年草稿』においても，蓄積＝拡大再生産に関する研究すべき課題は解明され終わっていなかったからである。マルクスはノート14の部分で蓄積の場合の部門間転態に「初めて言及する」[22]が，その指摘は，「蓄積……に際して，生活手段を生産する資本家の生活手段（生活必需品）から成っている剰余が，直接に，不変資本を生産する資本家の原料や用具から成っている剰余と交換されうる」。「この場合には収入の1つの形態が他の形態と交換されるのであって，この交換が実現されれば，Ａの収入がＢの不変資本に転化し，Ｂの収入がＡの可変資本に転化する」(Mw.Ⅲ, S.242-243, Ⅱ/3, S.1379)，というものである。これは，「表式的にいえば，蓄積部分としてのⅠ(M)V＝Ⅱ(M)Cである[23]」が，問題の解明は「ここでもここまでであって[24]」，ここでの論述の力点は，「『新たに付け加えられた労働』（その一部）が相互に交換される[25]」，というところに置かれている。また，ノート22においては，「剰余生産物の一部分は，一方の人にとっては可変資本に，他方の人にとっては不変資本に転化することがありうる。例えば，農業者が新しい機械，労働用具，等々を買う。機械製造業者が，農業者から交換によって受け取った生活手段でより多くの労働者を雇用する」(Ⅱ/3, S.2259)，とされ，「部類Ⅰ（生活手段を生産する）が充用する不変資本が拡大されるので，部類Ⅱが生産しそして可変資本と剰余生産物に分解する生産物の部分は拡大されることができる」とされ，そして，「不変資本の交換は（部類Ⅰの不変資本とではなく）直接に部類Ⅰの剰余生産物とも行なわれる。それは部類Ⅱにとっては追加可変資本に転化し，部類Ⅰにとっては追加不変資本に転化する」(Ⅱ/3, S.2259-2260)，とも指摘されている。ここでも，「年総生産物の再生産＝補塡の諸条件から切り離された年剰余生産物だけの転態の諸条件の考察

---

(22) 小林，前掲「『蓄積におけるⅡｃの転態』について」362頁。水谷，前掲書，159頁。
(23) 水谷，前掲書，159頁。
(24) 小林，前掲「『蓄積におけるⅡｃの転態』について」363頁。
(25) 同上，362頁。

へと矮小化されて」おり，『『貨幣なしで』の蓄積＝拡大再生産の諸条件も明確には析出しえず」[26]に終わっている，と言えよう。蓄積と消費手段生産部門Ⅱcの再生産＝補塡との関係の解明という点では，蓄積に関連する補塡関係のうちで剰余価値部分がそれだけ取り出されて論じられ，第8稿での記号で言えばⅠmvとⅡmcとが直接的な対応関係にあるものと把握されるに止まっているのである。このような総生産物全体の価値−素材補塡関係の把握にまで進んでいないという限界を，初稿での蓄積＝拡大再生産論は引きづっているのである。このことは，論述の焦点が資本に転化される剰余生産物部分に絞られていることと，諸契機相互の関連が数字例によって数量的に検討されていないことによるものである。

　以上のように，初稿における「剰余価値の資本への再転化の現実的諸条件」の論述では，総生産物全体の価値−素材補塡関係の把握にまで進んでおらず，拡大再生産の基本条件も析出されていなかった。「拡大された規模での再生産の物質的基礎をなしている」とされた年間生産物の「諸要因の機能配置」の十全な把握にまでは至っていないという限界を持っていたのである。

5　第2稿第2章「5）蓄積」・初稿第3章「6）蓄積を媒介する貨幣流通」の論述は第8稿にはつながらないか

　第8稿「Ⅱ）蓄積すなわち拡大された規模での生産」の「2）」〜「4）」において展開されている蓄積基金の積立と投下の問題に関しては，初稿「6）蓄積を媒介する貨幣流通」では論述されていないし，第2稿では「B）拡大された規模での再生産，蓄積」の「b）媒介する貨幣流通のある叙述」の項目自体が全く論述されていないので，大谷氏のように，第8稿で「はじめて」「分析が行われた」と言ってもよい。しかし，大谷氏の場合には，この問題の分析を阻んでいた理由は第2稿までの「二段構えの構成」であった

---

(26) 小林「『剰余価値の資本への再転化』と『経済表』――手稿「経済学批判」第ⅩⅩⅡ冊における――」(『武蔵大学論集』第33巻第5・6号，1986年) 63頁。

と考えられているので，この点は検討しておかねばならない。「二段構えの構成」の下でこの問題が「分析」されようとしていたかを直接的に判断しうるような「B)」の「b)」の項目を指示する記述も見当たらないので，現行版では第2篇第17章「第2節 蓄積と拡大再生産」に編集されている第2章「5) 蓄積。剰余価値の貨幣での実現に関する貨幣流通についての研究」(Ⅱ/11, S.4) の「B)」(Ⅱ/11, S.333) の箇所に着目して，第8稿と第2稿とを対比しよう。

まず，第8稿においては，現行版第3篇第21章に編集された「蓄積すなわち拡大された規模での生産」部分の「1)」では，剰余価値の「追加不変資本」への転化の「前提」に関連して，「剰余価値の貨幣への転化と貨幣での積立てとが，……<u>現実の蓄積</u>——拡大された規模での<u>生産</u>——が始まりうるに先立って，かなり長期にわたって必要である」点が，「拡大された規模での生産が事実上既にあらかじめ行なわれている」点と並んで指摘され，さらに，「貨幣それ自体は現実の再生産の要素ではない」ことが指摘されている (K.Ⅱ, S.485, 486, Ⅱ/11, S.791, 訳(上)33頁)。「2)」の前半では，蓄積のために「<u>貨幣形態で積み立てられた剰余価値</u>」は，それが持っている「生産資本の諸要素に転換されるべき使命のために」ないしは「<u>機能のために</u>」，「<u>潜勢的な新たな貨幣資本</u>」と規定される (K.Ⅱ, S.486, 487, Ⅱ/11, S.791, 792, 訳(上)35, 37頁)。

しかし，こうした把握は第2稿においてもなされている。その第1章の生産資本の循環形態の分析では，「貨幣に転化された剰余価値は，たとえ資本化するように予定されていても……，現実に追加資本として機能しうるような大きさにまで……蓄積されねばならないことがありえ」，「このような場合には，剰余価値はしばらく潜在的な貨幣資本としてすなわち蓄蔵貨幣形態で存在する」(Ⅱ/11, S.18, 訳(4)51頁) ことが指摘され，それを受けて，第2章では，現行版第17章「第1節 単純再生産」に区分されている部分において，「後にある一定規模に達した時に初めて追加的な生産資本として機能すべき潜在的な貨幣資本としての剰余価値の一部分の積立て」としての「貨幣蓄積」は，「<u>現実的な蓄積</u>すなわち剰余価値の生産資本への転化（およびそれに照応する<u>拡大された規模での再生産</u>）と並んで進行する」(K.Ⅱ, S.323, Ⅱ/11,

第7章　蓄積＝拡大再生産の分析は第8稿が「はじめて」か　123

S.312）というように，「現実的な蓄積」＝「拡大された規模での再生産」との関連の下に問題とされている。しかも，この両者の関連は，第1章のP－P循環分析の際には，「厳密に言えば，ここでは蓄蔵貨幣の形成は資本制的蓄積過程から生じるが，それでもこの過程とは本質的に区別される一契機として現われる」という両面から指摘され，その理由についても，「潜在的貨幣資本の形成によっては再生産過程そのものは拡大されない」（Ⅱ/11, S.18, 訳（4）50頁）ことが明記されているのである。このように，第2稿の第2章「5）蓄積。剰余価値の貨幣での実現に関する貨幣流通についての研究」の「B）」の箇所は，第8稿の「1）」・「2）」における問題設定と共通している。

　また，大谷氏が第8稿での蓄積基金に関する論述として重視している箇所を見れば，その内容は，蓄積基金の積立は資本家の「剰余生産物が次々に売れていくこと，つまり購買によって補足されない一方的な商品の販売が次々に行なわれることを条件とする」ことや，「さっきまでは流通手段として機能していたが，今では蓄蔵貨幣として機能する」という「通流の中にある貨幣の機能の変化を前提するだけである」こと（K.Ⅱ, S.493, Ⅱ/11, S.798, 訳（上）58～59頁）である（中134頁）。こうした点も第2稿において指摘されている。その第1章では，資本家による「剰余生産物」の販売に関して，金・銀生産者への販売以外の「すべての場合には，買い手の手中で流通手段として機能した」貨幣は，「この資本家の手中で蓄蔵貨幣形態を取っただけである」（Ⅱ/11, S.18, 訳（4）50頁）とされ，第2章では，販売された商品の剰余価値を表わす部分の「貨幣を積み立てた資本家は"それだけ"買うことなしに売ったのである」（K.Ⅱ, S.348, Ⅱ/11, S.336）とされ，一方的な販売とそれによる流通手段の蓄蔵貨幣への転化が指摘されている。

　さらに，第8稿においては，「2）」の後半では，「潜勢的な新たな貨幣資本」の形成に関する「外観上の困難」の問題が提起され（K.Ⅱ, S.487, Ⅱ/11, S.793, 訳（上）40頁），「3）」の冒頭では，資本家たちの一部分は「自分の潜勢的な貨幣資本の積立てを行なって」おり，他の一部分は「剰余価値の貨幣化によって積み立てられた貨幣で生産手段——不変資本の追加的諸要素——を買っている」（K.Ⅱ, S.488, Ⅱ/11, S.793, 訳（上）40頁）点を把握することの重要性が

強調され,「3)」や「4)」では,「部門Ⅰ（生産手段の生産）での蓄積と部門Ⅱ（消費手段の生産）での蓄積とを区別し」(*K*.Ⅱ, S.487, Ⅱ/11, S.793, 訳(上)40頁)た分析が試みられている。こうした論点についても，第2稿の第2章でも,「資本家階級における部分的ではなく一般的な貨幣資本の蓄積を前提する場合には，困難が生じる」(*K*.Ⅱ, S. 348, Ⅱ/11, S.336)，という問題提起がなされ，それに関して以下のように記されている。

　　「一方で貨幣の中に実現された剰余価値の一部が流通から引き上げられ，そして蓄蔵貨幣として積み立てられるとすれば，〔〔他方では〕〕それと同時に絶えず剰余価値の他の部分が生産資本に転化される。【追加的な金〔現行版——貴金属〕の資本家階級の下への分配を除けば,】貨幣形態での積立ては決して同時にすべての地点で行なわれるのではない。」(*K*.Ⅱ, S.350, Ⅱ/11, S.338.)

ここでは，蓄積基金の積立と投下の対応が把握されていると評価できるであろう。ここでの指摘と第8稿における論述との相違は，後者が二部門分割の下における分析として展開されているのに対して，第2稿第2章では蓄積基金の積立と投下の対応の問題がその論理次元における一般的分析として指摘されているに止まっている点である。

では，この問題の二部門分割の下での解明は，第2稿では課題として意識されていなかったのだろうか。あるいは「二段構えの叙述方法」に制約されて論述に入れなかったのだろうか。筆者は，その課題の解明は，第3章「1)」「B)」の「b)貨幣流通による媒介を入れた叙述」に予定されていたと推察する。それは，第1には，第3章冒頭部分に記されている,「社会的総資本の構成部分として考察された貨幣資本」の問題は「この章のもっと後の部分で初めて取り扱われるべきである」(*K*.Ⅱ, S.354, Ⅱ/11, S.343)という覚書の，その「貨幣資本」に関しては，潜在的貨幣資本である蓄積基金の問題も念頭に置かれていたと解されるからである。この問題が考察されていた第2章「5）蓄積。云々」の「B)」の論述は，上の覚書のわずか2ページ前まで続いており，そこでは,「追加的な潜在的貨幣資本が採れる最も単純な形態は蓄蔵貨幣の形態であ」り，この「蓄蔵貨幣」は,「貴金属を生産する諸

国との交換で受け取られた追加的な金銀でもありうる」が,「多くの場合には」,「国内流通から引き上げられた貨幣に他ならず,それが資本家A等に関して〔現行版──資本家の手中で〕蓄蔵貨幣の形態を採ったということ」である (K.Ⅱ, S.323, Ⅱ/11, S.312-313) とされている。「貴金属を生産する諸国との交換で受け取られた追加的な金銀」の問題は外国貿易を捨象すれば貨幣材料の再生産の問題になるが,この問題は本書前編第4章 *3* (59～60頁) で見たように第3章「1)」「B)」の「b)」に含まれるのだから,その項目に「多くの場合」とされた蓄積基金に関する問題が含まれないとは考えられない。したがって,潜在的貨幣資本である蓄積基金の問題は,第3章冒頭の覚書に言う「この章のもっと後の部分」に属する「1)」「B)」の「b)」に含まれていると解されるのである。

　第2には,第2稿の第2章「5)蓄積。云々」の「B)」の箇所と初稿の第3章「6)蓄積を媒介する貨幣流通」の箇所とは対応関係が読み取れるからである。前者の「5)蓄積。云々」「B)」の箇所では,まず,「追加貨幣資本」は「実現された剰余価値のうち,資本家たちによって収入の貨幣形態としてではなく貨幣資本として流通に投げ入れられる部分によって供給される」というように,「既に資本家たちの手にある」「貨幣」の「用法が異なるだけである」ことが指摘され (K.Ⅱ, S.345, Ⅱ/11, S.333),次に,拡大再生産の結果としての「より大きな商品総量の流通に必要とされる追加貨幣」に関して,「流通する貨幣総量の一層の節約」が挙げられ,それに続けて,それは「蓄蔵形態から流通形態への貨幣の転化によって調達されねばならない」点が指摘され (K.Ⅱ, S.346, Ⅱ/11, S.334),さらに,それらで足りない場合としての「追加的金生産」が指摘されている (K.Ⅱ, S.347, Ⅱ/11, S.335)。こうした展開の仕方と初稿の第3章「6)蓄積を媒介する貨幣流通」とは「全く同様の論旨」[27]であると見做されよう。しかも,第2稿では,続けて,「後に生産資本に転化させられるために,実現された剰余価値の一部分が長短の時間にわたって貨幣準備金として蓄積される場合」(K.Ⅱ, S.347, Ⅱ/11, S.335) が考察され,

---

(27) 富塚,前掲「再生産論の課題〔Ⅱ〕」(『再生産論研究』) 175頁。

初稿の第3章「6）」の項目でも，貨幣材料の再生産の論点を指摘した後に，「次にはさらに，そのものとしての，資本の蓄積の特殊的一形態としての貨幣蓄積（Geldaccumulation）を研究すべきであろう」とされている（Ⅱ/4.1, S.360, 訳274頁）。第2稿第2章「5）蓄積。云々」の「B）」の箇所は初稿第3章の「6）」と同じ構成であり，この後者を引き継いでいるのが第2稿第3章「B）拡大された規模での再生産，蓄積」の「b）貨幣流通による媒介を入れた叙述」なのだから，第2稿第3章「B）」の内容についても，その第2章「5）蓄積。云々」「B）」の箇所との関連が強く意識されていたという推定が成り立つのである。

　初稿の第3章「6）蓄積を媒介する貨幣流通」については，伊藤氏や宮川氏のように，その意義を全く認めない論者もいる。その項目における上記の蓄積基金に関する論点は，貨幣材料の再生産の論点と並んで，「蓄積を媒介する貨幣流通」に関する「新しい問題」として取り上げられている。これは，『61－63年草稿』の「エピソード」で展開されている「再生産における貨幣の還流運動」の「今なお考察すること」の「1）蓄積，特に貨幣との関連で」(Ⅱ/3, S.1743) が，第3章の中で，「蓄積を媒介する貨幣流通」なしの論述を前提に，それに続く項目「6）」ないしは「3a）」に位置づけられたことを示している。ただ，この論点についても，その記述は，「貨幣資本（Geldcapital）の蓄積が，収入のうち資本に再転化されるはずの部分がひとまず蓄蔵貨幣として遊休する等々のことを意味する限りでは，この事柄はより詳細には……利子生み資本についての第4章で考察されるべきである」(Ⅱ/4.1, S.360, 訳275頁) とされるに止まる。しかし，第3章執筆後のプランでも「蓄積を媒介する貨幣流通」は「3a）」として独立の項目とされており，その箇所の内容が貨幣材料の再生産の問題だけというのはいかにも不自然であるので，「より詳細に」論ずる第三部「第4章」の前提となるべき部分がここで論じられる予定にされたということであろう。『61－63年草稿』の「再生産における貨幣の還流運動」の考察では，「商業資本と貨幣資本」(Ⅱ/3, S.1759) を想定しての考察の際に，「われわれがいま提起している問題は……生産資本は一般にいかにして彼の収入の一部分を……消費しないで，まず金としてため込み，次にこれを貨幣資本

として蓄積しうるのかという問題である」というように，問題が明確化され，「この点の一層すすんだ説明」が必要と把握されながら，「後回しにされ」た（II/3, S.1760）論点が，第二部第3章の「6)」ないしは「3a)」と第三部第4章（実際には第5章）に配置されたのである。

> ＊ 伊藤(武)氏は，『61-63年草稿』において「すでに重要な論点が提起されていた」ことを認めるにもかかわらず，初稿「6)」冒頭の「特別に論じられるべきなんらかの問題を提出するかどうかには疑問がある」（II/4.1, S.359, 訳273頁）との文言を根拠に，初稿では，マルクスは，「蓄積を媒介する貨幣流通」の「問題成立そのものを否定して」おり，「ここで問題としているのは，貨幣流通に媒介される剰余生産物の生産資本への転化ではなく」，「流通を媒介する貨幣量の問題である」としている。しかし，「6)」の論述途中で「ここまでではどんな新しい問題も出てこない」とされ，それに以下の論述が「しかし」として続けられている（II/4.1, S.359, 訳274頁）のだから，冒頭の文言はその箇所までの論点に関するものであり，それを「6)」全体にかかるものと解するのは行き過ぎである。貨幣量の問題はその「新しい問題」として提起されているが，それは本文で示した第2稿での言及と同じ脈絡で問題とされているのであり，1つの論点にすぎない。

ここで言う「利子生み資本についての第4章」にあたる第三部第5章のうちの「5) 信用と架空資本」には，エンゲルスによって「貨幣資本と現実資本」と題された「III)」の部分に，「利潤のうち蓄積に向けられる部分，といっても再生産的資本家にとって自分の事業では直接の使い途のない部分」について，それは「一時，貨幣の形態で存在しなければならない」という記述がある。そこでは，「収入として支出されるべき部分」を取り上げて，「それは徐々に消費されるが，その間は預金として銀行業者の下で貨幣資本（moneyed Capital）を形成する」云々とされた後に，「蓄積に向けられている部分も同様である」とされ，さらに，「この貨幣が生産的資本に再転化されるべきであるなら，それが再転化される量等々は，再生産諸要素の価格と量的規模にかかっている」（K.III, S.520, II/4.2, S.558-561）ことが指摘されている。この末尾部分は，その少し後の箇所で，「利潤」のうち「蓄積に向けられる

---

(28) 伊藤(武)，前掲「マルクス拡大再生産論の成立過程」249頁。最近の前掲「再生産論と恐慌論」でも同様の理解が繰り返されている（147頁）。

部分」が「貨幣資本(moneyed Capital)に転化するのは，ただ，それを生み出した生産部面での事業の拡張にそれが直接には充用されえない場合だけである」と指摘された際に，それの「原因」の1つとされた，「資本として機能できるようになる前に，蓄積が先ずこの特定の事業での新たな資本の充用の量的関係に規定されたある一定の大きさに達していなければならない」ということ（K.Ⅲ, S.523, Ⅱ/4.2, S.585-586）を意味しているであろう。

これと同様の記述は，第二部初稿第1章の「予備資本」に関する箇所においても見られ，そこでは，「第3種類の予備の貨幣資本は，貨幣に転化された剰余価値の資本への再転化によって，したがって一般に，例えば，充用を待っているか，またはたいてい徐々に資本として支出され，そうして機能し始めるとかする新たな追加資本の投下によって形成される」（Ⅱ/4.1, S.199-200, 訳76頁）とされている。したがって，「蓄積を媒介する貨幣流通」の項目における「収入のうち資本に再転化されるはずの部分がひとまず蓄蔵貨幣として遊休する等々」という蓄積基金に係わる問題の考察は，初稿の第二部第3章ではどこまでなされるかは明瞭ではないが，第1章での貨幣資本の考察を前提とし，第三部第5章に連繋するものである，と言うことはできるであろう[**]。

[**] 宮川氏は，この箇所について，「『蓄積の特殊的一形態としての』独立で自由な『貨幣蓄積』が措定され，このため，『利子生み資本』に包括される処置を受けることになっていて」，「方法上の逸脱」がある，としている[(29)]。しかし，ここでの「貨幣蓄積」が「独立で自由な」というのはどの記述に依拠しているのか不明であるし，初稿では，「より詳しい」考察を第三部第5章での問題として指示しているだけであり，それをもって，「次にはさらに，そのものとしての貨幣蓄積を研究すべきであろう」という記述を翻しているとは考えられない。

第三部との関連は，第2稿においても常に意識されている。その第2章「5）蓄積。剰余価値の貨幣での実現に関する貨幣流通についての研究」での論述でも，「信用制度はここでは存在しないものと前提される」（K.Ⅱ, S.348, Ⅱ/11, S.336），あるいは，「われわれはここではまだ信用貨幣を度外視する」（K.Ⅱ, S.323, Ⅱ/11, S.313）とされたり，角括弧内で，「事態を現実に起こるがま

---

(29) 宮川，前掲書，347頁。

第7章 蓄積＝拡大再生産の分析は第8稿が「はじめて」か

まに考察するならば」として，「後に使用するために積み立てられる<u>潜在的な貨幣資本</u>」は「銀行預金」等から成り立つ（K.Ⅱ, S.349, Ⅱ/11, S.337）ことが述べられているからである。しかも，第2稿では，第2章において，「潜在的な貨幣資本が，単に価値章標を実体とするか，……あるいはまた，資本家たちの第三者に対する法定文書によって確認された単なる請求権（権原）を実体とするということもありうる」(K.Ⅱ, S.323, Ⅱ/11, S.312-313) とされ，第1章においては，「商品が売り手の手中から買い手の手中に移った後に……期限が来て初めて商品の代金が支払われる場合には，貨幣は特殊な支払手段として機能する」ことになるとされ，そこでは，「資本化するように予定されている剰余生産物は，貨幣には転化されず，債権に——買い手がおそらく既に所有しているか，これから手に入れる見込みである等価物に対する所有権原に——転化される。……蓄蔵貨幣の形成と同様に，ここでも債権または所有権原の集積は蓄積過程に随伴する」(Ⅱ/11, S.18-19, 訳(4)50~51頁)，と記されているように，<u>蓄蔵貨幣の特殊的形態</u>も明確に把握されている。第二部に固有の範囲が初稿よりも一層明確にされてきているのである。[***]

> [***] 伊藤(武)氏は，初稿第3章「6)」の，「資本蓄積の特殊的一般形態としての貨幣蓄積」云々の箇所で問題とされているのは，「貨幣蓄積そのものの特殊的形態としての有価証券のような将来の収益にたいする所有権限の蓄積にすぎない」としている[30]。しかし，そこには，「将来の収益に対する所有権原の集積」の論点に続けて，蓄積基金の積立に関する論点への言及があるのだから，「<u>所有権原の集積</u>」は蓄蔵貨幣の特殊的一形態を示す現実の事象として挙げられていると見るべきであり，そこでの問題が「所有権原の集積」と断ずることはできない。氏にあっては，「資本蓄積の特殊的一形態としての貨幣蓄積」と「貨幣蓄積そのものの特殊的形態」とが混同されていると言わざるをえない。

第三部第5章の後に執筆された第2稿では，蓄積基金の積立・投下の対応については，一般論としては，第2章「5)蓄積。云々」の「B)」の箇所で指摘され，この問題の二部門分割の想定下の考察は，第3章の「Bb」に予定されていたが，その分析は，第2稿の論述が「蓄積，拡大再生産」にまで

---

(30) 伊藤(武)，前掲「マルクス拡大再生産論の成立過程」249頁。

進む以前に中断されたことによって，実現されなかった。このように，論述の展開までには至っていなかったが，第2稿第3章の「b) 媒介する貨幣流通のある叙述」においては，「貨幣運動」の全面的な考察が意図されていた，と評価することはできるのである。その論述がなされなかったのは「二重の叙述方法」のためではなく，理論的展開が進まず，また，その把握が不充分であったためである。この問題の二部門分割の下における展開が第8稿でなされているのである。

以上のように，総再生産過程の問題を「二段構え」で構成しようとされた第2稿でも初稿であっても，第3章での蓄積＝拡大再生産過程における貨幣流通の考察の際には，蓄積基金の問題も取り扱うことに予定されており，こうした問題の「組み入れ」はなされているか，なされうる理論構成にされていたのである。それら自体の問題が論述として展開されるまでには至らなかったのは，蓄積の問題と固定資本の補塡・貨幣材料の再生産の問題との関連が未解決であったことが大きく作用しているのであって，蓄積基金の積立・投下の問題の展開は「二重の叙述方法の放棄」とは関連はなく，第8稿における単純再生産の場合の固定資本の補塡と貨幣材料の再生産という2つの問題の解明によって可能となったのである。

小　括

以上のように，大谷氏が言う，「生産手段生産部門で生産された剰余生産物が両部門の追加生産手段を，消費手段生産部門で生産された剰余生産物が両部門の追加労働者のための追加生活手段を，それぞれ含んでいなければならない」という問題は，初稿においても把握されているし，また，初稿における「追加不変資本」・「追加可変資本」に関する記述はv＋mのドグマ批判としての意味を持っており，さらに，「余剰生産手段」についても，富塚氏が言うような，拡大再生産の展開のために，生産手段生産部門において「あらかじめ」生産「されていなければならない」・「両部門の不変資本の補塡に要する以上の……生産手段」という内容において把握されていたのである。

第8稿において「拡大された規模での再生産の物質的基礎をなしている」とされた「年間生産物」の「諸要素の機能配置」全体の十全な把握には至ってはいないが，拡大再生産の「物質的基礎」・「物質的前提」の把握に連なる諸論点は提示されていたと評価できるのである。また，第2稿でも初稿であっても，第3章での再生産過程における貨幣流通の考察の際には，蓄積基金の問題も取り扱うことに予定されており，こうした問題の「組み入れ」はなされているか，なされうる理論構成にされていたのである。したがって，第8稿で「はじめて，第1稿以来の課題であった拡大再生産の分析が行なわれた」(下169頁) と評価することはできない。第8稿のように拡大再生産の基本条件が把握され，蓄積基金の積立投下の問題が論じられていないからといって，初稿の蓄積＝拡大再生産論のその分析としての意義を認めないのは，過小評価と言わざるをえないのである。

第8章 「単純再生産から拡大再生産への移行」は第8稿の「課題」の1つか

　現行版第21章冒頭から第2節「部門Ⅱにおける蓄積」までにあたる「Ⅱ）蓄積すなわち拡大された規模での生産」「1）」から「5）」冒頭部分までに関して，大谷氏が，「マルクスは拡大再生産の考察を，どのようにして拡大再生産の開始……が行なわれうるか，そのさいに生じる困難はなにか，ということから始めている」(下172頁)とし，「単純再生産から拡大再生産への移行」の問題を基軸にして理解している点を検討しよう。

　「単純再生産から拡大再生産への移行」の問題については，「Ⅱ）蓄積すなわち拡大された規模での生産」の「1）」で「単純再生産のもとで，どのようにして……前提条件が先行的につくりだされうるのか，という問題が立てられ」(下171頁)，「3）」および「4）」で，マルクスは「蓄積を目的とした第Ⅰ部門の流通行為および生産行為の変更によって，単純再生産が正常に経過するような両部門の諸要素の配置がどのような影響を受けるか，再生産にどのような困難がもたらされるか，ということを明らかにした」(下172頁)，とされているので，順に検討して行こう。

1　蓄積＝拡大再生産論の冒頭で「単純再生産から拡大再生産への移行」に関する「問題が立てられ」ていたか

　「Ⅱ）蓄積すなわち拡大された規模での生産」の冒頭部分「1）」に関して，大谷氏は，「現実の蓄積すなわち拡大再生産が開始されるための前提」が述べられているとした上で，「拡大再生産がまだ始まっていないところで，それが始まるために存在すべき前提はなにか，を論じているのだ，ということ」に「注意」を喚起し，「ここで，単純再生産のもとで，どのようにして

第8章 「単純再生産から拡大再生産への移行」は第8稿の「課題」の1つか　133

……前提条件が先行的につくりだされうるのか，という問題が立てられた」，としている（下171頁）。この問題こそ大谷氏たちによれば「単純再生産から拡大再生産への移行」の内容なのだから，「1）」で「移行」の問題設定がなされたという理解である。

この場合に念頭に置かれているのは，「1つの個別資本」の「蓄積の場合には」剰余価値の「100m が……追加不変資本に転化させられる」ことの指摘に続けられている下記の論述箇所である。

　「その際に次のことが前提されている。1）年間に100m が次々に貨幣で積み立てられ，そして，この額で充分である（技術的諸条件に対応している）ということである。しかし，剰余価値の貨幣への転化と貨幣での積立とが，……現実の蓄積――拡大された規模での生産――が行なわれうるようになるまでに，かなり長期にわたって必要なこともありうる。2）事実上既に前もって拡大された規模での生産が行なわれているということが前提されている。というのは，貨幣（貨幣で積み立てられた剰余価値）を生産資本の諸要素に転化させるためには，これらの諸要素が商品として市場で買えるものとなっていることが前提されているからである。」(K.Ⅱ, S.485-486．Ⅱ/11, S.790-791．訳（上）33頁。)〔引用文8 A．〕

ところが，この箇所は，富塚氏が，「単純再生産から拡大再生産への『移行』の過程そのものを表式分析の対象としようとマルクスはしてはいない」と主張するにあたって，その論拠の1つとして，「『蓄積または拡大された規模での生産』を論ずるにさいして，いきなり『貨幣形態で積み立てられた剰余価値』と共に拡大された規模での生産を行うために必要な余剰の生産手段がすでに生産されていることが前提されるとして，論述が始められている」，とされた箇所である。蓄積＝拡大再生産論における「移行」の問題の評価に際して，

---

(1) 大谷『図解社会経済学――資本主義とはどのような社会システムか――』（桜井書店，2001年）289〜290頁。前畑憲子「『資本論』第二部第三篇の課題と恐慌論との関連についての一考察――富塚良三氏の『均衡蓄積流通の概念』の検討――」（『商学論集』第48巻第1号，1979年）102頁。
(2) 富塚，前掲『再生産論研究』282頁。283頁も。

全く同じ論述箇所が，正反対の立場から，引き合いに出されているのである。

このように引用文8Aへの対極的評価が提示されているにもかかわらず，大谷氏にあっては，「単純再生産のもとで，どのようにして……前提条件が先行的につくりだされうるのか，という問題が立てられた」との解釈を行なう根拠が説明されてはいない。それどころか，引用文8Aの箇所の内容紹介自体が一面的であって，「2)」のうちの，「事実上既に前もって拡大された規模での生産が行なわれている」という部分が省略されてしまっている（下171頁）。この部分は，富塚氏による引用文8Aへの対極的評価の論拠になっていると思われるし，確かに，拡大再生産が「まだ始まっていないところで」，「始まるために存在すべき前提」が論じられているという大谷氏の理解とは相容れないように読める。そうであるにもかかわらず，この省略も説明抜きなのである。

そこで，まず，第8稿のうち現行版第3篇第21章部分を解読し訳出した大谷氏の論稿を見てみると，そこでは大月書店版の岡崎次郎訳を利用するとされているが，引用文8Aの1)の「拡大された規模での生産──が行なわれうるようになるまでに」の箇所については，訳文が「……が始められうるようになるまでに」と変更されているので，この1)の箇所が着目されていることがうかがわれる。引用文8Aでの剰余価値100mが「貨幣で積み立てられ」，それが「生産資本の諸要素」に「転化」させられるまでは，拡大再生産は「まだ始まっていない」のであり，これから「開始される」ものと解されているのかもしれない。しかし，ここで取り上げられているのは「1つの個別資本」であり，その「1つの個別資本」の剰余価値の「追加不変資本」への転化が，事例とされているにすぎない。

ただ，引用文8Aの直前には，「個別資本の場合に現われることは年間再生産でも現われる」（K.Ⅱ, S.485, Ⅱ/11, S.790, 訳(上)32頁）と記されているので，

（3）　大谷，前掲「『蓄積と拡大再生産』（「資本論」第2部第21章）の草稿について」（上）30頁。

（4）　同上，33頁。

第8章 「単純再生産から拡大再生産への移行」は第8稿の「課題」の1つか　135

この「個別資本」の観点と社会的総資本のそれとの関連がどのように把握されていたかという点が問題となる。「Ⅱ）蓄積すなわち拡大された規模での生産」（現行版第21章）の「1）」が第一部第7篇の論述の回顧から起筆されているように，マルクス自身が第一部第7篇との関連を強く意識していたのだから，われわれもその第22章「剰余価値の資本への転化」を見ることにしよう。その書き出し部分では，10,000ポンド・スターリングの資本が投下されて2000の剰余価値が獲得され，それが蓄積されるという事例が用いられているが，まず，「個別資本」の観点と社会的総資本のそれとの対比が鮮明に示されているものとして，第一部初版・第2版の記述に注目しよう。一部引用済みの部分も含めて示しておけば，下記のとおりである。

　　「2000ポンド・スターリングの一部分は不変資本に，他の部分は可変資本に，すなわち，一方は……労働材料と労働手段に，他方は……労働力に転化されねばならない。だから，資本家はこれらの諸要素を市場で〔第2版では――商品市場〕見い出さねばならない。個別資本家の観点からは，この事象はそのように現われる。……ところが，この10,000ポンド・スターリングを社会的な資本すなわち資本家階級の総資本と見做し，そして，2000ポンド・スターリングを10,000ポンド・スターリングが例えば年間に産み出す剰余価値と見做してみよう！剰余価値は追加の生産物あるいは剰余生産物のうちに体現されている。……資本家たちによって収入として消費される部分も国際貿易……も無視すれば，剰余生産物は，現物形態では，生産手段……と必要生活手段とからのみ，したがって，不変資本と可変資本の素材的諸要素からのみ成り立っている。したがって，これらは，市場に偶然に存在しているのではなく，生産された剰余価値そのものの既に現存する存在様式である。」（Ⅱ/5, S.469-470. 訳659～660頁。Ⅱ/6, S.535. 訳680頁。）

この文章の前半における，資本家は「労働材料と労働手段」および「労働力」という「諸要素を市場で見い出さねばならない」という記述は，引用文8Aでは「2）」の後半部分の，「貨幣で積み立てられた剰余価値」の「<u>生産資本の諸要素</u>」への「転化」のためには「<u>これらの諸要素が商品として市</u>

場で買えるものとなっている」という文言と基本的に同様の趣旨である。そして，この記述は「社会的な資本すなわち資本家階級の総資本」の観点とは明確に区別された「個別資本家の観点から」の「事象」を述べたものである。こうした把握が重視されていたことは，上の第一部初版・第2版の記述が置き換えられたフランス語版とそれが採用されている現行版でも，蓄積の「事象」が「個別資本家の観点から」考察されることが明言された上で，まず，個別資本家が生産資本の諸要素を「購入するためには，彼はそれらを市場で見い出せねばならない」というところまで記述が進められている点に示されている＊。したがって，引用文8Aの「2)」の後半部分の記述も，「個別資本家の観点から」の蓄積の「事象・経過」の指摘であって，そこでは，第二部第3篇の分析対象である「社会的な資本すなわち資本家階級の総資本」に関しては，「拡大再生産がまだ始まっていない」状態が出発点として想定されているというわけではないのである。

  ＊ ただし，第二部第8稿の引用文8Aと上の第一部初版・第2版の記述の間では，追加可変資本部分の扱いに相違がある。引用文8Aでは，資本家が購入する「生産資本の諸要素」として生産手段部分だけが念頭に置かれ，「追加不変資本」への「転化」だけが問題とされている。第一部フランス語版では明記されている，追加雇用される労働者が「生活手段を市場で見い出す」（K.Ⅰ, S.605, Ⅱ/7, p.503, 江夏・上杉訳（下）233頁）という点は後景に退いている。しかし，100mの全額を「追加不変資本」に転化させる想定は過度の単純化であろう。こうした発想は，第8稿における拡大再生産表式展開の試みの箇所でも繰り返される。

次に，引用文8Aの「2)」の前半部分の，「事実上既に前もって拡大された規模での生産が行なわれている」という記述について考えよう。この部分を大谷氏が省略した理由は，その記述では「拡大された規模での生産が行なわれているということが前提されている」とされてはいるが，それにさらに「前提されている」ことが記されているのだから，それを指摘しておけばよいと考えたのであろう。しかし，引用分8Aの「2)」の主文はこの前半部分であって，大谷氏が紹介しているのは，主文に対して「というのは」としてその理由を述べた部分である。主文をなすこの前半部分を前記の第一部初版・第2版の記述と対比させれば，その部分が連繋するのは，「社会的な

第8章 「単純再生産から拡大再生産への移行」は第8稿の「課題」の1つか 137

資本すなわち資本家階級の総資本」の観点からの，「追加の」「不変資本と可変資本の素材的諸要素」は「生産された剰余価値そのものの既に現存する存在様式」となっているという記述ではないか，と推論するのが自然であろう。引用分8Aの「２)」において社会的総資本の拡大再生産過程が「まだ始まっていない」状態が想定されているかどうかを判断するには，大谷氏が省略してしまった「２)」の前半の記述こそが重要であり，その内容が第一部第7篇との対応関係において把握されねばならないのである。

そこで「２)」の前半の記述の含意を読解するために，上記の第一部初版・第２版での指摘部分が更に展開されているフランス語版と現行版の当該箇所を見て行くと，続けて，「個別資本家」自身の商品が「流通するのは，彼が自分の年間生産物を市場に持ち込むからに他ならず，そして，このことは他の全ての資本家の商品についても同様である」というように，「他の資本家」にも視野が広げられて行き，その後で，「それらの商品は，市場で見い出される前に，年々の生産元本〔現行版――総生産物〕に見出されねばならなかったのであって，この生産元本は，個別諸資本の総額すなわち社会的資本がその年のうちに変換し，そして各個別資本家はその一部分しか手中に持たないところの，あらゆる種類の物品の総量に他ならない。……年間総生産物がどのような使用に適しうるかは，それ自体の構成に依存する」，と記されている（K.Ⅰ, S.606, Ⅱ/7, p.504, 江夏・上杉訳（下）233頁）。そして，この論点を締め括るのが，次のような論述である。

「蓄積するためには，〔剰余価値を含む〕純生産物〔現行版――剰余生産物〕の一部分を資本に転化しなければならない。しかし，……資本に転化できる物は……生産手段と，労働者を維持しうる物すなわち生活手段だけである。したがって，年々の剰余労働の一部分は，前貸資本の補塡に必要な分量を超える追加生産手段と追加生活手段の製造に充てられていなければならない。つまり，剰余価値が資本に転化できるのは，剰余価値を自己の価値とする純生産物〔現行版――剰余生産物〕が既に新しい資本の素材的諸要素を含んでいるからに他ならない。」（K.Ⅰ, S.606-607. Ⅱ/7, p.504. 江夏・上杉訳（下）234頁。）

この箇所は，富塚氏の場合には引用文８Ａと同様の指摘と解されているが，大谷氏にあっては，拡大再生産表式分析が進んでからなされた「拡大再生産の展開についての総括」との関連において，「社会的総資本が生産する総剰余生産物」の内容を論じたものとして重視されている（下181頁）にもかかわらず，引用文８Ａとの関連には全く触れるところがない。しかし，引用文８Ａの直前では第一部第７篇との関連が強く意識されていたというだけでなく，この箇所は，マルクスにとってはフランス語版で詳しく記述し直した重要部分であったと見られるのだから，引用文８Ａは，この論述との密接な関連において把握されねばならない。**

　　** 引用文８Ａの部分を第一部第７篇のこの箇所と関連させて理解することは，前畑憲子氏も行なっているところである。ただし，前畑氏は，富塚氏が第一部第７篇のこの箇所と第二部現行版第21章冒頭の引用文８Ａの叙述とを整合的に理解しようとした点には言及することなく，この箇所を，マルクスは「単純再生産の範囲内での第一部門の編成がえが……そのあとにくる拡大再生産の物質的前提なのだ，といっている」という久留間鮫造氏の見解に対する批判の論拠の１つとした点を問題として，次のように強く批判している。「単純再生産から拡大再生産への移行」の「固有の問題が当面の問題である時に富塚氏が右のようなマルクスの叙述の一部をもちだされるということは，氏が拡大再生産進行の一般的な条件と移行の場合の特殊な条件とを混同し，移行の場合の独自の問題を独自なものとして設定する意義に，あるいはむしろその問題の所在にすらまったく気づかれていないことを自ら示されている」，と。しかし，そこでの「当面の問題」は拡大再生産展開の「物質的基礎ないしは前提」の理解であり，富塚氏は，拡大再生産展開の「物質的基礎ないしは前提」の問題と「再生産の諸要素の『質的規定の変化』，『機能配列の変化』そのものが如何にして生ずるかの問題」を区別しており，その上で，「単純再生産の範囲内でいかにして拡大再生産の

（５）　富塚，前掲「再生産論と恐慌論との関連について（二）」（『再生産論研究』）111～112頁。
（６）　前畑，前掲「『資本論』第二部第三篇の課題と恐慌論との関連についての一考察」101頁。
（７）　富塚，前掲「再生産論と恐慌論との関連について（二）」（『再生産論研究』）110～111頁。
（８）　前畑，前掲「『資本論』第二部第三篇の課題と恐慌論との関連についての一考察」111頁。
（９）　富塚，前掲「再生産論と恐慌論との関連について（二）」（『再生産論研究』）114頁。

第 8 章 「単純再生産から拡大再生産への移行」は第 8 稿の「課題」の 1 つか　139

ための物質的基礎がつくり出されうるか」という「移行」に「固有の問題」を強調する見解を批判しようとしているのだから，こうした批判は妥当ではない。

　ところが，大谷氏には，引用文 8 A と上記の第一部第 7 篇の論述とを関連させて理解するという道筋は閉ざされている。大谷氏は，第一部第 7 篇のそのフランス語版の論述を「拡大再生産の展開についての総括」の部分と関連させているのだから，その論述は「拡大再生産進行の一般的な条件」を論じたものと認めていることになろう。そうしておいて，引用文 8 A については拡大再生産への「移行」という特殊な問題の設定がなされた箇所と解しているのだから，両者を関連させようとしても，論理的に言って，自家撞着に陥らざるをえないのである。

　引用文 8 A と上記の第一部第 7 篇の論述とを関連させれば，浮かび上がってくる内容は，引用文 8 A の「2)」に言う「貨幣で積み立てられた剰余価値」が「転化」する「生産資本の諸要素」が「商品として市場で買えるものとなっている」ためには，第一部第 7 篇の記述に言う剰余生産物が「既に新しい資本の素材的諸要素を含んでい」なければならず，さらに，そのためには，労働次元にまで遡れば，「年々の剰余労働の一部分は，前貸資本の補塡に必要な分量を超える追加生産手段および追加生活手段の製造に充てられていなければならない」，ということになる。「剰余労働の一部分」が「追加生産手段および追加生活手段の製造に充てられ」，剰余生産物が「既に新しい資本の素材的諸要素を含んでいる」というのは，総生産物 W′ の価値－ならびに素材「構成」が拡大再生産が展開可能な状態になっているということを意味する。このことこそ，引用文 8 A の「2)」の，「事実上既に前もって拡大された規模での生産が行われている」という文言にこめられた意味内容であると思われる。ここで問題とされているのは，総資本の「年間総生産物自体の構成」という価値－ならびに素材的側面であって，拡大再生産の価値の大きさという量的側面のことではない。ここで「事実上」とされているのもそうした点を言おうとしたものであろう。ここでは，「1 つの個別資本」に生産手段を販売する他の資本をも考慮に入れた多数の諸資本視角からすれば，総資本の拡大再生産過程は「既に」「始まっている」状態が前提と

されていることになろう。

　では、引用文8Aで「既に前もって拡大された規模での生産が行なわれている」とか、第一部第7篇の論述で、社会的総資本の観点から「追加の」「不変資本と可変資本の素材的諸要素」は「生産された剰余価値そのものの既に現存する存在様式」となっているとか、あるいは、「年々の剰余労働の一部分」は「追加生産手段および追加生活手段の製造に充てられてい」る、また、剰余生産物が「既に新しい資本の素材的諸要素を含んでいる」とか記されている点はどのように理解したらよいのであろうか。そうした記述の「理由」として、富塚氏は、「単純再生産であれ、拡大再生産であれ、そもそもの発端第1年から論述が展開されるのではな」く、「すでに行われている『多くの年の流れのなかの1年』としての、その年の再生産の態様が論じられる」という点を指摘し、第二部第3篇の現行版で言えば第20章「単純再生産」第11節「固定資本の補塡」における下記のような論述を引き合いに出している。

　　　「年々の再生産を考察する場合——単純な規模でのそれを、すなわち蓄積はすべて捨象して、考察する場合でさえも——、われわれはそもそもの発端から始めるのではない。それは多くの年の流れの中の1年であって、資本制的生産の生誕第1年ではない。」(K.Ⅱ, S.450. Ⅱ/11, S.756.)

　引用文8Aの直前では、マルクス自身によって、「個別資本の場合に現われることは年間再生産でも現われざるをえないのであって、それはちょうど、われわれが単純再生産の考察で見たように、——個別資本の下での——それの固定成分の・積み立てられた貨幣への順次的な沈澱が、年間の社会的再生産でも現われるのと同様である」(K.Ⅱ, S.485. Ⅱ/11, S.790, 訳(上)32頁)、というように、上記の第11節「固定資本の補塡」部分の論述が引き合いに出されているので、その箇所と引用文8Aとを関連させて理解することは整合的である。また、総再生産過程の分析基準には商品資本の循環形態 W′…W′ が明

---

(10) 富塚、前掲『再生産論研究』286頁。この点は、同稿「『再生産過程の攪乱』に関する考察〔Ⅲ〕——『資本論』第2部の第1、第2、第8稿を貫く問題意識——」(『商学論纂』第54巻第3・4号、2012年) 323頁でも繰り返し強調されている。

第8章 「単純再生産から拡大再生産への移行」は第8稿の「課題」の1つか　141

確に据えられていたのだから，そうした観点からすれば，引用文8Aにおいて前提されているのは，前年に生産され，今年の期首には存在している剰余生産物のことになる。これらの点から，ここでの論述では「多くの年の流れの中の1年」が考えられており，「単純再生産から拡大再生産へ移行」する拡大再生産の「生誕第1年」が想定されているわけではないことになる。

　　　*** 商品資本の循環形態 $W'\cdots W'$ の明確な把握が，第2稿段階でなされていた点については本書前編第2章 *2*（34〜37頁）で指摘したとおりであるが，大谷氏に従っても，それは第5稿で明確に把握されていたのだから，引用文8Aは $W'\cdots W'$ 循環形態の明確な把握の上になされていることになる。

　以上のことから，大谷氏のように，蓄積＝拡大再生産論の「1）」の部分を「移行」に関する「問題が立てられ」ていた箇所，と解することはできないのである。ただ，大谷氏の場合に，引用文8Aの「2）」の部分が無視されていないとすると，考えられているのは，「貨幣で積み立てられた剰余価値」が「転化」して行く「生産資本の諸要素」が「市場で買えるものとなっている」ことが「前提」とされているのだから，その「前提条件」が「どのようにして」「先行的につくりだされうるのか」という問題が自覚されたに違いない，ということかもしれない。前畑氏が言うような，「今期IC＋ⅡCを補塡した上で両部門とも蓄積が可能になるために必要な生産手段（ⅠMc＋ⅡMc）がⅠ部門に残らねばならぬとすれば，今期のⅠ部門の生産物価値は前期のそれより大でなければなら」ず，「そしてそれは，前期におけるⅠ部門での蓄積によるほかはない」のだから，「このⅠ部門の先行的拡大はいかにして可能か」という問題が提起されてくる，との考えがあるのかもしれない。しかし，そこまでを蓄積＝拡大再生産論の「1）」の箇所の記述だけから読み取るのは到底できることではない。そのように読み込めるのは，前畑氏が行なっているように，エンゲルスによって補筆された「移行」の箇所と関連させることによってのみである。その補筆箇所は第8稿では「3）」

---

(11)　前畑，前掲「『資本論』第二部第三篇の課題と恐慌論との関連についての一考察」102頁。

の部分にあるので,その3)の補筆箇所についての大谷氏の見解を次に検討しよう。

2　エンゲルスによる「拡大再生産への移行」の補筆は「きわめて適切」か

「3)」の部分に関しては,マルクスは,「蓄積を目的とした第Ⅰ部門の流通行為および生産行為の変更によって,単純再生産が正常に経過するような両部門の諸要素の配置がどのような影響を受けるか」ということを「明らかにした」(下172頁)とされ,マルクスが「ここではじめて解明した最大の問題は,単純再生産の内部で,どのようにして拡大再生産のための物質的土台が生み出されうるのか,ということである」(下171頁),と評価されていた。この点を検討しよう。

こうした評価を行なうに際して,念頭に置かれていたのは,現行版では「第1節　部門Ⅰにおける蓄積」の「2)追加不変資本」という見出しが付けられた部分の,エンゲルスによる挿入文がある下記の箇所であろう。

「この〔部門Ⅰにおいて「生産手段の生産手段という形で存在する」〕剰余生産物はB,B′,B″等々(Ⅰ)の手中で初めて追加不変資本として機能する(しかし,それは,潜勢的には,それが販売される以前から,貨幣蓄蔵者A,A′,A″等々(Ⅰ)の手中で追加不変資本である)。これは,われわれが単にⅠの側での再生産の価値の大きさだけを考察するならば,まだ単純再生産の限界の内部でのことである。というのは,この,潜勢的な追加不変資本(剰余生産物)を創造するために,なんらの追加資本も運動させられてはおらず,単純再生産の基礎上で支出されたよりも大きな剰余労働が支出されてもいないからである。区別・相違(Unterschied)は,ここでは,ただ充用される剰余労働の形態,それの特殊的な役立ち方の具体的性質だけである。この剰余労働は,生産手段(Ⅰ)の生産手段に支出されたのであり,Ⅱのために機能すべき,そしてそこでcⅡとなるべき生産手段にではない。〔単純再生産の場合には,剰余価値Ⅰの全部

第8章 「単純再生産から拡大再生産への移行」は第8稿の「課題」の1つか 143

が収入として支出され，したがって商品Ⅱに支出されることが前提された。したがって，この場合には，剰余価値Ⅰは c Ⅱ）をその現物形態で再び補填しなければならない生産手段だけからなっている。……〕

　したがって，単純再生産――単に価値の大きさだけから考察すれば――の内部で，拡大された規模での再生産，現実の資本蓄積の物質的基礎が生産されるということになる。それは，まさにとりもなおさず（当面の場合には）直接に生産手段の生産に支出された剰余労働Ⅰ，すなわち潜勢的な剰余－不変資本の創造に支出された労働者階級（Ⅰ）の剰余労働である。」(K.Ⅱ, S.492-493. Ⅱ/11, S.797-798. 訳（上）54頁。)〔引用文8B。〕

エンゲルスによる挿入文とは，引用文8Bの省略箇所にあり，「したがって，単純再生産から拡大再生産への移行が行なわれるためには，部門Ⅰにおける生産が，Ⅱのための不変資本の諸要素をより少なく，しかしⅠのための不変資本の諸要素をそれだけより多く生産できるようになっていなければならない。この移行は必ずしも困難なしに行なわれるわけではないが，それは，Ⅰの生産物の若干のものが両部門で生産手段として役立ちうるという事実によって容易にされる」(K.Ⅱ, S.492-493, Ⅱ/12, S.458, Ⅱ/13, S.461)，というものである。

大谷氏は，第8稿のうち現行版第3篇第21章部分を解読し訳出した論稿において，エンゲルスによる「このつけ加えないし書き替えは，草稿のこの部分のなかでマルクスが明らかにしようとしているいくつかの点のうちの1つを，明示的に取り出したものとして，きわめて適切かつ重要なものである[12]」，としていたが，その論拠は示されているわけではなかった。それとは対照的に，富塚氏は，エンゲルスによる挿入文の前後でマルクスが論じていることの「主要点」は，挿入文の前の論述に「引き続いて再度述べられている」「ことがらであ」り，「拡大再生産が行われるための前提は，単純再生産の場合よりも年生産物の価値量が増大しているということではなく，『年生産

---

(12) 大谷，前掲「『蓄積と拡大再生産』（「資本論」第2部第21章）の草稿について」（上）19頁。

物の機能配列』が部門Ⅰに蓄積のための『超過分』を残すような構成になっているということ，──部門Ⅰの剰余労働が『拡大再生産の物質的基礎』の生産にすでに充てられているということである」とし，そして，エンゲルスの挿入文は，「こうした論述内容との関連において，それを補足するものとして」「位置づけられなければなら」ず，「この文章をそれだけとり出して，『単純再生産から拡大再生産への移行』規定だとして過大に重要視することには疑問がある。そのエンゲルスのいう『移行』の問題がここでの主題なのではない」，としている。

両者の見解に関して，大谷氏の評価に同意して富塚氏に反論したのが前畑氏であった。その反論の内容は，拡大再生産の場合には「部門Ⅰの剰余価値の一部は，部門Ⅰ用生産手段として存在していなければならない」が，「この『拡大再生産の物質的基礎』がまだ存在しない場合に，いかにして新たにこれを造りだすかという問題が提出される」というように，そうした「『移行』の場合の独自な問題」の意義を繰返し強調することによって，「マルクスがここで問題にしているのはこの問題である」と主張するものであった。しかし，争点は「移行」の問題の認識ではなく，それがここでのマルクスの「論述の主題」かどうかなのだから，こうした議論では論断の域を出ない。その主張の論拠がつかみ難いので，前畑氏が言うここで提起された「問題」へのマルクス自身の「答え」に関する理解を検討することにしよう。その「答え」とは，「部門Ⅰでの剰余労働の支出の具体的形態が部門Ⅱ用生産手段から部門Ⅰ用生産手段に変化することによって，拡大再生産のための『物質的基礎』が新たに作り出されることになるのだというものであ」り，そして，エンゲルスの文章は「この回答を言い換えたに過ぎない」，とされている。しかし，前畑氏によるこの理解には引用文8Bからの微妙なずれがあ

---

(13) 富塚，前掲「原典解説 第21章 蓄積と拡大再生産」(『資本論体系4』) 126頁。「拡大再生産の構造と動態 (Ⅱ)」(同上書) 300頁。
(14) 前畑「『単純再生産から拡大再生産への移行』についてのエンゲルスの書き入れをめぐって」(『マルクス・エンゲルス・マルクス主義研究』第40号，2003年) 46, 47頁。

第 8 章 「単純再生産から拡大再生産への移行」は第 8 稿の「課題」の 1 つか   145

る。氏は，ここでは「部門Ⅰでの剰余労働の支出の具体的形態」が「変化すること」あるいは「転換すること」が指摘されていると解しているが，引用文 8 B を注意深く見ると，そこに記されているのはその「区別」・「相違」である。そこでは，「剰余労働は，<u>生産手段</u>（Ⅰ）の<u>生産手段</u>に支出されたのであり，Ⅱのために機能すべき，そしてそこで c Ⅱ）となるべき<u>生産手段</u>にではない」とされ，「剰余労働の支出の具体的形態」が対比されているにすぎず，「変化」や「転換」それ自体が指摘されているわけではない。ここでの「区別」・「相違」を前畑氏が「変化」や「転換」として理解したのは，引用文 8 B の前後の箇所に関しては，直接的には，マルクスによるものとして受け入れられていた「移行」規定を軸に考えていることの投影ということになろう。したがって，そうした思考回路で解釈されたマルクスの「答え」を論拠にして，今度は逆に，エンゲルスの挿入文がこの箇所でのマルクスの「論述の主題」を「言い換えた」ものと言われても，説得力は持ちえない。*

＊ なお，前畑氏の場合には，大谷氏が「移行」の問題の「解明」は第 8 稿において「はじめて」なされたことを強調するのとは異なって，「移行」の問題は『剰余価値学説史』（『61-63年草稿』）や『経済学批判要綱』でも論じられていることが強調され，「移行」の問題の解明が一貫して目指されているという像が提示されている。前者ではノート13のリカードゥ「蓄積論」の箇所で，マルクスは「事実上」『資本論』現行版「第21章第 1，2 節と同様の……移行の問題を論じている」と解され，「Ｖ＋Ｍドグマ批判にとって，移行の分析が重要な意味をもつ(16)」と評されており，また，後者では，5 人の資本家を想定しての一種の再生産表式分析とそれを基準としての「全般的過剰生産」の規定の叙述は，「移行の場合の再生産の進行をみようとしたものであ」り，『資本論』現行版「第21章での……移行とそのさいの困難との問題そのものを論じている(17)」，と解されているのである。ただ，『61-63年草稿』のノート13リカードゥ「蓄積論」の箇所については，詳しく論じられていないし，また，「移行」の論点を重視する論者で再生産論の形成史を詳細に検討してきた水谷氏が，「移行の基礎的条件（生産要素の機能上での配列変更）」に関して，それの「端緒的認識がみられる」のはノート18で，「事実上の認識が……示されている」のはノート22

---

(15) 同前，48頁
(16) 同稿，前掲「『資本論』第二部第三篇の課題と恐慌論との関連についての一考察」103頁。
(17) 同上，123頁および128頁。

で，そこでも「移行の条件そのものとしては認識されていない」と評価しているので，取り上げる必要はなかろう。『要綱』の当該箇所の解釈については，拙著で批判済みなので，それを参照されたい。

では，「移行」規定が挿入された箇所はどのように解されるべきであろうか。第8稿の大谷氏による紹介で明らかになっていたことは，その部分がエンゲルスによる挿入文であったということだけではない。その文章は，マルクスの地の文章にではなく，角括弧内にある文章に挿入されていたのである。角括弧は覚え書や岐論を示しており，大谷氏も「前後の叙述からなんらかの意味で岐論として区別するさい」のものとしているのだから，引用文8Bについても，角括弧内の文章は引用文8Bの主題を論じていると解することはできないはずである。その「岐論」部分を飛ばして，引用文8Bを読めば，角括弧の後の「したがって」以降の文章が，角括弧の前までの文章の結論的部分となっていることになる。

しかも，エンゲルスによる文章は，単に挿入されたものではなく，マルクスによる別の文章と差し替えられているのである。その元の文章は下記のようなものである。

「ところで，Ⅰのある種の生産部門の生産物は，生産手段としてⅡに入るのではなく，Ⅰそれ自身の中でのみ再び生産手段として役立つことができる。これらの部門の生産物は，価値から見れば他のあらゆる部門の生産物と同様に $c+v+m$ に分解できる。では，追加不変資本Ⅰのために素材を提供することのない単純再生産の前提の場合に，このmはどういうことになるのだろうか？これはⅠのもとで，単純再生産のところで考察すべきことである。」(Ⅱ/11, S.797. 訳(上)54〜55頁。)

この文章を引用文8Bの省略箇所に入れて，角括弧内の文章を全体として

---

(18) 水谷，前掲書，169頁および171頁。
(19) 拙著『経済科学の生成』(時潮社，1991年) 98〜100頁。
(20) 大谷，前掲「『蓄積と拡大再生産』(「資本論」第2部第21章)の草稿について」(上) 4頁。

第 8 章 「単純再生産から拡大再生産への移行」は第 8 稿の「課題」の 1 つか

読めば，その内容は「拡大再生産」と対比した「単純再生産」に関するものであり，「単純再生産から拡大再生産への移行」の問題ではない。角括弧の前までに，部門「Ⅰそれ自身の中でのみ再び生産手段として役立つことができる」「生産物」の「生産部門」の剰余価値部分を生産した剰余労働の意義を明らかにしたが，その部門Ⅰ用生産手段生産部門の剰余価値部分は「単純再生産の前提の場合に」どうなるのかという問題を自覚し，それは未だ論述されていないので，「単純再生産のところで考察すべきことである」と書き留めたのである。これは，単純再生産の場合の部門Ⅰを部門Ⅰ用生産手段生産部門と部門Ⅱ用生産手段生産部門とに細分した場合の特殊的規定の問題である。この場合には，部門Ⅰ用生産手段生産部門の剰余価値部分は部門Ⅱ用生産手段生産部門の不変資本部分と相互補塡関係にあることになる。[21]

当該箇所を全体として見ると，引用文 8 B の地の部分では，「拡大再生産」の場合の特質が「単純再生産」との対比において明らかにされ，角括弧内では「単純再生産」の場合の残されている問題が記されているということになろう。

しかも，引用文 8 B の地の部分において言及された「単純再生産」とは，「単に価値の大きさだけを考察するならば」というように，「量的」「視点」[22]に限定されたものである。逆に，その限定を外して一般的に言えば，「単純再生産」の場合が考えられているわけではないことになろう。「価値の大きさ」ではない側面というのは，「充用される剰余労働の形態，それの特殊的な役立ち方の具体的性質」の側面であり，「剰余生産物」の「新しい資本の素材的諸要素」としての「機能」の側面である。この側面から見れば，あるいは，それも含めた「量的」かつ「質的」視点からの「年間総生産物自体の構成」の側面から見れば，ここでは，「単純再生産」ではなく，「拡

---

(21) 富塚『経済原論——資本主義経済の構造と動態——』(有斐閣，1976年) 239～241頁。
(22) 山田盛太郎「再生産過程分析序論」(『資本論体系』中 (経済学全集第11巻) 改造社，1931年，所収)，のちに同名の単行本 (改造社，1948年)，さらに『山田盛太郎著作集』第 1 巻 (岩波書店，1983年) 所収，181頁。

大再生産」のようになっている状態が「前提」されているのである。また，そうでなければ，「B, B′, B″等々（I）」の資本家の想定自体が不可能である。「B（I）」による新投資は，その資本家が「A（I）」として蓄積基金の積立てをこの年まで続行して来ていることを意味するのだからである。そして，そう「前提」できるのは，ここでの考察が*1*（140頁）で見たように，問題が「多くの年の流れの中の1年」において設定され考察されているからである。

　以上のように，エンゲルスによる「単純再生産から拡大再生産への移行」の補筆がある第8稿「3）」の箇所については，角括弧の存在，差し替えられた元の文章の内容という第8稿と現行版との相違を考慮するならば，富塚氏の言うように，「『拡大再生産の物質的基礎』がまだ存在しない場合に『いかにして新たにこれを造りだすか』という問題を論じているのはエンゲルスの挿入文なのであって，第8稿のその箇所の文脈からして，そのこと自体がそこでのマルクスの論述の主題であったのでは決してない」，ということになろう。エンゲルスによる「移行」の補筆は「きわめて適切」と言えるものではなく[23]，「3）」の部分において，「単純再生産の内部で，どのようにして拡大再生産のための物質的土台が生み出されうるのか」という大きな問題が「解明」された，とは評価できないのである。

　　＊＊　エンゲルスの補筆の意図については，初稿に見られた「蓄積に移行する」（Ⅱ/4.1, S.344, 訳253頁）との記述を何らかの仕方で活かしたかったのではないかと推測することもできよう。ただ，それは，初稿第3章の最後の「項目」が「<u>第Ⅲ部への移行</u>」（Ⅱ/4.1, S.381, 訳294頁）と記されているのと同様の用例であって，「われわれ」が単純再生産の考察から蓄積の考察に「移行」するという意味で言われているので，エンゲルスが補筆した単純再生産から蓄積への「移行」とは異なる。

---

(23)　富塚，前掲『再生産論研究』282〜283頁。

3 総生産物の「機能配置」の「相違」と「変化」とは同じか

 2で検討した引用文8B（142頁）の「区別」・「相違」を前畑氏が「変化」や「転換」と解したのは，その箇所を拡大再生産の表式分析に入った箇所における総生産物の「諸要素の質的規定」の「変化」という記述と対応させているからだとも見ることができる。というのは，その記述は，「単純再生産から拡大再生産への移行」を強調する久留間鮫造氏を初めとする論者においては，その問題の把握に重要な箇所として常に引用文8Bと並べて取り上げられているからである。そこで，その記述についても検討しておこう。それは以下のようなものである。

　　拡大再生産の表式a）において単純再生産の「表式Ⅰでの額よりも小さい額を選んだのは，次のことが目につくようにするために他ならない。すなわち，拡大された規模での再生産……は生産物の絶対的大きさとは少しも関係がないということ，この再生産は，与えられた商品量について，ただ，与えられた生産物のさまざまな諸要素の異なる配列あるいは異なる機能規定だけを前提しており，したがって，価値の大きさから見れば単純再生産にすぎない，ということである。単純再生産の与えられた諸要素の量ではなく質的規定が変化するのであって，この変化が後に続く拡大された規模での再生産の物質的前提である。」(K.Ⅱ, S. 501. Ⅱ/11, S.806. 訳（下）8頁。)〔引用文8C。〕

 この引用文8Cでも，総生産物の「諸要素」の「質的規定」の「変化」と表現しているのは，末尾の箇所だけであり，その前の部分では，諸要素の「配列」・「機能規定」が「異なっている」という記述である。そして，ここ

---

(24) 久留間鮫造「恐慌論体系の展開方法について（二）」（『経済志林』第44巻第3号, 1976年）27～28頁。同編『マルクス経済学レキシコン6 恐慌Ⅰ』（大月書店, 1972年）443頁。大谷, 前掲「資本の流通過程と恐慌」（『マルクスに拠ってマルクスを編む』）173頁。前畑, 前掲「『資本論』第二部第三篇の課題と恐慌論との関連についての一考察」104頁。

での「諸要素」の「質的規定」の「変化」とはⅠ(v+m)＝Ⅱc のⅠ(v+m)＞Ⅱc への変化を意味するが，ここで念頭に置かれているのは，引用文8B前後の箇所と同一の事柄ではない。というのは，引用文8Cの直後では，拡大再生産の表式を「別の形で描いて」総生産物が同額の単純再生産の表式とするために，「別の」ものにされたのは「可変資本と不変資本，等々の割合」(K.Ⅱ, S.502, Ⅱ/11, S.806, 訳(下)9頁)であって，引用文8Cにおける焦点は部門Ⅰで「充用される剰余労働の形態」に特別に合わされているのではないからである。しかも，引用文8Cの直前では，単純再生産の表式よりも「はるかに大きい額を取ることもできる」と記されるだけではなく，第8稿では「合計＝82,520」の表式も記載されていた(K.Ⅱ, S.501, Ⅱ/11, S.806, 訳(下)8頁)。この点からすれば，ここでは部門Ⅰにおける剰余価値のうち消費に充てられる部分の絶対的な減少は問題とされておらず，久留間氏が言うような「第二部門は一時的には絶対的に縮小しなければならない」ということは全く念頭に置かれていないことになる。したがって，「第二部門用の生産手段の生産を第一部門用の生産に切りかえることによって行なわれる」という「第一部門内部の編成がえ」も，次節 *4* で検討する「困難」も，ここでは問題になりえない。そもそも，合計9000の単純再生産の状態から「合計＝82,520」の拡大再生産への「社会的再生産の進行中」の「変化」を論じることなど，全く意味をなすまい。マルクスは，引用文8Cの「変化する」・「変化」の語によって，総生産物の「諸要素」の「質的規定」が異なる状態になっているという「変化」の結果を表わしているだけで，「変化」の過程までを含意させようとしているわけではない，ということになろう。

しかし，表式分析に入る直前には，「変化した配置（veränderten Gruppierung）」(K.Ⅱ, S.501, Ⅱ/12, S.467, Ⅱ/13, S.470)と記された箇所があると言われるかもしれ

---

(25) 久留間，前掲論文，31頁。
(26) 同上，26～27頁。前畑，前掲「『資本論』第二部第三篇の課題と恐慌論との関連についての一考察」110頁。
(27) 大谷，前掲「資本の流通過程と恐慌」(『マルクスに拠ってマルクスを編む』)169頁。

第8章 「単純再生産から拡大再生産への移行」は第8稿の「課題」の1つか　　151

ない。だが，それもエンゲルスによる書き換え部分である。その箇所は，第8稿では，「問題がⅠの諸要素の再配列，異なる配置（再生産に関しての）だけに起因する1つの独自な現象にあり，この別の配置（Andersgruppirung）なしには，一般に拡大された規模での再生産は行なわれえない」(K.Ⅱ, S. 501, Ⅱ/11, S.806, 訳(下)7頁)，となっており，この場合にも，「Ⅰの諸要素の再配列，異なる配置」，「別の配置」と表現されている。ここでの「別の配置」という表現をエンゲルスは引用文8Cの末尾の文章と統一させようとしたものと推測される。さらに，「5) 部門Ⅱでの蓄積」の項目の引用文8Cに至る箇所を見ると，最初に「cⅡについての困難」として「商品資本Ⅱの構成部分から不変資本Ⅱの現物形態への再転化」の問題を論じた後には，「熟考されねばならないことは，……表式Ⅰに見られる諸要素が——例えば来年といった将来の再生産の拡大を目的として——別様に（verschieden）配列ないし配置されているだけだということである」(K.Ⅱ, S.499-500, Ⅱ/11, S.804, 訳(下)2頁)，という指摘もあるが，そこでも，「別様に配列ないし配置されている」という表現となっている。

　以上のように，マルクスの第8稿では，部門Ⅰで「充用される剰余労働の形態」についても，総生産物の諸要素の「配置」あるいは「機能規定」についても，拡大再生産の場合の単純再生産の場合に対する「区別」・「相違」が論述の主題とされているのであり，そして，「変化」という表現が用いられている箇所では，部門Ⅰで「充用される剰余労働の形態」の問題に焦点が合わされているわけではないのである。エンゲルスによる語の変更が「移行」規定の組み込みに加わって，論述の力点が，総生産物の諸要素の「配列」あるいは「機能規定」の「変化」そのものにあるかのような印象が生まれてしまったように思われる。

　ただ，エンゲルスによる「移行」規定の組込みは，「4)」と「5)」冒頭で問題とされた「困難」に関する記述部分の評価とも関連しているようにも考えられるので，その「4)」と「5)」冒頭の部分についても項目を改めて検討しておくことにしよう。

4 「拡大再生産への移行」の「困難」は「明らかに」されているか

　大谷氏は，マルクスは，「4)」で，「蓄積を目的とした第Ⅰ部門の流通行為および生産行為の変更によって」，「再生産にどのような困難がもたらされるか，ということを明らかにし」，「5)」ではその「困難が確認され」ている，としていた。この「困難」は「4の末尾でつかみ出された」とも言われているので，それに該当すると推察される部分を示しておくならば，以下のようになる。

　　「A(Ⅰ)は，自分の剰余生産物のB(Ⅱ)への販売によって，それに相当する不変資本価値部分をB(Ⅱ)に現物形態で供給したが，しかし，同時に，流通からの貨幣の引上げによって——自分の販売をその後での購買で補完しないことによって——価値から見て等しいB(Ⅱ)の商品部分を販売不能にした。したがって，社会的総再生産……に目を向けるならば，A(Ⅰ)の剰余生産物の潜勢的貨幣資本への転化は，価値の大きさから見て等しい商品資本(BⅡ)の生産資本(不変資本)への再転化の不可能を表わす。……A(Ⅰ)の剰余生産物の形成や販売そのものは単純再生産の現象なのだから，われわれは，ここで，単純再生産そのものの基礎の上で，次のような相互に制約しあう諸現象を見る。すなわち，部門Ⅰ)での潜勢的追加貨幣資本の形成【それゆえⅡの立場からの過少消費】。部門Ⅱでの，生産資本に再転化できない商品在庫の固着，したがって(Ⅱにとっての)相対的過剰生産。過剰な貨幣資本(Ⅰ)と再生産における不足(Ⅱ)」(K.Ⅱ, S.498, Ⅱ/11, S.803. 訳(上)74〜75頁。)〔引用文8D。〕

　「4)」におけるこの「困難」についての大谷氏による説明は，「この場合には，第Ⅰ部門の資本家が第Ⅱ部門の資本家に第Ⅱ部門用の生産手段を販売して得た貨幣を可能的貨幣資本として積み立てるので，第Ⅱ部門は第Ⅰ部門に，不変資本を表わす消費手段を売ることができず，第Ⅱ部門では消費手段の過剰生産が生じることになる」(下172頁)というものである。引用文8Dにおける資本家「B(Ⅱ)」は単に「第Ⅱ部門の資本家」とされ，ここ

第8章 「単純再生産から拡大再生産への移行」は第8稿の「課題」の1つかで「考察」されているのは「第Ⅰ部門での蓄積」である（下172頁）と解されている。その限りでは，前畑氏による，「4）ではまだ部門Ⅰでの貨幣蓄積について述べている」だけであり，「部門Ⅱでの生産手段の購買は単純再生産において消費された不変資本の補塡であり，蓄積ではない」という解釈と共通している。前畑氏の場合は，そうした解釈から，エンゲルスの編集を批判して，「4）」から「5）」の「a）」の途中までに付した「第2節 部門Ⅱにおける蓄積」という「表題は適切なものではない」と断じている。これに対して，富塚氏は，ここでは，マルクスは，「部門ⅠのA群の資本家たちが……部門ⅡのB群の資本家たちに売ることによってその『剰余生産物を貨幣化』するものとして，《部門Ⅱにおける蓄積》を論じようとし」ていると解し，その際に，「ⅠMがⅠVとともにⅡCと相互転態される《単純再生産》の関係を念頭におきながら，論述が展開されている点」に「混乱」があると評し，「B（Ⅱ）すなわち部門ⅡのB群の資本家たちというのは，潜勢的貨幣資本を追加資本として投下しうる大きさにまで積立ておわった部門Ⅱの資本家たちということであり，そのB（Ⅱ）に販売されるA（Ⅰ）の剰余生産物」は「部門Ⅱの追加不変資本に充用されるべきものであって，ⅡCと相互転態されるべき関係にはない」と述べている。このように，対立点は，ここでの課題が「部門Ⅰにおける蓄積」の考察なのかどうか，部門Ⅱの側で論じられねばならないのが不変資本の補塡の問題なのかどうかということであり，両者の見解の岐路は部門Ⅱの資本家の「B」群という性格の重要性の評価にある。

　この部門Ⅱの資本家の「B」群という性格については，ここで取り上げられている資本家は「A（Ⅰ）」と「B（Ⅱ）」と特定されているのだから，これを後景に退けることは適切ではない。そうした大谷氏や前畑氏の解釈では，マルクスの意図から微妙にずれた一面的なものとならざるをえないように思

---

(28) 前畑「『資本論』第2部第8稿『蓄積と拡大再生産』の課題と方法——八尾信光氏のマルクス批判について」（『マルクス・エンゲルス・マルクス主義研究』第16号，1992年）97頁。
(29) 同上。
(30) 富塚，前掲「原典解説 第21章 蓄積と拡大再生産」（『資本論体系4』）130頁。

われる。そこで，ここでの資本家が「A（Ⅰ）」と「B（Ⅱ）」とされている点を重視するならば，ここでマルクスが論じようと意図していた問題は，現行版の表題のように「部門Ⅱにおける蓄積」と言うことはできないが，部門Ⅰにおける貨幣資本の蓄積だけでもなく，それと部門Ⅱにおける現実資本の蓄積との関連である，と解すべきであろう。さらに，ここでも（先の **2**（148頁）での「B（Ⅰ）」と同じように），「B（Ⅱ）」にあたる資本家はこの年に積み立て終わった蓄積基金を投下するのだから，それまでに既に剰余生産物の「潜勢的貨幣資本への転化」を行ない続けていなければならない。したがって，問題は拡大再生産に固有の現象が生じている「多くの年の流れの中での1年」で設定されていることになるのだから，ここでは単純再生産から拡大再生産への「移行」が主題とされているのではないということになろう。

　では，部門Ⅰにおける貨幣資本の蓄積と部門Ⅱにおける現実資本の蓄積との関連の解明という課題は引用文8Dにおいてはどこまで果たされていると評価されるべきであろうか。そうした問題は，論述が部門Ⅱの不変資本の補填の問題の方に流れて行ってしまったために，解明されているとは見做し難いし，マルクス自身も，引用文8Dに続けて，「この点の論述はこれだけに止め」るとしているので，ここでの論述が充分なものではないと自覚しているようにも見える。部門Ⅱの不変資本の補填の問題が出てきているのは，拡大再生産における部門Ⅰ・Ⅱ間の相互補填関係が解明される前の論述であるために，単純再生産における両部門の相互転態関係を念頭において論ぜざるをえなかったからであろう。ここでの論述は内容的に充分なものとは評価しえないのである。

　しかも，大谷氏や前畑氏の論稿では無視されているが，引用文8Dの限界はこれだけではない。ここでは部門Ⅱでの現実資本の蓄積と部門Ⅰでの貨幣資本の蓄積という問題側面のみが一面的に取り上げられただけで終わってしまっている，という点である。積立て終わった蓄積基金を投下する資本家をK_B，蓄積基金の積立をする資本家をK_Aと表わせば，ⅡK_B→ⅠK_Aという貨幣の流れの側面のみである。『61-63年草稿』段階において，そのノート18では，「生活手段の生産者たちが追加不変資本を入手するのは，他方の

〔生産手段の〕生産者たちが追加可変資本を入手するまさにその同じ過程によってである」($Mw.$Ⅲ, S.372, Ⅱ/3, S.1819）という把握がなされ，さらに，そのノート22「剰余価値の資本への再転化」の項目でも同様の把握が繰り返されていた（Ⅱ/3, S.1859）。したがって，ここでは，部門Ⅰには蓄積基金の投下を行なうⅠK_Bや，彼らに追加雇用される労働者ⅠPによる部門Ⅱからの生活手段の購入，そして，部門Ⅱにも蓄積基金の積立を行なうⅡK_Aの資本家も想定し，ⅠK_B→ⅠP→ⅡK_Aという貨幣の流れの側面も取り上げねばならないはずである。そうした側面への言及がないここでの考察は，部門Ⅰにおける蓄積と部門Ⅱにおける蓄積との関連の解明という点からすると，問題設定自体が一面的であったもの，あるいは展開が中途半端に終わっているものとして評価せざるをえない。こうした不充分さは，「3）」の「部門Ⅰにおける蓄積」の中の「追加可変資本の考察」部分が「新たに形成された貨幣資本のうち可変資本に転化できる部分は労働力を常に見い出すことを前提する」という指摘に止められ（$K.$Ⅱ, S.496, Ⅱ/11, S.801–802, 訳(上)70〜71頁），立ち入った考察に進んでいなかったことに起因している。

また，部門Ⅱを労働者用必需品生産部門と奢侈品ないしは資本家用生活手段生産部門とに分割しての考察にまでは進んでいない，という点もある。『61–63年草稿』ノート18の，「再生産——蓄積である限りでの——を単純再生産から区別するもの」を論じた箇所においては，「追加資本（可変または不変）が互いに補い合わないたび毎に，それ〔貨幣〕は一方の側で貨幣資本として沈澱せざるをえない」（$Mw.$Ⅲ, S.372, Ⅱ/3, S.1820）という「新たな問題提示」(31)がなされ，その際に，「追加貨幣資本が形成される」要因の1つとして「生産者がただ単に支払われた貨幣での……例えば奢侈生産物の売り手に対する需要を減らすこと」(ebd.)が記されており，そして，『資本論』第二部第3章＝篇の単純再生産部分においては，第2稿の場合には詳細な表式分析が試みられ，それを受けて第8稿では整理された形での論述がなされている。

---

(31) 小林「『蓄積におけるⅡcの転態』について——『残された問題』との関連で——」（『武蔵大学論集』第27巻第3・4・5号，1979年）366頁。

そうした理論的前提があるにもかかわらず，この論点には踏み込んでいないことも，ここでの論述の限定的な性格を示している。

　上記のような混乱や不充分さが「4）」における考察には含まれているところからするならば，その「帰結」として導き出された部門Ⅱの「相対的過剰生産」も，「明らかに」されたものとして，手放しで高く評価する点にも大きな無理がある。1つの論点の指摘であって，それ以上のものではない。

　さて，大谷氏にあっては，「4の末尾でつかみ出された『困難』」は，「5）部門Ⅱにおける蓄積」の項目で「まず」「確認され」(下172～173頁)ていると言われているので，次に，「4）」と「5）」の冒頭部分がこうした関連にあるのかどうかを検討しよう。その際に，念頭に置かれていると解される論述は「5）」「a）cⅡについての……困難」の下記の箇所であろう。

　　「例えば……剰余生産物Ⅰの半分が再びそれ自身不変資本として部類Ⅰに合体されるとすれば，Ⅰの剰余生産物のうちⅠに保留されるこの部分は，CⅡのどの部分をも補塡できない。それは，消費手段には転換されないで……，Ⅰそのものの中で追加生産手段として役立つべきものである。……だから，……（1000v＋500m）Ⅰだけが，2000(c)Ⅱ）と転換可能である。すなわち，500c(Ⅱ)はその商品形態から生産資本（不変資本）Ⅱに再転化不能である。したがって，Ⅱでは，生産Ⅰの規模拡大のためにⅠで行なわれた過程にちょうど対応する過剰生産が生ずることになろう。Ⅱでの過剰生産はおそらくⅠにも強く反作用して，そのために労働者Ⅰによってに支出された1000の還流さえも部分的にしか行なわれず，したがってこの1000が可変貨幣資本の形態で資本家Ⅰの手に復帰しないことにもなろう。──この資本家Ⅰたちは不変な規模での再生産においてさえも，そしてもちろんそれを拡大する試みだけでも，非常に妨げられていると感ずるであろう。そして，その際に熟考されねばならないことは，Ⅰでは単純再生産が行なわれただけだということ，表式Ⅰに見られる諸要素が──例えば来年といった将来の再生産の拡大を目的として──別様に配列ないし配置されているだけだということである。」
　(K.Ⅱ, S.499-500. Ⅱ/11, S.804. 訳(下)1～2頁。)〔引用文8E。〕

第 8 章 「単純再生産から拡大再生産への移行」は第 8 稿の「課題」の 1 つか

　大谷氏にあっては,「5では, まず, 4の末尾でつかみ出された『困難』……が確認され」ている, と指摘されているだけなので, この「困難」の「確認」の意義や引用文8Eと「4)」にある引用文8Dとの関連がどのように解されているのかが分からない。しかし,「4)」と「5)」の冒頭部分とでは問題が異なっているのであって, これを無視することはできない。「5)」のこの引用文8Eにおいては, 富塚氏が言うように,「ⅠMの一部がB($\dot{\mathrm{I}}$)によって買われ, B($\dot{\mathrm{I}}$)の手で部門Ⅰの追加的不変資本に転化しただけ部門Ⅱに『過剰生産』が生ずるとされ」ている。部門ⅡのⅡc部分は単純再生産の範囲内の問題なのだから, ここでは, マルクス自身の「部門Ⅱにおける蓄積」という表題にもかかわらず, 部門Ⅰにおける蓄積とそれの部門Ⅱへの影響が論じられていることになる。しかも, ここでは,「4)」における論述とは異なり, 現実資本の蓄積を行なうB群の資本家と貨幣資本の蓄積を行なうA群の資本家との性格の相違は問題とされていない。「4)」では「A(Ⅰ)」による「B(Ⅱ)」に対する追加生産手段の販売が行なわれる場合が考察されているのだから, その「4)」での考察と「5)」にある引用文8Eとでは, 論述対象も接近方法も異なっていることになる。

　では, 大谷氏にあっては問題とされないままになっているこの引用文8Eと「4)」にある引用文8Dとの相違は,「次に, われわれは部門Ⅱにおける蓄積をやや詳しく考察してみよう」(K.Ⅱ, S.499, Ⅱ/12, S.465, Ⅱ/13, S.468)という文言から, 引用文8Eは引用文8Dの内容を「やや詳しく考察する」ものとして把握されるべきであろうか。しかし, この一文もエンゲルスによるものである。エンゲルスは,「4)」と「5)」の冒頭を統合して現行版の「部門Ⅱにおける蓄積」の項目を編集する際に, 両者の区分を横線で示しただけではなく, 上記の一文を挿入しているのである。エンゲルスによる両者の統合は,「4)」では部門Ⅱにおける現実資本の蓄積に関連する問題が論じられ,「5)」にはマルクス自身の「部門Ⅱにおける蓄積」という表題が付けられているのだから, 一つの編集方法ではある。しかし, 挿入された一文がある限

---

(32) 富塚, 前掲「原典解説 第21章 蓄積と拡大再生産」(『資本論体系4』) 131頁。

り,「5)」にある引用文8Eは「4)」にある引用文8Dの内容を「やや詳しく考察する」ものと解さざるをえなくなる。そうした理解が無理なことは,上述のような両者の論述対象や接近方法の相違から明らかであろう。また,マルクスにあっては,『61-63年草稿』のノート22において,消費手段生産部門の生産物のうち,生産手段生産部門によって「可変資本として消費される部分が増大するならば,不生産的労働者および資本家自身によって剰余生産物の形態で消尽される生産物量が減少し,したがって」,消費手段生産部門のうちの,「剰余生産物を非労働者のための消費手段の形態で生産する生産者たちにとっては,<u>需要が減退する</u>」とされ,「それとともに彼らの再生産が妨げられているのであって,この部類で投下されている資本の一部分の減価が生じる」,とされている(Ⅱ/3, S.2260)のだから,ここでも,奢侈品ないしは資本家用生活手段生産部門を想定しての考察に進むべきであろうが,そうはしていない。この点からも,ここで問題を「詳しく考察する」ことは課題とはされていない,ということになる。「5)」にある引用文8Eは「4)」の引用文8Dの内容を「やや詳しく考察する」ものではないのである。

さらに,引用文8Eに後続する文章中の「3)」の部分においても,蓄積=拡大再生産の考察ではこの「困難」は「回避されるべき」ものとされ,マルクスは,「それなしには一般に拡大された規模での再生産は行なわれえないような」諸要素の「別の配置」(K.Ⅱ, S. 501; Ⅱ/11, S.806, 訳(下)7頁)の態様を解明するために,表式分析に移って行ってしまっている。「4)」での不充分な点は「5)」においても未展開のままなのである。

以上のように,「4)」における考察には混乱や不充分さが含まれており,マルクス自身もこの記述は限定されたもので,「困難」の問題が明らかにされたとは考えていなかった。そして,その「帰結」として導き出された部門Ⅱの「相対的過剰生産」も「明らかに」されたものとは評価できない。1つの論点の指摘であって,それ以上のものではない。「5)」においても,「困難」の存在が指摘されてはいるが,その把握が蓄積=拡大再生産論の主要課題とはされていない,と言うべきであり,しかも,「4)」での考察と「5)」にある引用文8Eとでは,論述対象も接近方法も異なっていた。大谷氏の

第8章 「単純再生産から拡大再生産への移行」は第8稿の「課題」の1つか

ような，マルクスは，「4)」で，「蓄積を目的とした第Ⅰ部門の流通行為および生産行為の変更によって」，「再生産にどのような困難がもたらされるか，ということを明らかにし」，「5)」ではその「困難が確認され」ている(下172~173頁)という理解は，現行版と第8稿との相違がほとんど不問に付されており，この箇所の限界を無視して，過大に評価したものと言わざるをえないのである。むしろ，ここでの論述の限界を明確に意識して，$IK_B →IP→ⅡK_A$という貨幣の流れの問題や部門Ⅱの必需品生産部門と奢侈品生産部門との分割の問題の解明を，ここで提起されている問題を展開する場合の論点として，確認しておくことが重要であろう。

それでは，「4)」や「5)」「a)」での論述に際して単純再生産における$I(v+m)=Ⅱc$の関係が念頭に置かれていること，あるいは，「5)部門Ⅱにおける蓄積」の項目が「a)」として「cⅡについての困難」から始められているという問題は，どのように理解されるべきであろうか。この点も次に考察しておこう。

5 拡大再生産の条件をマルクスは「苦心」なしに把握していたのか

「4)」や「5)」「a)」での論述において$I(v+m)=Ⅱc$の関係が念頭に置かれ，「5)部門Ⅱにおける蓄積」の項目が「cⅡについての困難」から始められている事情を理解するためには，単純再生産と拡大再生産との関連がどのように把握されていたのかという点に着目する必要がある。

単純再生産の研究に入るに際しては，「<u>単純再生産</u>」は「1つの抽象として現われる」，とされながら，「他方では，しかし」として，「蓄積が行なわれる限りでは，<u>単純再生産</u>は常に蓄積の一部分を形成し，したがってそれ自体として考察されうるのであり，蓄積の現実的一要因である」(K.Ⅱ, S.394, Ⅱ/11, S.728)，とされている。さらに，単純再生産の分析が進んで，「必要消費諸手段」と「奢侈的消費諸手段」とに分割した考察の箇所でも，「<u>単純再生産</u>は，あらゆる拡大された規模での年々の再生産の部分，しかも最も重要な

部分でもある」(K.Ⅱ, S.410, Ⅱ/11, S.743)，とされているのだから，こうした認識は確固たるものであった，と見ることができる。

では，単純再生産は拡大再生産の「最も重要な」「現実的な」「一要因」・「一部分」という点の具体的な把握はどの程度のものだったのだろうか。単純再生産は拡大再生産のどの部分に該当し，どのように関連しているのかという具体的なことまで明確に把握していたのか，ということが問題になる。これは，第8稿の表式分析による到達地点に立って言い換えれば，拡大再生産の場合の部門間均衡条件がどの程度まで明確に把握されていたのかということに他ならない。

この拡大再生産の場合の部門間均衡条件の把握については，大谷氏は，「いわゆる拡大再生産の条件というのは，マルクスが〔現行版〕第21章でいろいろ苦心したあげくやっとつかまえました，というようなものではな」く，「それは，いわゆる拡大再生産の条件がどのようにして導出されるのか，を考えれば明らか」である，とし，「すでに単純再生産の分析によって析出された，社会的総生産物の諸成分のいわゆる三大転換法則＝3つの流れ」に，「第一部第七篇ですでに解明されている」こと，すなわち「剰余価値は資本家用消費ファンドのほかに蓄積ファンドを含み，この蓄積ファンドは不変資本と可変資本とに分かれねばならないということ」を「つけ加え」ると，「ほとんど自動的に拡大再生産の条件は演繹されてくる」，と説明している[33]。こうした考え方からすれば，第8稿で拡大再生産の表式分析に入る前に，拡大再生産の場合の部門間均衡条件を把握し，蓄積＝拡大再生産とその「最も重要で」「現実的な」「一要因」としての単純再生産との関連も明確に理解されており，「3)」・「4)」・「5)」「a)」の論述もそうした明確な見通しの上になされていたということになる。

だが，大谷氏の言う2つの要因の認識があっても，拡大再生産の場合の部門間均衡条件が直ちに把握されるわけではない。このことは，『61-63年草稿』を見れば，明らかである。まず，大谷氏の言う2つの要因を結び付ける

---

(33) 大谷，前掲「資本の流通過程と恐慌」(『マルクスに拠ってマルクスを編む』) 171頁。

第8章 「単純再生産から拡大再生産への移行」は第8稿の「課題」の1つか　161

という視点は，『61－63年草稿』ノート9の「収入と資本との交換」と題された箇所でなされている蓄積＝拡大再生産に関する問題設定に明瞭に示されている。総資本による総生産物の二部門分割の前提の下に，総流通が，「収入と収入との交換」・「収入と資本との交換」・「資本と資本との交換」に三区分されて，明確に論述された(34)その後に，「なお解決すべき2つの問題」の1つとして，「収入すなわち利潤の一部が資本化される場合に生ずる変化」が挙げられている箇所である。そこでは，「生産物のうち剰余価値を表わす部分が，一部は労賃に，一部は不変資本に再転化されるということは，簡単である」と指摘され，それに続けて，「ここで研究すべきは，このことがこれまでに考察された諸項目での商品交換にどのように影響するか，ということである」(*Mw*. I, S.222, II/3, S.573-574)と確言されている。大谷氏の言う2つの要因が認識されているだけではなく，両者を結び合わせて考察することが研究課題として明確に設定されているのである。なお，ここでは労賃部分と利潤部分とが区別されずに「収入」範疇に一括されているが，この取扱い方はもう1つの「解決すべき問題」として自覚されており，ノート14になると，社会的総生産物の価値－素材補填関係に関するそれまでの研究が概括されている箇所において，「$V^{II}+R〔剰余生産物，収入〕^{II}=CI$」(*Mw*. III, S.245, II/3, S.1381)という「$I(V+M)=IIC$という表式的表現の原型とみてよい」表現(35)がなされている。しかし，蓄積＝拡大再生産に関する「研究すべき」課題は解明され終わってはいない。この点は既に本編第7章 **4**（120〜121頁）で見たとおりである。

　拡大再生産全体の表式分析には未着手の段階では，拡大再生産の場合の部門間均衡条件の一般的な把握までには至ってはおらず，単純再生産は「蓄積の一部分」・拡大再生産の「一部分」とされても，具体的にどの部分に該当

---

(34)　小林「再生産表式と資本の循環・回転――『表式』成立過程の一考察――」(『経済学論集』第25巻第3・4号，1958年)，のちに同著『再生産論の基本問題』(有斐閣，1975年)所収，24頁。水谷，前掲書，145頁。

(35)　水谷，前掲書，161頁。

するのかは明確ではなかったので，I(v+m)＝Ⅱcの関係を出発点として，拡大再生産の場合の関係を探り当てようとして行かざるをえず，そして，そのために，「5)」の項目も「部門Ⅱにおける蓄積」と題されながら，その考察は「a) cⅡに関する……困難」から始まっているのである。

小　括

　以上のように，まず，第8稿「Ⅱ）蓄積すなわち拡大された規模での生産」の「1)」の記述は，『資本論』第一部第7篇と関連づければ，個別資本の蓄積には総生産物W′の価値－ならびに素材「構成」が拡大再生産が展開可能な状態になっていることが前提されている，という内容のものとして理解できるのであって，その部分を「単純再生産から拡大再生産への移行」に関する「問題が立てられ」ていた箇所，と解することはできなかった。そして，「Ⅱ）」の「1)」から「5)」冒頭までを「移行」の問題を基軸にして把握しようとする見解では，要の役割を担わされていたのが「3)」の「移行」に関するエンゲルスの補筆部分であった。しかし，それは，単なる文章の挿入ではなく，その箇所の前後では，角括弧の削除，マルクスの文章との差し替え，マルクスの「別の配置」という表現の「変化した配置」への変更がなされており，その結果として，補筆部分を含めた現行版の叙述は草稿の叙述とは内容にずれが生じてしまっていた。草稿の角括弧内では，岐論として，部門Ⅰを部門Ⅰ用生産手段生産部門と部門Ⅱ用生産手段生産部門とに細分した場合の特殊的規定の問題が「単純再生産」の考察として残されていることが記され，その前後の箇所全体では，総生産物の諸要素の「配列」あるいは「機能規定」に関する拡大再生産の場合の独自性そのものの解明に力点が置かれていた。「移行」規定の組込みと草稿の文言の削除や語の変更によって，論述の力点が，総生産物の諸要素の「配列」あるいは「機能規定」の「変化」そのものにあるかのような印象が生じてしまったのである。そうしたエンゲルスの補筆を「きわめて適切なもの」と評価することはできないし，そうした箇所を，論述の「主題」が「単純再生産から拡大再生産への移

第8章 「単純再生産から拡大再生産への移行」は第8稿の「課題」の1つか　　163

行」の問題にあるという主張の根拠にすることはできない。また，「4）」における再生産過程の「困難」に関する記述については，マルクス自身がそれを限定されたものと考えており，実際にそこには混乱や不充分さが含まれてもいるのであって，その問題が「明らかに」されているとは評価できなかった。「5）」冒頭の論述も，「4）」の論述とは論述対象や接近方法を異にしており，後者で指摘された「困難」の内容を「確認」したものとも，「詳しく考察する」ものとも解することはできなかった。諸々の不充分さが生じたのは，拡大再生産の場合の部門間均衡条件の把握が容易なことではなく，第8稿で拡大再生産の表式分析に入る手前では充分ではなかったということから，考察の出発点を単純再生産の均衡条件Ⅰ$(v+m)=$Ⅱcの関係に置かざるを得なかったためであった。

　以上のことからすれば，第8稿「Ⅱ）」の「1）」から「5）」冒頭までに関しての，「マルクスは拡大再生産の考察を，どのようにして拡大再生産の開始が行なわれうるか，そのさいに生じる困難はなにか，ということから始めている」(下172頁)という大谷氏のような把握は，マルクスの草稿に即しておらず，自説に引き寄せすぎた特異なものと言わざるをえない。そうした記述は *MEGA* 第Ⅱ部第11巻の解説としてはふさわしくあるまい。角括弧の存在も，エンゲルスによって差し替えられたマルクスの文章も，マルクスの「別の配置」という表現のエンゲルスによる「変化した配置」への変更も取り上げずに，「その書入れがあろうとなかろうと論旨に変わりはない」[36]と述べても，説得力はなかろう。第8稿「Ⅱ）」の「1）」から「5）」冒頭までを，草稿の細部にまで立ち入って検討するならば，「移行」の問題の解明を第8稿「Ⅱ）」(現行版第21章)の蓄積＝拡大再生産論の「中心的な課題」の1つと評価することはできないのである。

---

(36)　前畑，前掲「『単純再生産から拡大再生産への移行』についてのエンゲルスの書き入れをめぐって」43頁。

第9章　総再生産過程論と「再生産の弾力性」について

1　初稿第3章における「再生産の弾力性」について

　大谷氏の「拡大再生産の開始」の問題とは，より具体的には，「単純再生産のもとで，どのようにして……前提条件が先行的につくりだされうるのか，という問題」（下171頁）である。こうした問題をマルクスがどう考えていたかを知るには，まず，『資本論』第二部第3篇（章）の全体の構成を見なければならない。その全体が示されているのは初稿のみである。本文執筆の後に記された構成によれば，単純再生産に関する論述部分である「1）流通（再生産）の実体的諸条件」と，蓄積＝拡大再生産に関する論述部分である「3）蓄積あるいは拡大された規模での再生産」および「3a）蓄積を媒介する貨幣流通」との間には，「2）再生産の弾力性」の項目が置かれている（Ⅱ/4.1, S.381, 訳294頁）。

　この点に関しては，大谷氏による言及はないが，前畑氏にあっては，「第1稿では，再生産の弾力性をもって，単純再生産から拡大再生産への移行が行われるとしていた」[1]とされ，そして，「『資本論』第1部第7篇ではマルクスはこの弾力性によって追加生産手段が獲得されるとしている」[2]と把握されている。また，富塚氏の場合もそこでは「拡大再生産への移行にも関連すると解される考察」がなされている[3]，とされている。

　そこで，初稿の「再生産の弾力性」の項目の結論的部分を見てみると，

---

(1)　前畑，前掲「『資本論』第2部第8稿「蓄積と拡大再生産」の課題と方法」98頁。
(2)　同上，96頁。
(3)　富塚，前掲『再生産論研究』，284頁。

第9章　総再生産過程論と「再生産の弾力性」について

「固定資本」・「労働力」・「科学の技術的応用」と「労働の生産諸力」・「前貸資本の回転時間」を挙げた後に，次のように記されている。

「これら全てのことから，われわれは，蓄積は別として，また季節の単なる偶然的事情は別として，既存の資本と労働力の所与の量によって年々もたらされる再生産の総量は，不変な量ではなくて可変的な量である……という結論に達する。この弾力性あるいは可変性は，同時に，蓄積のための自然的基礎をなす。というのは，追加的な資本と労働力の動員によって与えられる再生産の全要素なしに，再生産の拡張を許すもろもろの基礎が，そこに与えられているからである。」(Ⅱ/4.1, S.353. 訳265頁。)〔引用文9A。〕

ところが，初稿のこうした把握に対して，前畑氏は，「しかしマルクスは，生産の弾力性には『ある限界』があるのであって，まずなによりも，この要因を捨象して『独自な意味での資本蓄積』を明らかにしなければならないとしている」，と述べることによって，否定的な評価を下してしまっている。(4) その根拠として持ち出されているのは，第8稿「3)」の「追加可変資本の考察」における以下の記述である。

「【(第一部で)説明したように，ある与えられた資本は，ある限界内では，蓄積なしにその生産量を拡大できる。しかしここでは独自な意味での資本蓄積が問題なのであり，したがって拡大された規模での生産は剰余価値の追加資本への転化を，したがってまた再生産あるいは生産の拡大された資本基礎（Kapitalbasis）を条件としている。】」(K.Ⅱ, S. 496-497. Ⅱ/11. S.802. 訳(上)71頁。)〔引用文9B。〕

この箇所は，「新たに形成された貨幣資本のうち可変資本に転化できる部分はそれが転化すべき労働力を常に見い出せる，と仮定しなければならない」(K.Ⅱ, S.496-497; Ⅱ/11, S.802, 訳(上)70～71頁) と指摘する際に，その根拠の1つとして，「必要な場合には使用労働者数……の増大なしにより多くの労働を流動させることができる」という「労働力の弾力性」を挙げたので，それに関連して，「再生産の弾力性」の「限界」と「ここでの」課題を述べたも

（4）　前畑，前掲「『資本論』第2部第8稿「蓄積と拡大再生産」の課題と方法」96～97頁。

のである。前畑氏は，引用文9Bを，「単純再生産から拡大再生産への移行」の考察の場合にも「再生産の弾力性」の捨象が不可欠で，「まずなによりも」「独自な意味での資本蓄積」の側面＝追加生産手段の生産の側面が明らかにされねばならないことを指摘した文章と解しているのであろう。しかし，まず，引用文9Bは，角括弧が付されているように，補足的な覚書であり，その前の箇所も含めた一連の論述の焦点が「再生産の弾力性」の捨象に合わされているわけではない。そして，引用文9Bでは，「独自な意味での資本蓄積が問題である」「ここでは」，「再生産の弾力性」の要因は捨象されるべきだとされているだけである。前畑氏の場合には，引用文9Bの「ここでは」というのが，「単純再生産から拡大再生産への移行」を含めた論述部分では，と自明のように解されているが，「移行」の後の拡大再生産に関する本論部分では，というようにも解されうる。むしろ，本書後編第8章 *1* ～ *3* での検討結果からすれば，そのように解されるべきであろう。引用文9Bでは，本論部分では「独自な意味での資本蓄積が問題である」と述べているにすぎず，「拡大再生産の開始」の問題を論ずる場合にもその捨象が不可欠だとまでは言ってはいないのである。また，前畑氏が持ち出している「生産の弾力性には『ある限界』がある」という点は，第二部初稿第3章の「再生産の弾力性」の項目でも充分に認識されていた。「再生産の弾力性」の「限界」は引用文9Bに見られるように第一部で指摘されており，その第一部への言及が第二部初稿の「再生産の弾力性」の項目の末尾および「蓄積すなわち拡大された規模での再生産」の項目の冒頭部分で見られる（Ⅱ/4.1, S.353, 354, 訳265, 266, 267頁）ように，第二部初稿の「再生産の弾力性」の論述は第一部での論述が前提にされているからであり，さらに，「再生産の弾力性」の「限界」についてもしばしば指摘されている（Ⅱ/4.1, S.348, 351, 353, 訳259, 262, 265頁）からである。以上のように，前畑氏が着目した第8稿の記述によっては，「再生産の弾力性」の問題を蓄積＝拡大再生産の考察への「移行」に関連させるという初稿のような把握を否定することはできないのである。

　それでは，初稿の引用文9Aに見られる，「再生産の弾力性」は「蓄積」とは別の要因ではあるが，「同時に」「蓄積のための自然的基礎」であるとい

第9章　総再生産過程論と「再生産の弾力性」について

う把握とそれに基づく初稿の構成は顧みるに値しないような内容なのであろうか。この内容についても具体的に見よう。

第1に、「蓄積が1つの自然的基礎を持っているのは、それら〔固定資本と労働力〕の作用能力の可変的な性格の中にである」（Ⅱ/4.1, S.350, 訳261頁）と把握されている。「ある与えられた時点では現に充用されている資本と労働の総量は所与の大きさであるとしても、それは……その潜在的な充用能力あるいはその充用の規模から見れば、ある限界内では可変的である」（Ⅱ/4.1, S.351, 訳262頁）、ということである。

そのうちの「固定資本の――生産要素としてのその作用における――拡張能力」に関しては、「再生産の拡張・再生産規模の拡大・すなわち蓄積のための既存の基礎として」、「固定資本の形で与えられている既存の資本の一部分が役立つことができ、こうした基礎そのものが先ずもって生産される必要はない」点が指摘されている。「この場合には、固定資本の回転が速められ」、「それの年々の損耗分が増加するだけである」が、それは、「固定資本がより高度に充用される、すなわち……生産過程で（内包的または外延的に）より多く機能するからである」、とされる。そして、「資本制的生産様式が発展するほど、固定資本の規模がそれだけ増大し」、「したがって、ある限界内では、生産過程の拡大を、この基礎そのものが拡大されることなしに許す・潜在的な力がそれだけ増大する」、とされる（Ⅱ/4.1, S.348-349, 訳259～260頁）。

さらに、固定資本の既存の規模に関連して、次のような記述がなされている。

「固定資本が……採取産業……において、つまり……最も主要な原料（金属、木材）と補助材料（石炭等々）を追加固定資本の特に機械の生産に供給するまさにその生産諸部面において、どんなに圧倒的な影響力のある役割を演じているかを考えてみれば、固定資本の発展の既存の規模が、追加固定資本の生産を、すなわち蓄積あるいは拡大された規模での再生産のこの部分の生産を、どんなに著しく容易にし促進するかということは自明である。」（Ⅱ/4.1, S.349, 訳260頁）〔引用文9C。〕

ここでの記述を「拡大再生産の開始」という視角から見れば、「蓄積あるいは拡大された規模での再生産」に係わる「追加固定資本、特に機械」の生産

は，それに「主要な原料」と「補助材料」を供給する生産諸部面＝素原料生産部門における固定資本の「圧倒的な影響力のある役割」によって，「著しく容易に」され「促進」される，ということになろう。この素原料生産部門の特性＝そこでの固定資本の「圧倒的な影響力のある役割」については，第一部の「資本の蓄積過程」部分での「採取産業」に言及した箇所と関連している。手が加えられているフランス語版で示せば，「労働対象は，先行する労働の生産物ではなく，自然によって無償で贈られたものであ」り，「原料は資本の前貸しの構成部分にならない」ので，「不変資本はほとんど労働分量の増加……に充分に応じうる労働手段だけである」(K.Ⅰ, S.630, Ⅱ/7, p.525) という点である。そこでは，「本来の工業では，労働への追加支出は常にそれに照応した原料への追加支出を前提とする」が，「採取産業と農業とは，製造工業に対してそれ自身の原料とその労働手段の原料とを提供するので，前者が追加的な資本の供給をまたないで生み出した生産物増加分は，製造工業をも利することになる」(ebd.)，とも記されている。フランス語版での彫琢は，第二部初稿での当該論点の把握が保持され定着していることを示しており，内容的にも，蓄積に対する固定資本の作用能力の意義の指摘は明確なものと評価しうるし，「採取産業」＝「原料」・「補助材料」生産部門と「機械」・「労働手段」生産部門に区別してのより具体的な把握も首肯しうるものと言えよう。こうした把握は，「拡大再生産の開始」という問題に関して示唆を与えていると評価できるのであって，簡単に否定することはできない。

　労働力に関しても，「現存の労働力」が「外延的または内包的にさまざまな程度で充用され，そして利用されうる既に生産されている一生産力」(Ⅱ/4.1, S.349-350, 訳261頁) と把握され，「可変資本が転換する同一の労働力は，きわめてさまざまな量の労働を提供でき，きわめてさまざまな大きさで再生産過程の現実的要因として機能できる」(Ⅱ/4.1, S.351, 訳263頁)，とされる。そして，「所与の労働力」は，「不等な程度で搾取されうるのであり，そして，そのようにして生産したがってまた再生産過程の，同様に拡大再生産過程または蓄積の伸縮する可変的な基礎をなす」(Ⅱ/4.1, S.350, 訳261頁)，と指摘とされている。ただし，この点は，既に第一部の「資本の蓄積過程」部分の現行

版では第7篇第22章第4節「剰余価値の資本と収入とへの比例的分割から独立して蓄積の規模を規定する諸事情」において「労働力の搾取度」の部分で主題として取り上げられるためか，ここでは，固定資本ほど詳しくは論じられてはいない。

　第2に，「蓄積あるいは拡大された規模での再生産にとっての決定的な諸契機の1つ」として，「生産力の発展」が挙げられている（Ⅱ/4.1, S.349, 訳260頁）。この点も，第一部の「資本の蓄積過程」部分の現行版では第7篇第22章第4節において「労働の生産力」の要因が主題として取り上げられるのと対応している。固定資本と労働力は，「絶えず変化する状況——労働の生産性に関して——の下で充用され」，「それらの生産性に関しても絶えず変化している大きさとして」存在する，ということが，「蓄積・拡大された規模での再生産にとってきわめて重要である」要因とされ，その理由として，「拡大再生産過程の物質的基礎をなすのは，生産手段と生活手段の価値ではなくてそれらの量である」と指摘されている（Ⅱ/4.1, S.351, 訳263頁）。これは，「労働の生産力の上昇と共に，一定の価値を，したがってまた与えられた大きさの剰余価値を表わす生産物の総量が増大する」(K.Ⅰ, S.631, Ⅱ/5, S.487, Ⅱ/6, S.553〔Ⅱ/7, p.526〕)，という点を強調しているのであろう。

　上記の固定資本については，「科学とその応用の絶えざる進歩につれて，固定資本の年々補塡されねばならない部分は絶えずより生産的な諸形態で再生産される，したがって固定資本の単純な再生産は固定資本の生産力の絶えざる拡大を伴っている」とされ，そして，「このことは……それ〔固定資本〕が助成する労働の生産力の増大に関連している」(Ⅱ/4.1, S.349, 訳260頁)，という点が指摘されている。第Ⅰ部の「資本の蓄積過程」部分では，「同じ不変資本価値が，より多くの生産手段に……なって表われ，したがって，より多くの生産物形成者ならびに価値形成者，または労働吸収者を提供する」(K.Ⅰ, S.631; Ⅱ/5, S.487, Ⅱ/6, S.554) ことが指摘され，そして，「労働の生産力の発展は原資本すなわち既に生産過程にある資本にも反作用する」(K.Ⅰ, S.631, Ⅱ/5, S.487, Ⅱ/6, S.554〔Ⅱ/7, p.526〕) という問題が論じられているが，そこでも，「もし労働の生産力がこうした労働手段の出生場所で増大するならば」(K.Ⅰ,

S.631, Ⅱ/5, S.487, Ⅱ/6, S.554)、「より効果的な、その効率を考えるとより安価な機械、道具、装置などが、旧式のものに取って代わ」り、「旧資本はより生産的な形態で再生産される」(K.Ⅰ, S.631-632, Ⅱ/5, S.487-488, Ⅱ/6, S.554〔Ⅱ/7, p.526〕)、とされている。なお、そこでは、「現存する労働手段について行なわれる不断の細部の変更」という側面も指摘されている (K.Ⅰ, S.632, Ⅱ/5, S.488, Ⅱ/6, S.554, Ⅱ/7, p.526)。

また、固定資本以外の「原料や補助材料のような不変資本の他の部分」に関しても、第一部の「資本の蓄積過程」部分では言及されている。それらは「その年のうちに絶え間なく再生産され、農業から生まれるものはたいてい年々再生産される。したがってこの場合には、改良された方法などの採用は、いずれも、追加資本と既に機能している資本にほとんど同時に作用する」(K.Ⅰ, S.630, Ⅱ/5, S.488, Ⅱ/6, S.554, Ⅱ/7, p.526-527) という点や、「化学のあらゆる進歩は、同じ素材の利用を多様化し、それゆえ資本の増大につれてその投下部面を拡大するが、そればかりではなく、同時に、生産－および消費過程の廃棄物を再生産過程の循環のなかに投げ返すことを教え、こうして、先行の資本投下を要することなく新たな資本素材をつくり出す」(K.Ⅰ, S.630, Ⅱ/5, S.488, Ⅱ/6, S.554-555, Ⅱ/7, p.527)、という点も指摘されている。

さらに、「科学〔現行版――および技術〕は機能資本の与えられた大きさからは独立した資本の膨脹力能を形成する。この膨脹力能は、同時に、原資本の更新段階にはいった部分にも反作用する。原資本はその新しい形態のなかに、古い形態の背後で生じた社会的進歩を無償で合体する」(K.Ⅰ, S.632, Ⅱ/5, S.488, Ⅱ/6, S.555)、とされている。

そして、労働力に関しても、第一部の「資本の蓄積過程」部分において、「労働の生産性の上昇につれて労働者の低廉化が……進行し」、「したがって、同じ可変資本価値がより多くの労働力を、それゆえまたより多くの労働を運動させる」(K.Ⅰ, S.630, Ⅱ/5, S.487, Ⅱ/6, S.554) ことが指摘されている。

第3に、「可変性のもう1つの契機は、再生産過程が同時に流通過程であるという限りでは、再生産過程の本性から出てくる」として、「流通時間」が挙げられている。「流通時間は、直接的生産または再生産の過程に現実に

第9章　総再生産過程論と「再生産の弾力性」について　171

従事している資本部分にとっての1つの限界をなす」が，「この限界そのものが不変の大きさではなくある弾力性をもった可変的な大きさであって，この限界が限界たりうるのも大小さまざまな程度においてである」という「事情」から，「平均的な流通時間以下への短縮＊は，……同一の前貸資本をもってのより大きな再生産【これによって剰余価値率……が増大し，したがって蓄積の諸源泉の1つが増大する】を許すか，あるいは，現存の固定資本と現存の労働力を……より高度に充用することを許す」，という点が指摘されている（Ⅱ/4.1, S.352, 訳263～264頁）．

  ＊　この文では「流通時間」の「延長」も指摘されているが，それは「可変性」の一側面ではあっても，蓄積のための「基礎」にはならない．この文自体には，二つの問題が混在してしまっているように思われる．

　第4に，「ある範囲までは現実的資本のいかなる増加からも独立した拡大再生産の1つの恒常的な基礎」として，「土壌など，その価値に関する限りでは資本のいかなる部分をもなしていないが，しかし生産諸力として資本に合体されている」ような「自然的諸要素」が指摘されている（Ⅱ/4.1, S.353, 訳265頁）．この点は，「第一部第6章で既に明らかにしたように」，として立ち入った論述はなされてはいない．

　以上のように，初稿の引用文9Aに見られる，「再生産の弾力性」は「蓄積」とは別の要因であるが，「同時に」「蓄積のための自然的基礎」であるという把握は，充分に合理的なものであり，そして，そうした把握に基づいての，「再生産の弾力性」の問題を蓄積＝拡大再生産の考察への「移行」に関連させるという初稿の構成も，合理的なもので，否定されねばならないような内容ではなかったと評価しうるのである．

　第二部第2稿においては，この「再生産の弾力性」の問題は，「社会的総資本の構成部分として考察された貨幣資本」（K.Ⅱ, S.354; Ⅱ/11, S.343）との関連で取り上げられている．「資本制的商品生産は……新たに始まるどの事業にとっての"原動力"としての（そして連続的動力としての）貨幣形態の資本すなわち貨幣資本を前提する」ということは，「社会的に考察しても」あてはまるが，「だからといって，資本の機能場面すなわち生産の規模が……

その絶対的制限という点で，機能中の貨幣資本の規模に依存するということには，決してならない」とされ，資本に合体されている「生産諸要素の伸長は一定の限界内では前貸貨幣資本の大きさには左右されない」(K.Ⅱ, S.355, Ⅱ/11, S.344) ことが論じられる。この点が，「労働力」，「自然素材」，「固定資本」，「自然諸力」，「労働の生産諸力」，「回転時間の短縮」について論じられ (K.Ⅱ, S.355-357, Ⅱ/11, S.344-345)，「前貸資本は……生産資本への転化の後には生産的な諸力能・潜勢力を含んでおり，この諸力能は，前貸資本の価値制限・限界によって制限・限界を与えられているのではなく，一定の活動範囲内では外延的および内包的に異なる作用をなしうる」ことが示される。「生産諸要素の一定量を買うために必要な貨幣資本の大きさは一定している」としても，「しかし，この資本が価値－および生産物形成者として作用する範囲は弾力的で可変的である」(K.Ⅱ, S.357, Ⅱ/11, S.346)，とされるのである。上に列挙した論点およびその内容は初稿と同様であるが，第2稿での記述は，「前貸資本」は「貨幣資本」とされ，「弾力的で可変的である」のはそれが転化した「生産資本」の「作用」であるというように，範疇規定が明確化されている。この問題は第一部の「資本の蓄積過程」論と第二部第2章〔篇〕「資本の回転」において論述済みではあっても，第二部第3章〔篇〕においてもそれに固有の視角から取り上げられている，と言えよう。ただ，第2稿の場合には，この問題は，「この章のもっと後の部分で初めて取り扱われるべきである」(K.Ⅱ, S.354, Ⅱ/11, S.343) とされるだけで，それが具体的にどの箇所なのかは明らかではない。しかし，「労働の生産諸力の向上は新たな資本素材を形成し，したがって資本蓄積の増加の基礎を形成する」(K.Ⅱ, S.356, Ⅱ/11, S.345) との文言からすれば，初稿と同様に単純再生産論と蓄積＝拡大再生産論の間でこの問題が取り上げられるものとされていたと解することができる。それを否定するような記述は見当たらない。

「既存の固定資本はきわめてさまざまな程度で再生産過程のための基礎として役立つことができる」という点が，「これこそ，近代工業そのものによって創造された・再生産過程が外延的にも内包的にも非常に可変的であることを許す・一条件である」(Ⅱ/4.1, S.349, 訳259頁) というように，資本制的生

産にとっての本質的問題として重要視されていたのだから，この問題を抜きにして，拡大再生産の考察へと「移行」するとは考えにくい。ただ，単純再生産に関する表式展開がなされた第2稿段階でも，固定資本の再生産の表式分析にまでは進んでいないのだから，初稿で指摘されていた「再生産の弾力性」の問題を拡大再生産の考察への「移行」の論点として取り扱うことはできず，「拡大再生産の開始」の問題を論ずるところまでには到達していなかった。しかも，固定資本や生産力発展要因を加えようとすると，表式は非常に複雑になるので，単純再生産の表式分析の成果を出発点として，「拡大再生産の開始」の問題を論じて行くことは不可能だったのである。

では，単純再生産に関して，消費手段生産部門を「必要生活諸手段」生産部門と「奢侈品」生産部門に分割しての分析が整理され，「固定資本の再生産」の分析が新たに行なわれている第8稿においては，そうした表式分析と初稿で指摘された「再生産の弾力性」の論点とは接続しえないような断絶した関係にあるのであろうか。次に，そうした単純再生産表式分析の達成を出発点として，「再生産の弾力性」の論点を加えて，「拡大再生産の開始」の問題を考えてみよう。

2 単純再生産表式分析と「再生産の弾力性」について

第8稿単純再生産論を出発点とするのだから，表式の諸前提等もそれに従うものとすれば，不変資本c：可変資本vは4：1，剰余価値率は100％，「必要消費諸手段」生産部門と「奢侈的消費諸手段」生産部門はそれぞれa・bで表示され，その比率は4：1，資本家たちの収入は，その3/5が「必要生活諸手段」・2/5が「奢侈品」へと支出される，ということになる。また，固定資本の「磨滅分」・価値移転分はdで表示され，部門Ⅱの不変資本cは1800c＋200dである。その上で，原料・補助材料等の流動不変資本をRで，固定不変資本をFで表わし，その固定資本の耐久年数は第2稿第2章〔篇〕「資本の回転」での想定と同様に10年，したがって年間磨滅＝価値移転率10％で，部門Ⅰでは4000F・部門Ⅱでは2000F（a）1600F＋b）400F

とし，さらに，部門Ⅰの不変資本cの内訳も部門Ⅱのcと同様としよう。投下不変資本（F+R）をKで表わせば，資本の有機的構成はK：vであり，追加資本もこの構成で蓄積されることになる。ここでは，200×10＋1800：500＝7.6：1である。なお，生産力の発展の場合には資本構成の高度化や不変資本諸要素の低廉化，労働力の価値の低下という諸要因が考慮されねばならないが，固定資本と労働力の「潜在的な作用能力」の意義を純粋に示すために，ここでは生産力の発展の問題は捨象されたままとする。さらに，外国貿易も捨象されているので，奢侈品・必需品や原料の輸出による素原料や労働手段の輸入もないものとして考察する。

　以上の前提の下で，部門Ⅰを労働手段生産部門ⅠFと労働対象生産部門ⅠRに分割して表示すると，単純再生産の表式は，下記のような分析図の形で示される。

```
       4000F
  W′Ⅰ)        4000c    + 1000v  + 600ma  + 400mb = 6000
         (400d・F+3600R)
       ┌  ⅠF)    400c    + 100v  +  60ma  +  40mb =  600
   内訳 │     (40d・F+360R)
       └  ⅠR)   3600c    + 900v  + 540ma  + 360mb = 5400                9000
              (360d・F+3240R)
     Ⅱa)       1600c    + 400v  + 240ma  + 160mb = 2400
   2000F     (200d・F+1800R)                                  3000
      b)        400c    + 100v  +  60ma  +  40mb =  600
```

今期の生産において，「追加的な資本の供給をまたないで生産物増加分」を「生み出す」採取産業や農業で，再生産の弾力性による拡大がなされ，製造業に「それ自身の原料とその労働手段の原料」が「提供」されるとしよう。部門Ⅰ全体の4000cと1000vが10％増大する結果をもたらすような場合を想定し，そこから逆算して，採取産業や農業を含む部門ⅠRで固定資本が「生産過程で（内包的または外延的に）より多く機能する」ことによって価値移転の増加が97.3dだけ，また，「現存の労働力」が「外延的または内包的に」より高度に「充用される」ことによって価値生産物（Eで表わす）の増加が

第9章　総再生産過程論と「再生産の弾力性」について　175

486.6Eだけ生ずるとしよう。労働量の外延的・内包的な増大が，既に雇用されている労働者の労働時間延長・労働強化によるものとすれば，賃銀の増加を考えずに，支出された労働の増大分は全部が剰余労働となり，「所与の労働力が不等な程度で搾取され」，その結果として，剰余価値率は部分的に・また一時的に増大すると言うこともできる。しかし，「所与の労働力」を社会総体のそれとして考えれば，労働量の増大には産業予備軍の吸収という形態での追加雇用によるものも含まれ，その場合は全体の賃銀総額は大きくなろう。また，現役労働者についても，時間賃銀・個数賃銀での支払いを考慮すれば，賃銀総額は大きくしなければなるまい。そこで，価値生産物の増加486.6Eのうちの67.9が賃銀として支払われるものとしよう。また，農業では個人的に消費される食糧も生産されるのだから，部門Ⅱでも再生産の弾力性による生産拡大がなされるということになろう。以上の点を考慮して，剰余価値率の部分的・一時的な増大だけでなく，同時に，賃銀総額の増大もあり，そのために，部門Ⅱa）でも初めから固定資本と労働力の作用能力が拡張されるという場合を考えてみよう。そこで，部門Ⅱaにおいては，固定資本の充用が高められることによる価値移転の増加が12.8d，労働時間延長や労働強化による価値生産物の増加が64.0Eだけあり，そのうちの8.9が賃銀として支払われるとしよう。そうすると，生産の結果は，下記のようになる。

```
4000F
W″  ⅠF)   400c + 100v                + 60ma + 40mb = 600    ⎫
      (40d + 360R)    4d : 0R : 20E   486.6E                 ⎪ 6583.9
      ⅠR)  3600c + 900v + 97.3d + 418.7m + 67.9v + 540ma + 360mb = 5983.9 ⎭
       (360d + 3240R)        516       + 67.9                              ⎫ 9660.7
2000F                  (67.9 + 8.9 =) 76.8                                 ⎪
      Ⅱa) 1600c + 400v + 12.8d + 55.1m + 8.9v + 240ma + 160mv = 2476.8  ⎫
       (200d + 1800R)   4d : 0R : 20E   64.0E                            ⎬ 3076.8
      b)    400c + 100v                + 60ma + 40mb = 600              ⎭
```

ここでは，再生産の弾力性によって，部門ⅠRでは583.9の生産拡大とそれに対応した部門Ⅱa）での76.8の生産拡大が行なわれている。その結果，出発点の単純再生産の必要を越えて，「労働手段の原料」や「製造業」

の「原料」から成る生産手段583.9と生活手段76.8が創出されている。労働手段への需要増大の動向から，前者の部門ⅠRで生産拡大された583.9のうちの271.6が「労働手段の原料」としても使用可能な素材から構成されており，それが部門ⅠFによって一方的に購買されるものとしよう。その源泉としては，信用の要因を捨象すれば，再生産過程の内部から絶えず形成されてくる各種の準備金＝蓄蔵貨幣が想定される。労働手段需要の増大が見込まれるのだから，「不測の支出」や「流通時間の攪乱」の「調整」のための準備金 (*K*.Ⅱ, S.266; Ⅱ/11, S.225) は減らせるであろうし，そして，「回転時間の短縮」によって遊離される蓄蔵貨幣部分もある。販売期間の短縮 (*K*.Ⅱ, S.292; Ⅱ/11, S.278) が予測されうるし，部門ⅠRでの生産拡大による単位あたりの生産期間の短縮は部門ⅠFでの購買期間の短縮 (*K*.Ⅱ, S.292-293, Ⅱ/11, S.278-279) につながり，そうした「流通時間の短縮の結果」として，「生産の連続を実現する」ための「追加資本」(*K*.Ⅱ, S.265, Ⅱ/11, S.224) 部分が減少し，「購入」や「支払」のための準備金 (*K*.Ⅱ, S.258, Ⅱ/11, S.216) も少なくて済み，「余剰になる」「貨幣資本」・「貨幣資本の過多」(*K*.Ⅱ, S.285, Ⅱ/11, S.271) が生ずるであろうからである。さらに，固定資本の償却基金として積み立てられている準備金（この事例の場合には$40+80+……+360=1800$）の一部が用いられることも考えられる。

そうすると，次の総生産物W′の価値的・素材的構成とその補塡運動は，下記のようになる。

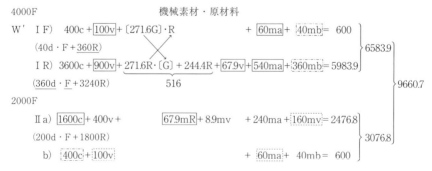

次に，再生産の弾力性によって増産された機械素材・原材料となる素

第9章 総再生産過程論と「再生産の弾力性」について 177

原料のうち516を労働対象として，部門IFと部門IRにおいて，固定資本と労働力の充用が高められることによって生産が増大するものとしよう。d：R：E(v+m) = 2：18：10なので，原材料の増加に伴う固定資本の価値移転の増加はIFで30.2d・IRで27.2d，価値生産物の増加はIFで150.9E・IRで135.8Eとなる。就業労働者の労働時間延長や労働強化もあるので，追加部分に関しては増加した価値生産物の100（IFで52.6・IRで47.4）だけが賃銀として支払われるものとしよう。さらに，部門IIa)においては，固定資本の充用が高められることによる価値移転の増加が11.3d，労働時間延長や労働強化による価値生産物の増加が101.8Eであり，そのうちの13.2が賃銀として支払われるものとしよう。生産の結果は，下記のようになる。

```
4000F                    4d：36R：20E  150.9E
W″ IF) 400c + 100v + 30.2d + 271.6R + 98.2m + 52.6v + 60ma + 40mb = 1052.6 ⎫
   (40d + 360R)           4d：36R：20E  135.8E                              ⎬ 6860
   IR) 3600c + 900v + 27.2d + 244.4R + 88.4m + 47.4v + 540ma + 360mb = 5807.4 ⎭       ⎫
   (360d + 3240R)                      100                                            ⎬ 9973.2
2000F                                                                                 ⎪
   IIa) 1600c + 400v + 7.5d + 67.9R + 24.6m + 13.2v + 240ma + 160mb = 2513.2 ⎫        ⎪
   (200d・F + 1800R)     4d：36R：20E   37.7E                                ⎬ 3113.2  ⎭
   b)   400c + 100v                      + 60ma + 40mb = 600                ⎭
```

ここで，再生産の弾力性によって増産された生産手段の素材的内容が，IFの労働手段でIF用210.5・IR用189.5・IIa用52.6，IRの労働対象でIF用189.5・IR用170.5・IIa用47.4であるならば，次の総生産物 W′の価値的・素材的構成とその補塡運動は，下記のようになる。

```
W′ IF) 400c  + 100v  + 210.5F + 189.5R + 52.6mv + 60ma + 40mb = 1052.6 ⎫
   (40d・F + 360R)                                                      ⎬ 6860
   IR) 3600c + 900v  + 189.5F + 170.5R + 47.4mv + 540ma + 360mb = 5807.4⎭       ⎫
   (360d・F + 3240R)                      100                                   ⎬ 9973.2
   IIa) 1600c + 400v + 52.6F + 47.4R + 13.2mv + 240ma + 160mb = 2513.2 ⎫        ⎪
   (200d・F + 1800R)                                                   ⎬ 3113.2 ⎭
   b)   400c + 100v                    + 60ma + 40mb = 600             ⎭
```

次の生産は，部門Iでは，再生産の弾力性によって生産された労働手段

(210.5＋189.5＝)400F と労働対象（189.5＋170.5＝)360R を加えた生産手段と（52.6＋47.4＝)100v の労働力を加えた生産資本によって行なわれることができる。部門Ⅰで生産された52.6F と47.4R を購入した部門Ⅱにおける生産は，それらを加えた生産手段と13.2mv の労働力を加えた生産資本によって行なわれることができる。そうすると，固定資本と労働力を「外延的または内包的に」より高度に充用することなしに，以下のような生産の結果がもたらされる。

$$
\begin{array}{l}
(400+210.5)\ 610.5\mathrm{F} \\
\mathrm{W}''\ \mathrm{I\,F})\ \ 610.5\mathrm{c}\ \ \ \ \ \ \ \ \ \ \ \ \ \ \ \ \ +152.6\mathrm{v}\ \ \ +152.6\mathrm{m}=\ 915.8 \\
\ \ \ \ (61.05\mathrm{d}+(360+189.5)\ 549.5\mathrm{R}) \\
(3600+189.5)\ 3789.5\mathrm{F} \\
\ \ \mathrm{I\,R})\ \ 3789.5\mathrm{c}\ \ \ \ \ \ \ \ \ \ \ \ \ \ +947.4\mathrm{v}\ \ +947.4\mathrm{m}=5684.2 \\
\ \ \ \ (378.9\mathrm{d}+(3240+170.5)\ 3410.5\mathrm{R}) \\
(1600+52.6)\ 1652.6\mathrm{F} \\
\ \ \mathrm{II\,a})\ \ 1652.6\mathrm{c}\ \ \ \ \ \ \ \ \ \ \ \ \ \ +413.2\mathrm{v}\ \ +413.2\mathrm{m}=2478.9 \\
\ \ \ \ (165.3\mathrm{d}+(1440+47.4)\ 1487.4\mathrm{R}) \\
\ \ \ \ 400\mathrm{F} \\
\ \ \ \mathrm{b})\ \ \ 400\mathrm{c}\ \ \ \ \ \ \ \ \ \ \ \ \ \ \ \ \ \ +100\mathrm{v}\ \ \ \ +100\mathrm{m}=\ 600 \\
\ \ \ \ (40\mathrm{d}+360\mathrm{R})
\end{array}
$$

6600 (68.2％)
9678.9
3078.9 25.6％
(6.2％)

ここでは，W″Ⅰ6600＞Ⅰ(610.5c＋3789.5c＝)4400c＋Ⅱa 1652.6c＋Ⅱb 400c となっており，147.4ΔPm の余剰生産手段が創出され，拡大再生産の「物質的基礎」・「物質的前提」が確保され，再生産の弾力性による生産の拡大なしに蓄積が可能となっている。

3 「拡大再生産の開始」について

そこで，この場合の総生産物の価値－素材補塡運動がどのように行なわれるのかについても，見ておこう。以下では，部門ⅠFとⅠRを簡略化のために一括して部門Ⅰとして示すことにする。

第1に，この余剰生産手段の総額が各部門にその構成比にしたがって配分される場合を考えよう。資本構成は7.6：1との前提によって追加可変資本の

大きさも決まるので，それらの合計として各部門の蓄積額と蓄積率が決まってくることとなる。部門Ⅰの場合には，余剰生産手段総額147.4ΔPmに部門構成比（68.2%）を掛けて追加不変資本100.5mkを求め，7.6：1の資本構成から追加可変資本mvは13.2となり，その結果として，蓄積額は113.7，蓄積率α′は10.3%となる。同様にして，部門Ⅱaの蓄積額は42.7α，Ⅱbのそれは42.7αとなる。そして，資本家の必需品への支出と奢侈品への支出の比率が単純再生産の場合とやや異なって2.9：2.1になっており，部門Ⅰにおける資本家の生活手段生産用生産手段と奢侈品生産用生産手段の生産の比率も同様になっているとするならば，総生産物の価値－素材補塡運動は下記のように示される。

$$
\begin{aligned}
W'\text{ Ⅰ}) \quad & 4400c + \boxed{1100v} + 100.5mk + \boxed{13.2mv} + \boxed{577.2ma} + \boxed{409.1mb} = 6600 \\
& (440d \cdot F + 3960R) \\
\text{Ⅱa}) \quad & \boxed{1652.6c} + 413.2v + \boxed{37.7mk} + 5.0mv + 216.8ma + \boxed{153.7mb} = 2478.9 \\
& (165.3d \cdot F + 1487.4R) \\
\text{b}) \quad & \boxed{400c} + \boxed{100v} + \boxed{9.1mk} + \boxed{1.2mv} + \boxed{52.5ma} + 37.2mb = 600 \\
& (40d \cdot F + 360R)
\end{aligned}
\quad\left.\begin{aligned}& \\ & \\ & \\ & \\ & \\ & \end{aligned}\right\}\begin{aligned}9678 \\ \\ 3078.9\end{aligned}
$$

ここでは，各部門間の均衡条件は充たされ，過不足のない取引関係が成立しており，なおかつ，各部門の蓄積率も10.3%で等しくなっている。次期も同様に拡大再生産が進行して行くことになり，「拡大再生産の開始」が行なわれたと見做すことができる。ただ，この場合には，部門Ⅰでは，資本家の必需品への支出が単純再生産の場合よりも少なくなってしまう一方で奢侈品への支出は増加しており，部門Ⅱaでも，単純再生産の場合よりも資本家の必需品への支出の比率が減少し，奢侈品への支出の比率が増加している，という不合理な点は含んでいる。*

＊ なお，この場合，部門Ⅰでは，固定資本の「貨幣補塡」額dは440dとなり，「現物補塡」（更新投資）額（ｆとする）は400となり，ｄ－ｆだけの更新需要不足が生じ，また，部門Ⅱaでも同様の問題が生ずるが，これは再生産過程の内部から形成されてくる蓄蔵貨幣を貨幣源泉とする追加的固定資本投下によって埋め合わされるものとする。これに伴う追加的流動資本投下の要因は，「拡大再生産の開始」の考察にとっては問題を複雑化させるだけなので，捨象している。

第2に，部門Ⅰの蓄積額・蓄積率に関しては第1の場合と同様とするが，

部門IIaとIIbについては，部門II全体の蓄積額・蓄積率が，余剰生産手段総額の部門II全体の構成比にしたがっての配分額と，資本構成による追加可変資本の大きさとの合計によって決定される場合を考えよう。余剰生産手段総額147.4ΔPmに部門II全体の構成比（25.6＋6.2）％を掛ければ追加不変資本は46.9mkとなり，資本構成は7.6:1なので追加可変資本は13.2 mvとなり，その結果として，蓄積額は53.0となる。そして，部門IIaのみが蓄積を行なうものとし，部門Iと部門IIaの間の均衡条件が充たされているとすれば，部門Ima は（IIa(1652.6c＋46.9mk)－I(1100v＋13.2mv)＝）586.3となり，mbは（1100m－(113.7α＋586.3ma)＝）400となる。さらに，残りの剰余価値部分の素材的構成と資本家による支出の構成が対応しているとすると，総生産物の価値－素材補塡運動は，下記のように示される。

W′I） 4400c＋ 1100v ＋100.5mk＋ 13.2mv ＋ 586.3ma ＋ 400mb ＝ 6600
　　　（440d・F＋3960R）　　　　　　　　　　　　　　　　　　　　　　　　　　　　　　　9678.9
　IIa） 1652.6c ＋413.2v＋ 46.9mk ＋6.2mv＋203.6ma＋ 156.53mb ＝2478.9
　　　（165.3d・F＋1487.4R）　　　　　　　　　　　　　　　　　　　　　　　　　　　　　3078.9
　　b） 400c ＋ 100v 　　　　　　　　＋ 56.53ma ＋43.47mb ＝ 600
　　　（40d・F＋360R）

ここでは，部門Iにおける資本家の生活手段生産用生産手段の生産が，蓄積のために，追加生産手段用および労働者向け生活手段用生産手段の生産に転換され，また，全部門で，資本家の必需品への支出が単純再生産の場合よりも少なくなってはいるが，各部門間の均衡条件が充たされ，過不足のない取引関係が成立しており，なおかつ，部門Iと部門II全体の蓄積率も10.3％で共通している。次期も同様に拡大再生産が進行して行くことになり，「拡大再生産の開始」が行なわれたと見做すことができる。ただ，この場合には，全部門で資本家の必需品への支出が少なくなりながら，奢侈品への支出は部門Iでは変わらず・部門IIbでは増加しなければならず，maとmbとの比率は部門Iで2.9：2，部門IIa・bで2.6：2となり，両者で異なってしまう，という不合理が生じている。

第3に，資本家が奢侈品への支出を減少させて蓄積部分を増加させる場合

第9章　総再生産過程論と「再生産の弾力性」について　181

を考察すべきであろうが，ここでは，資本家の必需品への支出の変化の影響をも見るために，資本家の必需品への支出と奢侈品への支出の比率を単純再生産と同じ3：2とした場合を考察しておこう。それに対応するような形で，部門Iにおいては，蓄積のための追加生産手段・生活手段用生産手段の生産に，資本家の生活手段生産用生産手段と奢侈品生産用生産手段の生産の一部が転換されており，剰余価値の残りの部分が，素材的には，必需品生産用生産手段と奢侈品生産用生産手段に3：2の割合に分かれているものとする。部門Iの蓄積額と蓄積率は第1・第2の場合と同様に決定され，部門IIの蓄積額は，マルクスと同様に，部門間均衡が充たされるように決定されるという方法を採ることにしよう。部門Iの蓄積額は（100.5mk + 13.2mv =）113.7αとなるので，剰余価値の残りを3：2で分けるとmaは591.8となり，部門IとIIaの部門間均衡条件であるI(v + mv + ma) = IIa(c + mk)が充たされているとすれば，I(1100v + 13.2mv + 591.8ma)からIIa1652.6cを引いて，52.4mk(27.6F + 24.8R)となり，mvも6.9と決まる。

　この場合の総生産物の価値－素材補塡運動については，部門Iのmbは，部門IIbのc部分と対応し，部門IIbのcにはIIbでの価値補塡後に行なわれる現物補塡の額が含まれるとするならば，資本家の収入のうち個人的消費に充てられる部分は，単純再生産の場合と同様に，必需品が3，奢侈品が2の割合としているのだから，下記のように行なわれることとなる。

```
                    (52.9F + 47.6R)
  W'I)  4400c + 1100v + 100.5mk + 13.2mv + 591.8ma + 394.5mb =         6600 ⎫
         (440d・F + 3960R)                                                   ⎬ 9654.5
                       (27.6F + 24.8R)                                       ⎪
         IIa) 1652.6c + 4132v + 52.4mk + 6.9mv + 212.3ma + 141.6mb = 2478.9  ⎫
         (165.3d・F + 1487.4R)                                               ⎬ 3054.5
            b) 394.5c + 98.6v            + 42.9ma + 39.5mb = 575.5           ⎭
  400F    (39.5d・F + 355.1R)
    ↓  価値喪失  -5.5              -18.4          -23.7
  (399.5F)→貨幣資本遊離額 0.5
```

ここでは，部門IとIIaとの間の取引は前提により均衡しているが，部門

ⅠとⅡbとの間および部門ⅡaとⅡbとの間で不均衡が生じ，それによる部門Ⅱbの「相対的過剰生産」によって部門Ⅱbの価値喪失が23.9だけ発生している。これは，蓄積のために資本家の収入の奢侈品への支出分 mb が部門Ⅰで（400－394.5＝）5.5，部門Ⅱa)で（160－141.6＝）18.5だけ減少したためである。これが，本書後編第8章 *4* で検討した第8稿の拡大再生産に関連する再生産過程での「困難」である。ここでの分析では資本家の収入の必需品への支出分 ma も減少しているが，これは，追加雇用労働者による必需品への支出分によって打ち消され，部門Ⅱa)では「相対的過剰生産」は発生していない。部門Ⅱを一体として考察する限りでは，こうした部門Ⅱ内部のa)とb)との重要な相違点が明らかになってこない。ここに，第8稿の拡大再生産に関連する「困難」の論述の限界がある。[**]

> [**] なお，ここでの部門Ⅱbにおける固定資本の現物補塡額は39.45であるが，償却基金積立額は 4×9 年 ＋ 3.95 ＝ 39.95 なので，その差額の0.5が遊離している。

上記の総生産物 W′ の価値－素材補塡運動に続く生産は，蓄積が行なわれた結果として，部門Ⅰでは（4400＋52.9＝）4452.9F＋（3960＋47.6＝）4007.6R，部門Ⅱa)では（1652.6＋27.6＝）1680.2F＋（1487.4＋24.8＝）1512.2R で行なわれる。部門Ⅱbでは，価値実現が一部なされず価値喪失＝損失が生じたことを受けて，399.5F となった設備の一部分を遊休させて，394.5F＋355.1R で生産するであろう。なお，そこで遊離した貨幣資本が部門Ⅰ・Ⅱaに投資されるという形での資本移動もあろうが，簡単化のためにこの問題は捨象する。生産の結果は，以下のようになる。

```
(4400+52.9) 4452.9F
     W″ Ⅰ)  4452.9c           +1113.2v+1113.2m=     6679.3 ⎤         (68.2%)
           (445.3d+(3960+47.6) 4007.6R)                    ⎬ 9791.4
(1652.6+27.6) 1680.2F                                      ⎦
     Ⅱa)  1680.2c             + 420.0v+ 420.0m = 2520.3 ⎤            (25.7%)
           (168.0d+(1487.4+24.8) 1512.2R)                 ⎬ 3112.1
     (399.5F)                                             ⎦
稼働分↓ b)  394.5c             +  98.6v+  98.6m =  591.8 ⎦           (6.0%)
     394.5F (39.5d+355.1R)
```

第9章 総再生産過程論と「再生産の弾力性」について 183

　ここでは，W''_I 6679.3 ＞ I 4452.9c ＋ II a 1680.2c ＋ II b 394.5c ＝ 6527.6c となっており，151.7 ΔPm の余剰生産手段が生まれている。

　蓄積が行なわれた結果として剰余価値量も増大し，それに伴って前期に比べれば奢侈品の消費も増大しうる。部門 I・II a での奢侈品需要の拡大の見通しの下で，部門 II b) でも，一旦減少した生産額を増大させようとするであろう。その際には，遊休設備を抱えているために固定資本への追加投資はないが，原料・補助材料等の流動不変資本に関しては蓄積がなされねばならず，その追加の流動不変資本 mR を加工する追加雇用労働力の大きさは36：10の関係によって規定されている。そこで，先ず，余剰生産手段の総額151.7 ΔPm を部門 I に期首における部門間比率に対応して配分すると，その追加可変資本額も決まり，その蓄積額を除いた剰余価値の2/5部分が部門 I における奢侈品生産用生産手段の額として決まってくる。その後で，部門 I・II a の部門間均衡条件が充たされるように部門 II a の追加生産手段の額を決め，また，部門 I・II b の部門間均衡条件が充たされるように部門 II b の追加生産手段の額を決めることにしよう。資本家の必需品への支出と奢侈品への支出の比率は3：2としているのだから，総生産物 W' の価値－素材補塡運動は，以下のような分析図の形で示される。

　蓄積による拡大再生産ということになる。

```
                    (54.5F＋49.0R)
W' I ) 4452.9c ＋ 1113.2v ＋ 103.5mk ＋ 13.6mv ＋ 597.7ma ＋ 398.4mb ＝        6679.3 ⎫
    (445.3d・F＋4007.6R)                                                            ⎬ 9783.5
                    (23.3F＋21.0R)                                                  ⎪
    II a) 1680.2c ＋ 420.0v ＋ 44.3mk ＋ 5.8mv ＋ 221.9ma ＋ 148.0mb ＝ 2520.3 ⎫
    (168.0d・F＋1512.2R)                                                            ⎪
    (3.9R)                                                                          ⎬ 3104.1
稼働分 b) 394.5c ＋ 98.6v ＋ 3.9mR ＋ 1.1mv ＋ 48.2ma ＋ 37.4mb ＝ 583.8 ⎭
394.5F (39.5d・F＋355.1R)
    ↓                価値喪失         －7.9            －7.9
(398.9F)→貨幣資本遊離額 0.44
```

　蓄積率は，部門 I で10.5％，部門 II a・b 全体で10.6％であり，ほぼ均等で

ある。相違は，部門Ⅱbでは蓄積が遊休固定設備の利用という特殊な条件下で行なわれるために，追加固定資本投資がなく追加流動不変資本だけであり，それに対応する追加可変資本量が他部門に比べて大きくなっているので，蓄積額が大きくなっていることに起因している。なお，それによって，全体の追加不変資本mkと追加可変資本mvの割合も，前提の7.6：1から少しずれることになっている。

ここでは，部門ⅠとⅡaの間および部門ⅠとⅡbの間で部門間均衡関係が維持される前提としているが，部門ⅡaとⅡbとの間では不均衡が生じ，部門Ⅱbで7.9の価値喪失が生じることとなる。それは，部門Ⅱaの蓄積額を部門Ⅰとの部門間均衡関係が維持されるように決めたために，余剰生産手段の部門Ⅱaへの配分が部門構成比にしたがっての大きさよりも5.2mkだけ多くなり，蓄積額が大きくなったことによって，資本家の収入の奢侈品への支出分mbが減少したためである。しかし，部門Ⅱa mbとⅡb（v+mv+ma）との関係は部門Ⅱ内部の問題であり，その後の生産規模には影響を及ぼさないのだから，総生産物W'の価値的－素材的構成は蓄積＝拡大再生産過程が進行するようになっていると言えよう。

次の生産による総生産物は，部門Ⅰで6761.1，部門Ⅱaで2555.3，部門Ⅱbで598.3の，総計9914.6となり，そこでは，W"₁6761.1－（Ⅰ4507.4c＋Ⅱa1703.5c＋Ⅱb 398.9c）＝151.3ΔPmの余剰生産手段が存在している。部門Ⅰの蓄積額は103.2mk＋13.6mvとなり，残りの剰余価値は606.1ma＋404.0mbとなる。このⅠmb部分が当初の400を越えるので，部門Ⅱbでの追加固定資本投資も可能になり，40F：36R：10vの関係から，蓄積額は2.7mF＋2.4mR＋0.7mv＝5.8αとなる。この蓄積分を除いた部門Ⅱbの剰余価値部分は56.3ma＋37.6mbになる。ところが，部門Ⅱaの資本家の奢侈品需要は，剰余価値から蓄積額（43.0mk＋5.7mv）を引いた額の2/5の150.9mbしかないので，Ⅱbのma部分は（Ⅱa150.9 mb－Ⅱb(99.7v＋0.7mv)＝）50.5しか販売しえない。部門ⅡaとⅡbとの間で不均衡が生じ，部門Ⅱbで5.8の価値喪失が生じてしまっている。しかし，総生産物W'の価値的－素材的構成は蓄積＝拡大再生産過程が進行するようになっていると言えよう。

第9章　総再生産過程論と「再生産の弾力性」について　　185

　以降も同様に蓄積＝拡大再生産過程が進行し，同様の計算を繰り返せば，蓄積率は，部門Ⅰと部門Ⅱa・b全体とも10.4％で等しくなる。そして，部門Ⅱb)の価値喪失は，2.8, 1.3, 0.6, 0.3, 0.14, 0.07, 0.03というように，徐々に減少して行き，僅かな大きさになる。[***]

　　[***]　なお，部門Ⅱa・bの資本家が剰余価値の必需品への支出部分を奢侈品への支出部分にもう少し多く振り向けるとすれば，この例では，部門Ⅱaとbのmaとmbの割合を3：2.15（1.40：1）とすれば，Ⅱa 215.6 ma＋154.3mb・b 54.6ma＋39.0mbとなり，部門ⅡaとⅡb間の不均衡も，部門Ⅱbでの価値喪失も生じることはない。maとmbの割合を部門Ⅱaとbとで等しくするには，次期には3：2.11，その次には3：2.05とすれば可能で，部門Ⅰのその割合との差はその後も次第に0に近づいて行く。

　以上のように，第8稿における単純再生産表式分析の達成を出発点として，初稿で指摘された「再生産の弾力性」の論点を加えて，「拡大再生産の開始」の問題は解明できるのであり，第8稿における表式分析と初稿で指摘された「再生産の弾力性」の論点とは接続しえないような断絶した関係にあるのではない。本節のような展開ができなかったのは，本書後編第8章5で見たように，部門間均衡条件の把握が表式分析に入る手前では充分とは言えず，さらに部門間均衡条件と余剰生産手段との関係が未解明であったからである。

　次に，第8稿の蓄積＝拡大再生産表式分析に関する大谷氏の見解の検討に移ることにしよう。

第10章　拡大再生産表式分析における蓄積率の決定について

　第8稿の蓄積＝拡大再生産表式分析に関しては，部門Ⅰ・Ⅱの蓄積率の決定という問題から検討しよう。蓄積率に関して，「2回目以降の表式展開で」採られている部門Ⅰの「先行的」決定と部門Ⅱの「従属的」対応という展開方法の問題である。この点の評価については，大谷氏は，「両部門のあいだでの転換が過不足なく進行するという想定，すなわち正常な経過の想定のもとで，与えられた前年度の商品生産物の諸要素の配置にもとづいて，再生産過程を表式として展開するためには，第Ⅰ部門の蓄積率を先行的に決定し，それによる諸要素の配置の変更に合致するように第Ⅱ部門の蓄積率を決定するほかはない」(下176頁)，と断言している。

　こうした見解は，部門Ⅰの蓄積率の「先行的」決定という方法への富塚氏による批判と鋭く対立する。というのも，第1に，大谷氏による，マルクスは，「1回目の考察のなかで，過不足のない転換を前提した正常な経過のもとでは，第Ⅰ部門の蓄積率によって第Ⅱ部門の蓄積率が条件づけられていることを知った」(下177頁) という理解は，富塚氏による，「マルクスが先ずもって展開しようと意図したのは，両部門の併行的発展の想定による拡大再生産表式であった」との批判に対して，「両部門の併行的発展の想定」が誤りなことを「1回目の考察のなかで」「知った」と主張しているのと同じだからであり，第2に，部門Ⅰの蓄積率の「先行的」決定という点は「こののち〔第2回目以降〕の考察

---

(1)　富塚，前掲「拡大再生産の構造と動態（Ⅱ）」（『資本論体系4』）302〜304頁，306〜307頁。なお，こうした批判は，富塚「恐慌論体系の構成——諸説の批判的検討を通じて——」（吉原泰助編著『講座 資本論の研究 第3巻 資本論の分析（2）』青木書店，1982年）313〜314頁においてなされている。

のなかでマルクスがはっきりと確認」している(下176頁)という理解は,富塚氏による,「部門Iの蓄積率および蓄積額の『独自的・先行的決定』も,部門Iが部門IIよりもヨリ急速に拡大してゆくという意味での『優先的』ないしは『不均等的』拡大も,その理論的根拠を『蓄積の表式的叙述』にさいしてマルクス自身は全く述べてはいない」との批判とは正反対になるからである。

　また,上記のような蓄積率の決定に関する大谷氏の評価は,以前に示されていた,第1回目の表式分析に関しての,「両部門の蓄積率がともに50％では,過不足のない転換＝補填は不可能である。どちらかの部門の蓄積率を他部門の蓄積率によってきまるものとするか,過不足のない転換という前提を置かないことにするか,そのどちらかでしかない。マルクスはここでは後者を取った。しかしその場合には表式を展開してみる意味の過半は失われてしまうであろう」という見解を別様に表現したものと見做される。このことは,大谷氏の以前の見解に対してなされていた富塚氏による,「両部門の蓄積率が同じとすることは,そのままただちに『過不足のない転換という前提を置かないことにする』こと……を意味しはしない」という批判を,受け入れていないということも示している。

　そこで,「1回目の考察のなかで」部門I・IIの蓄積率同一という想定が不合理であることを,マルクスは「知った」のかどうかという問題から,考察を加えよう。

1　第1回目の表式a)の分析の概要

　この想定が採られている第1回目の表式分析については,次章でも別の観点から取り上げることになるので,まずその概要を示しておこう。この表式

（2）　大谷,前掲「『蓄積と拡大再生産』(『資本論』第2部第21章)の草稿について」(上),23頁。
（3）　富塚,前掲「原典解説 第21章 蓄積と拡大再生産」(『資本論体系4』)137頁。なお,この点の批判は,富塚,前掲「『再生産過程の攪乱』に関する考察〔III〕」328〜330頁でもなされている。

は下記のようなものである。

a) Ⅰ） 4000c + 1000v + 1000m = 6000
   Ⅱ） 1500c + 376v + 376m = 2252 } 合計 = 8252

(K.Ⅱ, S.501. Ⅱ/11, S.806. 訳（下）8頁。)

　この表式a)の「より詳しい分析」をマルクスが行なっている部分を見れば，先ず，表式の前提と研究対象が次のように記されている。

　「ⅠでもⅡでも剰余価値の半分が，収入として支出されないで蓄積される，すなわち追加資本の要素に転化させられる，と前提しよう。1000m（Ⅰ）の半分つまり500はいずれか一方の形態で蓄積される（すなわち追加生産資本として，または可能的追加貨幣資本としてとどめられる）のだから，1000v + 500m（Ⅰ）だけが収入として支出される。それゆえここでは，cⅡの正常な大きさとして現われるのも，1500だけである。1500v + m（Ⅰ）と1500c（Ⅱ）との間の転換は，単純再生産の過程として既に述べたから，それ以上研究する必要はない。同様に4000c（Ⅰ）も考察に入らない。というのは，新たに開始される再生産（それは今度は拡大された規模で行なわれる）のための再配列も同様に単純再生産の過程として既に論究したからである。」(K.Ⅱ, S.502. Ⅱ/11, S.807. 訳（下）11頁。)〔引用文10A。〕

そして，マルクスは，研究課題を明確にしようとして，次のように記している。

　「したがって，ここで研究しなければならないものとして残っているのは，500m（Ⅰ）と376v + 376m（Ⅱ）とであって，それらが一方では両方のそれぞれの側での内部関係に関わる限りで，他方では両方の側の間での運動に関わる限りで，研究する必要がある。Ⅱでも同じく剰余価値の半分が蓄積されることが前提されているのだから，ここでは188が資本に転化することになり，そのうちの1/4の47が可変資本で，これを概数計算のために48とすれば，不変資本に転化されるべき188 - 48 = 140が残る。」(K.Ⅱ, S.502. Ⅱ/11, S.807. 訳（下）12頁。)〔引用文10B。〕

　ここでの部門Ⅱの蓄積分188mの不変資本と可変資本の大きさは，この草稿の紹介の際に大谷氏によって注記されているように，部門Ⅱの資本構成の

1500c：376vに対応して，概数計算で追加可変資本38，追加不変資本150とされねばならない。ただ，同様の誤りが繰り返されるので，以下では，数値はそのままとし，正しい数値を括弧内に記す。⁽⁴⁾

マルクスは，上記の論述に続けて，「b）われわれはここで1つの新しい問題にぶつかる」として，下記のように考察を進めて行く。

> 「140〔150〕m（Ⅱ）は，m（Ⅰ）の諸商品のうちそれと同じ価値額の一部分によって補塡されることによってのみ，生産資本に転化されうる。……この補塡はⅡの側での一方的な購買によってのみ行なわれることができる。というのは，まだこれから考察されるべき剰余生産物500m（Ⅰ）はその全部（ganze）がⅠの内部で蓄積に役立つことになっているのであり，したがって商品Ⅱと交換されることはできないからである。……したがって，Ⅱは140〔150〕m（Ⅰ）を現金で買わねばならないが，しかもその後で自分の商品をⅠに売ることによって彼のもとにこの貨幣が還流するということなしにそうしなければならない。しかもこれは，毎年の新たな再生産のたびに——それが拡大された規模での再生産である限り——絶えず繰り返される過程なのである。そのための貨幣源泉はⅡのどこで湧き出るのか？」(K.Ⅱ, S.503. Ⅱ/11, S.808. 訳(下)12〜13頁。)〔引用文10C。〕

これに続いて，マルクスは，「Ⅱは……新たな可能的貨幣資本の形成のためには全く不毛の地のように見える」(K.Ⅱ, S.503; Ⅱ/11, S.808, 訳(下)14頁)として，その「可能的な追加貨幣資本の形成」の「<u>正常な源泉</u>」(K.Ⅱ, S.504; Ⅱ/11, S.809, 訳(下)16頁)を，376v（Ⅱ）と376m（Ⅱ）について検討し(K.Ⅱ, S.503-504, 504-505; Ⅱ/11, S.808-810, 訳(下)14, 20頁)，それが見出されないことを明確にして行くが，後者の途中で考察を打ち切ってしまう。そして，横線を引いて，第2回目の「<u>拡大された規模での再生産のための出発表式</u>」の分析に入る(K.Ⅱ, S.505; Ⅱ/11, S.810, 訳(下)21頁)のである。

（4）大谷，前掲「『蓄積と拡大再生産』（『資本論』第2部第21章）の草稿について」（下），12頁。

2 部門Ⅰ・Ⅱの蓄積率同一の想定では「過不足のない転換」は「不可能」か

　以上の表式 a)の分析では，総生産物の過不足のない価値 – 素材補塡関係を明らかにできなかったのであるが，その論述について直ぐに目につくことは，蓄積される追加資本の追加不変資本と追加可変資本とへの分割に関する部分の不明瞭さである。1つには，引用文10B における既述のような部門Ⅱの追加資本に関する計算違いであり，もう1つは引用文10C において，部門Ⅰ500m の「全部（ganze）が部門Ⅰの内部で蓄積に役立つことになっており，したがって商品Ⅱとは交換されえない」とされている点である。後者の点も，諸論者によって誤りとされており，富塚氏は表式 a)の展開の「失敗の理由」と見做している。[5] 部門Ⅱの追加資本を追加不変資本 mc と追加可変資本 mv に分割しながら，部門Ⅰの追加資本に追加可変資本 mv がないというのは，整合性に欠ける。既に本書後編第8章 *1* (136頁)で指摘したように，同様のことは「Ⅱ)蓄積または拡大された規模での生産」の冒頭部分「1)」における引用文8A部分の直前の記述にも見られるので，マルクスはこうした間違いに陥りがちだったのかもしれない。ただし，追加資本の mc と mv とへの分割は，『61–63年草稿』において「剰余価値は，一部分は不変資本に，一部分は可変資本に転化されねばならない」(*Mw.*Ⅱ, S.478, Ⅱ/3, S.1101)と確言され，『資本論』第一部「資本の蓄積過程」論では正確に記述されているのだから，ここでの間違いは，草稿ゆえに思考の展開の速さにペンが追いつかなかったということであろう。

　　＊　この点は，日高普氏によって指摘されていたし，小林氏も表式 a)においてはⅠ
　　　500m が 400mc と 100mv に分割されていないことを問題視しているし，八尾信光氏も

---

(5) 富塚，前掲「原典解説 第21章 蓄積と拡大再生産」(『資本論体系4』) 135頁，「拡大再生産の構造と動態（Ⅱ）」(同上書) 303頁。
(6) 日高普『再生産表式論』(有斐閣，1981年) 172頁，174頁。
(7) 小林，前掲「拡大再生産表式の展開軸」6頁。

第10章　拡大再生産表式分析における蓄積率の決定について　　191

マルクスの上記の文言を「了解できない」としている。こうした理解に対しては前畑氏による批判があるが、それについては次章 *2* (217〜218頁)で取り上げる。

　表式 a) のこの「失敗の理由」について，富塚氏は，さらに踏み込んで，それは，「より根本的には，この表式の構成（すなわちこの表式に表わされた総生産物 W′ の価値的・素材的構成）とは無関係に両部門の蓄積率を50％と想定したところにある。両部門の蓄積率が等しいとする併行的発展の想定自体に誤りがあったのではない」，としている。その際に，表式 a) に関して，部門Ⅱの追加資本部分に関する計算違いを是正し，部門Ⅰの蓄積部分も追加不変資本 mc と追加可変資本 mv に分割した上で，両部門の蓄積率同一の想定を維持しつつ，再生産が正常に経過する場合の表式が，示されている。それは下記のようなものである。

　　a′) Ⅰ) 4000c + |1000v| + |546mk| + 363mc + |91mv| = 6000
　　　　Ⅱ) |1500c| + 376v + 205mk + |137mc| + 34mv = 2252　　合計 = 8252

この場合には，両部門の蓄積率は共に45.4％である。

　　** なお，こうした見解は大谷氏への批判的言及がなされている『資本論体系4』の「原典解説」よりも以前に提示されていた。

　この表式は，大谷氏による以前の，「どちらかの部門の蓄積率を他部門の蓄積率によってきまるものとするか，過不足のない転換という前提を置かないことにするか，そのどちらかでしかない」という見解に対する反証となっており，富塚氏による，「両部門の蓄積率が同じとすることは，そのままただちに『過不足のない転換という前提を置かないことにする』こと……を意味しはしない」という批判が成り立つことは明白である。

　それにもかかわらず，依然として，大谷氏が，「正常な経過の想定のもと

---

(8) 八尾信光『再生産論・恐慌論研究』(新評論，1998年) 165頁。
(9) 前畑，前掲「いわゆる『拡大再生産出発表式の困難』について」47頁。
(10) 富塚，前掲「拡大再生産の構造と動態 (Ⅱ)」(『資本論体系4』) 303頁。
(11) 同稿，前掲「原典解説 第21章 蓄積と拡大再生産」(同上書) 136頁，前掲「拡大再生産の構造と動態 (Ⅱ)」(同上書) 303頁。
(12) 富塚，前掲「恐慌論体系の構成」(『資本論の研究3』) 315〜316頁。

で」は「第Ⅰ部門の蓄積率を先行的に決定し，それによる諸要素の配置の変更に合致するように第Ⅱ部門の蓄積率を決定するほかはない」と主張し続けるのは，それが「偶然」の問題として把握されているからであろう。前畑氏の場合にはそれが鮮明である。両部門の蓄積率同一の想定に関して，「従来，この表式の特質を論じるさいに，両部門の蓄積が同率とされているという量的関係にのみ注意が払われていた。しかし，他の表式の蓄積率設定の場合のように，部門Ⅰに先行的に蓄積率を設定する場合でも，両部門の蓄積率が同率になることはありうるのである」，とされているからである。では，第1回目分析表式ａ）における両部門の蓄積率同一の想定は，無数にある組合せ中の単なる１つの場合として採られていたにすぎないのだろうか。前畑氏が言うように，両部門の蓄積率を同一に設定する方法をもって「マルクスがここで両部門が並行的に発展する拡大再生産過程の展開を意図したものだとする見解」は「まったくの見当外れの議論」なのであろうか。マルクスが両部門の蓄積率を同一と「前提し」たことの意味を検討しよう。

3　第１回目分析の蓄積率同一の想定と初稿における再生産過程の「並行」の関連について

　第１回目分析表式ａ）における両部門の蓄積率同一の想定については，引用文10A（188頁）に見られるように，いきなり「前提」されている。そこで，こうした「前提」が採られた意味を探り出すには，この箇所に至るまでの各草稿を顧みることが不可欠となる。ところが，大谷氏にあっては，拡大再生産の分析は第８稿で「はじめて」行なわれたとして，初稿とは断絶させられているので，こうした各草稿の検討は視野に入らないのである。

---

(13)　大谷，前掲「『蓄積と拡大再生産』（「資本論」第２部第21章）の草稿について」（上）22頁。
(14)　前畑，前掲「『資本論』第２部第８稿『蓄積と拡大再生産』の課題と方法」106頁
(15)　同上，102頁。

それとは対照的に富塚氏にあっては，表式a）における両部門の蓄積率同一の想定と，第二部初稿第3章執筆後のプランで「4）再生産過程の，並行，上向的進行での連続，循環」と確定された草稿中の項目「7）再生産過程の，並行，段階的連続，上向的進行，循環」における論述との関連が強調され，「両部門の均等発展の想定の妥当性」は，「社会のいっさいの生産が『互いに関連しあい相互に条件づけあい』ながら最終消費財生産へと結実してゆく・その『段階的序列（Stufenfolge）』をなし，また『同時的並行（Parallelismus）』として行われるべき・全体としての生産の流れと社会的消費との関係を把握する視点から」「確認されなければならない」[16]とされている。富塚氏の場合には，その「両部門の均等発展表式こそが，『要綱』から61〜3年草稿を経て第2部初稿第3章へと一貫して流れるマルクスの基本的思考の延長線上にあるものに他ならない」[17]ともされているので，再生産論の形成過程を振り返ることも必要となる。

『要綱』と『61-63年草稿』を見れば，第1に，事実の問題として，両部門の蓄積率均等の想定は第8稿で初めてなされたものではなく，『要綱』以来のものであることが確認できる。第8稿表式a）における蓄積率均等の想定との関連では，富塚氏によって，『要綱』において「『均衡的な生産』，『正しい釣合いのとれた生産』がおこなわれるためには，諸部門の生産が『同時に，いっせいに，同じ割合で拡大』しなければならない〔Gr. S.317, II/1, S.326〕ということが……指摘されていた」点，そして，こうした視点が「持続し」ていることは，『61-63年草稿』における叙述，すなわち，「一産業部門における蓄積すなわち追加資本の形成には他の産業諸部面における追加的生産の同時的ないし併行的な形成を前提する。したがって，不変資本を供給する全ての部面での生産規模は同時的に増大しなければならない（それぞれの特殊的部面が生産の一般的増大の中で占めるところの，需要によって決定される平均的な

---

(16) 富塚，前掲「拡大再生産の構造と動態（II）」（『資本論体系4』）308〜309頁。
(17) 同稿，前掲「再生産論と恐慌論の関連について」（『再生産論研究』「再生産論の課題〔4〕」）263頁。

受持ち分に応じて）。……したがって，蓄積が〔〔可能で〕〕あるためには全ての部面において不断の剰余生産が必要である」($Mw.$ Ⅱ, S.485, Ⅱ/3, S.1107-1108）という叙述に示されている点が指摘されている。付け加えれば，『要綱』のいわゆる再生産表式の「原型」表の分析も，失敗に終わるのであるが，全部門が50％で蓄積するような想定で試みられている＊（$Gr.$ S.346, Ⅱ/1, S.352-353）点も留意されるべきであろう。

 ＊ この箇所の蓄積＝拡大再生産の分析についての立ち入った検討は，拙著で行なっている。

 第2に，いずれの場合にも，生産諸部門間の比例性は生産と消費の均衡の視点との連繋の下に把握されようとしている点が重視されるべきである。富塚氏にあっては，『要綱』の上記の箇所の場合には，「正しい均衡的な生産」が《生産諸部門間の比例均衡性》と《生産と消費との均衡》の両面から把握されており」，「後者は『最終の生産物』と『直接的な最終の消費』との均衡によって規定されるところの，『諸資本が最終的に資本として価値増殖しうるがために相互に〔〔生産・〕〕交換しあわねばならない正しい（想像上の）釣合い』として，とらえられている」と解されている。『要綱』のいわゆる再生産表式の「原型」表についても，それとの関連から「全般的過剰生産」の規定がなされる際に「労働者用必需品」の過剰生産が問題とされている点を理解するには，「最終の生産物」と「直接的な最終の消費」との関連が念頭に置かれていたとされねばならず＊＊，したがって，全部門50％の蓄積を想定しての生産諸部門間の均衡的生産の問題は，生産と消費の均衡の視点との連繋の下に把握されようと試みられていた，と見做されるべきである。

 ＊＊ 小林氏は，ここでの「全般的過剰生産」論と『要綱』において「労働者階級の狭隘な消費限界」を指摘した箇所との関連を重視している。ここでの「全般的過剰生産」論のこうした側面も，拙著で指摘してある。

(18) 同稿，前掲「恐慌論体系の構成」（『資本論の研究3』）315～316頁。
(19) 拙著『経済科学の生成』（時潮社，1991年）72～75頁。
(20) 富塚，前掲「恐慌論体系の構成」（『資本論の研究3』）297～298頁。
(21) 小林，前掲「再生産表式と資本の循環・回転」（前掲書）4頁，5頁。

第10章　拡大再生産表式分析における蓄積率の決定について

　『61-63年草稿』の場合には，上記の引用文では分かりにくいが，「不変資本〔の素材的諸要素〕を供給する」「部面」と関連する「一産業部門」としては，「資本家一般を代表する」ものとしての「リンネル織物業者」(*Mw*.Ⅱ, S.483, Ⅱ/3, S.1106) が想定されている。これは「個人的消費用の完成生産物」をつくる「部面」である。上記の引用文の前提とされている「現存資本の生産と再生産」の把握の出発点となったノート6～7における「現存不変資本の再生産」に関する考察部分でも「消費財としての」(*Mw*.Ⅰ, S.82, Ⅱ/3, S.403)・「個人的消費に充てられるべき」(*Mw*.Ⅰ, S.84, 85, 89, Ⅱ/3, S.405, 406, 409) 種類のリンネルが想定され，また，上記の引用文があるノート13の「蓄積論」でも，問題の解明を試みるに際してはリンネル織物業者が例に採られている***。そして，上記の引用文において「産業諸部面における追加的生産の同時的ないし併行的な形成」を指摘する場合も，「最終の消費」と直接的に関連する消費手段生産部門とそれに生産手段を供給する生産手段生産部門との関連が軸にされている。したがって，そこでも，「産業諸部面における追加的生産の同時的ないし併行的な形成」は生産と消費の均衡の視点との連繋の下に把握されている，と見做されるのである。

　　*** このノート6～7「現存不変資本の再生産」およびにノート13「蓄積論」についての筆者の理解は，拙著に示してある。[23]

　そうした把握を前提として，初稿第3章のプランでは「4)」とされた項目「7)」においては，「再生産過程の並行」の論述がなされている。その論述を重視する富塚氏にあっては，第1に，この「『並行』によって，『段階的序列』をなす生産の流れの順当な経過が条件づけられている」という点と，第2に，「こうした生産諸部門間の立体的な技術的＝経済的連繋の把握のうえに，『消費過程は，再生産過程の内在的な一契機をなす。』という命題が打ち出される」という「関連が銘記されなければならない」という点が強調されており[24]，第1の点に関しては，「これは，すなわち均等発展命題に他なら

---

(22)　拙著，前掲書，81～85頁。
(23)　同上，201～205頁および213～219頁。
(24)　富塚，前掲「再生産論の課題〔Ⅱ〕」(『再生産論研究』) 179頁。

ない」，あるいは「解すべきもの(25)」とされている。

　そこで，表式 a ）における想定と初稿第3章項目「7)」（プランでの「4)」）における論述との関連を把握するために，初稿の項目「7)」の論述を見なければならない。そこでは，「全体としてみた<u>再生産過程</u>はあらゆる商品のさまざまな生産要素を提供する<u>もろもろの生産過程の並存</u>および<u>同時性</u>に帰着する」とされ，それが「並行（Palallelismus）」と命名され（Ⅱ/4.1, S.364. 訳277頁），下記のように論じられている。

　　「総生産過程は同時に<u>再生産過程</u>であるがゆえに，もろもろの生産物の，そのすべての相異なる段階における<u>同時的再生産</u>が行なわれる。この場合に特徴的なことは，<u>全ての生産過程</u>の絶え間ない<u>同時性</u>，たゆみなき<u>並列的進行すなわち並行</u>である。……商品は，同時に，その発端の諸形態で，その系列的な諸形態で，その最後の終局的な諸形態で並行して生産される。そして，それらの<u>継起</u>（Nacheinander）と<u>混交</u>（Durcheinander）は，こうしたそれらの並存（Nebseinander），あるいはさまざまな段階の諸生産過程の<u>並行</u>によって条件付けられている。……したがってこれは，単にさまざまな過程の生産物の循環だけでも序列だけでもなく，同時に，<u>生産の特殊的諸部面に属して特殊的労働部門をなしている全ての生産段階における並行的生産</u>（parallele Produktion）である。」(Ⅱ/4.1, S.368. 訳279～280頁。)〔引用文10D。〕

　ここで言われている「継起」・「序列」とは，「その生産過程が互いに関連し合い相互に条件付け合っているさまざまな商品」に見い出される「<u>上向的な段階的連続・序列</u>（aufsteigende Stufenfolge）」のことであり，「この場合には，商品は，その最終形態を獲得するまで進み，そこで消費に入るか，あるいはその最終形態で<u>労働手段</u>として……ある新たな生産過程に入るのであって，それは，順々にある生産段階から他の生産段階に，しかも，より高次の，すなわちより媒介されたそしてそれをその最終的な姿にますます近づける生産段階に入る」とされ，そして「さまざまな商品のこれらのさまざまな生産

---

(25)　同稿，前掲「『再生産過程の撹乱』に関する考察〔Ⅲ〕」325～326頁，332頁。

第10章 拡大再生産表式分析における蓄積率の決定について 197

過程は，相互に関連し合い相互に条件付け合っており，それは事実上，その最終の姿にある生産物をみれば，上向的に進行していく連鎖的生産諸段階 (aufeinander folgende Produktlonsphasen in aufsteigender Linie) の列を表わしている」，とされている（Ⅱ/4.1, S.367, 訳278頁）。また，「混交」・「循環」とは，「関連しあう生産過程の間」の「屈折（Umbiegung）あるいは相互性」とも名付けられた「循環」であって，「さまざまな生産過程が相互にそれらの生産手段を提供しあう」という場合であり，「両方の生産部面の生産物が相互に補填しあう」ということである（Ⅱ/4.1, S.367, 訳279頁）。こうした点はいずれも既に単純再生産の場合を分析した項目「1）」で指摘されていた（Ⅱ/4.1, S.334, 訳240頁）事柄であるので，ここ項目「7）」の主題は「再生産過程」の「並行」であり，「継起と混交」と「並行」との関連であり，その焦点は，富塚氏が重視した，諸商品の諸形態の「継起と混交はそれらの並存，あるいはさまざまな段階の諸生産過程の並行によって条件付けられている」という箇所であろう。

　この「再生産過程」の「並行」の問題については，『61-63年草稿』の場合にも，「同時的生産過程」(Mw.Ⅰ, S.85, Ⅱ/3, S.406) として論じられていたし，商品・生産物・生産部面の関連を示す場合には「全ての消費用生産物を代表するリンネル」を「最終生産物」(Mw.Ⅰ, S.114, Ⅱ/3, S.433) としていた。その際に，「簡単化のために利潤の一部の資本への再転化を全く捨象する」(Mw.Ⅰ, S.85, Ⅱ/3, S.406) とされていたことは，蓄積の場合の問題把握の必要性が自覚されていたことを表わすし，その蓄積の場合については，「個人的消費に充てられるべき」種類のリンネルから考察を出発させて，「産業諸部面における追加的生産の同時的ないし併行的な形成」が指摘されていた。

　初稿では項目「7）」は蓄積に関する項目「5）」・「6）」の後に置かれているのだから，ここでは蓄積の場合も含めて問題が提起されていることになろうが，『61-63年草稿』で指摘されていた「産業諸部面における追加的生産の同時的ないし併行的な形成」については展開されていない。初稿では単純再生産の場合の表式も作成されていなかったのだから，諸商品の諸形態の「継起と混交」が「諸生産過程の並行によって条件付けられている」と言っても，それ以上に具体的に議論を展開するすべを持たなかったのであろ

う。ただし,「再生産過程」の「並行」が諸商品の諸形態の「継起と混交」を「条件付け」るという把握自体は,やはり注目に値することなのである。

次に,「再生産過程」の「並行」の問題を主題とする項目「7)」の最後で,「消費過程は再生産過程の内在的な一契機をなす」(Ⅱ/4.1, S.370, 訳284頁)という問題が取り上げられている点にも考察を加えねばならない。その箇所では次のように論じられている。

> 「再生産の全体を考察すれば,消費はこの内在的一契機である。／商品資本Aの不変部分全体は,もし商品資本Bの生産者たちが彼らの収入をAのその部分と交換しなければ,つまりその部分を個人的に消費しなければ,それの生産手段によって補填されえない。／可変資本と労働能力との交換が連続的であるのは,ただ労働者が必需品の消費によって自分自身を再生産し維持するからである。／年々の商品資本Aの全ての部分は,……それが市場から引き上げられて消費ファンドに合体された時にだけ,W－Gを通り終えることができる。……Wの市場での長引く滞留によって,商品資本Aの再生産は阻まれるのであり,WがGに転化されて初めて,それはさらに進行することができる。」(Ⅱ/4.1, S.370-371. 訳283頁。)〔引用文10E。〕

この論述は,それに先立って,「個人的消費は個別的な商品の再生産過程には含まれていない」(Ⅱ/4.1, S.370, 訳283頁)点が指摘されているように,初稿第1章「資本の流通」における論述との対応の下に行われている。その第1章おいて,「生産過程の結果としてのかつその前提としての商品資本から始まりそして総過程の結びとしての商品資本に戻ってくる」という商品資本の循環形態までを論じた直後に,「消費過程の資本制的再生産過程に対する現実的な関係は第3章に属する」(Ⅱ/4.1, S.172, 訳47頁)と指摘されていた論点が,第3章項目「7)」において,再生産過程の「並行」が引用文10Dのように論じられた後に,W'…W'循環に関しても,「個別的な」視角からの把握との相違が意識された上で,「再生産の全体」における消費の契機の問題として取り上げられたのである。そして,引用文10Eにおいて,消費手段生産部門であるAの生産手段の補填も生産手段生産部門であるBの生産者たちの「個人的な」消

第 10 章　拡大再生産表式分析における蓄積率の決定について　　199

費にかかっている点,「可変資本と労働能力との交換」を「連続的」にするための労働力の「再生産」も労働者の「必需品」の消費によっている点，消費手段生産部門の資本の再生産過程はその商品Ａの「全て」のＧへの転化によって「進行」しうる点が指摘されることによって,「諸生産過程の並行」も「個人的」消費に無関係ではありえないことが明瞭にされているのである。

　引用文10E冒頭の「商品資本Ｂの生産者たち」には，この論述箇所に続く部分での「直接的生産者，生産者大衆，労働者」(Ⅱ/4.1, S.371, 訳284頁) という用例と同様の含意があろうし，労働者の「必需品」の消費が取り上げられているところからすれば，ここでは，労働者の「個人的」消費と消費手段生産部門の商品の価値実現との関連が念頭に置かれているものと解することができる。再生産過程の「並行」を論じた引用文10Dの前提として取り上げられている「上向的な段階的連続」において,「最終形態を獲得するまで」進んだ商品が「そこで消費に入る」場合の問題が，論じられているのである。引用文10Eに続く部分には,「生産と消費とが相互に一定の内在的な諸量および比例関係のもとになければならず，生産量は終局的には消費量によって規制されなければならない」(Ⅱ/4.1, S.371, 訳284頁) という記述もなされているのだから,「継起・序列」および「混交・循環」を「条件付け」る「再生産過程の並行」の態様もそれ自体で決定しうるものではなく,「究極的には」「生産と消費」との「相互に一定の内在的な諸量および比例関係」に「規制されている」と，把握されているのである。こうした記述も,『要綱』の「最終の生産物」と「直接的な最終の消費」との関連の重視や『61-63年草稿』の「最終生産物」であり「全ての消費用生産物を代表するリンネル」を事例とした「同時的生産過程」の探求と連繋していると見做せるし，また，初稿より後の展開との関連からすれば，第４稿において行われている,「この〔W′…W′という〕形態では総商品生産物の消費が資本の循環の正常な進行の条件として前提されて」おり (Ⅱ/4.3, S.313),「消費はその全体が――個人的消費および生産的消費として――条件としてその資本の循環に入り込む」(Ⅱ/4.3, S.314) という記述に連繋すると見做すことができるのである。

　このような第４稿における再生産過程の「正常な進行の条件としての」

「消費」に関する記述が，本書前編第2章*2*（34〜35頁）で指摘したように，第5稿に採用されている（II/11, S.632. Apparat, S.1482）のだから，第5稿〜第7稿での資本循環論の「進歩」を強調する大谷氏たちのような立場からしても，こうした消費の契機を含めた「再生産過程の並行」の把握を前提として，第8稿の拡大再生産の第1回目表式分析では問題が立てられていた，ということを認めざるをえまい。そうだとすれば，第8稿では，「生産諸部門間の比例均衡性」と「生産と消費との均衡」の両面を重ね合わせる視点から問題の解明が試みられようとしていたことになろう。そうした観点からすれば，第1回目表式分析に際して，「個人的」消費に直接的に関連する消費手段生産部門と生産手段生産部門の蓄積率が均等に想定されたのは自然な成り行きであったと見ることができるのである。その表式分析の試みが成功しなかったのは，前節*2*で見たように，既に把握していた余剰生産手段の問題とは無関係に，蓄積率を50％という数値に設定したためなのであって，蓄積率均等の想定が不適切であったからではないのである。

　以上のように，第1回目の表式分析に際しての部門 I・IIの蓄積率同一の想定は，初稿までの蓄積＝拡大再生産論と連繋させるならば，消費の契機を含めた「再生産過程の並行」の問題把握を基礎としたものであり，マルクスは「両部門が並行的に発展する拡大再生産過程の展開を意図し」ていた，と言うことができる。部門間均衡条件の視点だけではなく，「生産と消費との均衡」の視点も合わせれば，第二部第3篇の論理次元における蓄積＝拡大再生産の基本理論としては，部門 I・IIの蓄積率は均等に想定すべきかどうかというのが問題の核心である。第1回目表式分析における蓄積率均等の想定に「注意が払われ」たのは単なる「量的関係」としてではなく，そうした「量的関係」の背後にある「再生産の構造連関・生産と消費の均衡の視角」[26]という質的関係も含むものとしてなのである。したがって，それは「両部門の蓄積率が同率になること」が「ありうる」かどうかという可能性の問題でもないのである。

---

(26) 同稿，前掲「拡大再生産の構造の動態（II）」（『資本論体系4』）308頁。

4 第1回目分析で「知った」のは部門Ⅰ蓄積率が部門Ⅱ蓄積率を「条件づけ」ることなのか

次に，大谷氏が言うように，マルクスは，「1回目の考察のなかで」，「第Ⅰ部門の蓄積率によって第Ⅱ部門の蓄積率が条件づけられていることを知った」(下177頁)のかどうかという点を検討しよう。

第2回目の表式展開の試みの冒頭を第1回目の引用文10A（本書188頁）と比較すると，記述の進め方は研究対象や研究課題に関しては同一であり，ここで第1回目の記述を初めからやり直していることが読み取れるが，そこで異なるのは，部門Ⅰの蓄積部分について，「500(Ⅰ)のうち400は不変資本に転化し100は可変資本に転化すると仮定しよう」(K.Ⅱ, S.505;Ⅱ/11, S.810, 訳(下) 22頁) とされている点である。これは，表式a)における部門Ⅰの蓄積額の追加不変資本と追加可変資本への分割に関する記述が不明瞭であり，その分割は前提としたc：v＝4：1の通りになされねばならないことを，「1回目の考察のなかで」「知った」ことを示している。

ところが，第1回目の表式分析における引用文10C (189頁) にあるような，「140〔150〕m(Ⅱ)は，m(Ⅰ)の諸商品のうちそれと同じ価値額の一部分によって補塡されることによってのみ，生産資本に転化されうる」という場合には，あるいは，「Ⅱは140〔150〕m(Ⅰ)を現金で買わねばならない」という場合には，部門Ⅱは蓄積のための追加不変資本として140〔150〕の生産手段を部門Ⅰの剰余生産物部分から買おうとするのであるから，マルクスは部門Ⅰ 500mに対して部門Ⅱからの140〔150〕の需要を考えていたことになる。

以上の点を，表式a)を部門Ⅰの蓄積部分を前提どおりに400mcと100mvとに分割した表式で示せば，下記のようになる。

$$a'') \text{Ⅰ}) \ 4000c + \boxed{1000v} + \boxed{500mk} + \quad 400mc \quad + \quad \boxed{100mv} = 6000$$
$$\text{Ⅱ}) \ \boxed{1500c} + \quad 376v \ + 188mk + \boxed{140〔150〕mc} + 48〔38〕mv = 2252$$

合計 = 8252

マルクスは，既に本書後編第7章 **3** (116頁)・**4** (119〜120頁) で指摘したよ

うに,『61-63年草稿』でも第二部初稿でも消費手段生産部門の剰余生産物の追加不変資本の素材的要素に転化される部分と生産手段生産部門の剰余生産物の追加可変資本の素材的要素を形成する部分とが対応するものとして考えていたのだから,この表式a)の分析途上で,部門Ⅱが追加生産手段として140〔150〕mc を入手しようとするが,部門Ⅰの蓄積額が500・資本構成は4：1であるので追加可変資本は100mvになるという点から,40〔50〕だけの生産手段の不足・生産手段に対する需要超過と消費手段に対する需要不足も「知った」にちがいない。あるいは,部門Ⅱの50％の蓄積の側から推論を進めて行って,部門Ⅰの追加資本部分は部門Ⅱ140〔150〕mc に対応する140〔150〕mvと,それを部門Ⅰの蓄積額500から引いた360〔350〕mc となっていなければならないが,それでは元資本の構成に対応した400mc＋100mvとは矛盾するという点を「知った」にちがいない。マルクスは,こうした難点に直面して,表式分析を初めからやり直すことにした,と言うこともできる。マルクスは,「Ⅰの内部で蓄積に役立つことになって」いるのが「剰余生産物500 m Ⅰの全部」だとした錯誤の訂正のみで,蓄積額を部門Ⅰでは400mc＋100mv,部門Ⅱでは140〔150〕mc＋48〔38〕mvとし,蓄積率を両部門共に50％としたのでは,過不足のない価値－素材的補填関係を示す合理的な表式とはならないことを認識したものと見做すことができる。

そこで,表式a)を合理的なものにするためにマルクスが考えたと推察できるのは,第１回目の分析では引用文10Aにあるように Ⅰ(v＋mk) とⅡcとの「転換」を「単純再生産の過程として既に述べた」ものとして処理するとされているので,部門Ⅰ 100mvに等しく部門Ⅱの追加不変資本をⅡ 100mcとするという初稿までと同様の方法である。上記の表式a″)で言うならば,部門Ⅱの剰余価値376m部分を251mk＋100mc＋25mvとしたものになる。この場合には,蓄積率が部門Ⅰで50％・部門Ⅱで $(100mc＋25mv / 376m＝)$ 33％となっていることは一見して明らかであり,マルクスは,両部門で蓄積率が相違している点にも気付いたであろう。

---

(27) 同稿,前掲「原典解説 第21章 蓄積と拡大再生産」(『資本論体系４』) 135～136頁。

第 10 章　拡大再生産表式分析における蓄積率の決定について　203

　同じことは,第 2 回目の表式の方から遡ってみても,言うことができる。第 2 回目の表式では,全体の大きさが単純再生産の場合と同じ 9000 とされ,部門Ⅱの資本構成が c：v ＝ 2：1 に変更されている。この資本構成の変更は,総生産物を 9000 としながらも,部門Ⅰの資本の 4000c ＋ 1000v,剰余価値率の 100％,部門Ⅱの不変資本部分の 1500c に関しては,第 1 回目の分析と同じままにしたことによるのであって,部門Ⅰの方が部門Ⅱよりも資本構成が高いといった現実の事態を反映させようとする意図に基づくものではない。そこで,第 2 回目の表式で加えられたこれらの変更を元に戻して,総生産物を 8252,部門Ⅱの資本構成を c：v ＝ 4：1 とすれば,上記と同様のことになる。

　以上のように,「1 回目の考察のなかで」「知った」ことは,部門Ⅰの追加不変資本と追加可変資本の分割量・額,および生産手段に対する需要超過の事態であり,その需要超過が生じないようにするためには,初稿までと同様に,第 8 稿の部門表示でⅠmv ＝ Ⅱmc とするということであった。

　しかし,この部門Ⅰmv ＝ 部門Ⅱmc ということからは,大谷氏のように,「第Ⅰ部門の蓄積率を先行的に決定し,それによる諸要素の配置の変更に合致するように第Ⅱ部門の蓄積率を決定する・・・・・ほかはない」(下 176 頁),と断定してしまうことはできない。

　第 1 に,マルクス自身が第 1 回目の分析の際に行なったような,部門Ⅱの 50％の蓄積の側からの推論でも,総生産物の諸要素の需給関係を過不足のないものとできるからである。この場合には,部門Ⅱの追加不変資本は 140〔150〕mc で,「前貸資本の補塡に必要な量を超える追加生産手段」(*K. I*, S. 607; Ⅱ/7, p. 504, 江夏・上杉訳(下) 234 頁) は Ⅰ6000W′−(Ⅰ4000c ＋ Ⅱ1500c) の 500 であるので,部門Ⅰの追加不変資本となりうるのは 360〔350〕mc であり,マルクスが資本構成 c：v ＝ 4：1 で計算できたとすると,追加可変資本は 90〔88〕mv となる。このⅡmc とⅠmv との差額分の 50〔62〕だけ部門Ⅰの剰余価値のうちで蓄積されない消費支出部分 mk が大きくなるので,『61 − 63 年草稿』や第二部初

---

(28)　八尾「拡大再生産表式の理想形態」(『鹿児島経大論集』第 27 巻第 1 号,1986 年),後に前掲書に「拡大再生産表式の基本形態」として所収,108 頁。

稿では事実上,第8稿では明示的に想定されていたⅠ(v+mk)＝Ⅱcの関係は崩れるが,総生産物の諸要素の需給関係は過不足のないものとなる。

　第2に,富塚氏が明らかにしたような,余剰生産手段の存在量の500を過不足なく吸収すべき全体の蓄積総額500mc＋125mv＝625・(平均)蓄積率 625／Ⅰ1000m＋Ⅱ376m＝45.4% を求め,その後に蓄積総額を両部門に均等に配分するという方法もあるからである。ただ,マルクスは,この方法の認識にまでは至ってはおらず,そのために,両部門の蓄積率が均等に45.4%の場合の表式a′)も作成できなかった。また,部門Ⅰ蓄積率の先行的決定の方法でも,上記の方法でも,全体の(平均)蓄積率はⅠ(400mc＋100mv)＋Ⅱ(100mc＋25mv)／Ⅰ1000m＋Ⅱ376m,もしくはⅠ(〔350〕mc＋〔88〕mv)＋Ⅱ(〔150〕mc＋〔38〕mv)／Ⅰ1000m＋Ⅱ376m の45.4%となることを認識できなかった。その結果,初稿において「剰余生産物の資本への大き過ぎる再転化」(Ⅱ/4.1, S.377, 訳292頁)という重要な問題を提示していたにもかかわらず,第8稿においても,表式a)の「構成のもとに両部門の蓄積率が50%と想定する場合には,蓄積総額は550Mc＋138Mv＝688Mαとなり」,「事実上」「《過剰蓄積》の場合を想定してしまったこと」が認識できなかったのである。[29]

　また,第2回目の分析についてみると,Ⅰ(v＋mk)とⅡcとの「置換は単純再生産の過程であり,既にそこで論じられている」(K.Ⅱ, S.505；Ⅱ/11, S.810, 訳(下)22頁)というように,第1回目の分析と全く同じように記されているところからすれば,Ⅰ(v＋mk)＝Ⅱcの把握は動かされていないので,Ⅱ1500cの想定はⅠの蓄積率50%の想定とは表裏の関係となる。部門Ⅰの蓄積率が「先行的に」決定されているのは,Ⅰ(v＋mk)＝Ⅱcの見通し・予見の下で部門Ⅱの不変資本を1500cと想定したことによるとも言えるのであり,そこには特に経済学的な意味が持たされているわけではない。

　したがって,部門Ⅰ100mvに対応する形で部門Ⅱの追加不変資本を100mcと置いたとしても,それは,初稿までの直感的な把握を踏襲したⅠ(v＋mk)＝Ⅱcとした場合の生産手段に対する需要超過の事態を回避する方

---

(29) 富塚,前掲「拡大再生産の構造と動態(Ⅱ)」(『資本論体系4』)304頁。

第 10 章　拡大再生産表式分析における蓄積率の決定について　205

法・手段として採られたということに止まり，大谷氏のように，マルクスは，「正常な経過のもとでは，第Ⅰ部門の蓄積率によって第Ⅱ部門の蓄積率が条件づけられていることを知った」，とまでは評価できないのである。

5　部門Ⅰ蓄積率の「先行的」決定は「第2回目以降の考察」で「確認」されているか

次に，部門Ⅰの蓄積率の「先行的」決定という点は「こののち〔第2回目以降〕の考察のなかでマルクスがはっきりと確認」している（下176頁）という理解について，検討しよう。

この「確認」している箇所が草稿のどこなのかが明確に指示されていないのだが，その点に触れていると思われるのが，「マルクスは，1回目の試みで両部門の蓄積率を50％としたうえで拡大再生産への移行を試みて行き詰まった，その原因をここで明示的に反省している」（下182頁），という記述である。「ここで」というのは，大谷氏によって第5回目の表式分析の「中途で」行なわれた「これまでの拡大再生産の展開についての中間的総括」（下181頁）と見做された箇所のうちの第1の部分であり，本書後編第7章 *2* で取り上げた引用文7Ａ（106頁）である。「Ⅰは，その剰余生産物の一部分を自分の生産資本に合体し，それを不変資本に転化させ」，また「Ⅰは自分の剰余生産物から，Ⅱの内部での蓄積に必要な不変資本〔現行版――のために素材〕を提供しなければならない」（K.Ⅱ, S.510；Ⅱ/11, S.817, 訳（下）48頁）という部分を，大谷氏は，「第Ⅰ部門の剰余生産物が含んでいる，両部門での追加生産手段となりうる価値額が，必然的に両部門の蓄積率を制約する」（下181～182頁）ことが記されているものと解し，更に，「マルクスはここで，第Ⅰ部門の剰余生産物に含まれる，両部門のための追加生産手段の価値額が，両部門での蓄積を制約していることを明確に指摘している」，と評価している（下182頁）のである。

しかし，ここで大谷氏が言っていることの意味は，余剰生産手段の量によって蓄積総額が決定されるということであって，部門Ⅰの蓄積率の「先行的」決定の理論的根拠を示すものではない。そして，こうした把握の限りでは，前

節*4*（204頁）で指摘したような，蓄積総額・（平均）蓄積率の決定に関して富塚氏が強調する論理と異なるところはないように思われる。しかも，第1回目の表式分析の「行き詰」まりの原因を「両部門の蓄積率を50％とした」点に求めていることにもなるのだから，蓄積率を前記*4*（204頁）の（平均）蓄積率45.4％よりも大きくし過ぎた，すなわち過剰蓄積の場合を設定してしまったことを認めざるをえないであろう。また，大谷氏の言う「拡大再生産の展開についての中間的総括」部分においては，「ⅠがⅡの追加不変資本を自分の剰余生産物から提供しなければならないのと同様に，それと同じ意味で，ⅡはⅠのための追加可変資本を提供する」（K.Ⅱ, S.512；Ⅱ/11, S.819, 訳（下）55頁）というように（同様の記述は引用文7Ａ（106頁）の2）の後続部分でもなされている（K.Ⅱ, S.510；Ⅱ/11, S.817, 訳（下）48頁），部門Ⅰと部門Ⅱは対等に扱われており，部門Ⅰの蓄積の方が重視されているわけではない。なお，大谷氏は，引用文7Ａ（106頁）に関連して，「一方の部門の蓄積率が高くなれば，他方の部門の蓄積率は低くならざるをえない」（下182頁）とも説明を加えているが，そのように言うのであれば，前節*4*（202～204頁）で指摘したように，第1回目の分析で行なわれたような，部門Ⅱの蓄積率を50％と仮定してその側から推論を進めて行ってもいいことになろう。

　以上のような点からすれば，「拡大再生産の展開についての中間的総括」の箇所からは，大谷氏のように，「第Ⅰ部門の蓄積率を先行的に決定し，それによる諸要素の配置の変更に合致するように第Ⅱ部門の蓄積率を決定するほかはない」（下176頁），という評価は下せないのである。

　なお，大谷氏の論稿における蓄積率の決定に関する記述としては，第5回目の表式展開における部門Ⅱの蓄積率の決定に関する言及がある。そこでは，第5回目の試みでは，「消費手段に転換すべきⅠ（v+1/2m）が，生産手段に転換すべきⅡcよりもⅠ（v+1/2m）－Ⅱcだけ大きい，という量的関係」が「意識的に設定されて」おり，「その結果，生産手段の形態にあるⅠ（v+1/2m）が消費手段に転換できるためには，第Ⅱ部門がこの差額（Ⅰ（v+1/2m）－Ⅱc）だけ，生産手段の形態にある第Ⅰ部門の剰余生産物を買って，蓄積のためにそれだけの追加不変資本を前貸する，と想定する。つまり，両部門が蓄積を行なうのであるが，こういう仕方で第Ⅱ部門の蓄積率を決定し

第 10 章　拡大再生産表式分析における蓄積率の決定について　207

ているわけである」(下181頁)，と記されている。

　しかし，ここで指摘されているのは，Ⅰ(v+mk)＝Ⅱcの関係にこだわっていたマルクスが，「Ⅰ(v+1/2m)は……ⅡcプラスⅡmの一部によって補塡される」(K.Ⅱ, S.510;Ⅱ/11, S.817, 訳(下)48頁)としたことから生ずる，Ⅱcを「補完する」(K.Ⅱ, S.512;Ⅱ/11, S.820, 訳(下)57頁)ためにⅡcに「直接的に合体される」(K.Ⅱ, S.510;Ⅱ/11, S.817, 訳(下)48頁)部分に関する問題である。このⅡmの一部による「補塡」の問題が第5回目の表式分析では第1年度から「意識的に」取り上げられているのは，第2回目の表式展開においては，第1年度にはⅠ(v+1/2m)＝Ⅱcの想定で分析が始められたが，第2年度以降には毎年Ⅰ(v+1/2m)＞Ⅱcの事態が生じたために，この「補塡」の問題が拡大再生産の場合の「独自性」(K.Ⅱ, S.510;Ⅱ/11, S.817, 訳(下)48頁; K.Ⅱ, S.512; Ⅱ/11, S.820, 訳(下)57頁)として把握されたからであろう。そして，その指摘の後に，他の記述を挟んで，ⅠmvとⅡmcが転換され，Ⅱmcと対応的にⅡmvが決まり，Ⅱの蓄積額が決まってくる，という点が加えられて，部門Ⅱの蓄積額・率が決定されることになっている。したがって，ここでも，議論の起点であるⅠ(v+1/2m)のうちの1/2mの設定については，その理論的根拠は示されてはいない。第5回目の表式分析でも，「第Ⅰ部門が50％の蓄積率で蓄積をするという前提」自体の根拠は指摘されているわけではないのである。

　第2回目の表式分析でも第5回目の試みでも，富塚氏の言うように，「部門Ⅰの蓄積率および蓄積額がこれこれであったとした場合に両部門間の相互補塡が過不足なく行われるには部門Ⅱの蓄積額はこれこれでなければならない，ということを述べているにすぎ」ず，「任意に先行的に決定された部門Ⅰの蓄積によって部門Ⅱの蓄積が現実に規定される」とかいうようなことを「述べているわけではない」のである。

　以上のように，「部門Ⅰ→部門Ⅱの蓄積率における規定関係」を指摘した

---

(30)　同稿，前掲「原典解説 第21章 蓄積と拡大再生産」(『資本論体系4』) 150頁。
(31)　同稿，前掲「拡大再生産の構造と動態 (Ⅱ)」(同上書) 306頁。同稿，前掲「恐慌論体系の構成」(『資本論の研究3』) 313〜314頁。

箇所は，大谷氏によっても挙げられてはいない。部門Ⅰの蓄積率の「先行的」決定という点の「理論的根拠」は大谷氏によっても指摘されているとは思われない。部門Ⅰの蓄積率の「先行的」決定という点が，「こののち〔第2回目以降〕の考察のなかでマルクスがはっきりと確認」している（下177頁）とは，到底言えないのである。

6　第2回目・第5回目の表式における 2年度以降の併行的発展について

部門Ⅰの蓄積率の「先行的」決定という点への富塚氏による批判には，第2回目の表式の累年展開によって，「2年度以降」については「両部門の資本および生産物が同一増加率を持って並行的に増大してゆく均等発展の過程が描き出されている」という点も挙げられていたので，この点についても，見ておこう。

現行版の「蓄積の表式的叙述」の箇所では，固定資本要因は捨象されているので，部門Ⅰで「同じ割合で蓄積が続けられる」結果，「両部門は併行的に発展していって」いる点は，広く認められてきたところである。大谷氏も現行版第21章の草稿を紹介した際には，この点を明確に認めていた。「ここでのマルクスの展開が——じっさいにそうはなっていないがマルクスはそのつもりであったと思われるように——両部門の資本構成も追加資本の構成もそれぞれ一定という前提を守り，しかもマルクスのしかたで過不足なく計算を進めるなら

---

(32)　同稿，前掲「原典解説 第21章 蓄積と拡大再生産」（『資本論体系4』）145頁，150頁。同稿，前掲「恐慌論体系の構成」（『資本論の研究3』）313～314頁。
(33)　久留間鮫造「高田博士の蓄積理論の一考察」（『大原社会問題研究所雑誌』第9巻第2号，1932年），同稿「高田博士の蓄積理論の修正」（『中央公論』1933年4月号），のちに『マルクス恐慌論研究』（北隆館，1949年）所収，233頁，252頁，253頁。林直道「第一部門優先的発展の法則——拡張再生産における二大部門の相互関係」（大阪市立大学経済研究所『研究と資料』9，1959年），のちに横山正彦編『マルクス経済学論集』（河出書房新社，1960年）所収，186～189頁。

第 10 章　拡大再生産表式分析における蓄積率の決定について　209

ば，2年度以降の部門間比率は一定とな」る(34)と記しているからである。今回の論稿では，草稿の2回目の表式の累年展開に関しては，マルクスはそれを「第5年度末まで進め，第6年度の資本を示したところで中断」しており，その「理由」は「拡大再生産の繰り返しのなかで資本の有機的構成が下がった，という結果」にあり，そうした結果をもたらしたのは，部門Ⅱと部門Ⅰの資本構成に関するマルクスの計算の誤りにあることを指摘し，この点に関しては，マルクスが「もし……ミスを犯さずに計算を続けていたならば，『出発表式』では1：$3^{1/7}$であったv：cは，翌年度には1：$3^{3/19}$に上昇し，その後はこの比率が毎回維持されていたはずであった」(下180頁)，と記されているに止まる。

　そのようにマルクスの計算違いを訂正した表式は，下記のようになろう。

第1年度　Ⅰ）4000c ＋ 1000v ＋ 500mk ＋ 400mc ＋ 100mv ＝ 6000
　　　　　Ⅱ）1500c ＋ 750v ＋ 600mk ＋ 100mc ＋ 50mv ＝ 3000
　　　　　　　5500c ＋ 1750v ＋ 1100mk ＋ 500mc ＋ 150mv ＝ 9000
　　　　　　　C：V＝$3^{1/7}$：1　　蓄積率 Ⅰ 50%　　Ⅱ 20%

第2年度　Ⅰ）4400c ＋ 1100v ＋ 550mk ＋ 440mc ＋ 110mv ＝ 6600
　　　　　Ⅱ）1600c ＋ 800v ＋ 560mk ＋ 160mc ＋ 80mv ＝ 3200
　　　　　　　6000c ＋ 1900v ＋ 1110mk ＋ 600mc ＋ 190mv ＝ 9800
　　　　　　　C：V＝$3^{3/19}$：1　　蓄積率 Ⅰ 50%　　Ⅱ 30%

第3年度　Ⅰ）4840c ＋ 1210v ＋ 605mk ＋ 484mc ＋ 121mv ＝ 7260
　　　　　Ⅱ）1760c ＋ 880v ＋ 616mk ＋ 176mc ＋ 88mv ＝ 3520
　　　　　　　6600c ＋ 2090v ＋ 1221mk ＋ 660mc ＋ 209mv ＝ 10780
　　　　　　　C：V＝$3^{3/19}$：1　　蓄積率 Ⅰ 50%　　Ⅱ 30%

---

(34)　大谷，前掲「『蓄積と拡大再生産』(「資本論」第2部第21章)の草稿について」(上) 22頁。

以下同様に進行して行くことになるが，これはエンゲルスによる現行版の「第1例」に他ならない。大谷氏も，草稿の第2回目の表式はその部分の展開をそれ自体として見た場合には，現行版の「第1例」と同様のものと見ており，草稿では失敗に終わっているが，両部門の均等発展の過程を描き出すはずのものであったと考えていることになろう。なお，エンゲルスによる現行版の「第2例」も，同様に，マルクスの第5回目の試みの計算違いを訂正したものである。

5（本書206頁）で見たように，大谷氏が，第2回目の表式展開の第2年度以降に毎年 $I(v+1/2m) > IIc$ の事態が生じたために，第5回目の試みではこうした「量的関係」が第1年度から「意識的に設定され」たと解するならば，同じように，草稿の第2回目の試みでも正しく計算をするならば第2年度以降には毎年両部門は均等発展して行くのだから，そうした両部門の併行的発展を拡大再生産の一般的な過程として描き出すようにしても，問題はないはずであろう。

その場合には，両部門の蓄積率は，第5回目の試み＝「第2例」では両部門の資本構成は共に5：1なので，部門Ⅰ・Ⅱ共に50％で等しくなる。第2回目の試み＝「第1例」では，蓄積率は部門Ⅰでは50％，部門Ⅱでは30％と両部門で相違してしまうが，これは両部門の資本構成が異なるからである。資本構成の相違の要因を入れた場合には，それに対応して蓄積率も平均利潤に対して計算するならば，そうした比率は第2年度以降は両部門とも41.6％で等しくなる。このように考えれば，部門Ⅰ・Ⅱの蓄積率同一の想定を不合理なものとして否定することはできまい。

にもかかわらず，今回の論稿では，マルクスの草稿における計算の誤りを指摘するだけで，2年度以降の両部門の均等発展について何も語っていないのは，表式の累年展開の意義をそれほど認めていないからである。大谷氏が指摘する通り，マルクスは「再生産の諸要素，再生産にかかわる諸条件をさまざまに変更して，その結果を確かめようとしている」(下173頁)。しかし，そのことを根拠にして，「マルクスは，斉一的な仕方で連年の表式を仕上げるために展開を繰り返したのではな」いとか，「何年にもわたって進行する

第10章　拡大再生産表式分析における蓄積率の決定について　211

拡大再生産の過程を表式の形態で記述しようとする試みだったのではな」い（下173頁）とは断定できない。第2回目・第5回目表式分析における累年展開の内容については第12章で取り上げるが，事実として，第2回目の試みでは6年目まで，第5回目の試みでも3年目の期首まで表式を「斉一的な仕方で」展開しようとしているのは否定し難いし，また，表式を「斉一的な仕方で」展開しようとしたために，「再生産の諸要素，再生産にかかわる諸条件をさまざまに変更し」たとも言えるからである。

小　括

　以上のように，部門Ⅰ・Ⅱの蓄積率同一の想定でも両部門間の「過不足のない転換」は「可能」であり，第8稿における第1回目表式分析の失敗の原因は，蓄積部分の追加不変資本と追加可変資本への分割に関する間違いおよび設定した蓄積率の大きさであって，蓄積率均等の想定自体ではなかった。その想定も，初稿までの，消費の契機を含めた「再生産過程の並行」の問題把握を背景とし，「生産諸部門間の比例均衡性」と「生産と消費との均衡」との視点を重ね合わせたものであり，無数の組合せ中の単なる1つの場合として採られていたわけではなかった。第1回目表式分析で「知った」ことは追加不変資本と追加可変資本への分割に関する不適切さであり，第2回目表式分析の第1年度における部門Ⅰの蓄積率の「先行的」決定は不均衡を回避する方法・手段として採られたということに止まり，部門Ⅰ蓄積率によって部門Ⅱ蓄積率が「条件づけられていることを知った」とまでは評価できなかった。そして，それ以降の表式分析の中でも部門Ⅰ蓄積率の「先行的」決定の根拠は「確認」されてはいなかった。また，資本構成に関する計算違いによって混乱に陥った第2回目表式分析をエンゲルスが訂正したのが現行版の「第1例」であるが，それを見れば，第2年度以降は両部門は同一増加率で並行的に増大してゆく均等発展の過程が描き出されていた。部門Ⅰ・Ⅱの蓄積率同一の想定こそ充分に根拠を持っているのであり，それを不合理なものとして否定することはできないのである。

しかし，大谷氏にとっては蓄積率決定の方法は重要な問題ではないのであろう。今回の論稿では，表式分析の第１回目から第２回目への展開の意義を全く別の視点から説明することによって，蓄積率決定の問題は副次的な論点として後景に押しやられてしまっているからである。新たに持ち出されたのが，第１回目表式分析の引用文10C（189頁）に見られる部門Ⅱにとっての「貨幣源泉」に関する「１つの新しい問題」が第２回目表式分析で解決されたとする見解である。この点を章を改めて検討しておこう。

第11章　追加可変資本部分の転態について

　大谷氏が重視するのは，第1回目の表式a）の分析における「b）われわれはここで1つの新しい問題にぶつかる」とされた区切りおよび文言と，それに続く，本書前章 *1* で第1回目表式分析の概要を示した際の引用文10Ｃ（189頁）における，部門Ⅱは追加生産手段を部門Ⅰから「買わねばならない」が，しかもその時に支払われる「貨幣が彼の下に還流することなしにそうしなければならない」という記述である。大谷氏は，こうした記述がなされた理由として，ここでは，「追加可変資本による追加労働力の購買について，労働者が今年度に支払われる賃金で買うのは第Ⅱ部門の来年度の商品生産物だ，とする想定」が置かれていたということを強調し，この想定は「すでに先行する単純再生産の分析のなかに登場していた」もので，「それがここで追加労働力に適用された」（下175頁）としている。そして，本書前章 *1* の引用文10Ｃに関しては次のように説明する。「この想定のもとでは，追加労働者は，今年に資本家が追加労働者に支払った賃金で，翌年，今年の労働の結果である商品生産物の一部を買い戻す。だから，第Ⅰ部門が追加生産手段と追加労働力とによって，今年，現実の蓄積を開始したにもかかわらず，追加労働者は，賃金の支払いが行なわれた今年は，その賃金で，前年度の労働によって生産された第Ⅱ部門の商品生産物は買わないのである。だからこそ，第Ⅱ部門から第Ⅰ部門に，追加生産手段の購買で支払われた140の貨幣は，第Ⅰ部門で追加労働力の購買で追加労働者に賃金として支払われたとしても，今年度中は，追加労働者はこの貨幣で第Ⅱ部門から消費手段を買わないのであり，したがってこの貨幣が第Ⅱ部門に還流してくることはない」（下176頁），と。そして，2回目の試みで「決定的に重要なのは」，「追加労働者による消費手段の購買について，追加労働者は労働力の対価として今年受け取った賃金で，今年のうちに，前年の労働によって生産された商品生産物の

一部を買い戻す，という……想定を取ったことである」とし，さらに，この想定は，「かつて第二稿における再生産の分析でマルクスがすでに取っていた想定であった」(下177頁)，とするのである。

　こうした見解は，既に前畑氏によって提起されていた。それは，第1回目表式 a）の「他表式との質的相違は，両部門の蓄積率を独自に設定するという方法であ」り，この方法は，「今年度の収入は今年度に生産された，したがって次期の期首にある年間総生産物を購入する，という前提」に従っており，この前提からすれば，「部門Ⅰの mv は，当期の転換にはなんら参与しない」ということになり，部門Ⅱにおける蓄積のための「貨幣源泉」が問題とされたが，第2回目の分析でこの「前提」が訂正され，問題が「解決された」というものであり，それを取り入れていると言えよう。こうした見解は，この第1回目表式分析における「1つの新しい問題」を重視し，部門Ⅱにおける蓄積のための「貨幣源泉」の問題を前面に押し出している点において，伊藤(武)氏と同様である。異なるのは，伊藤(武)氏が，この問題こそが，「部門間転換による部門Ⅱの……可能的追加貨幣資本の形成の問題」として「表式展開における探求の課題」となり，その「結論的覚え書」が現行版「補遺」部分であり，そこで「今年度の部門Ⅱの年間生産物が……翌年度の再生産開始期に部門Ⅱの資本家のもとにあり，翌年度の再生産期間のあいだにそれぞれの消費財源となって消費されていく」という「解決」が確定されたとするのに対して，大谷氏の場合には，「貨幣源泉」の問題は「筋道」の「1つ」であり，第1回目表式分析における「新しい問題」は第2回目分析で「解決」され，「消えた」(下178頁)とされている点である。

（1）　前畑，前掲「『資本論』第2部第8稿「蓄積と拡大再生産」の課題と方法」102頁。同稿，前掲「いわゆる『拡大再生産出発表式の困難』について」46頁。
（2）　伊藤(武)，前掲「『資本論』第二部第八稿の拡大再生産論」10〜12頁。同稿「マルクス拡大再生産論の理論構造——富塚良三氏の解説＝解釈をめぐって——」(『大阪経大論集』第50巻第2号，1999年)，のちに前掲書，所収，119〜121頁。
（3）　同稿，前掲「『資本論』第二部第八稿の拡大再生産論」13〜14頁。
（4）　同上，26頁。

＊　こうした伊藤(武)氏の見解は，現行版「蓄積の表式的叙述」部分および「補遺」部分の記述の解釈に関連しているので，それらを取り上げる次章で触れることにしよう。

　大谷氏のこうした見解の基礎をなしているのは，第１回目の表式 a）の分析においては，「第Ⅱ部門から第Ⅰ部門に，追加生産手段の購買で支払われた140の貨幣」が問題とされ，部門Ⅰの「現実的蓄積」の中で，その貨幣が「第Ⅰ部門で追加労働力の購買で追加労働者に賃金として支払われた」ものと考えられているという把握である。こうした理解は成立するのか，検討しよう。

1　第１回目分析で部門Ⅱは追加「生産手段を買」い部門Ⅰは貨幣を「受け取っ」ているか

　第１回目分析の表式 a）のⅠ500m とⅡ(376v+376m)に係わる「蓄積のために必要な転換」の「研究」の「結果」について，大谷氏は，マルクスは，「第Ⅱ部門は第Ⅰ部門の剰余生産物から，蓄積のための追加不変資本として140の生産手段を買うが，第Ⅰ部門が，受け取った貨幣を蓄積を準備する可能的貨幣資本として流通から引き上げるので，第Ⅱ部門はその剰余生産物のうちの140を貨幣化することができない，という事態を見いだ」している（下174頁）と解し，その上で，部門Ⅰが「第Ⅱ部門からの貨幣を可能的貨幣資本として貨幣沈澱させる，ということの結果として第Ⅱ部門で起こる『困難』」は草稿の項目「4のなかで論じられた」のだから，ここで「新しい問題」として取り上げられているのは，「第Ⅰ部門がすでに現実的蓄積を開始しているなかで生じた問題」である，と解説している。すなわち，「第Ⅰ部門が，剰余価値500を追加資本として現実的蓄積に前貸するという前提のもとで生じている問題」であり，「第Ⅰ部門は500m のうちの一部（360m）をⅠmc すなわち追加不変資本として生産資本に転化して」おり，そして，「この追加不変資本と追加労働力とからなる追加生産資本によって，現実に生産過程を拡大する」際に生ずる問題であり，それをマルクスは「『新しい問

*　前畑氏の場合には,「部門Ⅱが追加的生産手段の購買のために一方的に支出した貨幣」が「部門Ⅱには還流しない」のは,「それを販売した部門Ⅰの資本家のもとで可能的追加貨幣資本として手元にとどめおかれる」からであると考えられている。この点では, 大谷氏の見解とは大きく異なっている。

　こうした大谷氏による説明で問題となるのは, まず, 部門Ⅱが部門Ⅰから「蓄積のための追加不変資本として140の生産手段を買」い, 部門Ⅰが貨幣を「受け取っ」ているということが自明のことのように記されている点である。前畑氏も同様に,「部門Ⅰで蓄積される500mのうちから部門Ⅱは生産拡大のために140gで追加生産手段を購入するが, この140gは部門Ⅰで追加貨幣資本として蓄積される」と解している。しかし, その前畑氏に対する反批判の文章の中で八尾氏が述べているように, 本書前章 *1* で引用文10Ｃ(189頁) とした部分で「500の生産手段は『すべて部門Ⅰでの蓄積に役立つことになっている』というのだから,『部門Ⅱ』がいくら追加の生産手段を手に入れたいと考えたとしても入手可能な追加生産手段そのものが残されていない」。あるいは,「マルクスは, 500の生産手段はその全部がⅠ内部での蓄積のために使われるのだから, Ⅱ部門との交換に向けられることはできないとしている。そうだとすれば, Ⅱ部門が140の追加生産手段を買うことができないのは, Ⅰ部門が追加生産手段を供給しないからであって, Ⅱ部門が現金を持っていないからではない」とも言えよう。このように, ここでは生産手段に関する超過需要と供給不足が生じているのであって, 部門Ⅱは部門Ⅰから「蓄積のための追加不変資本として140の生産手段を買う」ことはできないのである。

　　　**　八尾氏は, この文章に続けて,「それを『一方的購買』という方法でなら入手可能であるかのように言うこと自体が不合理ではないか」, とマルクスへの疑問を呈し

（5）　前畑, 前掲「『資本論』第2部第8稿「蓄積と拡大再生産」の課題と方法」101頁。
（6）　同稿, 前掲「いわゆる『拡大再生産出発表式の困難』について」47頁。
（7）　八尾, 前掲書, 166頁。
（8）　同上, 165頁。

ている。また,「『現金』があれば買うことができるかのような言い方は,全く不可解というほかはない」ともしている。八尾氏が言うように,「『一方的購買』という方法でなら入手可能であるかのように言うこと自体」は「不合理」である。ただし,ここでの部門Ⅱにおける「貨幣源泉」に関する論述は,それを通じて,そうした源泉は見出されないことが確認され,部門Ⅰの追加労働者による部門Ⅱからの消費手段の購入の問題が導き出されるような繋がりになっている。その点において,筆者はその箇所を全く否定することはしない。

以上のように,部門Ⅱは「追加生産手段を買」えないのだから,その際に「140の貨幣」が支払われ,それを部門Ⅰが「受け取っ」て,「追加貨幣資本として蓄積」するという事態の考察には進めないのである。

2　第1回目分析で貨幣が部門Ⅰの追加労働者に賃銀として「支払われ」ているか

それでも,大谷氏は,蓄積に充てられる500mの生産手段はその全てが部門Ⅰの追加不変資本mcに充てられるのではなく,一部は部門Ⅱによって追加生産手段として購入されると言うであろう。「第Ⅰ部門は500mのうちの一部(360m)をⅠmcすなわち追加不変資本として生産資本に転化している」と記されているからである。そうした把握が成り立つとすれば,本書前章2(190～191頁)で見たようなこれまでの評価,すなわち,引用文4C(189頁)のⅠ500mの「全部が部門Ⅰの内部で云々」の文言は妥当ではなく,それが表式a)の展開の「失敗の理由」となっているという評価は根底から覆されてしまう。この対立関係を鮮明に示しているのが,前畑氏の論稿である。そこでは,「ここでマルクスが部門Ⅱへの貨幣還流が行なわれないとしたのは,Ⅰ蓄積額500mがmcとmvとに分割されていなかったからだ,とする見解」の例として,小林氏が第2回目の表式展開部分に関連して,「この部門Ⅰの追加可変貨幣資本と,この貨幣の流通＝還流については,マルクスは手稿でも,これまで未解決であった。そして部門Ⅱへの,この貨幣の還流

---

(9)　同前。

の説明を可能としたものが，500maⅠの400macⅠと100mavⅠとへの分割であった〔10〕」とした見解が挙げられ，それに対して，「しかし，マルクスはすでに，部門Ⅱの蓄積額376m〔188mの誤り〕をmcとmvとに原資本の有機的構成に従って分割しているのであって，部門Ⅰでのmcとmvとへの分割だけが理論的に不可能であったとか，あるいは，忘れられていたとは考えられない〔11〕」との批判がなされている。

　確かに，部門Ⅱの蓄積額188mについては，本書前章 *1* で第1回目の表式a）の分析の概要を示した箇所での引用文10B（201頁）に見られるように，計算は間違ってはいるものの，元資本の構成に従って分割されようとされているし，また，同じく引用文10A（188頁）における，「蓄積される」500mⅠは「追加生産資本として，または可能的追加貨幣資本としてとどめられる」という文言も，前者を追加不変資本として後者を追加可変資本と解することもできなくはないかもしれない。しかし，引用文10CのⅠ500mの「全部が」云々の難点を指摘する論者は，ここでは「部門Ⅰでのmcとmvとへの分割だけが理論的に不可能であった」と主張しているわけではなく，マルクスの「錯誤」を問題にしているにすぎない。引用文10Cでは，Ⅰ500mの「全部（ganze）が部門Ⅰの内部で蓄積に役立つことになっている」と明記され，さらに，その「全部」が「商品Ⅱとは交換されえない」との文も，「全部」の語が部分否定にされているのではないのだから，その文章の含意を，部門Ⅰの蓄積額「500mのうちの一部」だけがⅠmcに転化し，残りがⅠmvに転化するということと解釈するのは，やはり無理なのである。

　大谷氏の場合に，引用文10CのⅠ500mの「全部が部門Ⅰの内部で」云々の文言が，ⅠmcではなくⅠ(mc＋mv)のことを意味しているものとして解されたのは，ここでは，部門Ⅰでの「現実的蓄積」が「すでに」「開始」されている場合の問題が論じられているという把握に起因しているのかもしれない。大谷氏の説明では，ここでマルクスが考えているのは，「第Ⅰ部門が，

---

(10)　小林，前掲「拡大再生産表式の展開軸」6頁。
(11)　前畑，前掲「いわゆる『拡大再生産出発表式の困難』について」49頁。

剰余価値500を追加資本として現実的蓄積に前貸するという前提のもとで生じている問題」であり,「この追加不変資本と追加労働力とからなる追加生産資本によって,現実に生産過程を拡大する」(下175頁)場合に生ずる問題であることが強調されているからである。

しかし,部門Iでの「現実的蓄積」が行なわれている場合を考えるとすれば,部門Iでの資本構成はその技術的構成によって規定されているのだから,その4：1という比率は動かしようがない。大谷氏のように部門Imcを「360」・Imvを「140」とすることは生産技術的に不可能である。大谷氏が「360」mcとしたのは,マルクスは,「第II部門は第I部門の剰余生産物から,蓄積のための追加不変資本として140の生産手段を買う」としていると解釈し,部門IIの蓄積額から推論を進めて,部門Iの蓄積部分は360〔350〕mc＋140〔150〕mv でなければならないと考えたからであろう。しかし,マルクスは部門Iの追加不変資本mcに関して360〔350〕と想定した立論は行なってはいない。本書前章 *4*（202頁）で見たように,第2回目の表式展開の冒頭における,部門Iの蓄積部分の400mcと100mvとへの分割という変更は,第1回目の分析途上で,部門IIは追加生産手段として140〔150〕を入手しなければならないが,部門Iの蓄積額が500・資本構成は4：1であるのでその追加可変資本に転化する部分は100になるというIImcとImvとの不一致に遭遇し,そこで第1回目の分析は打ち切って新たな事例でやり直そうとしていることを示している。IImcとImvとを一致させて,I140〔150〕mvとし,そこから（I500m－140〔150〕mv＝）360〔350〕mcとして,論を展開させてはいないのである。

以上のように,第1回目の表式a)の分析では,部門Iに関して,「追加不変資本として生産資本に転化している」のは500mのうちの「一部（360m）」であるという解釈は成り立たず,したがって,それに対応して「140の貨幣」が部門Iの「追加労働力の購買で追加労働者に賃金として支払われ」(下176頁)てはいないのである。

1 と ***2*** で検討した結果からは,第1回目の表式a)の分析の試みにおいては,この部門IIK→部門IK→IP（労働者）と流れて行った貨幣で,「追加

労働者」が「今年の労働の結果である商品生産物の一部を買い戻す」のは「翌年」であり,「今年度中は」部門Ⅱから「消費手段を買わないのであり,したがってこの貨幣が第Ⅱ部門に還流してくることはない」(下176頁)などという問題は提起されようがなかった,ということになる。

3 単純再生産の第2稿での「想定」は第8稿で変更されたのか

それでは,大谷氏と前畑氏によって第2稿とは異なる「想定」が採られたとされた単純再生産の第8稿の論述はどのように解すべきであろうか。この点も検討しておこう。

まず,大谷氏が,「労働者は,今年の生産のための労働力にたいして資本家が労働者に支払う賃金で,今年,前年の労働によって生産された商品生産物(消費手段)の一部を買い戻し,これによって翌年に売ることができる労働力を再生産する」(下178頁),という内容が述べられている,とした第2稿第3章の論述は,「b　媒介する貨幣流通の叙述」の中で消費手段生産部門(第2稿では第Ⅰ部門)の内部での資本家と労働者との間の転換を論じた箇所にあり,下記のとおりである。

「この取引の終りには,第Ⅰ部門〔消費手段生産部門〕の資本は,再び100ポンド・スターリングの貨幣を携えて第Ⅰ部門の労働者に相対し,第Ⅰ部門の労働者は,再び100ポンド・スターリングの労働力の売り手として第Ⅰ部門の資本に相対する。だから,ここでのように,消費手段を生産する第Ⅰ部門の資本が毎年1回だけ回転する場合には,今年の,例えば1870年の生産物は,来年の1871年の全年を賄うのに足りなければならない。……この想定では,すべての生産物について,ただ,農産物の一部分にとって現実に生じていることだけが前提されている。こういう状況のもとでは,例えば1870年に,この年の経過中に,第Ⅰ部門の資本家が労働者に100ポンド・スターリングを支払い,労働者がこれで,彼ら自身が前年の1869年に生産した消費手段の一部分を買い戻す。この購買によって100ポンド・スターリングは,1870年のうちに第Ⅰ部

門の資本家に還流する。……今年に消費される消費手段の一部分は，実際には，常に，前年から受け継がれた商品在庫として存在する。」(Ⅱ/11, S.426.)〔引用文11Ａ。〕

これに対して，大谷氏が，「ここでは，労働者は前年の労働力の販売によって得た労賃で，今年，労働者の前年の労働によって生産された生産物の一部を買い戻す，と想定されている」(下175頁)と解した第８稿の論述は，下記のとおりである。

「年々の再生産のさまざまの諸要素の転換を研究しなければならないのであれば，過ぎ去った年間労働，この終わっている年の労働の結果を研究しなければならない。この年間生産物という結果をもたらした生産過程は，われわれの背後にある（過ぎ去っており，それの生産物になってしまっている）。だから，この生産過程に先行する，またはそれと並んで進む（並行する）流通過程，潜勢的な可変資本から現実の可変資本への転換，すなわち労働力の売買はなおさらのことである。労働市場は当面の商品市場の一部分をなしていない。労働者はここでは既に，自分の労働力を売ってしまっただけではなく，剰余価値などの他に自分の労働力の価格の等価を商品で供給してしまっており，他方，彼は自分の労賃をポケットに持ち，転換の間はただ商品（消費手段）の買い手として現われるだけである。」(K.Ⅱ,S.443.Ⅱ/11,S.787.)〔引用文11Ｂ。〕

ところが，この引用文11Ｂは，大谷氏が第８稿の理論的飛躍を示したものと力説している単純再生産に関する論述部分からのものである。それについて聞かされたのは，本書前編で見たように，商品資本循環視角に明確に立ち，第５稿から第７稿までの資本循環論の確立を受け，可変資本の循環についてそれまでの不充分な点を克服したということであった。そのような第８稿単純再生産論において，それまでの妥当だと評価されうる想定が覆されるというのは，どうにも腑に落ちない。しかも，第２稿第３章の引用文11Ａでは，商品資本循環視角から問題が考察され，「農産物の一部分にとって現実に生じていることだけが前提されている」と言うように，ケネーの「経済表」の試みと同様の問題把握となっているが，そのケネーの「経済表」に関連して

の論述は『反デューリング論』の内の「批判的歴史」にある。この「批判的歴史」は1877年2月末から執筆され3月5日にエンゲルスに送付されており，大谷氏によれば，それが含まれる『反デューリング論』は執筆時期に関して『資本論』第二部「第5稿および第8稿の執筆と交差して」いる（中124頁）のだから，第2稿第3章の当該箇所の把握は第8稿の単純再生産の論述の直前まで維持されていたことになる。したがって，労働者による消費手段購入の時期の「想定」の変更は，その後の第8稿で「突然と現われたもの」（下175頁）となり，ますます不可解である。もしそうした変更がなされていたと主張するのであれば，引用文11Bは第2稿の引用文11Aのように年度が明示されてはいないのだから，その点に関する説明が必要であろう。ところが，大谷氏からは，そこでは，「マルクスは，年間生産物のさまざまの諸要素の転換のさいには，労働者は，前年の流通過程での労働力の販売によって得た『自分の労賃をポケットにもっており，転換が行なわれるあいだは，ただ商品（消費手段）の買い手として現われるだけ』だ，と言」っている（下175頁）という解説しか得られないのである。そこで，その点がもう少し読み取れる前畑氏の論稿を検討することにしよう。

　前畑氏がこの引用文11Bを取り上げたのは，第8稿の単純再生産に関する部分には「部門IIの生産物の在庫形成についての記述はまったく存在しない」として，その理由を問うた箇所であった。それに対する答えが，「今期の収入は次期の期首にある生産物を購入する」という「想定によれば……生産過程の継続中に部門IIの生産物が在庫を形成しているという事態を考慮する必要はまったくない」というもので，その「想定」が示されている論述として引用文11Bが強調されているのである。

　しかし，まず，その場合も，労働者による消費手段購入の時期に関する「想定」の変更理由は明確ではない。前畑氏はその新たな「想定」と「在庫形成についての記述」が「存在しない」こととを結び付けているが，マルクスには，それまでの「想定」を敢えて変更してまで，在庫形成要因を捨象する必要は

───────
(12)　同前，42頁，44頁。

第11章　追加可変資本部分の転態について　223

何もなかった。『反デューリング論』の内の「批判的歴史」では,「経済表の出発点は総収穫であ」り,「ここから新しい一経済年度が始まる」とされた後で,「ケネーが注意しているように, 現実には支払は小分けにして絶えず繰り返して行なわれる」(MEW. Bd.20, S.232, I /27, S.203, 204)とされているが, これは新年度の収穫が得られるまでの期間は在庫形成が必然であることを示している。時期を遡っても,『61-63年草稿』ノート22「4)剰余価値の資本への再転化」の「再生産」に関する挿論部分では,「剰余生産物の一部分が, <u>追加可変資本</u>として役立ちうるような形態で再生産されていなければならない」ということが「とりわけ当てはまる」のは,「ある年の生産が翌年の消費のために役立たねばならない可変資本の諸部分についてであって, 穀物, 等々の場合である」とされ, さらに,「植物界から得られるあらゆる<u>原料</u>の場合に」「同じことが生じる」として,「綿花, 亜麻, また羊毛, 等々」が挙げられている(Ⅱ/3, S.2258)。こうした把握がマルクスにあっては一貫しており, 把握の仕方に動揺は見られない。前畑氏は,「表式展開」の「なかに『商品在庫』を表示する必要がまったくなかった」(13)と言うが, それは, 氏が強調する「想定」のためではなく,「批判的歴史」で「経済表ではどんな場合にもそうするほかなかった」と言われたような,「継起的に行なわれる, 分散した, 全1年間にわたる諸運動は, それぞれ全年間を一括した少数の特徴的な諸運動〔現行版——行為〕にまとめられる」(MEW. Bd.20, S.232, I /27, S.203)という事情が表式分析の場合にも当てはまるからである。マルクスにとっては, 在庫形成要因はそれほど特殊的なことではなく, それを捨象するためにそれまでの労働者による消費手段購入の時期の「想定」を敢えて変更する理由はなかったのである。

次に, 前畑氏は, 新たな「想定」が示されている論述として掲げた部分の引用文11B末尾の「彼は自分の労賃をポケットに持ち, 転換の間はただ<u>商品(消費手段)</u>の買い手として現われる」という文の「転換」を「その年の再生産のいろいろな要素の転換」と注記し, 冒頭部分と同義のものと解し

---

(13)　同前, 44頁。
(14)　同上, 42頁。

ているが，こうした解釈は自明のことではない。引用文11Bの前後の箇所には，「労賃として受け取られた貨幣が労働者階級の手中で成し遂げる諸転換」(K.Ⅱ, S.445, Ⅱ/11, S.789) という文言や，「資本家のために可変資本の貨幣形態として機能した貨幣は，今や労働者の手中において，彼がそれを生活手段に転換する彼の労賃の貨幣形態として機能する」(K.Ⅱ, S.437, Ⅱ/11, S.781) という文言があり，これらと対応させれば，引用文11B末尾の「転換」とは，「労賃として受け取られた貨幣」の「生活手段」への「転換」のことになるからである。また，その前年度に得た労賃の「転換」が行なわれる時点が，「前年」のうちか「今年」になってからかは明記されてはいないのだから，それを「その年の」「転換」と特定することもできない。この引用文11Bでは，前段で期首に存在する総生産物の前年度における生産・それに先行・平行する労働力の売買のことが記され，後段でその労働力の販売で得た貨幣の生活手段への「転換」が一般的に指摘されているにすぎない，とも解されるのである。

そして，前畑氏において引用文11B末尾の「転換」が「その年の再生産のいろいろな要素の転換」とされた論拠については，氏が蓄積＝拡大再生産の第1回目表式分析における「前提」を問題とした際に，「第1に，回転は年1回であること」と「第2に……労賃後払いの原則」を挙げた後に，「したがって，第3に」として，引用文11B末尾の「転換」を記していることからすれば，それには「年1回」の「回転」と「労賃後払い」が考えられているのであろうが，この2つの要因からは，「したがって」として，第3の要因なるものは出てこない。「第2」の「労賃後払い」に関して前畑氏によって引用されている論述を草稿によって示せば，下記のとおりである。

　　「資本家が労働力を買うのは，労働力が生産過程に入り込む前であるが，それに対して支払うのは，ようやく約定の期日が来てからであり，労働力が既に使用価値の生産に支出された（ここでは年間労働；実際には週－等々の労働）後のことである。」(K.Ⅱ, S.398, Ⅱ/11, S.731.) 〔引用文11C。〕

---

(15) 同稿，前掲「『資本論』第2部第8稿「蓄積と拡大再生産」の課題と方法」100頁。

ここで「資本家が労働力に対して支払うのは……労働力が既に使用価値の生産に支出された後である」というのは，労働がなされた後ということで，労働の成果である生産物が完成した後，あるいはそれが販売されて価値が実現された後ということではない。しかも，引用文11Cには，草稿では，「労働力が既に支出された」に続けて「（ここでは年間労働；実際には週－等々の労働）」の文言がある。これを前述の『反デューリング』中の「批判的歴史」と対照すると，引用文11Cでの「年間労働」とは，後者で言われていたような，「全1年間にわたる諸運動」を「年間を一括した……諸運動にまとめ」て（*MEW.* Bd.20, S.232, Ⅰ/27, S.203）表現したものであり，「実際には週－等々の労働」とは，「全1年間にわたる諸運動」が「継起的に行なわれ，分散し」ている（ebd.）ことを示している。この括弧内の文言を入れて引用文11Cを見れば，そこには，労賃に関して，「現実には支払は小分けにして絶えず繰り返して行なわれる」(ebd.) という内容が含まれていることになる。第8稿の単純再生産論でも『反デューリング』中の「批判的歴史」における問題把握に変更はない，と言えよう。また，蓄積＝拡大再生産の第1回目分析の表式 a ）の論述における，部門Ⅱの「労働力に前貸しされた376の貨幣資本」に関する箇所では，それは「諸商品（Ⅱ）の購買によって貨幣形態にある可変資本という形態で絶えず資本家Ⅱの元に帰ってくる」，とされ，「絶えず繰り返し出発点――資本家の懐――から離れてはまたそこに帰ってくる」(*K.*Ⅱ, S.503; Ⅱ/11, S.808. 訳（下）14～15頁）ことが記されているのだから，年1回の資本の回転であっても，資本家は労働者に貨幣を労働の後で日毎・週毎・月毎に支払い，労働者はそれで消費手段を日々購入し，資本家が支払った貨幣は「絶えず繰り返し出発点から離れてはまたそこに帰ってくる」とされているのである。その年の賃銀がその年の穀物の収穫まで支出されないという想定はいかにも不合理である。前畑氏が言うような，「T期の生産に新たに充用される部門Ⅰの追加的労働者は，T－1期の生産の結果であるT期に前提された年間総生産物の転換にはまったく関わりがない」[16]とする場合に

---

(16) 同前，100～101頁。

は，たちどころに，その新たな「追加的労働者」は，現実の拡大再生産過程が続行している間は，何を食べて生きているのかという問題に直面する。このような「想定」をマルクスが採っていたとは到底考えられないのである。

以上のように，第8稿においても第2稿での労働者による消費手段購入の時期の「想定」を変更する理由は見当たらないし，第8稿単純再生産論における論述も大谷・前畑氏が言うような新たな「想定」を明示するものではなかった。さらに，第8稿の単純再生産論にも，蓄積＝拡大再生産の第1回目分析の表式a）の論述にも，労賃に関して，「現実には支払は小分けにして絶えず繰り返して行なわれる」という内容の論述が，含まれていたのである。

小　括

以上のように，第1回目の表式a）の分析においては，部門Ⅰでは部門Ⅱが購入すべき追加生産手段部分の生産が不足しているために，部門Ⅱによるそれの購買が不可能な状態にあり，大谷氏が言うような，部門Ⅱから部門Ⅰへ「追加生産手段の購買で支払われた140の貨幣」(下176頁)なるものは存在しなかったし，また，部門Ⅰでの「現実的蓄積」が「すでに」「開始」されていると想定しても，資本構成4：1の比率によって，部門Ⅰの追加資本が360〔350〕mc＋140〔150〕mvと分割されていたと解することはできないので，部門Ⅰの「追加労働力の購買で追加労働者に賃金として支払われた」「140の貨幣」(下176頁)なるものも存在しえなかった。したがって，ここでは，この部門ⅡK→部門ⅠK→ⅠP（労働者）と流れて行った貨幣で，「追加労働者」が「今年の労働の結果である商品生産物の一部を買い戻す」のは「翌年」であり，「今年度中は」部門Ⅱから「消費手段を買わないのであり，したがってこの貨幣が第Ⅱ部門に還流してくることはない」(下176頁)などという問題は提起されようがなかった。

また，第2稿の問題把握は，1877年の『反デューリング論』の「批判的歴史」でも同様であり，それが資本循環論の展開を踏まえた第8稿で変更され，またそれが，第1回目分析の表式a）から第2回目分析の「出発表式」に移

第11章　追加可変資本部分の転態について　227

る際に，第2稿と同様のものに戻されたと解するのは，一見して不自然であったが，労働者による消費手段購入の時期に関する第2稿での「想定」が第8稿単純再生産論で変更される理由もなかったし，問題とされた第8稿単純再生産論の論述も新たな「想定」は明示していなかった。さらに，第8稿単純再生産論でも，蓄積＝拡大再生産の第1回目分析の表式a）の論述でも，労賃の支払は現実には週給等々の形で絶えず繰り返して行なわれる点が留意されていた。第2稿で把握された「重要な内的関連」は，第1回目表式分析に至るまで「はっきりと」見えていたのである。

したがって，「追加可変資本による追加労働力の購買について，労働者が今年度に支払われる賃金で買うのは第Ⅱ部門の来年度の商品生産物だ，とする想定」は，「単純再生産の分析のなかに登場し」てもいないし，第1回目表式分析で「追加労働力に適用され」てもいないことになるので，第1回目表式分析ではそうした「想定」に起因して部門Ⅱにおける追加生産手段の「一方的購買」のための「貨幣源泉」が「新しい問題」として提起されたという理解も，また，第2回目表式分析でこの「前提」が訂正され，問題が「解決された」という見解も成立しえないのである。

伊藤(武)氏や前畑氏の場合には，部門Ⅱにおける蓄積のための「貨幣源泉」の問題こそが，現行版の「第3節　蓄積の表式的叙述」部分で追求され，現行版「第4節　補遺」部分で「一応の結論」が出されているとまでも主張されており[17]，それに対しては，宮川氏も批判的にコメントしているが[18]，そもそも第1回目表式分析に訂正されるべき「想定」自体が存在しなかったのだから，そうした主張が成り立たないことは明らかであろう。ただ，そうした主張の背景には，「エンゲルスの表題を見ると，『部門Ⅰでの蓄積』と『部門Ⅱの蓄積』を考察したので，こんどはそのうえで蓄積の過程を表式を用いて

---

(17)　伊藤(武)，前掲「『資本論』第二部第八稿の拡大再生産論」13～14頁。同著，前掲書，123頁。前畑，前掲「『資本論』第2部第8稿「蓄積と拡大再生産」の課題と方法」102頁。

(18)　宮川，前掲書，354～355頁。

示してみよう，ということになる」が「マルクスの叙述がそのように進められているかどうかには疑問がある」という大谷氏の見解が置かれているので，「5）部門Ⅱにおける蓄積」以降のところでは，エンゲルスの編集によって「マルクスの叙述の流れをそのまま読むことがほとんどできなくなってしまっている」(下170頁)との大谷氏の評価は検討しなければならない。そこで，次に，第2回目の表式分析以降についても，草稿に即して見て行こう。

---

(19) 大谷，前掲「『蓄積と拡大再生産』(「資本論」第2部第21章）の草稿について」（上）20頁。
(20) 伊藤(武)，前掲「『資本論』第二部第八稿の拡大再生産論」4頁。前畑，前掲「『資本論』第2部第8稿「蓄積と拡大再生産」の課題と方法」94～95頁。

第12章　拡大再生産の「探求の過程」が「見えなくなっている」のはどこか

　第8稿「Ⅱ)」の「5）部門Ⅱにおける蓄積」以降に関して，大谷氏が「エンゲルスが挿入した見出しは，マルクスの叙述の内容と大きく食い違って」いる（下170頁）というのは，第1には，草稿の「5）部門Ⅱにおける蓄積」以降の論述の大部分が，現行版では「部門Ⅱにおける蓄積」とは区分され，しかも「第3節　蓄積の表式的叙述」と「第4節　補遺」という表題の下に分割されている点である。大谷氏の解説にあっては，現行版「蓄積の表式的叙述」と「補遺」とされた部分が共に「『5　第Ⅱ部門での蓄積』での考察の歩み」の項目中に置かれ，「補遺」とされた部分の論述で「『5　第Ⅱ部門での蓄積』の考察が……終わった」（下185頁）と記されているように，マルクス自身によって記された見出しが決定的なものとされ，それ以降の部分が一体的なものとして示されているのである。

　第2は，現行版で「第3節　蓄積の表式的叙述」とされた部分では，「草稿でのマルクスの探究の過程がまったく見えなくなっている」（下170頁）という点である。現行版の「第2例」部分は，「第1例」部分とその続きの試みの「失敗をやり直しているもの」にもかかわらず，エンゲルスは「マルクスの失敗した展開とその結論，そして再度の不成功の試みの部分を……全部削除し，自分の表式展開だけを置いた」ために，そうした過程が見えなくなっている，ということであり，草稿における5回の表式展開の試みは「それぞれ異なった仕方で行なわれ」，「引き出されている結論も異な」り（下173頁)，いずれも「中断」している（下173頁, 176頁, 180頁, 181頁）が，そうした各表式

（1）　大谷，前掲「『蓄積と拡大再生産』（「資本論」第2部第21章）の草稿について」（上）21頁。

展開の相違と未完成とが読み取れなくなっている，ということである。

第3に，現行版で「第4節 補遺」とされた部分は，「『補遺』であるどころかこの拡大再生産の論述の1つの筋道にたいするいちおうの結論となっている(2)」という点である。この第8稿末尾の部分は，「5）」で「提起」されていた「基本的な問題の一つ」である「Ⅱにとっての『貨幣源泉』はどこにあるのか，という問題についての最終的なコメントである」（下184頁）ことが強調されているのである。

第1のマルクス自身の「5）部門Ⅱにおける蓄積」という見出しによってそれ以降の部分を一体的なものとして把握しようとしている点は，伊藤（武）氏(3)やそれを評価する前畑氏(4)の見解と同様である。この点は大谷氏の以前の論稿では見られなかったので，この論稿に対する伊藤（武）氏による，現行版第21章部分も「あらかじめおおよその構想はもっていて執筆された」という批判(5)が影響しているのかもしれない。その際に，伊藤（武）氏は，「全体的概略的な構想なしには執筆はおよそ不可能であ」るとした後で，それに続けて「たとえ，執筆過程において新たな発見がなされようと」，と記しているが，「新たな発見がなされ」るような論述ならば当初の構成に収まり切れないこともあろうし，マルクス自身の見出しも論述を展開する前のものなので，それによって実際の考察や論述の内容や意義が把握できるとは限らない。

第2の拡大再生産表式の展開の部分については，大谷氏とは対照的な理解が小林氏によって示されている。小林氏も，現行版の「表式的叙述」では「拡大再生産表式展開の基本軸をなすもの」が「必ずしも明瞭には浮出ていない」として，エンゲルスの編集の問題点を指摘し，草稿の「表式的叙述」は，「次々と新たに生じてくる問題を解決していくというかたちをとっている」とはしているが，主眼とされているのは，「それにもかかわらず個々の

（2） 同前，24〜25頁。
（3） 伊藤（武），前掲「『資本論』第二部第八稿の拡大再生産論」3〜5頁。
（4） 前畑，前掲「『資本論』第2部第8稿「蓄積と拡大再生産」の課題と方法」85頁，95頁，102頁。
（5） 伊藤（武），前掲「『資本論』第二部第八稿の拡大再生産論」14〜15頁，4頁。

第12章　拡大再生産の「探求の過程」が「見えなくなっている」のはどこか　　231

表式の展開の仕方そのものには，……分析式の導出という一つの共通した展開軸を見出すことができる」という点だからである。

　第3に，現行版「第4節　補遺」部分については，その重要性については富塚氏も認めるところなのだから，問題は，「5)」の項目以降における当該箇所の位置付けと「補遺」という表題への評価や，その内容の理解の仕方ということになろう。

　以上のような点からすれば，現行版で「表式的叙述」と「補遺」とされた部分の内容と意義を把握するためには，第2回目表式分析以降についても詳しく見て行かねばならない，ということになる。

　第8稿の表式分析の第2回目から第5回目までの試みについては，小林氏によって草稿に即した詳細な分析が行なわれており，その内容は，いずれの場合でも，「マルクスは各年度の期首におかれた年総生産物を表わす表式を，『蓄積のために変更された配列』を示す分析式に『組替え』，次いでこの分析式の『基礎上で』現実に拡大再生産が進行するものとして，次年度の期首におかれるべき年総生産物を表わす表式を展開している」，として，各表式分析の共通性が強調され，「蓄積のための『機能規定』に従って『組替え』られた分析式の導出こそ，拡大再生産表式展開の基本軸をなす」，との結論が引き出されたものであった。こうした見解が既に提示されているのだから，それを念頭に置きながら，第2回目の表式分析以降を見て行こう。

1　第2回目表式分析＝現行版「第1例」の第1年度の展開

　第2回目分析＝現行版「第1例」においては，総生産物9000の「A）単純再生産表式」に併記して，「B　拡大された規模での再生産のための出発表

（6）　小林，前掲「拡大再生産表式の展開軸」29頁。
（7）　富塚，前掲『『資本論』第2部第3篇『社会的総資本の再生産と流通』第21章『補遺』の内容読解の試み」201頁。同稿，前掲「原典解説　第21章　蓄積と拡大再生産」（『資本論体系4』）157頁。
（8）　小林，前掲「拡大再生産表式の展開軸」29頁。

式」が下記のように同じ大きさで示されている。

$$\text{I}) \quad \underline{4000c + 1000v + 1000m = 6000}$$
$$\text{II}) \quad \underline{1500c + 750v + 750m = 3000} \quad \Big\{ \text{ 合計} = 9000$$

まず,「Iで剰余価値の半分＝500が蓄積される」と前提された上で,第1回目の引用文10A(本書188頁)と同様に,I($1000v+500mk$)とII$1500c$の「置換」は「単純再生産の過程」の所で「既に論じた」とされ,その後に,部門Iの蓄積部分500のうち,「資本化されるべき$\underline{400m}$の〔I〕内部での転換は既に論究した」ので,それは「そのままc(I)に合体されうる」のであり,「I)として, $4400c+1000v+100m$(I)を受け取る」(K.II, S.505, II/11, S.810, 訳(下)22頁),とされる。$4400c$は部門内取引で処理された$4000c$と$400mc$の合計,$1000v$は部門IIへの販売で得た貨幣,$100m$(I)はエンゲルスが補筆しているように「100〔m〕vに転換されるべき」(K.II, S.506, II/12, S.471, II/13, S.474)未処理の・現物形態としては部門II用生産手段を採っている商品部分を表わしている。

そして,「II)は蓄積のためにIから$100m$(I)を買う」ので,「II)が支払う貨幣はIの追加可変資本の$\underline{\text{貨幣形態}}$に転化し」,I)は下記のようになる。

「〔I〕$\underline{4400c+1100v(貨幣で)=5500}$」

(K.II, S.506. II/11, S.811. 訳(下)23頁。)

これは,「経過的な関係を表わす」「式」である$^{(9)}$。「既に論じた」部分は除かれているので「$100m$(I)」だけを見れば,「II)は蓄積のためにIから$100m$(I)を買う」とされているのだから,貨幣の流れがIIK→IKとなること,そして,「$100m$(I)」部分は現物形態としては部門II用生産手段であること,さらに遡れば「充用される剰余労働の形態」が「IIのために機能すべき$\underline{\text{生産手段}}$」に「$\underline{\text{支出された}}$」(K.II, S.492, II/11, S.797, 訳(上)54頁)ことが把握されたことを意味する。ただし,貨幣の流れは,蓄積基金の投下を行なう資本家をK_B,蓄積基金の積立を行なう資本家をK_Aで表わせば,IIK_B→IK_Aとなるが,ここでは資本家A群とB群との区別は明示されてはいない。

---

(9) 同前,5頁。

第12章　拡大再生産の「探求の過程」が「見えなくなっている」のはどこか　233

部門「Ⅱ）は，今では不変資本として1600を持ち，この処理に50v を貨幣で労働力の購買のために追加しなければなら」ず，「したがってⅡの可変資本は750から800に増大する」(K.Ⅱ, S.506, Ⅱ/11, S.811. 訳(下)23頁)，とされる。「追加」される「貨幣で」の50v の出所についての記述はなされてはいない。これに続く部分については，草稿は現行版とは異なっているので，それを示せば，以下のようである。

　　「そこで，BⅡ）は次のようになる。
　　　Ⅱ）1600c＋800v＋50m（50の追加可変貨幣資本のための在庫として）
　　　＋100m（追加の100vⅠのための在庫として）＋最後に600m（これはⅡ〔の資本家〕自身の消費ファンドになる）。
　　実際には，その全生産物が蓄積に必要な形態で準備されるBⅡ）では，剰余価値のうち150だけより大きい部分が必要消費手段の形態で再生産されなければならない。」(K.Ⅱ, S.506. Ⅱ/11, S.811. 訳(下)23頁。)

　1600c は部門間取引で処理された1500c と100mc の合計，800v は部門Ⅰへの販売で得た貨幣750v と「追加可変貨幣資本」としての50mv の合計であり，それに未処理の部門ⅠとⅡにおける追加労働者の消費ファンドになる100m（Ⅱ）と50m（Ⅱ）の合計および資本家Ⅱの「消費ファンドになる」600m（Ⅱ）という消費手段が表わされている。ここでは，まず，50m＋100m が「商品在庫として」，800v が「貨幣で」「経過的に」存在することが「式」として示されている。この「式」は，先の部門Ⅰに関する「経過的な関係を表わす」「式」に「照応」している(10)。そして，その「式」に続いて，部門Ⅱの750m のうち，（100＋50＝）150の「在庫」は「必要消費手段の形態」になければならないという部門Ⅱの剰余価値の素材的構成が言われている。このことは，草稿の項目「3)」において単純再生産と拡大再生産との「区別・相違」を指摘した箇所で取り上げられていた「充用される剰余労働の形態」(K.Ⅱ, S.492. Ⅱ/11, S.797. 訳(上)54頁）の問題が消費手段の場合についても想起され，それが追加労働者用の消費手段に「支出された」ことが把握されたことを意味する。

---

(10)　同前。

そして，上記の文言に直接続けて，次のように論じられている。

「拡大された規模での再生産が現実に始まれば，Ⅰの可変貨幣資本100は，Ⅰの労働者階級の手を経てⅡに還流し，これに対してⅡは100m（商品在庫にある）をⅠ〔の労働者階級〕に引き渡し，同時に，商品在庫にある50をⅡ自身の労働者階級に引き渡す。B．Ⅱの消費ファンドになる600mを引き去ると，蓄積のために変えられた配列は次のようになる。

B）Ⅰ）4400c ＋1100v 貨幣 ＝ 5500 ⎫
　　Ⅱ）1600c ＋ 800v 貨幣 ＝ 2400 ⎬ ＝7900
　　　　6000c ＋1900v 　　　　＋ 150（Ⅱ）必要生活手段の形態での商品在庫」

(K.Ⅱ, S.506. Ⅱ/11, S.811. 訳（下）23～24頁。)

「拡大された規模での再生産が現実に始ま」った事態が想定され，部門Ⅰの追加可変資本部分に関しては，ⅠK→ⅠP→ⅡKの貨幣の流れが記されている。ⅠKの貨幣はⅡKの追加生産手段の購買によって来たものなので，ⅡKを出発点とする貨幣が「還流」したことが示され，部門Ⅱで未処理の100の「必要消費手段」の価値実現がなされたことが示されている。「『貨幣』と『商品在庫』とでの二重表示による追加可変資本についての立入った経過的な分析式の展開が試みられ，それによってとくに部門Ⅱを出発点とする貨幣の還流が初めて明かにされ」た[11]，という評価もできないことはない。部門Ⅱに関しても同様に把握されており，ⅡK→ⅡP→ⅡKの貨幣の流れが念頭に置かれている。

したがって，ここまでで，項目「5）」の表題とされた「部門Ⅱにおける蓄積」に関しては，貨幣資本の蓄積も現実資本の蓄積も一応は明らかにされたことになる。ただし，ここでもⅠKおよびⅡKに関してのAとBの区別が明示されておらず，拡大再生産の場合の貨幣還流の考察としては決定的に不充分なものに止まっている。

しかし，マルクスは，論述をここで止めずに，さらに次のように書き継いでいる。

---

(11) 同前，27～28頁。

第12章 拡大再生産の「探求の過程」が「見えなくなっている」のはどこか　235

「他方，Bの生産は次の配列で始まった。

　　Ⅰ）<u>4000c＋1000v</u>
　　　　　　　　　　　　　　　　＝<u>5500c</u>＋<u>1750v</u>　合計＝<u>7250</u>
　　Ⅱ）<u>1500c＋　750v</u>　　　　　　　　　　　　　　　　　　　　」

　　　　　　　　　　　　　　（*K*.Ⅱ, S.506. Ⅱ/11, S.811. 訳(下)24頁。）

　「出発表式」に表示される総生産物の「生産」はここでの「出発点」の前年度に行われており，その「配列」は上記のようになっていなければならない。そこに示された「配列」も余剰生産手段を存在させるようになっているのだから，ここでの分析が，本書後編第8章で見たような，「多くの年の流れの中の1年」（*K*.Ⅱ, S.450, Ⅱ/11, S.756）を取り上げたものであり，「事実上<u>既に前もって</u>拡大された規模での生産が行なわれているということが前提されている」（*K*.Ⅱ, S.485; Ⅱ/11, S.791, 訳(上)33頁）ことを示している。ここでの「<u>Bの生産</u>」の「配列」において，「剰余労働」が「追加生産手段と追加生活手段の製造に充てられて」（*K*.Ⅰ, S.606-607, Ⅱ/7, p.504, 江夏・上杉訳(下)234頁）いたことも明らかになったのである。

　そして，頁を改めて，さらに次のように展開している。

　　「われわれの出発点であった<u>9000の生産物</u>は，再生産のために，用途・〔機能〕規定（Bestimmung）から見て，また貨幣取引を考慮しないとして，次のように準備されている。

　　　かつては
　A）Ⅰ）　4000c＋1000v　　　＋1000m　　　　　　｛＝6000　　｛
　　　Ⅱ）　1500c＋ 500〔750〕　＋ 500〔750〕　　　　　＝2400　　｝＝<u>9000</u>
　　　　　　　　　　　　　　　　　　　　　　　　　〔3000〕

　　〔いまでは〕
　B）Ⅰ）　4400c＋ 100〔1100〕v（＋1500〔500〕消費ファンドで）＝6000　｝＝<u>9000</u>
　　　Ⅱ）　1600v〔c〕＋<u>800v</u>　（＋600 消費ファンドで）　　＝3000　｝

　　　　　　　　　　　　　　（*K*.Ⅱ, S.506. Ⅱ/11, S.811-812. 訳(下)25頁。）

　「A）」が「出発点であった<u>9000の生産物</u>」であり，単純再生産の表式に併記された「出発表式」である。当初の「出発表式」が「商品資本の循環範式の出発点におかれる W'_1 である」。ここで「B）」を提示できたのは，部門Ⅱ

の剰余価値部分についても素材的構成が先に把握されたからである。ここでは,「貨幣取引を考慮しない」とされているのだから,「出発表式」Ａの「総生産物」「それ自体の構成」(K.Ⅰ, S.606, Ⅱ/7, p.504. 江夏・上杉訳(下)233頁),価値－素材的構成の内容がより踏み込んだ形で示されたことを意味している。

ここでのＢ)を,誤記などの訂正の上で分析図に整序し直せば,次のようになる。[13]

Ⅰ) $\boxed{4000c}$ + $\boxed{1000v+500mk}$ + 400mc + $\boxed{100mv}$ = 6000
Ⅱ) $\boxed{1500c}$ + 750v+600mk + $\boxed{100mc}$ + 50mv = 3000

本書後編第7章 *4* (120〜121頁)で見たような,『61－63年草稿』や第二部初稿における,消費手段生産部門の追加生活手段部分が生産手段生産部門にとっての追加可変資本の素材的要素を形成し,同様に後者の追加生産手段部分が前者にとっての不変資本を形成するとの把握は,対象が剰余生産物部分に限定されていたが,それが,ここで,総資本による総生産物に関する価値－ならびに素材的構成の中に明示的に位置づけられ,それによって,その補塡運動も全体として把握されることになったのである。

さらに,現在の「Ｂ)」式に続けて,次のように記されている。

「この基礎上でいま現実の蓄積が現実に行なわれれば,われわれは次のものを受け取ることになる。

Ⅰ) 4400c＋1100v＋1100m
Ⅱ) 1600c＋ 800v＋ 800m」 (K.Ⅱ, S.507. Ⅱ/11, S.812. 訳(下)26頁。)

この表式は,これまでは次年度＝第2年度のものと解されてきた。[14] それは,「現実の蓄積がいまこの基礎上で行なわれるとすれば,……翌年の終わりに

---

(12) 同前,8頁。
(13) 山田(盛),前掲『再生産過程表式分析序論』(『著作集』1)177頁。河上肇『経済学大綱』(改造社,1928年),のちに『河上肇全集』第15巻(岩波書店,1983年)所収,385頁。なお,この分析図の形式はブハーリン『帝国主義と資本の蓄積』(1925年)友岡久雄訳(同人社書店,1927年)に見られる。
(14) 山田(盛),前掲『再生産過程表式分析序論』(『著作集』1)180頁。

第 12 章　拡大再生産の「探求の過程」が「見えなくなっている」のはどこか　　237

は（am Ende des nächsten Jahres）次のようになる」（K.Ⅱ, S.507, Ⅱ/12, S.472; Ⅱ/13, S.475）という記述によっている。ところが，この記述の省略部分から「翌年の終わりには」までは，エンゲルスによる加筆部分であった*のである。草稿の記述によれば，「現実の蓄積が現実に行なわれる」のは，「出発した」表式を蓄積のために「組替え」た現在の「B）」式（235頁）の「基礎上」においてであり，そして「拡大再生産の結果として」上記のⅠ）6600＋Ⅱ）3200の「年総生産物9800」W''_1がもたらされる。「B）」の「蓄積のために変えられた配列」をもったⅠ）4400c＋1100v・Ⅱ）1600c＋800v の資本（234頁）で始まる生産の結果が上記の総生産物9800の表式であり，それが「商品資本の循環範式の終結点」をなすW''_1でなければならない。したがって，「出発表式」から現在の「B）」式に至るまでの式は，前者から後者を導き出すための「経過的な分析式であると同時に，そこに示された運動は，第1年度」（$W'_1 \cdots W''_1$）において「経過し」，今年度の生産の「成果」が上記の総生産物9800の表式に示されることとなっているのである。(15)

　　＊　伊藤(武)氏は，部門Ⅰの4400c＋1100v を「Ⅰの翌年度の資本配置」と，また，蓄積されるⅡの150の剰余生産物は「翌年度に繰り越される」と，さらに，部門Ⅰの100mv の貨幣は労働者に「翌年度の終わりに支払われ」る，と記しているように(16)，エンゲルスによる加筆を全く検討しないで，そのまま受け入れている。

　また，ここでの「出発点であった9000の生産物」の価値－ならびに素材構成を示したのが「出発表式」であり，後で展開される「発達表式」は第2回目の分析のやり直しであり，この段階では念頭にはないはずであるのだから，「出発表式」とは「発達表式」との対比において言われたものではなく，蓄積＝拡大再生産の第1年度目の「出発点」ということと解される。

　以上のように，第1年目の分析は，商品資本の循環範式の出発点W'_1を示す表式→貨幣・商品の二重表示の経過的表式→蓄積のための総生産物の機能配置を示す表式の析出→それによる現実の拡大再生産の結果としてのW''_1の

---

(15)　小林，前掲「拡大再生産表式の展開軸」8頁。
(16)　伊藤(武)，前掲「『資本論』第二部第八稿の拡大再生産論」16頁，17頁，18頁，26頁。

提示となっている。「『貨幣』と『商品在庫』とでの二重表示による追加可変資本についての立入った経過的な分析式の展開」によって「部門Ⅱを出発点とする貨幣の還流が初めて明かにされ」た。したがって，項目「5）」の表題とされた「部門Ⅱにおける蓄積」に関しては，貨幣資本の蓄積も現実資本の蓄積も一応は明らかにされたことになる。しかし，それに止まらずに，蓄積のための「配列」を明らかにすることによって，蓄積＝拡大再生産の場合の「出発表式」の総生産物 W'_1 の価値－ならびに素材構成を析出し，支出されていた剰余労働の形態を把握したと言える。論述の過程で，「部門Ⅱにおける蓄積」が明らかにされただけでなく，それをも含む総生産物 W'_1 に視点が広げられ，かつ問題が支出されていた剰余労働の形態を見通せる地点まで掘り下げられているのである。こうした点の把握が，第１年目の分析部分を当初に立てられた項目名から理解したのでは，抜け落ちてしまうように思われる。ただ，ここでもⅠKおよびⅡKに関してのAとBの区別が明示されておらず，拡大再生産の場合の貨幣還流の考察としては決定的に不充分なものに止まっている。

2　第２回目表式分析の第２年度の展開

1 の最後の W''_1 を意味する表式は，同時に，「第２年度の期首におかれる年総生産物を表わす」[17] W'_2 となる。その第２年度の蓄積＝拡大再生産過程が，「Ⅰ）では同じ比率で蓄積が続けられ，したがって550mが収入として支出され，550m）が蓄積される」として，分析される。

　　「まず1100v（Ⅰ）が1100c（Ⅱ）によって補塡され，同様にⅡでも（550（m）Ⅰ）との交換によって）550〔c〕（Ⅱ）に対する実現がなされねばならず，したがって合計は<u>1650（v＋m）Ⅰ</u>である。しかし補塡されるべき〔Ⅱの〕<u>不変資本は1600だけであり</u>，したがって，<u>50の不足額が800m（Ⅱ）から補われねばならない</u>。これが行なわれれば（貨幣はここではさしあたり

---

(17)　小林，前掲「拡大再生産表式の展開軸」8頁。

第 12 章　拡大再生産の「探求の過程」が「見えなくなっている」のはどこか　　239

わざと度外視する），この取引の結果として次のものが残る。
　Ⅰ）　<u>4400c＋550m</u>（しかし消費ファンドとして<u>1650Ⅱ</u>）
　Ⅱ）　<u>1650c</u>（つまり上述の取引によって50が追加されている）<u>＋800v</u>
　　　（貨幣で，というのは商品は労働者の消費ファンドになったのだか
　　　ら）<u>＋750m</u>

しかし……50の追加された不変資本に対して同じくさらに25vが必要であり，<u>750m</u>から取られねばならない。したがって，次のようになる。

　　　　　　　　　　　　　　　v
　Ⅱ）　<u>1650c＋800v</u>（貨幣で）<u>＋25v</u>（商品で）<u>＋700〔725〕m</u>　」

　　　　　　　　　　　　　　　　　　（K.Ⅱ, S.507.Ⅱ/11, S.812. 訳（下）26頁。）

　この第 2 年度の場合には，「Ⅰ$(v+1/2m)$＝Ⅱcの事情にある」第 1 年度とは「異なり」，「Ⅰ$(v+1/2m)$＞Ⅱcの事情にあるから」，本書第10章 *1* の第 1 回目分析の引用文10A（188頁）や本章 *1* の第 2 回目第 1 年度の記述（232頁）のように，Ⅰ$(v+mk)$とⅡcとの「置換」を「単純再生産の過程」として「既に論じた」として処理することはできない。そこで，「新たに考察しなければならなかったのは」Ⅰ$(v+mk)$－Ⅱcの「『超過』分の運動」であり，それが上記のⅠ）・Ⅱ）に関する式で「立入って展開され」ているのである。その際に，貨幣が「度外視」されるのは，草稿では，現行版とは異なり，「新たに」生じたⅡcを補足する蓄積部分の考察に限られ，Ⅰ）・Ⅱ）に関する式では貨幣と商品在庫との「二重表示の様式」が「踏襲」されている。

　Ⅰ）・Ⅱ）に関する式以降の展開過程では，第 1 年度のような「経過的な分折式は見出しえない」が，それは，そこから蓄積のための「配置」を示す「分析式」への「展開の仕方」は第 1 年度で「既に考察済み」となっているからである。その際，部門Ⅰで「資本化される」「<u>550m</u>」は「<u>412$1/2$が不変

---

(18)　山田（盛），前掲『再生産過程表式序論』（『著作集』1）183頁
(19)　小林，前掲「拡大再生産表式の展開軸」12頁，28頁。
(20)　同上，10頁。
(21)　同上，12頁，28頁。

資本，$137^1/_2$が可変資本」と分割され，追加資本の資本構成が３：１と誤って計算されているが，推論自体は第１年度と同様になされて，「こうして，現実的なおよび潜勢的な転換の後では，われわれは次のものを受け取る」として，次のような表式が示される。

     c)   v)
Ⅰ) $4812^1/_2 + 1237^1/_2$および（1650消費ファンドとして）
Ⅱ) $1787^1/_2$(c) $+ 868^4/_3$(v) $+$（$493^4/_3$mⅡの消費ファンドとして）

(K.Ⅱ, S.507. Ⅱ/11, S.812. 訳(下)28頁。)

この表式には，直結して，「事態・事柄が正常に進行すべきであれば，Ⅱでの蓄積が加速されねばならない。なぜなら（v＋m）Ⅰは，Ⅱに転換されねばならない限り，c(Ⅱ)よりも大きくなってしまうからである」(K.Ⅱ, S.508, Ⅱ/11, S.812, 訳(下)28頁)，と続けられている。

この表式では，部門Ⅰの蓄積部分のmc：mvの計算上の誤りだけではなく，部門Ⅱの可変資本部分に関しては，補足的な追加不変資本50のための可変資本部分25が落とされており，さらに，その前の式の部門Ⅰの「消費ファンド」1650がこの式に「そのまま」「引継がれてくることによって，1100vⅠが，$1237^1/_2$vと『消費元本での1650』の一部とに，二度計上されることとなっている」。

エンゲルスは，この表式における部門Ⅰの蓄積部分の資本構成を前提どおりに４：１で計算し直し，部門Ⅱの可変資本部分に関する25の追加部分の欠落を是正するが，さらに，括弧内の「消費ファンド」を削除することによって，この表式を，部門Ⅰ（4840c＋1210v＝）6050・部門Ⅱ（1760c＋880v＝）2540の総計8690となる「『資本価値』を示す」表式に「改変」している。このようにしたのは，マルクスが資本の増加を強調していたことを反映させるため

---

(22) 大谷，前掲「『蓄積と拡大再生産』(「資本論」第２部第21章)の草稿について」(下)28頁。
(23) 同上。
(24) 小林，前掲「拡大再生産表式の展開軸」11頁。
(25) 同上，13頁。

第12章　拡大再生産の「探求の過程」が「見えなくなっている」のはどこか　241

であろうが，部門Ⅰの1100vの「二重」の計上を避けるという考えもあったかもしれない。

しかし，この「部門Ⅰにおける1100vの二重計算を改めると，この部門の総生産物は6600とな」り，その上で，部門Ⅰのmcとmvを訂正せずに3：1としたままで，「部門Ⅱを計算し直すと，

　　　Ⅱ）1787$^1/_2$c＋893$^3/_4$v＋（消費元本で518$^3/_4$m）＝3200

となり，年総生産物の合計は9800となる。」したがって，この式は，「第2年度の期首におかれていた年総生産物9800（W'$_2$）……が，蓄積のための『機能規定』に従って『組替え』られた分析式にほかならない」[26]ということになる。

ここでの式を，蓄積部分の資本構成の誤り，欠落や二重計算などの訂正の上で分析図に整序し直せば，次のようになる。[27]

```
Ⅰ）  4400c   + |1100v+550mk| +  440mc  + |110mv| = 6600
Ⅱ） |1600c|  +   800v+560mk  + |160mc| +   80mv  = 3200
```

このように，第2年度では，点線内における，また点線外における枠で囲まれた部分の「等式関係は崩壊して」[28]いることが特徴となっている。この第2回目第2年度の表式分析によって，マルクスがこれまでに予期していたような，単純再生産過程に該当する部分と蓄積に係わる転態部分とが截然と区分され，なおかつ後者に関してⅠmv＝Ⅱmcとなるような関係，そうした関係が成立していない場合が明確に認識されたのである。

第8稿では，横線が引かれた後に，「もう一度同じ道筋で先に進めば，拡大された規模での現実の再生産が行なわれると，次のようになる」(K.Ⅱ，S.508；Ⅱ／11，S.813，訳（下）29頁）として，示されているのが下記の表式である。

```
           c)           v           m
Ⅰ）  4812$^1/_2$    + 1237$^1/_2$  +1237$^1/_2$ = 7287$^1/_2$  ⎫ 合計＝10,812〔1/2〕
Ⅱ）  1787$^1/_2$(c) +  868$^3/_4$(v)+ 868$^3/_4$(m)= 3525       ⎭
```

---

(26)　同前，11頁。
(27)　山田(盛)，前掲『再生産過程表式分析序論』(『著作集』1) 184頁。
(28)　同上。

ここでの部門Ⅱのv，したがってまたmの数字は前記の誤った数字に基づいており，現行版では，その点の訂正もあってか，この表式は総計10780の式として掲げられている。その際に，ここでも，拡大「再生産がこの基礎上で，しかも他の事情に変りがなく続行されるならば，翌年の終わりには (am Schluß des folgenden Jahrs) 次のようになる」(K.Ⅱ, S.508, Ⅱ/12, S.473, Ⅱ/13, S.476) と加筆されている。この文言によれば，この表式も次年度＝第3年度末のものとされねばならないが，草稿によれば，この表式は，「第2年度……における蓄積＝拡大再生産の結果である年総生産物」W''_2を表わし，「これが第3年度の期首におかれる」W'_3となる。現行版の「翌年の終わりには」という加筆部分は，今年度の「終わりには」，もしくは，「翌年の」初めには，でなければならないのである。

以上のようにして，第2年目の分析は，新たに考察しなければならなかった Ⅰ(v+mk)－Ⅱc の「超過」分の運動を中心にしたもので，第1年度で既に考察済みの「経過的な分折式」はないという点において第1年度の分析とは異なるが，出発点 W'_1 から蓄積のための「配置」を示す表式を導き，さらに「現実の」拡大再生産の「結果」を表わす終結点の W''_1 に至るという基本論理は同一である。ここで，単純再生産の該当部分と蓄積部分との截然とした区分，および後者に関する Ⅰmv＝Ⅱmc の関係が常に成立するわけではないことが明確に認識されたのである。

そして，Ⅰ(v+mk)－Ⅱc の「『超過』分に規定されて，部門Ⅱにおける蓄積が部門Ⅰのそれよりも『加速』されてしまわないかに，全関心が向けられて」，計算上の誤りを重ねながらも，第6年度の途中まで表式分析が累年展開される。そこでマルクスが展開を中断した事情については，大谷氏が指摘する通りである。そこまでの「拡大再生産の繰り返しのなかで資本の有機

---

(29) 大谷，前掲「『蓄積と拡大再生産』(「資本論」第2部第21章)の草稿について」(下) 29頁。
(30) 小林，前掲「拡大再生産表式の展開軸」11頁。
(31) 同上，28頁。

第12章　拡大再生産の「探求の過程」が「見えなくなっている」のはどこか　　243

的構成が下がった，という結果を見て」，これは「資本制的生産の進行とは矛盾している」（Ⅱ/11, S.814, 訳（下）38頁）と考えたからである。しかし，そのような結果になったのは，第１には，比較の基準が単純再生産に置かれており，拡大再生産の「出発表式」で部門Ⅱの資本構成を２：１にしたことによって総資本の資本構成は $3\frac{1}{7}:1$ に下がっていることが見逃されている点，第２に，第２年度以降では部門Ⅰの資本構成が誤って３：１で計算されている点によっている。前提どおりに正しく計算されていれば，総資本の構成は第２年度には $3\frac{3}{19}:1$ に「ごくわずか」低下するが，「その後はこの比率が毎回維持されていたはず」なのである[32]（下180頁）。これは，大谷氏の別稿には記されているように，また，本書後編第10章 **6**（209〜210頁）で見たように，「２年度以降の部門間比率は一定とな」[33]ることであり，そして，これは両部門の蓄積率が同一で，両部門の均等発展を意味している。現行版では，確かにマルクスの誤りを含む「探求の過程」は見えないが，それは公刊される著作としては当然のことであり，この場合にはエンゲルスの編集によって，マルクスが「探求」して到達しようとした結果の方が重視されるべきであろう。

　マルクスは，そうした到達点に気付かずに，「出発表式」とは異なる「組合せ」の拡大再生産表式を作成して，$(v+mk)Ⅰ>cⅡ$ の関係を再検討しようとする。しかし，第３回目の表式分析では「$(v+mk)Ⅰ=cⅡ$ となり」，第４回目の表式分析では「逆に $(v+mk)Ⅰ<cⅡ$ の関係が現われてしま」っ[34]たことによって，すぐに展開を中断してしまい，現行版で「第２例」として使われている第５回目の表式分析に入る。次に，この第５回目の表式分析を検討しよう。

---

(32)　大谷，前掲「『蓄積と拡大再生産』（「資本論」第２部第21章）の草稿について」（上）22頁，（下）38〜39頁。
(33)　同上，（上）22頁。
(34)　小林，前掲「拡大再生産表式の展開軸」28頁。

3　第5回目表式分析＝現行版「第2例」の展開

　現行版「第2例」とされた第5回目の表式分析においては,「v：c＝1：5という一般的な平均比率」が仮定され, 分析対象が,「1) 資本制的生産が, またそれに対応して社会的労働の生産諸力が既に著しく発展しており, 2) 生産規模がそれ以前から既に著しく拡大されており, 3) 労働者階級に相対的過剰人口を生み出すような変化のすべてが発展している」(*K*.Ⅱ, S.509, Ⅱ/11, S.816, 訳（下）44頁）場合であることが明記されている。現行版では見られなくなっているが, 草稿では「マルクスは展開していく表式に自らa)・b)・c)の記号を付して, a)式がどのようにしてc)式に「組替え」られていくかを示そうと努めている[35]」ので, 草稿に沿って内容を辿って行こう。

　まず, 表式「a)」が出発点として, 下記のように提示される。

　　a) Ⅰ) $\underline{5000c \ + \ 1000v \ + \ 1000m}$
　　　 Ⅱ) $\underline{1430c \ + \ \ 285v \ + \ \ 285m}$　　　　　　（ebd. 同上。）

　そして,「Ⅰ)が……mの半分を蓄積すると仮定し」て,「この場合には$\underline{1000v+500m}$＝1500が$\underline{1500（Ⅱ）}$に転換される」が,「Ⅱではcは1430でしかないから, 1500の額に仕上げるには285mから70を追加しなければなら」ず,「こうして285（Ⅱ）から70mが差し引かれて, $\underline{215m（Ⅱ）}$が残る」(*K*.Ⅱ, S.509, Ⅱ/11, S.817, 訳（下）47頁）とされる。

　そして, 表式「b)」が,「われわれが受け取る」ものとして, 次のように示される。

　　b) Ⅰ) $\underline{5000c \ + \ 500m}$（＋消費ファンドで1500）
　　　　　　　　　　c)　　v)　　m
　　　 Ⅱ) $\underline{1430 \ + \ 70 \ + \ 285 \ + \ 215}$　　　　（ebd. 同上。）

　そして, この70という部門Ⅱの「追加不変資本」は, それを「動かすため

---

(35)　同前, 24頁。

第12章　拡大再生産の「探求の過程」が「見えなくなっている」のはどこか　　245

の可変資本として$70/5=14$を必要とし，したがってこの14が再び215m（Ⅱ）から差し引かれて，201m（Ⅱ）が残る」(ebd. 同上)とされ，上の「b)」式の部門Ⅱが下記のように示され直す。

　　Ⅱ)　1500c ＋ 299v ＋ 201m　　　　　　　　　(ebd. 同上。)

　ここまでの表式「a)」から表式「b)」までの展開は，第2回目第2年度の表式分析と全く同様である。しかし，蓄積の場合の両部門間の転換に関しては，第2回目第2年度における記述では充分ではないと判断したためか，ここでその「若干の独自性」が指摘される。それが，大谷氏によって「拡大再生産の展開についての中間的総括」(下181頁)と評価された記述である。その一部は既に本書後編第7章**2**(106頁)で引用したが，詳しい検討は次節**5**で行なうので，ここでは，マルクスが「b)で考察した事例に返れば」とした箇所に進むことにしよう。そこでは，「この事例は，cⅡが($v+1/2m$)Ⅰよりも……小さいという特徴を持つ」とされた後で，「cⅡ＝1430に関しては」「これ以上考察する必要はない」とされて，「それを補足する70m（Ⅱ）」について下記のような規定が行なわれる。

　　　「Ⅰにとっては消費手段による1500（Ⅰ）の単なる補塡で，単に消費を目的とする商品交換であることが，Ⅱにとっては——単純再生産の内部でのような——その不変資本の商品資本の形態からその現物形態への単なる再転化ではなくて，直接的な蓄積過程，すなわち，Ⅱの剰余生産物の一部分の消費手段の形態から追加不変資本の形態への転化なのである。」(K.Ⅱ, S.512-513. Ⅱ/11, S.820. 訳（下）56～57頁。)

　この記述に続けて，この補足分70の転態に関して，70mⅡを買う部門Ⅰの「70の貨幣（剰余価値の転換のための貨幣準備）」の，貨幣流通・還流の問題も指摘されている[*]。さらに，「b)」に関して，「不変資本（Ⅱ）に付加される70m（Ⅰ）の付加は同時に14だけの可変資本の拡大を必要とするということ」は，「Ⅱでの再生産が引き続いての資本化への傾向をもって進行する，したがって剰余生産物のうち必要生活手段から成っている部分の拡大が行われることを前提している」(K.Ⅱ, S.513. Ⅱ/11, S.820-821, 訳（下）59頁)，とされる。

* この箇所を重視する伊藤(武)氏の見解については，本章 **6** で検討する。

そして，マルクスは前記の表式「b)」から開始して，表式「c)」として「(Ⅰ) 5417c＋1083v＋(消費)」とまで書き進んだ所で中断し，これを抹消して（Ⅱ/11, Apparat, S.1703. 訳（下）60〜61頁），記述をやり直す。「c)」として，「9000という生産物は，500m(Ⅰ)が資本化されるとすれば，〔拡大〕再生産のためには次のような配置を取らねばならない」とされるが，その前提として，前記の表式「b)」が書き換えられて，新たな表式「b)」が次のように示される。

$$\begin{array}{l} \ \ \ \ \ \ c) \ \ \ \ \ \ m \ \ \ \ \ \ \ \ \ \ \ \ \ \ \ v \\ b)\ 1)\ \underline{5000+500}\,[\,(+1500\,の商品在庫)\,(+1000\,(貨幣))\,] \\ \,[+100\,貨幣\cdot\text{Ⅰ}\,の追加可変資本のための] \\ \ \ \ \ \ \ \ \ \ \ \ \ \ \ \ \ =\underline{7000\,の商品} \\ \,2)\ \underline{1500c+299v+201m}\ \ 合計，商品での2000\ \ \Big\{\ \underline{\text{Ⅰおよび Ⅱ}=商品での\,9000}\end{array}$$

そして，表式「c)」が，「転換が行なわれた後では」として，下記のように示される。

$$\begin{array}{l}\phantom{c)\ \ \ \text{Ⅰ}\ \ }\ \ \ \ \ \ c) \ v) \\ c)\ \ \text{Ⅰ})\ \ 5000c+400m(\text{Ⅰ})+1000+100(m\text{Ⅱ})\,(+商品在庫\,1500) \\ \phantom{c)\ \ \text{Ⅰ})\ \ }(商品だけを計算すれば，5500+1500=7000) \\ \phantom{c)\ \ \text{Ⅰ}\ \ }\ \ \ \ \ \ c) \ \ \ \ \ \ \ \ \ \ \ \ \ \ \ \ \ \ v) \ \ \ \ \ \ \ \ m \\ \text{Ⅱ}\ \ \ 1500c+100m(\text{Ⅱ})+299v+19m(\text{Ⅱ})+(182)\,(=2000)\end{array}$$

それゆえ，c) はこうなる。

$$\begin{array}{l}\text{Ⅰ})\ \ \underline{5400c}\ +\underline{1100v} \\ \text{Ⅱ})\ \ \underline{1600c}\ +\ \underline{318v}\,(+\underline{82})=2000\end{array}$$

(〔K.Ⅱ, S.514〕Ⅱ/11, S.821. 訳（下）60頁)

まず，ここでの新たな表式「b)」に関しては，「ただ商品だけを考察する限り」という方法が採られているが，括弧で明確に区別された上で，部門Ⅰの可変資本部分について「貨幣」と「商品在庫」での「二重表示」がなされている。1000vも100mvも「ともに『貨幣』で表示されるので，他方では1000vⅠが500mkⅠとともに部門Ⅰでの『商品在庫1500』として計上され」，

第 12 章　拡大再生産の「探求の過程」が「見えなくなっている」のはどこか　　247

また100mvⅠに対応する商品は「なお201mⅡに含まれているものとして計上される」ことになっている。ところが，ここで計算上の誤りが発生する。「Ⅰの追加可変資本のための貨幣」が「100」と記されているように，追加資本部分の資本構成が4：1とされてしまうのである。それが引き継がれて，表式「ｃ）」でも，部門Ⅰの蓄積部分が400cと100vに分けられ，mc：mvは前提であった5：1から外れてしまう。また，表式「ｃ）」における部門Ⅰに関して「商品だけを計算すれば，5500＋1500＝7000」というのも，部門Ⅱの不変資本は「既に1500c＋100m（Ⅱ）＝1600cとなっている」のだから，「5400＋1600＝7000でなければなら」ず，「したがって部門Ⅰの1000v＋100(mⅡ)は1000v＋100(mⅠ)で，しかもそれは『貨幣』表示とみなければならず，またこれに照応させて部門Ⅱの182mを82mに，そして100を部門Ⅰの『商品在庫1500』に加えて1600に，改めなければならない」のである。

こうした誤りを訂正し論旨を簡潔に示すためにエンゲルスが行なったのは，マルクス自身によって削除されてはいるものの，破綻が見られず，貨幣と商品在庫の「二重表示」が行なわれていない部分（Ⅱ/11, Apparat, S.1703, 訳（下）60～61頁）の活用である。ところが，エンゲルスは，それに止まらず，「商品だけを計算し」て合計9000の商品となる表式「ｃ）」を「『資本価値』のみを表わす」「式に改変」し，その上「それゆえ，ｃ）はこうなる」として導き出された表式「ｃ）」の後段部分を「抹消」してしまう。

しかし，草稿に従うならば，表式「ｃ）」のうち，当初の「ｃ）」は，なお貨幣と商品在庫との「二重表示である限り」，「未だ経過的な分析式にとどま」り，次の後段の「ｃ）」には「部門Ⅰの mk 部分が表示されてこそいないが」，こちらの方が表式「ａ）」の「分析式とみなされなければならない」，と言

---

(36)　同前，22頁。
(37)　大谷，前掲「『蓄積と拡大再生産』（『資本論』第２部第21章）の草稿について」（下）61頁。
(38)　小林，前掲「拡大再生産表式の展開軸」22～23頁。
(39)　同上，25頁。
(40)　同上，23頁。

うべきであろう。この後段の表式「c)」が，「9000という〔総〕生産物」が「取らねばならない」「〔拡大〕再生産のための配置」＝蓄積配列を表わすものなのである。この後段の表式「c)」に部門Ⅰのmk部分も加え，追加資本の構成に関する計算上の誤りなどを訂正し，括弧内の貨幣を除いて「商品だけを」整序した形で示せば，その表式は下記のようになる[41]。

Ⅰ)　5000c　　　＋ 1000v　　　＋500mk ＋　417mc ＋ 83mv　　＝7000
Ⅱ)　1430c＋70mc　＋　285v＋14mv＋101mk ＋　83mc ＋ 17mv　＝2000

表式「a)」を出発点として，貨幣と商品在庫が「二重表示」される表式「b)」を「経過的な分析式」として，総生産物の蓄積配列・「配置」を表わす表式「c)」に到達している。マルクスは，このような過程を辿って，総生産物の蓄積配列・「配置」を把握しようとしたのである。

表式「c)」を掲げた後に，両部門の資本について，「資本Ⅰ)」は「今では5400c＋1100v＝6500であり，500だけ増加し」，「資本Ⅱ)」は……今では1600c＋318v＝1918であり，203だけ増加している」，として，それらの増加量が確認され，さらに，「資本Ⅰ)」は「1/8だけ増加し」，「資本Ⅱ)」は「1/8以上増加している」（〔K.Ⅱ, S.513〕Ⅱ/11, S.821, 訳（下）60頁）というように，資本増加率に関する部門間の相違についても着目されている。

さらに，第8稿では，「したがって，同じ規模での〔拡大〕再生産が行なわれるとすれば，その結果は次のようになる」（Ⅱ/11, S.821, 訳（下）63頁）として，下記の表式が示されている。

　　　　　c)　　　 v　　　　m
Ⅰ)　5400　＋ 1100　＋ 1100　＝ 7600 ｛合計 ＝ 9836
Ⅱ)　1600c ＋ 318v ＋ 318m ＝

（Ⅱ/11, S.821, 訳（下）64頁）

この表式は表式「c)」後段部分の「基礎上に展開されている」のだから，現行版では，その「c)」後段の「抹消」の結果として，この表式も「抹消

---

(41)　富塚，前掲「原典解説　第21章　蓄積と拡大再生産」（『資本論体系4』）148頁。

第12章 拡大再生産の「探求の過程」が「見えなくなっている」のはどこか　249

されることとな」っている。しかし，この表式は，増加した資本をも示している表式「c）」の「基礎上での現実の拡大再生産の結果を示す年総生産物」W''_1であり，固有の意義を持っている。このW''_1の提示までが，第5回目表式分析の第1年度の展開である，と解される。

　そして，W''_1がW'_2として「第2年度の期首におかれるべきもの」である。このW'_2を出発点とする第2年度の表式分析は，追加資本の資本構成に関しての，計算上の誤りや，大谷氏が言うような「前年度の……数字を誤って取った」としか考えられない箇所を伴いながらも，推論過程としては第1年度と同様に，表式「a）」から「c）」を導き出してそこにおける資本による拡大再生産の結果を示すものとなっている。そうした展開は第3年度の資本の組み換えの所まで続けられている。そこで表式分析が打ち切られているのは，第5回目表式分析では$(v+mk)Ⅰ>cⅡ$という「特徴」を持つ「事例」を意識的に取り上げたにもかかわらず，$(v+mk)Ⅰ<cⅡ$という事態に直面したためであろう。

　この第5回目の表式分析に関しては，両部門の資本の増加率と蓄積率へ関心が向けられている点も留意されるべきである。表式「c）」後段において蓄積の場合の第1年度の総生産物の「配置」に到達した際には，部門Ⅰと部門Ⅱの資本の増加量だけではなく，資本増加率に関する部門間の相違にも着目されていたが，さらに，現行版では削除されてしまったが，「やはり，蓄積はⅡではⅠでよりも急速に進んだが，その理由はⅠでは剰余価値の$1/2$が資本化されたのに，Ⅱでは$2/3$以上が資本化されたからである」（〔K.Ⅱ，S.513〕Ⅱ/11, S.821，訳（下）60頁）という暫定的な結論もなされている。これは，第2回目表式分析の累年展開の失敗が意識されているのであろう。「このようにマルクスの関心は，『顕著な発達』を『前提』した場合に，$(v+mk)Ⅰ>cⅡ$の関係が両部門の蓄積にどのように結果するかに，さしあたっては向けられ

---

(42)　小林，前掲「拡大再生産表式の展開軸」25頁。
(43)　同上，23頁。
(44)　同上。
(45)　大谷，前掲「『蓄積と拡大再生産』（「資本論」第2部第21章）の草稿について」
　　　（下）64頁，65頁。

ていた」と見做すことができる。

　このようにマルクス自身が資本の増加に焦点を当てた論述を行ない，また，それの前提となる第１年度の表式「ｃ）」の後段では部門Ⅰについては資本部分しか記していないという事情もあってか，エンゲルスによる編集は，この資本部分に力点を置いたものとなっている。エンゲルスは，表式「ｃ）」に関して，合計9000の商品となる当初の表式を「資本価値」のみを表わすものに「改変」し，後段の「ｃ）」部分を「抹消」し，さらに，この後段部分から導き出される現実の拡大再生産の「結果」W''_1を表わす表式も「抹消」しているのである。「結局」，第８稿の表式「ｃ）」，「つまり」表式「ａ）」の「展開軸をなすところの」，表式「ａ）」を「蓄積のために『組替え』た分析式が，現行版『資本論』の表式展開からは消えてしまうこととな」っている。その結果として，現行版からは，W'からW''への展開に関するマルクスの「探求の過程」は，読み取ることが困難になっているのである。こうした編集の仕方は第２年度以降に関しても影響を与えている。W''_1を表わす表式の「抹消」の結果として，増加した資本（Ⅰ5400〔5417〕c＋1100〔1083〕v，Ⅱ1600〔1583〕c＋318〔316〕v）の「基礎上での再生産」が，「第２年度における」もののように記されてしまっている。これでは，第２年度の出発点とされるべき総生産物W'_2は後景に埋もれてしまい，そのW'_2を示す表式を$a)_2$，蓄積のための「配置」を示す表式を$c)_2$と呼べば，表式$a)_2$と$c)_2$も示されないまま，第２年度のW''_2の一部をなす資本部分だけが「再生産の結果生ずる」「年度末での（am Jahresschluß）資本」（*K*.Ⅱ, S.514, Ⅱ/12, S.479, Ⅱ/13, S.482）として示されることになっている。そして，この資本によるものとして，表式$a)_3$と$c)_3$も示されないまま，「第３年度末での（am Ende des dritten Jahres）生産物」だけが示されている。これらの「『年度末』規定はいずれもエンゲルスによって加筆されたものであ」り，これによって第２年度以降の展開は更に

---

(46)　小林，前掲「拡大再生産表式の展開軸」23頁。
(47)　同上，25頁。
(48)　同上。

第12章 拡大再生産の「探求の過程」が「見えなくなっている」のはどこか

見えにくくなっているのである。

なお,「やはり,蓄積はⅡではⅠでよりも急速に進んだ」という記述の現行版における削除に関しては,こうした処理は無理からぬことのように思われる。第5回目表式分析の誤った計算を訂正してゆくと,現行版の「第2例」の場合には,マルクスが結論した点は第1年度から第2年度にかけては妥当するが,それ以降についてはあてはまらなくなることが現われてくるので,ここでの把握を一般化できないからである。[**]

[**] 小林氏の場合は,「『発達表式』の場合にも第2年度を基準にして後年度と比較しない限り,両部門の資本の増加率には『やはり』相違が生じる」[49]として,エンゲルスが『やはり』以下を削除した点に批判的である。

以上のように,第5回目表式分析も,計算上の誤りによる混乱は見られるものの,論理展開は,出発点W'を示す表式→貨幣・商品の二重表示の経過的表式→蓄積のための総生産物の機能配置を示す表式の析出→それによる現実の拡大再生産の結果としてのW''の提示となっている。そして,累年展開も行なわれており,また,両部門の資本の増加率と蓄積率の相違へ関心が向けられていた。これらの点は第2回目表式分析の場合と共通しており,表式の数値の決定などについての相違はあっても,基本的な論理構造は一貫していたと見做される。エンゲルスの編集によって見えにくくなっている点として明確にされねばならないのは,このようなW'からW''への展開に関するマルクスの「探求の過程」なのである。

ただし,第5回目表式分析も第3年度の途中で打ち切られ,大谷氏が,「両部門の諸要素のあいだの量的関係についてこれまでの考察のなかで得られた帰結をまとめている」(下183頁)とした論述部分に移っている。この「帰結」部分を,本節では検討を飛ばした「拡大再生産の展開についての中間的総括」と大谷氏によって見做された箇所と合わせて,次に検討しよう。

---

(49) 同前,23頁。

4 第5回目表式分析途上の「中間的総括」と表式分析の「帰結」について

　第5回目の表式分析において「拡大再生産の展開についての中間的総括」と見做された部分は，大谷氏によって「その内容はきわめて重要である」と評価されているので，その内容理解と文脈上の位置づけから，検討しよう。
　その「中間的総括」とされた箇所については，既に本書後編第7章 *2*（106頁）で取り上げているが，大谷氏は，その引用文7A部分では，蓄積を前提すればⅠ(v+m)＞Ⅱcが自明である理由として，「第Ⅰ部門の剰余生産物が両部門の追加不変資本となる生産手段を供給しなければならない」ことが述べられ（下181頁），引用文7B部分では，「第Ⅱ部門の剰余生産物が両部門の追加労働者のための追加生活手段を供給しなければならない」ことが述べられている（下182頁）とし，その引用文7Bに続けて，「最後に……両部門間の転換が正常に経過するために必要な条件を……まとめ」たものとして，下記の論述を引用している（下182頁）。

　　「Ⅰ(v+m)は，拡大する資本基礎の上で生産が行なわれる過程では，Ⅱc，プラス，剰余生産物のうち資本として再び合体される部分，プラス，Ⅱにおける生産拡大のために必要な不変資本の追加部分，に等しくなければならない。そして，この拡大の最小限は，それなしにはⅠ自身における〔現実の――現行版〕蓄積（実体的な）〔現行版――なし〕が〔，すなわち現実の生産拡張が――現行版〕実行できないという拡大である。」(K.Ⅱ, S.512. Ⅱ/11, S.819. 訳(下)56頁。)〔引用文12A。〕

　この箇所について，大谷氏は，Ⅱcにプラスされる第1の部分の「剰余生産物」を「第Ⅰ部門の」それとし，「資本として再び合体される部分」を「第Ⅰ部門の不変」資本の追加部分＝Ⅰmcとし，プラスされる第2の部分をⅡmcと補筆している。このような理解は充分に可能である。
　ただ，このように解する場合には，Ⅰ(v+1/2m)＞Ⅱcの事態によるⅡcの「補完」の問題は，表面には出てこない。また，この箇所の論述に続いて，

第12章　拡大再生産の「探求の過程」が「見えなくなっている」のはどこか　　253

「ｂ)で考察した事例に返れば」として，前節 *3* (239頁) で見たように，この事例の「独自性」としてⅠ$(v+1/2m)$＞Ⅱc が指摘され，Ⅱc については「ここではこれ以上考察する必要はない」が，Ⅱc を「補足する」部分はそうではないとして，その論述が展開されて行く (*K*.Ⅱ, S.512, Ⅱ/11, S.820, 訳(下)56～57頁) のだから，「中間的総括」の部分は，第2回目の表式分析の２年度以降に生じたⅠ$(v+1/2m)$＞Ⅱc の事態によるⅡc の「補完」の問題を拡大再生産の場合の「独自性」(*K*.Ⅱ, S.510, Ⅱ/11, S.817, 訳(下)48頁；*K*.Ⅱ, S.512, Ⅱ/11, S.820, 訳(下)57頁) として規定する前に位置している。したがって，この「中間的総括」は，Ⅰ$(v+1/2m)$＞Ⅱc という「想定での拡大再生産の進行過程の観察にもとづいて」「行なわれ」(下181頁) たというよりも，あるいは，第５回目の表式分析の「展開の中途で」(下181頁) というよりも，「展開」を本格的に行なう前に，第２回目の表式分析までに明らかになっている事柄を総括したものと解すべきであろう。

　もし，この「中間的総括」がⅠ$(v+1/2m)$＞Ⅱc という「想定での拡大再生産の進行過程の観察にもとづい」たものだと解するならば，Ⅱc にプラスされる第１の部分の「剰余生産物」は両部門のそれであり，「資本として再び合体される部分」も両部門の「不変」資本の追加部分＝Ⅰmc＋Ⅱc の「補完」部分を除いたⅡmc であり，第２の部分はⅡc の「補完」部分と解することになろう。しかし，このように解した場合には，続いて「ｂ)で考察した事例に返れば」とした後の，「補完する」部分の「独自性」の論述では，既に析出されている「補完」部分の内容・含意が論じられていることになる。

　次に，大谷氏が表式分析の「帰結」とした箇所，現行版では「３　蓄積にあたってのⅡc の転換」の項目に編集された箇所を検討しよう。

　その箇所は，第８稿では角括弧が付された上で，「〔したがって次のような幾つかの場合」として，まず，「単純再生産の場合」の「$(v+m)$Ⅰ＝c(Ⅱ)」が指摘され，続いて，「蓄積の場合」が次のように記される。

　　　「この場合にはなによりもまず蓄積率が問題になる。これまでの事例では，Ⅰでの蓄積率が不変のままで，$m/2$(Ⅰ)が蓄積されるものと仮定した。*」(*K*.Ⅱ, S.515, Ⅱ/11, S.822, 訳(下)68頁。)〔引用文12Ｂ。〕

＊　続けて,「しかし, m×3/4だけが拡大された生産で, m/4は貨幣で」と記されている。この比率の出所は不明であるが,「貨幣で」蓄積される部分というのは,「追加可変貨幣資本を表わす[50]」ということであろう。エンゲルスはこの文を削除している。

そして,「その際, 次の3つの場合が生じた」として,「1) $(v+1/2m)(Ⅰ) = c(Ⅱ)$」,「2) $(v+1/2m)(Ⅰ) > c(Ⅱ)$」,「3) $(v+1/2m)(Ⅰ) < c(Ⅱ)$」の場合が論じられる。「1)」の場合には,「この $c(Ⅱ)$ は $(v+m)Ⅰ$ よりも小さい。(これは常にそうでなければならず, そうでなければⅠは蓄積しない)」点が指摘されるが, こうした指摘は, 大谷氏の言う「中間的総括」の場合と同様である。「$(v+1/2m)(Ⅰ) = c(Ⅱ)$」の場合は,「事例」としては第2回目表式分析の第1年度がそれにあたり, その分析図は本章 **1**（236頁）に示したとおりである。そこに示されているように, Ⅰmv がⅡmc に等しい場合であり,『61-63年草稿』以来, 念頭に置かれていた場合である。「この場合には, 第Ⅰ部門だけが蓄積し, 第Ⅱ部門では単純再生産が行なわれる」(下183頁)という大谷氏の説明は不用意なものである。

「2)」の場合には,「事例」としては第2回目表式分析の第2年度以降と第5回目表式分析の第1・2年度がそれにあたる。ここでは, 第5回目表式分析の箇所における「補足」分の説明箇所と同様の指摘がなされている。

「3) $(v+1/2m)(Ⅰ) < c(Ⅱ)$」の場合については, 次のように記されている。

　　「この場合には, Ⅱはこの転換によっては自分の不変資本をすっかり＝単純な再生産もしておらず, 不足分だけⅠから買わねばならない。しかし, このことは, 一方では,〔Ⅱでの〕可変資本の更なる蓄積を必要とはさせない。というのは, Ⅱの不変資本は, その大きさから見れば, この操作によっていま初めてすっかり＝単純な再生産がなされるからである。／他方では, この転換によって, Ⅰの資本のうちただ追加貨幣資本を積み上げてきただけの部分は既にこの種の『蓄積』を完了したのである」(*K*.Ⅱ, S.515. Ⅱ/11, S.822-823. 訳(下)68～69頁。)〔引用文12B。〕

----

(50)　同稿「『Ⅱcの転態』の『第3の事例』について――一覚え書――」(『武蔵大学論集』第34巻第5号, 1987年) 67頁。同稿, 前掲「拡大再生産表式の展開軸」26頁。

第12章　拡大再生産の「探求の過程」が「見えなくなっている」のはどこか　　255

　そして，もう一度，「資本制的生産では，(v＋m)Ⅰがc(Ⅱ)に等しくはありえず，言い換えればこの両者は相互の転換で合致しえない」とされ，さらに，「これに対して，Ⅰ($m/_x$)をm(Ⅰ)のうちⅠの収入として支出されるべき部分だとすれば，(v＋$m/_x$)Ⅰはc(Ⅱ)に等しくも，より大きくも，より小さくもありうる。しかし，(v＋$m/_x$)Ⅰは常に(c＋m)Ⅱよりも小さくなければならない。しかも，Ⅱ)(m)のうちの，資本家階級Ⅱがどんな場合にも自分で食わねばならない部分だけ，より小さくなければならない。]」(K.Ⅱ, S.516, Ⅱ/11, S.824, 訳(下)73～74頁)，として，角括弧を閉じて，この部分の論述を締め括っている。

　この「3)(v＋½m)(Ⅰ)＜c(Ⅱ)」の場合については，大谷氏は，この場合には，「すでにマルクスが〔項目〕4で述べていたように，第Ⅰ部門はこの生産手段を供給できないので，「相対的過剰生産（Ⅱにとっての)」と「再生産における不足（Ⅱ)」が生じることになる」(下183頁)，と解説している。ここで引用されているのは，本書後編第8章**4**(152頁)の引用文8D部分(K.Ⅱ, S. 498, Ⅱ/11, S.803, 訳(上)75頁)である。大谷氏は，この第3の場合を「移行」の「困難」の論点と結び付けて理解しようとしているのである。このように把握できるのか，検討しよう。

　「3)(v＋½m)(Ⅰ)＜c(Ⅱ)」の場合」については，当該部分で「これまでの事例」では，「次の3つの場合が生じた」と記されてはいても，それを現行版の「第1例」・「第2例」に見出すことはできない。この「3)」の場合は，草稿の第5回目表式分析において追加資本の資本構成上に関する計算上の誤りによって第3年度に発生した事態なのである。したがって，エルゲルスが第5回目表式分析の「計算上の誤りを訂正していくことにより，(v＋mk)Ⅰ＜cⅡの関係は消滅し」(51)ているのである。

　第8稿のその箇所を見ると，次のように記されている。

　　「そして再生産が行なわれれば，次のようになる。

　　　Ⅰ　5800c＋1160v＋1160m

──────────────
(51) 同稿，前掲「拡大再生産表式の展開軸」27頁。

Ⅱ）1800c ＋ 348v ＋ 348m

　この場合には，Ⅰが1/2の剰余価値だけを蓄積するのだとすると，cⅡと〔転換されるの〕は1740(v＋m)Ⅰ（つまり1160＋580）だけである。したがってc(Ⅱ)には60の余剰が残る。これはⅠによって買われなければならない。」(Ⅱ/11, S.822. 訳(下)66頁。)

当初の前提どおりに計算した分析図を示せば，下記のようになる。[52]

Ⅰ）5800c ＋ |1160v＋580mk| ＋ 300mc＋|60mv| ＋ |183mc| ＋ |37mv| ＝7000
Ⅱ）|1740c| ＋ 348v＋304mk ＋ |60c| ＋ |37mc| ＋ 7mv ＝2000

このように，第3のケースでは過剰が常に生ずるわけではないのである。

「蓄積の場合」に生ずる「3つの場合」については，表式分析の「帰結」を「整理検討するにあたって，マルクス自身『蓄積の場合…には，なによりもまず蓄積率が問題になる。これまでの諸事例では，Ⅰにおける蓄積率が不変のままで，$m/2$(Ⅰ)が蓄積されるものと仮定した』と指摘しているように」，第2回目表式分析の「第1年度においても，部門Ⅰの蓄積率が50％に満たない場合には(v＋mk)Ⅰ＞cⅡの関係が，また50％を越える場合には(v＋mk)Ⅰ＜cⅡの関係が，生ずる」ことになる。一般化して言うならば，「どのケースになるかは，年総生産物の価値的・素材的構成＝『諸要素の機能配列』と部門Ⅰの蓄積率の値との関係如何による[53]」のである。「それ故『Ⅱcの転態』に関する『第3の事例』を，エンゲルスはなんらかのかたちで残す[54]」か，「こうした事情についてのなんらかの説明が必要であった[55]」と言えよう。[56]

　それでは，部門Ⅰの蓄積率はどんな値でも取りうるのであろうか。この点を考えるには，マルクスがここでの立論に際して，「中間的総括」と呼ばれた箇所での把握を基礎としていたことが想起されねばならない。その箇所で

---

(52)　富塚，前掲「原典解説 第21章 蓄積と拡大再生産」(『資本論体系4』）153頁。
(53)　小林，前掲「拡大再生産表式の展開軸」27頁。
(54)　富塚，前掲「原典解説 第21章 蓄積と拡大再生産」(『資本論体系4』）153頁。
(55)　小林，前掲「拡大再生産表式の展開軸」27頁。
(56)　富塚，前掲「原典解説 第21章 蓄積と拡大再生産」(『資本論体系4』）154頁。

第12章 拡大再生産の「探求の過程」が「見えなくなっている」のはどこか

は余剰生産手段は明示されていたが，それは，第2回目表式分析の第1年度の場合で考えてみると，第10章 *4*（204頁）で見たように（Ⅰ6000W′－（Ⅰ4000c＋Ⅱ1500c）＝）500ΔPmであり，部門Ⅰがその全てを自部門の蓄積に充てたとすると，資本構成は4：1とされているので，追加資本は500mc＋125mvとなり，蓄積額は625・蓄積率は62.5％となり，mkは375となる。その分析図を示せば，下記のようになる。

Ⅰ）　4000c ＋ $\boxed{1000v + 375mk}$ ＋ 500mc ＋ $\boxed{125mv}$ ＝ 6000
Ⅱ）　$\boxed{1500c}$ ＋ 750v ＋ 750mk　　　　　　　　　＝ 3000

したがって（1000v＋375mk）Ⅰ＜Ⅱ1500cで第3の場合になる。しかし，部門Ⅰの蓄積率が62.5％を越えるならば，「事態は正常には進行」しない。この場合で考えてみると，50％を越える場合には（v＋mk）Ⅰ＜cⅡの関係が生ずると言っても，それはどこまでも可能なわけではない。したがって，蓄積率に関する部門Ⅰの「先行的」決定・部門Ⅱの「従属的」決定という方法を採ったとしても，それ以上の蓄積＝拡大再生産は不可能なのである。マルクスは「中間的総括」を基礎として，表式分析の「帰結」である両部門間の転換に関する3つの場合を，「蓄積の場合」には「なによりもまず蓄積率が問題になる」という問題把握をしているのだから，そうした視点からの探求を続けるならば，こうした地点に行き着くことになるのである。

以上のように，表式分析の「帰結」については，「1）(v＋½m)（Ⅰ）＝c（Ⅱ）」と「3）(v＋½m)（Ⅰ）＜c（Ⅱ）」の場合に関して難点を持つ大谷氏の解釈では，把握することができなかった。第3の場合の事例は草稿では第5回目の第3年度とされていたが，蓄積率の大きさによって，いずれかの場合が生じうる。表式分析の後に部門間の転態関係のあり方を検討する際に，「なによりもまず蓄積率が問題である」としたマルクスの視点は注目されるべきであり，「中間的総括」の基礎の上に，その方法を一貫させて行くならば，部門間均衡条件の把握と蓄積率決定の問題を関連づけることができたのである。表式分析の「中間的総括」と「帰結」は，このような方向性を指し示しているのである。

第8稿末尾の現行版「第4節 補遺」部分の考察に入る前に，これまで検

討してきた拡大再生産表式分析とその「帰結」に関する「探求の過程」を，本書前編で検討した「二段構え」の考察方法や総再生産過程の分析基準という別の側面からも見ておこう。

5　拡大再生産表式分析の「探求の過程」は二段構えではないか

　第8稿における拡大再生産表式分析の展開は，本章 *1* から *4* で見たように，出発点 W′ を示す表式→貨幣・商品在庫の二重表示の経過的な表式→蓄積のための総生産物の機能配置を示す表式の析出→それによる現実の拡大再生産の結果としての W″ の提示となっており，分析基準は明確に商品資本の循環形態 W′…W′ に置かれていた。また，草稿では，第2回目の表式分析の第1年度の場合は，貨幣・商品在庫の二重表示の経過的な表式を提示した後で，「出発」点の総「生産物は，再生産のために，用途・〔機能〕規定から見
・　・　・　・　・　・　・　・　・　・　・　・　・　・　・　・　・　・
て，また貨幣取引を考慮しないとして，次のように準備されている」（Ⅱ/11, S.811, 訳（下）25頁）とされて，貨幣的契機が捨象された表式が提示され，「出発表式」の「総生産物」「それ自体の構成」（K.Ⅰ, S.606, Ⅱ/7, p.504, 江夏・上杉訳（下）233頁）の内容がより踏み込んだ形で示されていた。第2回目第2年度の場合も，「新たに」生じた Ⅰ(v+mk)−Ⅱc の「超過」分を「補足する」蓄積部
・　・　・　・　・　・　・　・　・　・　・
分の転態を考察する際には，「(貨幣はここではさしあたりわざと度外視する)」（K.Ⅱ, S.507, Ⅱ/11, S.812, 訳（下）26頁）とされ，「この取引の結果」が引き出されていた。第5回目の表式分析の場合も，総「生産物」が「取らねばならない」拡大「再生産のための配置」＝蓄積配列を示す表式を導き出す際には，「商品だけを計算すれば」（〔K.Ⅱ, S.513〕Ⅱ/11, S.821, 訳（下）60頁）とされていた。マルクス自身によって削除されてはいるものの，貨幣と商品在庫の「二
・
重表示」なしの部分（Ⅱ/11, Apparat, S.1703. 訳（下）60〜61頁）もあった。そして，拡大再生産表式分析の「帰結」を論じた箇所で問題とされていたのも，「Ⅰ(v+m) と Ⅱ(c) との間での転換」，「Ⅰ と Ⅱ との相互の価値の転換」，(v+m)Ⅰ と c(Ⅱ) の「相互の転換」，ということであり（K.Ⅱ, S.516, Ⅱ/11, S.824. 訳（下）72頁，73頁），「現実的な転換が貨幣流通によって媒介されている」（K.Ⅱ, S.397,

第12章 拡大再生産の「探求の過程」が「見えなくなっている」のはどこか

Ⅱ/11, S.731）という側面の論述は主題とはされてはいない。

このように，第8稿の拡大再生産表式分析においても，新たな問題に直面し，それを解決しようとする場合には，「ひとまず」貨幣流通は捨象されて，総生産物の蓄積配列・「配置」が把握されようとしている。第2稿のように項目として「貨幣流通なし」の場合と「媒介する貨幣流通を伴う」場合という「二段構え」にはされていないが，そうした考察方法は依然として採られているのである。「探求の過程」としては，こうした点も見落とされてはならないように思われる。そして，こうした考察方法によって総生産物の蓄積配列・「配置」が解明されつつあったのだから，ここで行なわれた考察は，当初考えられていた部門Ⅱにおける貨幣資本の蓄積という問題を越えるものになっていることも確認できる。大谷氏のような，「貨幣の運動を捨象して叙述できることはほとんどわずかなことにとどまらざるをえない」（上157頁）という理解こそ，マルクスの「探求の過程」を過小評価するものである。

しかも，大谷氏にあっては，そうした理解から，貨幣的契機が強調され，第8稿で獲得された視点として貨幣資本の循環形態を分析基準とする考察の必要性が主張されている。すなわち，拡大再生産は「剰余価値から貨幣形態で積立てられた蓄積ファンドの資本としての前貸によって開始される」とされた上で，第8稿の拡大再生産表式分析の第2回目までの「試みのなかで」マルクスが「痛感したにちがいない」点の1つは，「社会的総資本の再生産過程のなかでの，可変資本の貨幣形態での前貸とそれの貨幣形態での還流という，資本の循環における決定的に重要な契機を正確に把握するためには，もはや商品資本の循環という視点からの考察では十分ではなく，貨幣資本の循環の視点からの考察を必要とするのであって，この二重の視点からの分析が要求される，ということである」（下178～179頁），とされるのである。この点は，単純再生産論に関しての，「貨幣を媒介にした」「生産手段，消費手段，労働力という商品の相互間の『素材的転換』」が「可変資本の貨幣形態での前貸および還流とどのように絡み合っているのか，ということがつかまれなければなら」ず，「だから，総再生産過程の分析が商品資本の循環にもとづいて行なわれるとしても，そのさい貨幣資本の形態にある可変資本の循環

が，総じて貨幣資本の循環が考慮に入れられなければならないということになる」(中132頁)，という把握と対応している。そして，拡大再生産表式分析第2回目に関して，「マルクスはここでは」，「両部門の可変資本については，期首ではまだ貨幣形態にあるのであって，生産過程が，したがって現実の蓄積過程が開始され，進行していく過程で，それが次第に賃金として支払われ，その賃金で消費手段の形態にある商品生産物が次第に貨幣化されていく，と考えている」(下179～180頁)，と説明されている。

確かに，第2回目表式分析途上の経過的な表式の貨幣・商品在庫の二重表示に示されているように，賃銀は「次第に」「支払われ」，それで消費手段が「次第に貨幣化されていく」と考えられている。しかし，これは，「両部門の可変資本については，期首ではまだ貨幣形態にある」ということではない。というのは，「現実の」拡大再生産は「剰余価値から貨幣形態で積立てられた蓄積ファンドの資本としての前貸によって開始される」が，第2回目表式分析においては，「現実の蓄積過程が開始され，進行していく過程」で投じられる部門「Ⅰの可変貨幣資本100」(K.Ⅱ, S.506, Ⅱ/11, S.811, 訳(下)23頁)は，部門「Ⅱ）が蓄積のためにⅠから100m(Ⅰ)を買う」時に「Ⅱ)が支払う貨幣がⅠの追加可変資本の貨幣形態に転化し」た (ebd., 同上) ものだからである。そこでは，「両部門の」「貨幣資本の形態にある可変資本の循環」が問題とされているわけではないのである。

また，大谷氏も認めているように，「貨幣資本の循環と商品資本の循環とは時間的にずれて」(中132頁) しまう。$W'\cdots W'$循環を基準とする総再生産過程分析においては，今期の生産の結果としての総生産物の価値実現までは含まれず，生産を準備するために投下された貨幣は生産が行なわれた今期中には剰余価値を含むG'には再転化されるわけではない。$G\cdots G'$循環から見た場合の「増殖された資本価値」(K.Ⅱ, S.52, Ⅱ/11, S.584) を表わす「終点」(K.Ⅱ, S.63, Ⅱ/11, S.591) のG'は，$W'\cdots W'$循環を基準とした場合には今期には登場しないのである。投下された蓄積基金も今期中にはG'の一部として帰って来ないし，第2回目分析では明示されていないK_AとK_Bとの区別の要因を導入すれば，ⅠK_B・ⅡK_Bが投下した蓄積基金はⅠK_A・ⅡK_Aで積み立てられるのだ

第12章 拡大再生産の「探求の過程」が「見えなくなっている」のはどこか　261

から,同一の資本が G－W…P…W′－G′ という運動を行なうわけではない。

　しかも,初稿第1章においては,商品資本の循環形態に当たる「循環」・「流通過程」の「第4の形態」に関連して,「労働者に……支払われる貨幣は,彼の生産物 W′ が W′－G の段階において表示される貨幣の一部分である」(Ⅱ/4.1, S.171, 訳46頁)ことが指摘され,同様の記述は現行版第1篇第2章に使用された第5稿の「生産資本の循環」部分(K.Ⅱ, S.76, Ⅱ/11, S.607)でもなされている。初稿では,さらに,「それゆえ,この〔W′…W′循環〕形態では,資本家がある何かを彼自身のファンドから労働者に前貸しするかのような仮象は完全に消失する」(Ⅱ/4.1, S.171, 訳46頁),とされているが,そうした特徴を持つ W′…W′ 循環を基準とした総再生産過程分析に,「貨幣資本の循環の視点からの考察」を組み込めば,その「仮象」が混入してしまう結果になろう。大谷氏の評価に従ったとしても,第5稿では総再生産過程の分析基準としての商品資本循環形態の「独自性の明確化」がなされたのに,その方法・分析基準が混濁してしまうのである。

　以上のように,第8稿の拡大再生産表式分析の「探求の過程」を見ても,「二段構え」の考察方法は依然として採られているし,また,マルクスが,「商品資本の循環という視点からの考察では十分ではな」いとして,「貨幣資本の循環の視点」を加えた「二重の視点からの分析」を「痛感した」わけでもなかった。第2稿との間に方法的な断絶はないのである。

6　第8稿末尾＝現行版「補遺」部分と表式分析との関連について

　現行版の「第4節　補遺」部分にあたる第8稿の末尾部分についての大谷氏の見解は,それは「『補遺』であるどころかこの拡大再生産の論述の1つの筋道にたいするいちおうの結論となって」おり,草稿の項目「5)部門Ⅱにおける蓄積」で「提起」されていた「Ⅱにとっての『貨幣源泉』はど

---

(57)　大谷,前掲「『蓄積と拡大再生産』(「資本論」第2部第21章)の草稿について」(上) 25頁。

こにあるのか，という問題についての最終的なコメントである」，というものであり，それで「『5 第Ⅱ部門での蓄積』の考察が……終わった」(下184~185頁)とされていた。その部分の内容としては，3つのことが述べられているとされ，第1に，「Ⅱにとっての本源的な貨幣源泉は，cⅡの一部分と交換される，金生産Ⅰの(m+v)Ⅰである」(K.Ⅱ, S.517, Ⅱ/11, S.824, 訳(下)76頁)，ということ，第2に，「拡大再生産に先行する」「一時的な貨幣蓄蔵のための要素」が「部門Ⅰと部門Ⅱとの関係の中で」生じる(K.Ⅱ, S.517, Ⅱ/11, S.825, 訳同上)，ということ，第3に，「Ⅱの資本家たちの交換——Ⅱmに関連しうるだけの交換の内部で，どの程度まで貨幣蓄蔵が行なわれうるか」(ebd., 同上)，ということが挙げられていた。

「補遺」部分を3つに大別して，それらの内容自体を上記のように把握する点については，これまでの諸見解と同様のままである。しかし，MEGAによる第8稿には留意されるべき点がある。第1に，「補遺」は現行版や大谷氏による以前の紹介では改行なしの1つの段落になっていたが，その部分には改行が2箇所あったという点であり，第2に，最初の金生産による「本源的な貨幣源泉」の問題についての記述部分は角括弧でくくられていたという点であり，第3に，現行版の「第4節 補遺」の表題の直前の横線は，草稿には存在しないという点である。

第1の2箇所の改行によって，「補遺」部分の内容が3つに大別されていることが明白になった。第2の角括弧からすれば，金生産による「本源的な貨幣源泉」の問題はここでの叙述では副次的な論点と解されるべきなのだから，ここでの3つの問題の並列的で順番どおりの把握では充分ではないことになろう。また，富塚氏によって，「補遺」部分が「やや難解で不明確な点を残」している原因の1つとして，「蓄積基金の積立と投下の対応関係の問題が金生産による『本源的な貨幣源泉』からの貨幣供給の問題と直接的に結び合わされて」いる点が挙げられていたが，マルクスの草稿ではその点は区別されていたのである。ここでの改行と角括弧の削除というエンゲルスの編

---

(58) 富塚，前掲「原典解説 第21章 蓄積と拡大再生産」(『資本論体系4』) 155頁．

第12章 拡大再生産の「探求の過程」が「見えなくなっている」のはどこか

集は，3つの問題の関連を理解しにくくさせてしまったと言わざるをえない。

論述の順序で直ぐに気になるのは，なぜ初めに取り上げられるのが角括弧内の岐論とされた金生産による「本源的な貨幣源泉」の問題なのかということである。この理由を考えるには，上記の第3の点が手掛かりとなる。この部分はその前の部分とは項目でも横線でも区切られていないのだから，その脈絡に着目しよう。この部分に連なる直前の論述では，「蓄積についてのこの叙述では，不変資本の価値は……正確には示されていない」(K.Ⅱ, S.516, Ⅱ/11, S.824, 訳(下)74頁)として，固定資本がもたらす独自の諸問題の所在に注意が喚起されている。マルクスは，単純再生産の場合には，基本的部分の分析の後に，固定資本の補塡の問題から貨幣材料の再生産の問題へと進んでいたので，ここでも，固定資本に係わる諸問題への言及が，蓄積＝拡大再生産における金生産による「本源的な貨幣源泉」の問題への言及の必要性を想起させたとも推測できよう。そうした脈絡から，「補遺」部分では，岐論であるにも係わらず，金生産による「本源的な貨幣源泉」の問題から論述が開始され，それから本論とも言うべき部門間取引および部門Ⅱ内部の取引における貨幣蓄蔵の問題へと進んでいるものと思われる。そして，「補遺」部分の直前の固定資本に関する論述で言われる「蓄積についてのこの叙述」には「蓄積の表式的叙述」部分も入っている。マルクスは表式の累年展開の失敗を資本構成の変化の不合理さに見ており，しかも，計算間違いの自覚はないのだから，その資本構成の変化の不合理さと表式分析における固定資本要因の捨象とを結びつけていたかもしれない。その場合には，前記の「叙述」とは直接的には「表式的叙述」部分を指していることになろう。いずれにしても，固定資本への言及は「表式的叙述」を補足する性格を持っているのだから，それに連なっている蓄積＝拡大再生産の場合における金生産による「本源的な貨幣源泉」の問題部分も，「蓄積の表式的叙述」についての論述に連繋している，とすることができよう。「補遺」部分はそれへの文脈という点から形式的に見れば，「表式的叙述」への「補遺」とも把握できるのである。

では，「補遺」部分の内容を見よう。第1の部分の内容に関する大谷氏の解説は，「ⅠにとってもⅡにとっても，本源的な貨幣源泉は金生産なので

あって，貨幣材料の再生産の分析においてすでに明らかにされていたこのことが，ここであらためて確認されている」(下184頁)，というものである。しかし，まず，大谷氏のように，「すでに単純再生産のところで行なわれた貨幣材料の再生産の分析のさいに」，「第Ⅱ部門の生産物である消費手段の一部が，第Ⅰ部門に属する金生産部門のv＋mを表わす金と交換されること……によって，金に転換されることも明らかにされていた」(下184頁)，とまでは評価できない。富塚氏によって，「補遺」部分の「不明確」さのもう1つの原因として，「金生産による『本源的な貨幣源泉』の問題が，『貨幣材料』を供給するものとしての金生産を，生産手段生産部門としての部門Ⅰに所属せしめるという不適切な方法によって論じられている」という点が指摘されていたし，確かに，貨幣材料としての「金の生産は〔部門〕Ⅰ）に属する」(K.Ⅱ,S.466, Ⅱ/11, S.772)とした試みでは，貨幣材料としての金とそれに対応する生産物部分の諸転態に関して「困難」が生じているからである。大谷氏は「補塡関係の説明に舌足らずの部分を残した」(中135頁)と評しているが，困難の解決のためのマルクスによる説明は，Ⅱcの一部を実現して得た「貨幣がCⅡからm(Ⅱ)に移転され」，「それに対応する商品価値がm(Ⅱ)からCⅡに移転されねばならない」(K.Ⅱ, S.468, Ⅱ/11, S.773)というものである。これは表式分析としては「不合理」な論法であり，マルクス説を補強しようとする諸見解においても「説得力を欠く手法が採られて」いる。そうした点を考慮すれば，単純再生産の「貨幣材料の再生産」の分析箇所において「消費手段の一部」の「金」への「転換」が「明らかにされていた」というのは，その箇所の過大評価と言わざるをえない。

* 単純再生産の場合の「貨幣材料の再生産」をめぐる諸見解に関しては，拙稿で検討した。

** 伊藤(武)氏は，このマルクスの見解は「誤り」だと断じ，「貨幣材料としての金

---

(59) 同前。
(60) 同著，前掲『経済原論』252頁。
(61) 同上，251～253頁。
(62) 拙稿「貨幣材料の再生産をめぐる論争」（前掲『資本論体系4』所収）。

第 12 章　拡大再生産の「探求の過程」が「見えなくなっている」のはどこか　　265

は生産的消費にも個人的消費にも入ら」ないのだから，その生産部門は「第Ⅲ部門」とされるべきだとしている。(63)本書前編第 1 章 *2*（19頁）で述べたように，マルクスにおける総生産物の二部門分割は，労働の二重性解明による生産過程における不変資本と可変資本＋剰余価値との関連把握を基礎に置いての展開である。この点を無視して，生産的消費にも個人的消費にも入らないから，貨幣材料としての金生産部門は「第Ⅲ部門」とされるべきだと結論することはできない。価値の構成 $c+(v+m)$ と二部門分割との対応関係の論点が見落とされてしまうからである。

　また，逆に，単純再生産の「貨幣材料の再生産」の分析で「すでに明らかにされていた」「Ⅰにとっても Ⅱ にとっても，本源的な貨幣源泉は金生産」であるということが，「ここであらためて確認されている」，というのは，「補遺」の第 1 段落の過小評価であろう。前記の「Ⅱ にとっての本源的な貨幣源泉は金生産 Ⅰ の$(m+v)$Ⅰ である」という，「事実上，単純再生産の場合を想定した叙述」には，次のような記述が続けられているからである。(64)

　　「$(m+v)$Ⅰ がⅡに入らないのは，金生産者が剰余価値を生産手段に転化させる限りでだけである。他方，このような貨幣の蓄積（金生産者自身の側での）が最終的には拡大された規模での再生産に至る限りでは，金生産の剰余価値のうち収入として支出されない部分は追加可変資本としてⅡに入って，そして，そこで新たな貨幣蓄蔵を促すか，または，Ⅰに直接に再び売ることなしに，Ⅰから買うための新たな手段を直接に与える。」（*K*.Ⅱ, S.517. Ⅱ/11, S.824-825. 訳（下）76頁。）

ここでは，マルクスは，「拡大再生産の場合の諸転態の考察に入って」おり，「一方的販売によることなく蓄蔵貨幣を形成することができ，他方，積立てられた蓄蔵貨幣を追加不変資本および追加可変資本として投下することによって部門Ⅰおよび部門Ⅱに一方的販売による『新たな貨幣蓄蔵を促す』ところの，貨幣材料たる金生産部門の『本源的な貨幣源泉』としての特殊な役割に

---

(63)　伊藤（武），前掲「『資本論』第二部第八稿の拡大再生産論」23頁。同著，前掲書，133頁。同稿「『資本論』第 2 部第 8 稿の拡大再生産論」（『大阪経大論集』第61巻第 3 号，2010年）236頁。
(64)　富塚，前掲「『資本論』第 2 部第 3 篇『社会的総資本の再生産と流通』第21章『補遺』の内容読解の試み」209頁。

ついての指摘はなされている」、と評価できるのである。ここで「金生産部門の拡大だけがとり出され」ているのは，新しく問題となってきた所だけを取り上げるという表式分析の箇所と同じ手法である。その点に対しては，富塚氏は，「問題が社会総体としてみた拡大再生産の進展と流通必要金量の増大にともなう追加貨幣の供給が金生産部門の拡大によってどのように調達されるか，その調達はいかなる諸転態を通じておこなわれるか，として論じられていない」と批判的であり，そして，「どのような諸転態を通じて『本源的な貨幣源泉』からの追加貨幣の供給がおこなわれるか」を，貨幣材料としての金を部門Ⅱ内特殊部類に類別した再生産表式の展開によって明らかにしている。

次に，第2の問題の，「ⅠとⅡとの関係の中での<u>一時的な</u>——拡大再生産に先行する——<u>貨幣蓄蔵のための要素</u>」が生ずるのは，次のような場合であるとされていた。

> 「Ⅰ）にとっては，mⅠの一部分がⅡの追加不変資本のためにⅡに<u>一方的に販売</u>される場合にのみ生じる。Ⅱ）にとっては，同じことがⅠの側で追加可変資本について行なわれる場合であり，<u>同じく</u>，Ⅰによって収入として支出される剰余価値の一部分がc（Ⅱ）によって補塡されず，したがってm（Ⅱ）部分にまで及び，この部分がそれによってただちに貨幣化される場合である。」(K.Ⅱ, S.517. Ⅱ/11, S.825. 訳（下）76頁。)〔引用文12Ｃ。〕

ここでの部門Ⅰの貨幣蓄積とは，部門Ⅱの追加不変資本の形成のために追加生産手段の「一方的販売」が行なわれる場合なのだから，貨幣の流れとしてはⅡK_B→ⅠK_Aの場合である。部門Ⅱの貨幣蓄積とは，部門Ⅰの追加労働者に追加生活手段の「一方的販売」が行なわれる場合なのだから，部門Ⅰでは追加労働力が雇用されて「現実的な」蓄積が行なわれた場合であり，ⅠK_B→ⅠP→ⅡK_Aの場合である。第3の場合は，「$(v+m/x)$ⅠがcⅡよりも大きい」場合であり，表式分析第2回目第2年度以降および第5回目で考

---

(65) 同前，211頁。
(66) 同上。
(67) 同上，211〜212頁。同著，前掲『経済原論』302〜304頁。

察してきたⅡcを補足する蓄積部分に関する場合である。

この部門Ⅰの貨幣蓄積と部門Ⅱの第1の貨幣蓄積の記述に関しては，富塚氏が，「この文章のなかでは」，「買うことなしに売ることによる蓄積基金の積立ての側面のみが記され，売ることなしに買う蓄積基金の投下の側面が述べられていない」とし，部門Ⅰと部門Ⅱのこの「二様の取引」は「連繋することによって，部門Ⅰおよび部門ⅡのB群の資本家たちが投下したのと同額の貨幣が同部門のA群の資本家たちの手で積立てられることになる」とした(68)ことに対して，伊藤(武)氏が，「ここでの主題」は「蓄積基金形成の問題であ」り，「蓄積基金の投下がなければならない」わけではないと批判し，ここでの部門Ⅰと部門Ⅱの取引の「連繋」の問題を否定している。(69)

この点に関して参照されるべき記述は，表式分析第2回目第2年度以降に生じたⅠ$(v+mk)$＞Ⅱcの場合の中で，第5回目第1年度においてⅡcの補足分70Ⅱmを買う部門Ⅰの「70の貨幣（剰余価値の転換のための貨幣準備）」の貨幣流通・還流に言及した次の箇所である。

　「Ⅰからきた70の貨幣がⅡの側からの70m(Ⅰ)の購入によってⅠに帰ることがまだ行なわれないか，またはまだ部分的にしか行なわれない期間を通じて，貨幣での70は，その全部または一部分が，Ⅱの手にある追加貨幣資本としての役を演じる。（そしてこのことは，ⅠとⅡとの商品が互いに補塡され合うことによって貨幣がその出発点に還流する以前の，両者の間のどの転換についてもあてはまる。）しかし貨幣は，ここではただ一時的にこの役を演じるだけである——事態が正常に経過する限りでは。」(K.Ⅱ,S.512-513.Ⅱ/11,S.820.訳(下)56～57頁。)〔引用文12D。〕

この引用文12Dで記されていることは「補遺」部分の第2段落の引用文12Cにおける第3の場合であり，引用文12Dの括弧内の記述に対応するものが，「補遺」部分の引用文12Cにおける第1・第2の場合であると解される。「現実の」「拡大再生産に先行する」貨幣蓄積が「一時的な」ものである

---

(68)　同稿，前掲「原典解説 第21章 蓄積と拡大再生産」（『資本論体系4』）155頁，156頁。
(69)　伊藤(武)，前掲書，135頁。

ことを示すためには，ⅠKおよびⅡKに関して，蓄積基金を積み立てる資本家A群と積み立て終わったそれを投下する資本家B群とを区別することが必要である。ところが，「貨幣がその出発点に還流する」という問題については，表式分析第2回目第1年度では，本章 *1*（232頁, 234頁）で見たように，ⅡK→ⅠKおよびⅠK→ⅠP→ⅡKの貨幣の流れが記されてはいたが，ⅠKおよびⅡKに関しての資本家A群とB群との区別が明示されておらず，貨幣還流に関する拡大再生産の場合の考察としては決定的に不充分なものに止まっていた。この区別を導入すれば，第2回目第1年度の場合には，ⅡK$_B$→ⅠK$_A$およびⅠK$_B$→ⅠP→ⅡK$_A$の貨幣の流れとなる。

　そして，「補遺」部分の引用文12Cで問題とされている貨幣蓄蔵は「一時的な」ものなのだから，その部分での考察も，引用文12Dに言われている「事態が正常に経過する限りで」のものである。したがって，第2回目第1年度で言うならば，前段のⅡK$_B$→ⅠK$_A$の後に，「蓄積のために変えられた配列」で「現実に」「拡大された規模での再生産」が行なわれ，それに伴いⅠK$_B$→ⅠP→ⅡK$_A$が行なわれる場合と同様の事態が考えられていることになる。蓄積基金の積立てを完了した資本家が蓄積基金を投下する資本家K$_B$となるのだから，K$_B$は同時に蓄積基金の積立てを行なうK$_A$を兼ねてはいるが，K$_A$がそのままK$_B$となるのは一部にすぎない。第2回目第1年度の論述で「事態が正常に経過する」のは，ⅠK$_A$とⅠK$_B$が対応している場合のみである。それは，ここでの部門Ⅰと部門Ⅱの取引は「連繋」しなければならない，ということを意味する。マルクスにあっては，そうした形で蓄積基金の積立と投下の対応関係が念頭に置かれていたと見做される。そうした関連を前提に，「補遺」部分の引用文12Cにおいては，「Ⅰにとって」はⅡK$_B$→ⅠK$_A$の結果としての「貨幣蓄蔵」が「一時的な」ものとして記されているのである。「Ⅱにとって」はⅠK$_B$→ⅠP→ⅡK$_A$およびⅠK→ⅡK$_A$の結果としての「一時的な」「貨幣蓄蔵」である。部門Ⅱに関する前者の場合には部門Ⅰの「現実の」拡大再生産が部門ⅡK$_A$の「貨幣蓄蔵」に先行することになるが，部門Ⅰの追加不変資本mc部分の内部転態とそれによる追加雇用が先行すると考えればよいであろう。表式分析の箇所では明記されてい

第12章　拡大再生産の「探求の過程」が「見えなくなっている」のはどこか　269

なかった蓄積の場合の貨幣蓄蔵と貨幣還流の特徴的な態様を記述したものが，「補遺」部分の引用文12Cなのである。しかも，そこでは，資本家A群とB群を事実上区別した上で，部門Ⅱにおける「貨幣蓄蔵」だけでなく，同じ比重で部門Ⅰの「貨幣蓄蔵」も取り上げられているのだから，「補遺」部分は「Ⅱにとっての『貨幣源泉』」の問題の「コメント」に止まらない側面を持っていることになる。そうした意味で，「補遺」部分は「蓄積の表式的叙述」の「補遺」ともなっているのである。

　第3の「Ⅱの資本家たちの交換——m(Ⅱ)に関連しうるだけの交換——の内部でどの程度まで貨幣蓄蔵が行なわれうるか」という問題については，下記のように論じられている。

　　「われわれが分かっているのは，Ⅱの内部で直接的な蓄積が行なわれるのは，m(Ⅱ)の一部分が直接に可変資本に転化される（ⅠでmⅠの一部分が直接に不変資本に転化されるのと全く同様に）ことによってである，ということである。……必要な変更を加えれば，事柄はⅠの場合と全く同様に説明される。一方の者はまだ退蔵の段階にあって，買うことなしに売り，他方の者は拡大再生産の時点（沸騰点）に達している（売ることなしに買う）。追加可変貨幣資本はまず追加労働力に支払われる。しかしこの労働力は，貨幣蓄蔵しつつある者（労働者の消費に入る追加消費手段の所有者）から生活手段を買う。彼らの貨幣蓄蔵の程度に応じて，貨幣は彼らの手から出発点に帰らずに，彼らが貨幣を退蔵する。」
　（K.Ⅱ, S.517-518. Ⅱ/11, S.825. 訳(下)76～77頁。）〔引用文12E。〕

　ここでは，部門「Ⅰの場合と全く同様に」一方的販売による蓄積基金の積立と一方的購買による蓄積基金の投下との対応関係が指摘され，それに「必要な変更を加え」て部門「Ⅱの内部で」の「直接的な蓄積」の特徴が指摘されている。「必要な変更」とは，大谷氏が敷衍しているように，「追加可変資本の場合には，第Ⅱ部門の資本家にたいして一方的な買い手として現われるのは……労働者である」ので，「第Ⅱ部門の内部では，現実の蓄積を行なう資本家Bたちが，生産過程の進行とともに，蓄蔵貨幣を流通手段に転化して，これを追加労働者に賃金として支払い（追加労働力の一方的な購買），追加

労働者が流通手段としてのこの貨幣で資本家Aたちから消費手段を一方的に買い，こうして入手した流通手段をAたちは蓄蔵貨幣に転化して退蔵し，可能的な貨幣資本を形成する」(下185頁)，ということである。

　こうした理解で問題はないと思われるのであるが，異論が伊藤(武)氏から提示されているので，それについても検討しておこう。氏は，マルクスが部門「Ⅰの場合と全く同様」の方法を採ったことを批判し，第1に，「追加可変資本もまた貨幣形態で追加労働力に転化されるのであって，蓄積されるⅡmの一部分はまず実現されなければならないのであって，直接に可変資本に転化されるのではない」という点を指摘し，第2に，「労賃は……再生産周期を1年とする再生産論の前提では翌年度の終わりにすでに生産物が生産されたのちに支払われ，労働者は……自分の生産した生産物のうち可変資本に等しい部分を受取るにすぎない」という点を強調し，引用文12Eに記されている「必要な変更」を，「今年度の部門Ⅱの年間生産物が，社会の潜在的な消費財源として翌年度の再生産開始期に部門Ⅱの資本家のもとにあり，翌年度の再生産期間のあいだにそれぞれの消費財源となって消費されていく[71]」という内容のものへの転換として理解するのである。

　しかし，第1の点については，引用文12Eの「m(Ⅱ)の一部分が直接に可変資本に転化される」というのを，Ⅱmの一部分が貨幣形態を経ることなく「追加労働力に転化される」という意味に解して批判しているようであるが，それでは誤読である。引用文12Eの後段では，「追加可変貨幣資本が追加労働力に支払われる」と明記されているし，また，それにもかかわらず，そうした点への考慮は引用文12Eの前段ではなされていないと解する場合は，その直後の論述途上で認識がいきなり変更されたことになるが，それはいかにも不自然だからである。まして，氏の場合には，本書前編第6章でも見たように，マルクスは「単純再生産については」「第8稿において」「可変資本の補塡を」「はじめて明確に論じ」たと強調し，そうした点を「第2稿

---

(70)　同稿，前掲「『資本論』第二部第八稿の拡大再生産論」26頁。
(71)　同上。

第12章　拡大再生産の「探求の過程」が「見えなくなっている」のはどこか　271

までの観点を自己批判し」たものと評しているのだから，そのマルクスが蓄積＝拡大再生産の論述では，氏が「部門Ⅱでの追加貨幣資本形成についての結論的覚え書」と評価する部分において，当初は剰余価値の一部分が貨幣形態を経ることなく「追加労働力に転化される」と考えていたという解釈はできるはずはないのである。ここで「直接に」というのは，引用文12Eの前段の「Ⅱの内部で直接的な蓄積が行なわれる」という文言と同様に，部門間取引を媒介することなしに「Ⅱの内部」で完結するものとして，という意味に解されるべきである。

　第2の，引用文12Eに記されている「必要な変更」を，「労賃は……翌年度の終わりにすでに生産物が生産されたのちに支払われ」るという点に関連付けて理解しようとする点も無理である。この労賃の「翌年度」支払いという指摘は，本章 *1*（236～237頁）で見たように，マルクスの叙述にはないからである。氏のような解釈は，表式分析第2回目第1年度に関するエンゲルスの「翌年度」規定を無批判的に受け入れ，第2回目第2年度以降と第5回目に関する同様の加筆も無視したものにすぎない。引用文12Eでの「必要な変更」とは労働者による媒介のことである。その「変更」を加えれば，部門Ⅱの内部転態も部門「Ⅰの場合と全く同様に説明」できるという記述には問題はないのである。

　以上のように，現行版の「補遺」部分は，確かに，草稿の項目「5）部門Ⅱにおける蓄積」で「提起」されていた「Ⅱにとっての『貨幣源泉』はどこにあるのか，という問題についての最終的なコメントである」，とは言えるし，それで「『5 第Ⅱ部門での蓄積』の考察が……終わった」とも見做される。しかし，「補遺」部分は，形式的には，「蓄積の表式的叙述」を補足する固定資本要因への注意書きに連続していて，「部門Ⅱにおける蓄積」の問題に直結しているわけではなく，また，内容的には，表式分析で明記されていなかった資本家A群とB群の区別が意識された上で，部門Ⅱにおける「貨幣蓄蔵」だけでなく，部門Ⅰの「貨幣蓄蔵」も取り上げられているように，

---

(72)　同前，1頁。

「Ⅱにとっての『貨幣源泉』」の問題の「コメント」に止まらず,「蓄積の表式的叙述」を完成に向かわせる性格のものでもあった。そうした点からすれば,第8稿「Ⅱ)」の末尾部分は,「部門Ⅱにおける蓄積」の記述ではあるが,それは同時に,「蓄積の表式的叙述」への「補遺」とも言えるのである。エンゲルスが表式分析以降を「蓄積の表式的叙述」と「補遺」として編集したのも充分な根拠があったと見るべきであり,決して恣意的な編集ではない。「補遺」という表現を,伊藤(武)氏のように,「たんなる付論考察といったもの」[73]と受け取らなければよいだけである。現行版の「補遺」部分は,「拡大再生産の論述の1つの筋道にたいするいちおうの結論」ではあるが,同時に,「蓄積の表式的叙述」への「補遺」としての位置付けもできるのである。

小　括

　以上のように,第2回目表式分析の第1年度においては,蓄積率に関する部門Ⅰの先行的決定と部門Ⅱの従属的対応という方法の採用によって,単純再生産過程に該当する部分と蓄積に係わる転態部分とが截然と区分され,なおかつ後者に関するⅠmv＝Ⅱmcの関係が成立する事例が示されたが,そこでの展開は,商品資本の循環範式の出発点W'を示す表式→貨幣・商品の二重表示の経過的表式→蓄積のための総生産物の機能配置を示す表式の析出→それによる現実の拡大再生産の結果としてのW''の把握というように,理解することができた。その第2年目にはⅠ(v+mk)＞Ⅱcという新たな場合に直面したので,考察の中心はⅠ(v+mk)－Ⅱcの「超過」分の運動の把握に置かれ,そのために,第1年度で既に考察済みの「経過的な分析式」は見られないが,展開の基本論理は同一であった。第5回目表式分析は,Ⅰ(v+mk)＞Ⅱcの場合を初めから想定した上で,第2回目第1年度と同様の表式分析の展開となっている。したがって,各表式分析の展開の基本論理は共通しており,それらが「異なった仕方で行なわれている」というわけで

---
(73)　同前,5頁。

第12章　拡大再生産の「探求の過程」が「見えなくなっている」のはどこか　273

はなかった。

　現行版では，エンゲルスの加筆や表式の入れ換えによってマルクスの「探求の過程」は確かに見えなくなっている。しかし，エンゲルスが「マルクスの失敗」を「全部削除し」たのは，大谷氏も認めているように，公刊される著作としては「当然のこと」であるし，また，エンゲルスは，「自分の表式展開だけを置いた」わけではなく，マルクスの計算上の間違いを訂正したりマルクス自身が削除した説明を活用したりしている。エンゲルスによって前提どおりの計算に訂正された第2回目表式分析の累年展開を見るならば，第2年度よりも後では，総資本の構成比率は「毎回維持され」，「部門間比率は一定とな」り，そして，これは両部門の蓄積率が同一で，両部門の均等発展を示していた。この場合にはエンゲルスの編集によって，マルクスが「探求」して到達しようとした結果が示唆されていた。

　現行版第3節「3　蓄積に際しての$II c$の転換」部分において，表式分析の「帰結」として指摘されていた$I(v+mk)$と$II c$の関係についての3つの場合に関しては，第3の$I(v+mk)<II c$の事例にあたるものは，草稿では第5回目第3年度の分析であった。この事例が現行版では見当たらなかったのは，エンゲルスによる計算上の誤りの訂正にしたがってこの関係が消えて行ったためであった。

　拡大再生産表式分析の「探求の過程」で解明された論点を見て行くと，第2回目第1年度における貨幣・商品の二重表示の経過的表式の展開によって，「部門IIを出発点とする貨幣の還流が初めて明かにされ」ている。したがって，「蓄積のために変えられた配列」についての記述の箇所までで，項目「5）」の表題とされた「部門IIにおける蓄積」に関しては，貨幣資本の蓄積も現実資本の蓄積も一応は明らかにされたことになる。

　しかし，拡大再生産表式分析の内容はそれに止まってはいなかった。蓄積のための総生産物の機能配置・「配列」を示す表式の析出によって，蓄積＝拡大再生産の場合の出発点の総生産物W'が持っていなければならない価値－ならびに素材構成が明らかとなり，支出されていた剰余労働の形態も把握されるようになっている。また，第2回目第2年度の分析では，単純再生

産該当部分と蓄積部分とが截然と区分されず，$Imv＝IImc$ の関係が成立しない場合が明確に認識され，第2年度以降および第5回目の分析によって，その場合には，部門Iにとっては消費手段によるI(v+mk)の補填で，消費を目的とする商品交換が，IIにとっては「直接的な蓄積過程」であるという点が明らかにされた。そして，I(v+mk)－IIcの「『超過』分に規定されて，部門IIにおける蓄積が部門Iのそれよりも『加速』され」ないか，ということから，両部門の資本の増加率と蓄積率の相違という問題が意識され，第2回目表式分析では第6年度の途中まで，第5回目表式分析でも第3年度の途中まで，累年展開が行なわれていた。

このように，表式分析の過程においては，「部門IIにおける蓄積」が明らかにされただけでなく，それをも含む総生産物 W' に視点が広げられ，かつ問題が支出されていた剰余労働の形態を見通せる地点まで掘り下げられ，蓄積のための総生産物の機能配置・「配列」を示す表式が析出される，というように，「探求の過程」で諸論点の拡充と深化がなされている。そうした点を表わすためには，その箇所を「蓄積の表式的叙述」という項目の下に編集することも充分に意味があると評価できる。逆に，表式分析を，それに入る前に記されている「5）部門IIにおける蓄積」の項目名によって理解しようとするのは，一見したところ草稿を尊重するようではあるが，その試行錯誤を通じて発展している内容をそれ以前の項目・枠組みで裁断し，内容分析を不充分なままにしかねないようにも思われる。

現行版の「補遺」部分は，形式的には，「蓄積の表式的叙述」に際しての固定資本要因への注意書きに続く部分にあり，「部門IIにおける蓄積」の問題に直結しているわけではなかったし，また，内容的には，「部門IIにおける蓄積」の記述ではあるが，それは同時に，表式分析で残されていたIKおよびIIKに関してのAとBの区別を明示した論述でもあり，それによって，「蓄積の表式的叙述」も完成に向かうような性質のものであった。そうした点からすれば，エンゲルスが表式分析以降を「蓄積の表式的叙述」と「補遺」として編集したのも充分な根拠があったと見るべきであり，決して恣意的な編集ではなかった。現行版の「補遺」部分は，「拡大再生産の論述

第12章 拡大再生産の「探求の過程」が「見えなくなっている」のはどこか 275

の１つの筋道にたいするいちおうの結論」ではあるが，同時に，「蓄積の表式的叙述」への「補遺」としての位置付けもできるのである。

　エンゲルスの編集に関して留意されねばならないのは，「見出し」という外面的なことではなく，W'からW''への展開に関するマルクスの「探求の過程」の論理展開が見えにくくなっている点である。蓄積のための総生産物の機能配置を示す表式の析出，およびそれによる現実の拡大再生産の結果としてのW''の把握が把握されにくくなっている，ということである。また，Ⅰ$(v+mk)$とⅡcの関係については，蓄積率の大きさによって３つの場合のうちのいずれかが生じうることが事例として示されないままにもなっている。

　ただし，W'からW''への論理展開や，Ⅰ$(v+mk)$とⅡcの関係についてのマルクスの「探求の過程」の把握が重要であるとはいっても，それ自体を絶対視するのではなく，「探求の過程」が目指していた方向や方法が重視されるべきであろう。草稿では，蓄積のための総生産物の機能配置を示す表式は，部門Ⅰの蓄積率の先行的決定・部門Ⅱの従属的決定の方法によって，部門間の補填関係を一つ一つ辿り，それらの結果として求められているが，余剰生産手段を過不足なく吸収しうる蓄積総額を析出することができれば，その表式は認識できるからである。

　また，表式分析の後に部門間の転態関係のあり方を検討する際に，「なによりもまず蓄積率が問題である」としたマルクスの視点が注目されるべきであり，「中間的総括」の基礎の上に，その方法を一貫させて行くならば，部門間均衡条件の把握と蓄積率決定の問題を関連づけることもできたであろう。表式分析の「中間的総括」と「帰結」は，このような方向性を指し示しているのである。マルクスの「探求の過程」からは，こうしたことを読み取る方が重要であろう。

終章 「再生産過程の攪乱」の問題はどう理解すべきか

　大谷氏の論稿の見過ごせない特徴として，『資本論』第二部初稿の第3章末尾に明記されている「再生産過程の攪乱」の項目，および，第2稿の第3章に予定されていた「２）〔空白〕」の項目と第2章の現行版では第2篇註32に編集された箇所が取り上げられていないという点がある。これらの点をめぐっては，富塚氏と大谷氏との論争があり，また，現行版第2篇註32部分の解読については MEGA『資本論』第二部編集者間においても論争が行な

（１）　富塚，前掲「拡大再生産の構造と動態（Ⅱ）」（『資本論体系４』）298頁。同稿「『資本論』第二部初稿第三章第九節『再生産過程の攪乱』について」（同上書，月報 No.6）１～２頁。大谷「メガの編集者は禁欲を要求される」（服部文男・佐藤金三郎『資本論体系１　資本論体系の成立』有斐閣，2000年，月報 No.9）。富塚「再生産論の課題――『資本論』第２部初稿第3章結節『再生産過程の攪乱』について――」（『商学論纂』第42巻第５号，2001年），のちに前掲『再生産論研究』所収。大谷「『betrachten すべき』は『再生産過程の攪乱』か『第３部第７章』か――富塚良三氏の拙訳批判に反論する――」（『経済志林』第70巻第３号，2002年）。富塚「再生産論の課題〔Ⅳ〕――『資本論』第２部初稿第３章結節の指示書きについての再論――」（『商学論纂』第44巻第６号，2003年）。
　　大谷，前掲「再生産論と恐慌論との関連をめぐる若干の諸問題について」。富塚，前掲「再生産論の課題〔Ⅲ〕」。同稿，前掲「再生産論と恐慌論の関連について」（『再生産論研究』「再生産論の課題〔４〕」）。
（２）　大谷，前掲『マルクスに拠ってマルクスを編む』「あとがき」218～221頁。大野節夫「大谷禎之介さんの nie と nur の読み替えについて」（『マルクス・エンゲルス・マルクス主義研究』第41号，2003年），大村泉「エンゲルス版『資本論』第２部第２篇脚注32に対応するマルクス草稿の解読文をめぐる MEGA 編集者間の論争について」（同上）。大谷，「『ではけっしてない（nie）』か『でしかない（nur）』か――マルクスの筆跡の解析と使用例の調査とによって――」（『経済志林』第71巻第４号，2004年，所収）。大野「大谷禎之介さんの nie か nur かの試金石」（同上，第41号別冊・第42号に再録，2004年），大村「大谷禎之介さん最新稿における私見批判・非難について」（同上）。

終章 「再生産過程の攪乱」の問題はどう理解すべきか　　277

われたにもかかわらず，これらの点に関する言及はないのである。この初稿の「再生産過程の攪乱」の項目とその行方という問題について，大谷氏の論稿では「全く一言も触れられていない[3]」点に対して，「第1，第2稿ともに……第3章（後の第3篇）において『再生産過程の攪乱』の問題が——その論理次元に固有の視角から——論述される予定であ」り，「この問題視点は第8稿においても貫徹される」と考える富塚氏が「まことに不可解」と批判[4]したのも当然である。

　上記の論争は同じことの繰り返しのように見えながら，認識は深められて行っているし，富塚氏からは，第2稿の項目「2)」・初稿の第3章後半部分が「全く欠落し，しかもそのことに関するなんらの言及もなされていない」所に，現行版第二部第3篇の「隠された最大の問題がある[5]」という評価も提示されている。そこで，これらの論争で明確にされた論点を整理しつつ，初稿の「再生産過程の攪乱」の項目とその行方を本書のこれまでの考察結果と関連させて検討することで，本書の終章としよう。

1　初稿における「再生産過程の攪乱」の一文は「留保的文言」か

　第二部初稿の「再生産過程の攪乱」の項目は，本書第7章 *1*（103〜104頁）に記したように，第3章の最終項目「9)」として設定され，その後で第3章全体の構成を示したプランでも「7）第三部への移行」の前に「6)」として明記されていた。ただ，項目「9)」に記されていたのは，"Zu betrachten ch. VII. Buch III."（II/4.1, S.381）という一文のみであった。

　この一文を，大谷氏は，第二部初稿の邦訳『資本の流通過程』において，「これは，第3部第7章で考察すべきである。」（訳294頁）と訳し，この訳文を，富塚氏は，上記の「文そのものの構造」および第3章「プランとの関連」

（3）　富塚，前掲「『再生産過程の攪乱』に関する考察〔II〕」158頁。138頁も。
（4）　同上，157頁。
（5）　同稿，前掲「再生産論の課題〔III〕」（『再生産論研究』）207頁。

からして「誤りである」とし，この一文を，「第3部第7章を考慮すべきこと」と訳した。これに対して，大谷氏は，メガ編集者の話として，富塚氏のような読み方は，「文法的に可能である」が，マルクスが「いたるところに残している」「留保的文言を見てきたかぎりでは」，「マルクスの文章としてはきわめて異様なものに響く」という見解を紹介することによって，「原文に in という語を補って読」むべきである，という反論を行ない，そして，富塚氏は，この一文は，「第2部第3章で『再生産過程の攪乱』の問題の論述を展開するにさいしての留意事項，念頭に置くべき事項を書き記した」「指示書き」であり，大谷訳は，それを「論述箇所の指定と見做し，『再生産過程の攪乱』の問題は第2部第3章においてではなく第3部第7章で論ずべき問題であるとここでマルクスが記しているかのように訳したものであって，……プランから明らかに読みとれるマルクスの意図とはまさに逆の意味内容の訳文となっている」，と反批判し，さらに，このプランによれば，「第3部に入ってゆく前に，社会的総資本の『総＝流通・再生産過程』の把握，『再生産の現実的諸条件』の解明を課題とする第2部第3章に固有の問題視角から『再生産過程の攪乱』の問題をマルクスは論じようとしていた」ことが明らかであり，このプランは「マルクスは再生産論においては不均衡や攪乱の問題を論ずる意図は無かったのだとする，わが国の一部の論者に根強く残る解釈や先入観が無根拠であることを端的に示すもの」だと主張した。

　大谷氏は再度反論し，「betrachten という語の意味」と「マルクスの使用例」を検討することによって富塚氏の読み方が成り立たないことを明らかにしようとし，それに対して，富塚氏は，その「マルクスの使用例」から読み

---

(6)　同稿，前掲「『資本論』第二部初稿第三章第九節『再生産過程の攪乱』について」，同稿，前掲「再生産論の課題」(『再生産論研究』) 130頁。
(7)　大谷，前掲「メガの編集者は禁欲を要求される」9頁，8頁。
(8)　富塚，前掲「再生産論の課題」(『再生産論研究』) 130頁。
(9)　同上，129頁。
(10)　同上，141頁。
(11)　大谷，前掲「『betrachten すべき』は『再生産過程の攪乱』か『第3部第7章』か」。

終章 「再生産過程の攪乱」の問題はどう理解すべきか 279

取れるのは，そこでは「文法上もなんらの欠損もない，きっちりとした『文体』で書かれていて，こうした論述個所の指定にさいして in を書き落としているような……事例は一つもないということであ」り，当該箇所に限って in を書き落としたということは「ありえない」とし，また，ドイツ語辞典の「語義説明」を検討すれば「betrachten の語意のうちには『考慮する』も含まれている」と反論した。大谷氏による再度の反論は成功しなかったと言えよう。

　しかし，大谷氏によるこの論稿には重要な見解が示されている。この論稿で初めて第３章プランについて言及し，「プランでも，『７）第３部への移行』のまえに『６）再生産過程の攪乱』という項目があるのであって，マルクスが第２部第３章で『再生産過程の攪乱』という一節を設けてこの問題を論じるつもりであったことはほとんど疑いようがない」，とし，さらに，「社会的総資本の再生産と流通の分析で明らかにされる再生産の諸条件が同時に恐慌の諸条件であり，社会的再生産の実体的諸条件の分析が同時に恐慌の発展した可能性の解明であって，ここで恐慌の抽象的形態が内容諸規定を受け取るのだ，ということを想起するならば，第２部第３章で『再生産過程の攪乱』が論じられること自体にはなんの不思議もない」，としている点である。こうした把握は，「二部三篇のように，社会的再生産がいかに行われるかということを解明するときには，それらがどのようにして不一致におちいるかということは問題にならない。問題にすべきではありません」という久留間氏とは力点が相違しているように受け取れる。こうした内容理解に限れば対

---

(12)　富塚，前掲「再生産論の課題〔Ⅳ〕」175頁。185～186頁。
(13)　同上，177～186頁，185～186頁。
(14)　大谷，前掲「『betrachten すべき』は『再生産過程の攪乱』か『第３部第７章』か」230頁。
(15)　同上，255頁。
(16)　久留間鮫造「『恐慌Ⅱ』の編集にあたって――その特色・内容といくつかの問題――」(「マルクス経済学レキシコンの栞」No.7〔同編『マルクス経済学レキシコン7 恐慌Ⅱ』，大月書店，1973年〕) 3頁。

立は少なくなっているようにも見える。

ただ，同時に，問題の一文については，自らの訳文はあくまでも正当であるとし続けるために，その「意味」は，「第２部第３章では１節を立てて再生産過程の攪乱について主題的に論じるが，しかし，この問題はさらに第３部第７章でも考察しなければならない」ということであるとしているので，問題の一文が「留意事項」か「留保的文言」かという解釈上の対立は残されたままである。問題の一文を「留保的文言」と解しても，大谷氏のように，項目「９）」とプランの「６）」を「見るなら，マルクスが第２部第３章で再生産過程の攪乱を論じようとしてはいなかったなどという結論を出すことができるはずもない」と言うことも可能ではあろう。しかし，留保文言の分析が鍵を握るプラン問題を研究した筆者の「感覚」からすると，「留保的文言」の場合には，問題はこの箇所ではなく，どこそこに属する・で論ずる，という意味が通常なので，草稿の原文が未公開の時点で訳注がなければ，その訳文は，「『再生産過程の攪乱』の問題は第２部第３章においてではなく第３部第７章で論ずべき問題であるとここでマルクスが記しているかのように訳したもの」と受け取られるのは自然の成り行きである。しかも，不破哲三氏が言うように，「この文章とプランとは，まったく無関係に書かれたものではなく，『したがって』という言葉で結ばれている」のだから，「このままでは，どうにも統一的な理解がなりたたない」，ということにもなろう。あの訳文から大谷氏のような「意味」だけを引き出すことはできないのである。また，そのような文ならば，本来ならば in だけでなく auch もなければならないが，その２つが書き落とされるということはありえまい。問題の一文を「留保的文言」と解するのは無理が避けられないのである。

---

(17) 大谷，前掲「『betrachten すべき』は『再生産過程の攪乱』か『第３部第７章』か」231頁。254頁も。
(18) 同上，232頁。
(19) 不破哲三「マルクスと『資本論』再生産論と恐慌 第５回」(『経済』2002年５月号)，のちに『マルクスと「資本論」２ 再生産論と恐慌 中』(新日本出版社，2003年) 所収，84頁。

終章 「再生産過程の攪乱」の問題はどう理解すべきか　281

そこで，「第3部第7章」との関連についてどのような問題が念頭に置かれていたのか，という点にまで考察を進めよう。大谷氏は，第2部第3章での「分析を基礎とし，そのうえで社会的総再生産過程における貨幣運動を総括的に考察するという構想のもとに予定されていた第3部第7章で，貨幣運動を前提していま一度『再生産過程の攪乱』が取り上げられる予定だったこともそれなりに納得のいくところである」と記しているだけであり，富塚氏も「留意事項」とされた内容については，明確には論じていない。この点については，まず，初稿第3章の記述の多くが下敷きとしている『61－63年草稿』のノート13 リカードゥ「蓄積論」における次の論述が考慮されるべきである。

　　「信用制度も社会の現実の構成も考察されない。社会の現実の構成は，決して単に労働者階級と産業資本家階級とだけから成っているわけではなく，したがってそこでは消費者と生産者とは同じではない。消費者という第1の範疇（彼らの収入の一部は，利潤や賃銀から派生した二次的なものであって，一次的なものではない）は，第2の範疇よりもはるかに範囲が広い。だから，彼らが自分たちの収入を支出する仕方やその収入の大きさによって，経済生活，特に資本の流通ならびに再生産過程には，非常に大きな修正が引き起こされる。」(*Mw.*Ⅱ, S.493. Ⅱ/3.S.1114.)

こうした「社会の現実の構成」は第二部初稿時点での第三部第7章で扱われるべき論点である。第二部初稿時点での「第三部第7章」とは『61－63年草稿』ノート18の第3篇プランの「10）資本制的生産の総過程における貨幣の還流運動」に相当するものと解されるが，その内容はノート17・18で展開されている「エピソード。資本制的再生産における貨幣の還流運動」の論述からある程度は窺うことができる。そこでは「生産資本家と小売商人と労働者との間の流通」(Ⅱ/3. S.1701) が取り上げられ，総資本・総生産物の二部門分割の下で，「剰余価値は利潤（利子）に分解し，一部は地代に分解する」(Ⅱ/3. S.1734) ものとされている。また，「2つの部類の間の運動をただ仲介

---

(20) 大谷，前掲「『betrachten すべき』は『再生産過程の攪乱』か『第3部第7章』か」255頁。

するだけの商業資本と貨幣資本」(Ⅱ/3. S.1759) を想定した考察も試みられている。また, ノート22の第1篇「資本の生産過程」の「4) a) 剰余価値の資本への再転化」において「次の篇」(Ⅱ/3. S.2214, 2216, 2237, 2243, 2245, 2263) に属する「再生産過程」の問題に関説した際に作成され, 更に, 1863年7月6日付エンゲルス宛書簡では, 「僕の本の最後の諸章のうちの一章の中に総括として載せる」[21]とされた「再生産過程の表」・「総再生産過程の経済表」においても, 可変資本と剰余価値の上に「労賃」と「利潤」という所得範疇が表示され, 「利潤」は「産業利潤 (商業利潤を含む)」・「利子」・「地代」に分けられている (Ⅱ/3. S.2214-2216. MEW. Bd.30, S.362)。こうした基礎範疇の上に貨幣の還流運動が考察されているのである。第二部初稿時点での「第三部第7章」においては, 『61-63年草稿』における「資本一般」の拡充により, 最初に立てた『要綱』「序説」プランでいう「ブルジョア社会の内的編成」をなす資本家・賃労働者・土地所有者の「三大社会階級」・「これら諸階級間の交換, 流通」が分析されることになっていたのである[22]。

　そして, 初稿の問題の一文だけが記された項目「9)」の前の項目「8) 必要労働と剰余労働 (剰余生産物)」(プランでは「5) 必要労働と剰余労働?」) においては, 「剰余生産物」を「資本家階級の必需品」部分と「奢侈品および蓄積ファンド」部分に分けて考察しているが, その際に, 前者に関する箇所では, 「〔総〕資本家階級は, ここではその他の全ての非労働者を彼らのお抱えとして含んでいる」(Ⅱ/4.1, S.372, 訳286頁) と注記したり, 後者に関する箇所では, 「地主」や「不生産的労働者」(ebd. S.376, 訳291頁) にも言及し, マルサスに関連しては「資本家の蓄積衝動」に対する「地主や教会や国家の消費衝動」(ebd. S.378, 訳293頁) も問題とされている。しかも, 「このような基礎の上での過剰生産は, 他方での過剰消費によって補完されねばならないから, この

---

(21)　1863年7月6日付マルクスのエンゲルス宛書簡, in : MEW. Bd.30 (1964), S.362. 岡崎次郎訳『全集』第30巻 (1972年) 所収, 289頁。
(22)　拙著, 前掲『経済科学の生成』第九章。拙稿「『1861～63年草稿』における『資本一般』」(前掲『資本論体系1』所収)。

終章　「再生産過程の攪乱」の問題はどう理解すべきか　283

マルサスの逆説にはなにほどか正しいもの」があるとされ、そこで忘れられている点として、1）「ブルジョアジーの手中にある国家」も「浪費的であること」、2）「貨幣資本家階級は常に消費を引き受ける気があること」、3）「地代の自然的増大が地主階級の面倒をみること」、4）「産業資本家の文明が進むにつれて、彼も浪費的であることを学ぶこと、等々」(ebd., 同上) を挙げている。これらは、「社会の現実の構成」によって「引き起こされる」「経済生活」の「非常に大きな修正」である。こうした「資本の流通ならびに再生産過程」に大きな影響を与える論点が、初稿の問題の一文の1ページ前には記されていたのである。

　しかし、「再生産過程の攪乱」を把握するためには、そうした「大きな修正」は第三部第7章で取り上げることとし、第二部第3章の論理次元では、「二次的な」諸問題に混濁されることのない、その基本論理を明確にすべきだと考えたのである。こうした手法は、『61-63年草稿』において第一部の剰余価値論を展開する場合には第三部利潤論を、資本蓄積論を展開する場合には第二部第3章の総再生産過程論を念頭に置きながら、問題をそれぞれの論理次元に切り分けながら論じて行っていることと同様である。初稿第3章「9）再生産過程の攪乱」に記された一文の内容とは以上のように考えられる。そうしたものとして、この一文は、第二部第3章で「再生産過程の攪乱」の問題を論ずるに際しての「留意事項」と解することができるのである。

　では、第2部第3章の「再生産過程の攪乱」という項目ではどのような論点が考えられていたのであろうか。大谷氏は、この問題には「立ち入ることはしない」。それについては、「第2部第1稿以降の第2部諸草稿と、第2部第1稿とほとんど同時に書かれた第3部第1稿とから推測することができるだけである」として、当の初稿第3章や『61-63年草稿』の論述は軽視され、先に引用した（本書279頁）ような見解が、「ごく一般的、抽象的に」指摘され

---

(23)　大谷、前掲「『betrachten すべき』は『再生産過程の攪乱』か『第3部第7章』か」255頁。
(24)　同上。

るだけである。これに対して,富塚氏は,初稿第3章の項目「5)蓄積すなわち拡大された規模での再生産」よりも後の項目に着目して,第3章における「再生産過程の攪乱」の論述を「準備する論点」を析出している。それらの諸論点を,項目を改めて見ることにしよう。

2 初稿には「再生産過程の攪乱」に関する論点提示はないか

富塚氏によって,「再生産過程の攪乱」を規定する「基本的諸要因」・その論述を展開する際の「基本的な論点」として着目されたのは,第1に,項目「7)再生産過程の,並行,段階的連続,上向的進行,循環」(草稿の末尾に付された第3章に関するプランでは「4)再生産過程の,並行,上向的進行での連続,循環」)において,「総生産物へと帰結してゆく生産諸部門間の技術的＝経済的連繋の把握の下に,『生産と消費の矛盾』が社会の総生産物の〈実現〉を制約する関係が論定され」ている点,第2に,「そうした把握の基礎上に」,項目「8)必要労働と剰余労働(剰余生産物)」(プランでは「5)必要労働と剰余労働?」)において,「過剰蓄積が社会の総再生産の均衡を攪乱する規定要因をなすものであることが指摘され」ている点,そして,第3に,「これらの相関連する二要因」に加わるものとして,「長期の建設期間を要する固定資本投資の拡大再生産過程の攪乱要因としての作用に関する論述」がなされている点である。

第1の「生産と消費の矛盾」に関する論述から見よう。それは,再生産論と恐慌論との関連についての久留間鮫造氏と富塚氏の論争において,富塚氏によって問題とされたものであり,本書第10章 *3* で取り上げた,項目

---

(25) 富塚,前掲「再生産論の課題〔Ⅱ〕」(『再生産論研究』)177頁。

(26) 同上,177〜178頁。180〜181頁。同稿,前掲「拡大再生産の構造と動態(Ⅱ)」(『資本論体系4』)297〜298頁。

(27) 同稿「再生産論と恐慌論との関連について――久留間教授への公開書簡(その二)――」(『商学論纂』第17巻第3号,1975年,のちに前掲『再生産論研究』所収)69〜70頁。同上書,71頁。

終章 「再生産過程の攪乱」の問題はどう理解すべきか 285

「7）再生産過程の，並行，段階的連続，上向的進行，循環」（プランでは項目「4）」）におけるそれらの問題の論述の後で，「再生産の全体を考察するならば消費は再生産の内的一契機である」（Ⅱ/4.1, S.370, 訳282頁）という指摘に続けて記されている次のような論述である。

> 「個人的消費は再生産過程の必然的かつ内在的な契機ではあるが，消費と生産とは決して同一ではなく，そして個人的消費は決して資本制的生産様式の規定的かつ先導的な動機ではない。……資本制的生産様式は，直接的生産者であり生産者大衆である労働者の消費と生産とが相互に全く関係がないというよりも，むしろ資本制的生産様式の発展に比例して相互に分離してゆくということに，まさしく基礎を置いている。これらの諸契機相互の疎外と，他方でのそれらの内的関連または相互帰属は，それらの諸契機の暴力的な均衡化すなわち恐慌において自己を貫徹する。したがって，生産と消費とが相互に一定の内在的な諸量および比例関係のもとになければならず，生産量は終局的には消費量によって規制されなければならない，という恐慌に対立する根拠は，まさしく恐慌のための一根拠なのである。なぜなら，資本制的生産の基礎上では，この相互規制は直接的には存在はしないからである。」（Ⅱ/4.1, S.371. 訳283頁。）
> 〔引用文U。〕

この論述について，富塚氏が注目しているのは，「『生産諸部門間の技術的＝経済的連繫』と社会総体としての『生産と消費の均衡』とが一体をなすものとして把握され，その観点から『生産と消費の矛盾』による『恐慌』の問題が論じられている[28]」という点であり，前者は，「拡張再生産の正常的進行のためには，諸要因，諸契機の《並行，上昇線における段階的序列》が保たれなければならない，という，生産諸部門間における技術的＝経済的連繫に関する論述の結びの個所で，そうした論述との関連において《生産と消費の矛盾》に関する論述がなされていること」であり，後者は，「生産と消費とが相互に或る一定の内在的な限度および比例関係のもとになければならず，

---

(28) 同前書，70〜71頁。

生産量は終局的には消費量によって規制されなければならない」という《恐慌に対立する根拠》がまさしくそのまま《恐慌にとっての根拠》にほかならない，とされていること[29]」である。

　この生産諸部門間における技術的＝経済的連繋が，項目「7）再生産過程の，並行，段階的連続，上向的進行，循環」（プランでは項目「4）」）で論じられている点は，本書では既に第10章 *3*（196～197頁）で述べたところである。また，引用文Uにおける，生産と消費の「内的関連または相互帰属」とは，「生産と消費とが相互に一定の内在的な諸量および比例関係のもとになければならず，生産量は終局的には消費量によって規制されなければならない」ということであり，この点は再生産過程の「段階的連続，上向的進行，循環」と「再生産過程の並行」の論述によって明らかにされている。

　ただ，引用文Uで，生産と消費という二「契機相互の疎外」＝両者の「相互規制は直接的には存在はしない」ということについては，これ以上には記されていないので，その内容を把握するために見なければならないのは，『61－63年草稿』のうち，ノート13リカードゥ「蓄積論」で「生産と消費との関係」を問題として，それらの「二つの契機の統一」とそれらの「分離と対立」を指摘した箇所（*Mw.* II, S.505-506, II／3.S.1127）である。そこでは，「問題は――資本制的生産の基礎上で――生産されるだけのものが消費されうるのかどうか，そして消費されるに違いないのかどうか，ということである」（*Mw.* II, S.520, II／3.S.1142）と定式化され，また，リカードゥに含まれている「消費者（購買者）と 生産者（販売者）とが資本制的生産においては同じであるという主張」が批判されている。その際に強調されているのは，「賃労働者と資本家との単なる関係」は，「1）生産者の最大の部分（労働者）は自分たちの生産物の非常に大きな部分すなわち労働手段および労働材料の非消費者（非購買者）である，ということ。2）生産者の最大の部分である労働者が自分たちの生産物に対する等価物を消費することができるのは，彼らがこの等価物よりも多くのもの 剰余価値すなわち剰余生産物――を生産す

---

(29)　同稿「再生産論と恐慌論との関連について」（『再生産論研究』）70頁。

終章 「再生産過程の攪乱」の問題はどう理解すべきか　287

る間だけである，ということを含んでいる」(*Mw.*Ⅱ, S.520-521, Ⅱ/3.S.1141-1142)，という点である。この2点が，引用文Uにおける生産と消費という二「契機相互の疎外」の内容に含まれている，と解される。

　そして，この第2の点が「再生産過程の攪乱」・「恐慌」にどう結び付いて行くかという点については，『要綱』において，「過剰生産が資本そのものとの関係ではもともとどのように措定されているかということへの構図」(*Gr.* S.321, Ⅱ/1.S.330) を描く際に重要な論点とされている。そこでは，「賃労働者は……彼自身流通の自立的中心であり，交換価値措定者または交換価値維持者である」が，「資本は，必要労働が剰余労働であり，剰余労働は剰余価値として実現しうるその範囲で，またその限りでだけ必要労働を措定する。したがって資本は，剰余労働を必要労働に対する条件として〔「したがって交換の中心としての労働力能の措定の条件として」〕……措定する。」また，「労働者の消費を労働力能の再生産に必要なものに押し下げること——必要労働を表わしている価値を……労働者の交換能力の制限にすること，そしてこの必要労働の剰余労働に対する比例関係を最小限に切り下げようと努める」ということである。こうして，「交換の範囲は狭められ，制約されている」(*Gr.* S.322, 324, Ⅱ/1.S.332, 334-335)，と把握されている。そして，「労働者階級の需要」=「直接的な最終の消費」(*Gr.* S.324, Ⅱ/1.S.334) と生産との間には「正しい均衡 (die richtige Proportion)」が想定されて，この「均衡」を資本によって行なわれる「生産がのり越えざるをえない」ことによって，過剰生産が生じるものとされている。『要綱』においては，「労働者階級の狭隘な消費限界」を軸とした生産と消費の矛盾を「過剰生産」の「基礎」とし，それに生産諸部門間の均衡的生産の問題を重ね合わせて，「全般的過剰生産」が把握されようとし，そして，そうした視点は『61-63年草稿』にも引き継がれているのである。＊

　　＊　この点は，拙著，およびその関連部分を整序した拙稿で指摘してある。[30]

　そうした基礎視角が『資本論』第二部初稿時点においても継承されている

---

(30)　拙著，前掲『経済科学の生成』。拙稿「マルクス恐慌理論の形成」(富塚・吉原泰助編『資本論体系9-2恐慌・産業循環（下）』有斐閣，1998年，所収)。

ことは，第二部初稿が直接の前提としている第一部草稿の「第6章 直接的生産過程の諸結果」において，「生産のための生産」が「資本関係に内在する傾向」として把握され，「この生産は需要の予定限界にも既定限界にも制約されていない。(この生産の対立的な性格は生産の限界を含んでおり，この限界を絶えず越えようとする。そのために恐慌や過剰生産等々。)」(Ⅱ/4.1, S.107, 訳107～108頁)，と指摘されている点に示されている。引用文Zは，こうした指摘を前提としているのである。そして，この「生産のための生産」という「資本関係に内在する傾向」は，次の項目「8) 必要労働と剰余労働（剰余生産物）」（プランでは「5) 必要労働と剰余労働？」）においても取り上げられている。そこでは，「剰余生産物」のうちの「奢侈品および蓄積ファンドとして現われる」部分を対象にして，「この剰余生産物の，どのような種類の消費様式が，資本制生産様式の本質に照応するか」(Ⅱ/4.1,S.374, 訳287頁）ということの考察に際して，資本制的生産は「生産のための生産を刺激および動機としている」(ebd. S.374, 訳288頁）とされ，「生産の無制約的な発展」(ebd. S.376, 訳290頁）が指摘されている。スミスは「蓄積を市場の法則だと宣言し」(ebd. S.375, 訳289頁），リカードゥは「生産のための生産が，再生産の，そしてとりわけ労働の生産力のできる限りの増大が，究極的かつ規定的な目的である」(ebd. S.376, 訳290頁）と見ている，とされている。

　第二部第3章においては，労働者階級の消費が価値実現を制約することが明らかにされ，その項目「7)」で「労働者階級の狭隘な消費限界」の問題が，項目「8)」で「生産のための生産」という本質が指摘されているのだから，それらを受けた項目「9)」の「再生産過程の攪乱」の論述は，「生産と消費との矛盾」を基軸にして展開されるものと推察できるのである。

　さらに，項目「8)」においては，スミス，リカードゥによる「蓄積のための蓄積，生産のための生産」という問題把握に対して根本的な疑義を表明したシスモンディに関説した箇所に，富塚氏によって挙げられていた第2の論点の過剰蓄積に関する記述もあった。それは，下記のような言及である。

　　「シスモンディは大工業の諸矛盾を感じており，生産のための生産に，既存資本の価値増殖が究極目的である生産様式の基礎上での生産力の絶

対的発展に激しく反対する。それゆえ彼は，一定の比例関係において与えられている消費を生産の規制者にしたがっている。それゆえにまた，彼の関心事は，とりわけ資本（したがってまた生産的消費）と収入との比例関係である。……しかし，収入と資本との交換ならびに収入と収入との交換，それゆえにまた再生産の全体の均斉（Ebenmaß）は，剰余生産物の資本への大き過ぎる（zu groß）再転化……によって絶えず攪乱される。」(Ⅱ/4.1,S.377. 訳292頁。)

この論述においては，「剰余生産物の資本への再転化」の大きさの不均等ではなく，「大き過ぎる再転化」が問題とされているのだから，資本の過剰蓄積が取り上げられていると解される。「消費衝動に対する蓄積衝動の支配」が「資本制的生産様式に照応している」(Ⅱ/4.1, S.381, 訳294頁) という把握の上に，過剰蓄積によって社会的再生産の全体としての均衡が攪乱されるであろうことが指摘されているのである。こうした把握は，『61－63年草稿』において「資本の過剰生産」を「より詳しく規定すれば」として，それは「生産物のうちの過大な部分が，収入として消費されることにではなく……蓄積されることに充てられる」(Mw.Ⅱ, S.534, Ⅱ/3, S.1153-1154) とされていたことに繋がっている。どちらの場合も，生産物のうち「収入として消費される」部分と「蓄積される」部分との関係が問題であり，そして「生産物のうちの過大で」はない部分が「蓄積されることに充てられる」場合が想定され，それが基準とされているはずであろう。それを示唆しているのが，『要綱』における，再生産表式の萌芽をなすものと解しうる表を掲げての蓄積分析に続けられている，「全般的過剰生産」は商品が「消費に対してではなく」，「消費と価値増殖との間の正しい比例関係（das richtige Verhältnis zwischen Konsum und Verwertung）を保持するには過剰に……生産されたために生ずる」(Gr. S.347, Ⅱ/1, S.353) とする記述である。そうした論点が，ここで，過剰蓄積こそが「再生産過程の攪乱」をもたらす要因として提示されているのである。大谷氏の諸論稿においてこの論点への言及が見られないのは，久留間

---

(31) 富塚，前掲「再生産論の課題〔Ⅱ〕」(『再生産論研究』) 180頁。

氏の『マルクス経済学レキシコン』「恐慌」篇に『要綱』の上記の箇所が採録されていないことも考え合わせると，単なる見落としではなく，この論点が一貫して無視されている結果であると言わざるをえない。しかし，それではマルクスに拠ってマルクスを理解することにはならないであろう。

　　＊＊　『要綱』におけるこの「消費と価値増殖との間の正しい比例関係」との関連からの「全般的過剰生産」の規定・「資本制的生産の制限」の分析についての立ち入った検討は，拙著で行なっており，『資本論体系9－2』所収の拙稿においても同様の指摘をした。⁽³²⁾

　第二部初稿第3章における「再生産過程の攪乱」の基本的論点は，初稿第3章の記述そのものを，『61－63年草稿』や『要綱』との繋がりを視野に入れて検討するならば，以上のようなものとして，より明確に把握することができるのである。

　そのような基本的な第1・第2の論点に，富塚氏が第3の論点として加えているのが，「長期の建設期間を要する固定資本投資が再生産過程に及ぼすであろう攪乱作用」である。その論点が示されているのは，まず，第二部初稿第2章「資本の回転」第3節「回転と価値形成」において「生産物を完成させるのに〔要する〕労働過程の長さがさまざまである」点の影響を考察する際に，「固定資本，例えば鉄道……等々の生産の相当数は1年以上何年にもわたるだろう」（Ⅱ/4.1, S.370, 訳282頁）という指摘に関連しての論述である。この箇所は，久留間・富塚論争において，久留間氏によって現行版『資本論』第二部第2篇註32の「覚え書」部分に「該当する」と見做されて重視されている⁽³³⁾ので，本書の次節3でも取り上げることになるので，引用文として示しておこう。その論述は次のようなものである。

　　「［こういう仕事に従事する労働は，その年の間に流通しうるようなどんな生産物も……供給しない。したがって，国民的労働のうちの年間にこのような形で用いられる部分は，その年の間には，労働者の消費され

---

(32) 拙著，前掲『経済科学の生成』81～103頁。233～234頁，264頁。拙稿，前掲「マルクス恐慌理論の形成」。
(33) 久留間，前掲「恐慌論体系の展開方法について（二）」12～14頁。

た生活手段や費消された原料，機械，等々を補塡しない。……この労働は，年間の消費過程のあるいは再生産過程のいかなる要素も形成しない。……したがって，もしこうした労働が年間総労働のうちの不釣合な部分を占めるならば，その年末には過度に大きな部分の労働が，使用価値を考える限りはさしあたり役立たない形態で，また交換価値を考える限りは実現不可能な形態で費やされている，ということになろう。他方では，総生産物のうち，そこから資本が補塡され，蓄積だけがなされ，また消費ファンドが更新されねばならない部分は小さすぎるであろう。……それの生産が1年という期間をそのように越えるのは，常に固定資本である……。こうした固定資本の場合には第2の事情がつけ加わる。それが，建物・ドック・橋・鉄道・運河・そして土地に固定された改良工事……ですら含むこれらのものから成っているとき，それらが所得をもたらす仕方は独特である。（しかし，この問題はここには属さない。全体の考察（die ganze Bemerkung）は再生産過程の第3章に属する。)】」（Ⅱ/4.1. S.291. 訳185頁。）〔引用文Ⅴ。〕

この引用文Ⅴを，富塚氏は，「長期の建設期間を要する固定資本投資がその期間の間，生産諸手段および労働者の雇用を通じて生活手段に対する一方的な需要要因としてのみ作用することによって再生産過程に攪乱的に作用するであろうという問題に関する」ものと解し，そうした問題に関する「全論述」が「第3章」でなされるべきだとされている点も「重要である」としたのである。ただ，それに対する評価は，「やや論述内容が不明確なところがある」ので，「端緒的」なものとされるに止められている。確かに，ここでは，「供給」される生産物がないことだけが記され，需要側面の内容までには言及が及んでいないし，また，「年間総労働の不釣合な部分」や固定資本が「所得をもたらす仕方」の内容も明瞭ではなく，「覚え書」として，問題

---

(34) 富塚，前掲「再生産論の課題〔Ⅱ〕」（『再生産論研究』）180～182頁。同稿，前掲「再生産論と恐慌論との関連について（二）」（同上書）95頁で同様の評価がなされていた。
(35) 同上，181頁。

の所在が指摘されているだけである。

そして，その第3章で着目されたのが，項目「8)」（プランでは「5)」）の末尾＝項目「9) 再生産過程の攪乱」（プランでは「5)」）の直前に，「固定資本」に関連して「必需品の過剰生産」（Ⅱ/4.1, S.378, 381）に関する以下のような指摘である。

> 「ここでは必然的に必需品の大きな<u>過剰生産</u>が，したがって再生産の停滞が生じる。……資本制的生産の高い段階では実際に常に起こることであるが，確かに年間剰余生産物の大きな部分が固定資本に，しかもその生産が1年以上にもわたり，もしかすると数年経ってやっと生産的に機能するような固定資本に転化されうるであろう。それにもかかわらず，やはり最後には生産的に機能しなければならない。そして，こうした転化が毎年行なわれるであろうから，それは最終的には，必需品の<u>過剰生産</u>という災いを増大させずにはおかないであろう。」（Ⅱ/4.1, S.378. 訳293～294頁。）

ここでも，「その生産が1年以上にもわたるような固定資本」の問題が取り上げられているのだから，第2章の引用文Ⅴと同じ要因がもたらす問題が論じられている。ただし，ここで問題とされているのは，「最後には生産的に機能し」「必需品の<u>過剰生産</u>」に結果するという別の側面である。そして，この論述がある文脈は，「全剰余生産物が生産資本の形態で再生産される場合」が考察され，「蓄積衝動の支配」が問題とされるというものなのだから，ここでは，富塚氏の言うように，「その異常に加速された蓄積の不可避的な帰結としての側面が論じられている」，と解することができる。「<u>この要因が過剰蓄積への内的傾向と結びつくことによって蓄積を異常に加速し，再生産過程のまさに強力な攪乱要因として現われる</u>」(36)，ということである。ただし，ここでは，固定資本の建設期間の影響と過剰蓄積傾向の問題とが明確に区分されないで，一緒に論じられてしまっているという難点が残されている。また，最も基本的な論点である生産と消費の矛盾の問題との関連も明示されてはいないが，ここで「固定資本」に関連して「必需品の過剰生産」が取り上

---

(36) 同前，182頁。

終章 「再生産過程の攪乱」の問題はどう理解すべきか　293

げられている所から，生産と消費の矛盾の問題と関連づけられて思考が展開されていることは窺われるように思われる。

　この第3の論点に関連しては，さらに，富塚氏は取り上げていないが，上の箇所には次のような論述も続けられている。

　　「それは，まず労働に対する需要を高め，それと共に労賃を上昇させるであろう。しかし，労働の生産力の発展がまもなくこれに堰を設けるであろうし，そして恐慌が残ったものの後に来るであろう。」（Ⅱ/4.1, S.378, 381. 訳294頁。）

ここでは，「その生産が1年以上にわたる固定資本」投資の労働市場への影響が論じられている。ここでの「労働の生産力の発展」が設ける「堰」とは，リカードゥを取り上げた箇所では，彼は，「労働の生産力の最大限の発展の印」として「人口中の生産的部分が，同一の剰余生産物およびそれで生活する人口の他の部分に比べてできる限り小さくなること」を見ており，さらに，「蓄積とそれに伴う大工業の発展につれて労働への需要……は相対的には減少し，そして，絶えざる過剰人口が生産される（人々が過剰にされる），ということを知っていた」とされていた（Ⅱ/4.1, S.376, 訳290～291頁）のだから，機械採用による相対的過剰人口の生産のことであろう。にもかかわらず，「後に恐慌が来る」と記されているのは，上記の文章の省略部分には，「蓄積とそれに伴う大工業の発展につれて労働への需要が絶対的に増える」との文言があるのだから，労働需要が「相対的に減って」も蓄積の加速度的進展に伴いその「絶対的」増大はありうる点が把握されており，その上で長期の建設期間の固定資本投資による「労賃」の「上昇」局面が念頭に置かれて，それが「恐慌」に結果してゆくというように推論された結果であろう。この箇所では，資本の絶対的過剰生産の論述に結び付くような問題が取り上げられていると解される***のである。

　　***　筆者は富塚・吉原編『資本論体系9-2恐慌・産業循環（下）』所収の拙稿においてこうした記述をした。ただし，編集者であった富塚氏はこの点を否定はしな

(37)　拙稿「マルクス恐慌理論の形成」（『資本論体系9-2』）112頁。

かったが，慎重な意見であった。

　「再生産過程の攪乱」の論述は，以上のような３つの論点を念頭に置いて行なうことを予定していたものと解される。しかし，単純再生産については，『61－63年草稿』ノート22では「経済表」が展開され，初稿でも表式化を容易になしうる所まで認識が深まっていたものの，拡大再生産に関しては表式が全く未展開であり，固定資本の補塡についても手つかずであったために，３つの論点を組み入れた本文の執筆は成し得る段階には程遠かったのである。そして，この時点では，第二部第３章の未展開部分の研究よりは，中断している第三部草稿の執筆による全三部草稿の一応の完成こそが最優先課題であり，そのために第二部第３章末尾での「再生産過程の攪乱」の論述は，留意事項に関する指示書きを記したのみで止められているものと思われる。

　では，この第二部初稿に引き続いて執筆された第三部主要草稿の側から，第二部第３章の「再生産過程の攪乱」の問題を見よう。第二部初稿第３章における「再生産過程の攪乱」の記述を前提として執筆されたことが確実な第三部草稿「第５章。利子と企業利得（産業利潤または商業利潤）への利潤の分割。利子生み資本。」の「５）信用。架空資本。」を見れば，現行版で第30～32章「貨幣資本と現実資本」に編集された「Ⅲ)」部分に，「現実の恐慌の究極の根拠」を確言した論述がある。これも，草稿で示せば，下記のとおりである。

　　「[全社会がただ生産的資本家と賃労働者だけから構成されていると想定すれば，……あらゆる恐慌は，ただ，さまざまの部門の生産における不均衡と，資本家たち自身の消費と彼らの蓄積との間にある不均衡とからしか，説明できないであろう。ところが実際にはそうではないのであって，彼らの資本の補塡は，その多くが（grossentheils）<u>不生産的な諸階級</u>の消費能力にかかっており，他方では，労働者たちの消費能力は，一部は労賃の諸法則によって，一部は，彼らが資本家階級のために利潤をあげるように充用されうる限りでしか充用されないということによって，制限されている。すべての現実の恐慌の究極の根拠は，どこまでも，一方では大衆の窮乏，他方では生産諸力を，その限界をなすものがあたかも社会の絶対的な消費能力ででもあるかのように発展させようとする，

資本制的生産様式の衝動である。］」（〔K.Ⅲ, S.500-501〕Ⅱ/4.2, S.539-540. 訳184～185頁。）〔引用文W。〕

　この論述は，「（Ⅲ）」部分で，「貨幣資本（moneyed Capital）【貸付可能な資本】の蓄積」と「現実の資本蓄積あるいは再生産過程の拡大」との関連を論じ，「再生産過程の攪乱」（〔K.Ⅲ, S.502〕Ⅱ/4.2, S.532, 訳155頁）にも言及している文脈でなされたものである。直接的にも，引用文Wは，「再生産過程の緊張や膨張の中で攪乱が生じれば，一方ではもちろん信用欠乏が生じる」が「このような時に生産的資本の過剰がある」ことを論じた箇所にある。同時に，そこまでの論述とは角括弧で明確に区分され，その中で「全社会がただ生産的資本家と賃労働者だけから構成されているものと想定して」の記述である。そうした「想定」で「現実の資本蓄積あるいは再生産過程の拡大」を考察した箇所として，ここで念頭に置かれているのは初稿第3章であろう。引用文Wに言う「さまざまの部門の生産における不均衡」と「資本家たち自身の消費と彼らの蓄積との間にある不均衡」とは，初稿における「再生産過程の並行」と「剰余生産物の資本への大き過ぎる（zu groß）再転化」とに関連することも明らかであろう。そして，「労働者たちの消費能力が制限されている」という点も，初稿における「生産と消費」との関係の記述に含意されている。

　さらに，引用文Wには，「実際には」，「資本の補填の多くが<u>不生産的な諸階級の消費能力にかかっている</u>」との記述もある。これは，「全社会がただ生産的資本家と賃労働者だけから構成されているものと想定した」考察には入っていない要因を指摘したものである。この点は，少し先の箇所では，角括弧を付けた後で，「【不生産的な諸階級や定収入によって生活する諸階級の収入は，過剰生産や過剰取引と同時に進行する物価の膨張の間も，大部分は固定したままに止まっている。それだから，彼らの消費能力は相対的に減少し，また，総生産のうち通常は彼らの消費に入って行くはずの部分を彼らが補填する能力も相対的に減少する。彼らの需要が名目的には同じである場合にさえも，それは相対的に減少する」（〔K.Ⅲ, S.508〕Ⅱ/4.2, S.543-544, 訳200～201頁），と記されている。こうした論点は，初稿第3章でその時点での「第三部第7章」部分に属するものであろう。実際に執筆された第三部主要草稿の後半の

構成は変更されており，その「第7章 諸収入とそれらの諸源泉」ではこの点の論述は見られない。しかし，その第三部もまた完結しておらず，この論点はその残された部分で扱われうるべきものである。

　以上のように，第二部初稿第3章では「再生産過程の攪乱」の論述が予定され，第三部で取り上げるべき「信用制度も社会の現実の構成」から生ずる事象の捨象に留意しながら，それを規定する「基本的諸要因」・「基本的な論点」として，「総生産物へと帰結してゆく生産諸部門間の技術的＝経済的連繋の把握の下に，『生産と消費の矛盾』が社会の総生産物の〈実現〉を制約する関係」，第2に，それの把握の基礎上に，社会の総再生産の均衡を攪乱する規定要因をなすものとしての「過剰蓄積」，第3に，「これらの相関連する二要因」に加わるものとして，「長期の建設期間を要する固定資本投資の拡大再生産過程の攪乱要因としての作用」が着目されていたのである。初稿で提示され，第三部主要草稿にも見られる「再生産過程の攪乱」の問題のその後の行方を，第2稿の中に探って行こう。

3　第2稿では「再生産過程の攪乱」の問題は構想されていなかったか

　初稿で提示された「再生産過程の攪乱」の問題の行方を把握するための手掛かりとなるのは，富塚氏によって重視されている，第2稿の第3章の項目「2)〔空白〕」の存在，および第二部現行版第2篇註32とされた「覚え書」部分である。後者については，*MEGA* においては編集者によってエンゲルス編集の現行版の本文が変更されているが，その根拠は明示されてはいない。ところが，大谷氏の解説では，第2稿の第3章の空白となっている項目「2)」についても言及されることがない（上155頁）し，また，現行版註32「覚え書」部分の解読についても，エンゲルスによる本文を妥当とする見解が根強いにもかかわらず，取り上げられていない。しかし，この2つの論点は，初稿の「再生産過程の攪乱」の問題の行方を把握しようとする場合に決定的な意味を持っているので，これらの点を検討することにしよう。

終章 「再生産過程の攪乱」の問題はどう理解すべきか　297

　第2稿の第3章は，「1）社会的に考察された可変資本，不変資本および剰余価値」と「2）」に分かれ，「2）」は表題も本文も空白になっていた。この「2）」について，富塚氏は，それは，初稿第3章プランの「4）・「5）・「6）」（書かれた初稿草稿の「7）・「8）・「9）」）に「対応する内容のより発展した論述展開が予定されていた」と推定している。こうした推定は，初稿第3章プランの「3）・「3a)」（書かれた草稿の「5）蓄積すなわち拡大された規模での再生産」および「6）蓄積を媒介する貨幣流通」）が，第2稿第3章の「1）」の「B）拡大された規模での再生産。蓄積」の「a）貨幣流通なしの叙述」および「b）媒介する貨幣流通のある叙述」に対応するのだから，充分に成り立ちうる。したがって，この点から，初稿で提示された「再生産過程の攪乱」の問題は，第2稿にも引き継がれていた，と解することができるのである。

　　＊　不破氏も同様の推測をしており，こうした理解が決して特異なものでないことを示している。

　また，富塚氏は，現行版第2篇の註32「『覚え書』末尾における『次のAbschnitt』の問題との関連において第2部初稿第3章の最終節の『再生産過程の攪乱』の問題を論じ」ることによって，「初稿と第2稿の問題視点とは，基本的にはなんら異なるところはない」としているので，その部分を検討しよう。註32部分を第2稿によって示せば，下記のとおりである。

　　「〔……。資本制的生産様式における矛盾。商品の買い手としての労働者は市場にとって重要である。しかし彼らの商品――労働力――の売り手〔買い手〕としては，これを価格の最低限に制限する傾向。――さらに次の矛盾。資本制的生産がその全潜勢力を発揮し，限界点に達

---

(38)　富塚，前掲「再生産論の課題〔Ⅲ〕」（『資本論体系4』）206頁。
(39)　不破，前掲論文，第9回（『経済』2002年9月号），第10回（2002年10月号），のちに『マルクスと「資本論」3　再生産論と恐慌　下』（新日本出版社，2003年）所収，144〜145頁，223〜224頁。
(40)　富塚，前掲「拡大再生産の構造と動態（Ⅱ）」（『資本論体系4』）298頁。同稿，前掲「再生産論の課題」（『再生産論研究』）131頁。

するまで生産する時期は，過剰生産の時期となって現われる。なぜなら，生産の潜勢力は，それによって剰余価値が生産されうるだけでなく実現もされうるようには，決して充用されえないからである。(：weil d. Productionspotenzen nie〔MEGA——nur〕soweit anzuwenden als dadurch nicht nur Mehrwerth producirt, sondern realisirt werden kann；)商品資本の実現（商品の販売），したがってまた剰余価値の実現は，社会の消費欲求によってではなく，その大多数の者がつねに貧困であり，また常に貧困のままであらざるをえないような一社会の消費欲求によって，限界づけられ制限されているのである。等々。とはいえ，これらすべての事柄（Diese ganze Geschichte）は次章（〈Abschnitt →〉Kapitel）に入ってから初めて問題にするべきことである。〕」（〔K.Ⅱ, S.318〕Ⅱ/11, S.308.）〔引用文Ⅹ。〕

　初めに記されている「資本制的生産様式における矛盾」として記されている，「商品の買い手としての労働者は市場にとって重要である。しかし彼らの商品——労働力——の売り手としては，これを価格の最低限に制限する傾向」とは，『要綱』・『61-63年草稿』でいう「過剰生産の基礎」・「条件」と同様の内容であり，また，『資本論』第二部初稿での「生産と消費」の関係の記述で言えば，前節 2 で明確にしたように，その「内的連関・相互帰属」の問題がここでの前者の問題と，その「疎外」の問題がここでの後者の問題と対応的に把握することができる。そして，初稿の後で執筆され第 2 稿ではその前提とされている『資本論』第三部草稿で見ても，「労働者の消費能力」は「一方では労働者は資本家階級のために利潤をあげるように充用されうる限りでしか充用されないということによって制限され」，「一方では労賃の諸法則によって制限されている」（〔K.Ⅲ, S.501〕Ⅱ/4.2, S.540）ことが明らかとされている。したがって，ここでの記述は，第三部草稿にいう「恐慌の究極の根拠」（ebd.）の一側面を意味している。ここでは，生産と消費との矛盾・過剰生産の基礎が，第 3 章で取り上げられることが述べられていると解される。

　久留間氏も，註32でマルクスが考えていることは，『要綱』の「過剰生産」の「構図」を論じた箇所を読むことによって「かなりよくわかる」としているが，そこから導き出される結論は全く逆である。久留間氏にあっては，

『要綱』の当該箇所では「この問題は『競争』のところで詳しく展開するのだ，と言って」おり，「こういう問題を，マルクスが『資本論』第二部第三篇で取扱っているとは考えられ」ない。「『要綱』の当時『競争』に属するとされていた多くの問題がこの第三部にもちこまれることになった，という事情をも考えあわせ」ると，そこで書かれているようなことは第三部で取り扱われていると考えられる，としている。⁽⁴¹⁾

しかし，『要綱』の上記の引用文の前後の主題は，「労働者が消費者・交換価値措定者として資本に相対し，貨幣所持者の形態，貨幣の形態で流通の単純な中心となる」ということと資本家は「労働者の消費すなわちその交換能力・その賃銀をできるだけ制限することを望んでいる」ということの矛盾なのであり，このうち後者の要因は「資本と労働との関係一般」の問題として指摘されている。前者の本格的考察については，『要綱』段階では「諸資本の流通」の「1) 資本と資本との交換。資本と収入との交換」あるいは「特殊性」の「1) 諸資本の蓄積」に予定されており，そして，この「1)」の項目が『61-63年草稿』において「総再生産過程」論として「資本一般」の第二篇に導入されたので，『要綱』当該箇所の主題部分は，『61-63年草稿』以後は拡充された「資本一般」第二篇→『資本論』第二部第3章以降で取り上げられるようになっているのである。したがって，『要綱』の当該箇所の「競争」への言及を論拠として，註32で指摘されている「矛盾」が第三部以降の問題であるとすることはできないのである。

「さらに次の矛盾」以降の部分については，*MEGA* では，引用文X中のエンゲルスによる現行版の nie が nur と解読し直されている（Ⅱ/11, S.308）点が取り上げられていない。大谷氏は以前から「エンゲルス版」と nur とする「草稿解読文とでは意味が逆になっている」と主張していたにもかかわらず，⁽⁴²⁾ また，この箇所をめぐっては，大谷氏と富塚氏の間だけではなく，*MEGA*

---

(41) 久留間，前掲「『恐慌Ⅱ』の編集にあたって」6頁。
(42) 大谷「『信用と架空資本』の草稿について（上)」（『経済志林』第51巻第2号，1983年）44頁。

『資本論』第二部編集者間にも論争があったにもかかわらず，言及がないのである。しかし，現行版註32の「次のAbschnitt」がマルクスの草稿によって第二部第3篇を指すことが確認され，それを第三部とした大谷氏と久留間氏の見解は「訂正されなければならない」ことを認めながらも，「けれども，このことによって注32が，第2部第3篇で『内在的矛盾』の問題を論じることにしている，とマルクス自身が述べた箇所として確定できるようになったわけではなかった」と主張するに際して，その論拠とされたのがnurとの解読であった(43)**のだから，この点は重大な問題であり，素通りはできない。

　　** 現行版のnieをnurとした解読原稿とその大谷氏による暫定訳は，久留間氏の論稿で既に提示されていた(44)。しかし，その際には，この解読による意味の逆転については全く問題とされておらず，こうした主張はなされてはいなかった。

　この箇所について，富塚氏は，問題の語とその1行下のnurの文字との違い，および前後の文脈，さらに，オリジナルのコピーを直接に見た市原健志氏がnieと読んでいた点から，現行版に従ってnieと読んだ上で(45)，次のように理解した。ここでは，「資本制的生産がその全潜勢力を発揮する……時期は過剰生産の時期となって現われる」という記述を「承けて」「何故ならば」として，「生産の潜勢力は，それによって剰余価値が……実現もされうるようには決して充用されえないから」と述べ，「さらにどうしてそういうことになるのか，どうして剰余価値の生産とその実現が乖離ないしは反することになるのかが，セミコロンの後にくる文で」あり，「剰余価値の実現」は「生産者大衆が『貧困のままであらざるをえない』ような，そういう特定の一社会の消費欲求によって『限界づけられ，制限されている』からである，と論述が進められている(46)」，と。

---

(43) 大谷,「『ではけっしてない (nie)』か『でしかない (nur)』か——マルクスの筆跡の解析と使用例の調査とによって——」(『経済志林』第71巻第4号，2004年，所収) 4頁。
(44) 久留間，前掲「恐慌論体系の展開方法について（二）」9〜10頁。
(45) 富塚，前掲「再生産論と恐慌論の関連について」(『再生産論研究』「再生産論の課題〔4〕」) 248頁。

これに対して，nurと読む大谷氏は，引用文Xの当該文言を，「生産の諸力能は，それによって剰余価値が生産されうるだけでなく実現もされうるかぎりにおいて充用されることができるだけである」と訳し，この「記述が，剰余価値の実現が生産諸力能の充用を制約することを言っていることは一見して明らかであ」り，「ここでは，生産の諸力能は剰余価値の実現が可能なかぎりにおいてしか充用されえない……，ということが述べられている」，と解し，「価値および剰余価値の実現による，生産諸力能の充用の制約を真っ正面から問題にしているのは，まさに第2部第3篇である」，としたのである。そして，「生産諸力を，その限界をなすものがあたかも社会の絶対的な消費能力ででもあるかのように発展させようとする，資本制的生産様式の衝動」（〔K.Ⅲ, S.501〕Ⅱ/4.2, S.540）という，「価値および剰余価値の実現という制限と対立しそれを突破して進んでいくそれの対立項についてはまったく触れられていない」ということから，「要するに，マルクスの草稿によって明らかとなったのは，少なくとも当該部分について言うかぎり，そこでは『内在的矛盾』——それの両項とそれらの対立——について述べられてはなかったのだ，ということであり，だからまた当該部分を，『内在的矛盾』の問題は第3篇に属する，とマルクス自身が明言している箇所と見なすことができない，ということだった」と主張した。

こうした引用文X中のnieをnurと解読することに対して，富塚氏は，nurと読んだ場合には「文意が前後撞着する」として退けた。問題は，「『何故ならば』として承ける前段の文とのつながり，ないしは対応」であり，「資本制的生産がその全潜勢力を発揮する……時期は，過剰生産の時期となって現われる」という前段の文に，「……何故ならば，生産の潜勢力は，それによって剰余価値が生産されるだけでなく，実現もされうる限りにおい

---

(46) 同稿，前掲「再生産論の課題〔Ⅲ〕」（『再生産論研究』）211〜212頁。
(47) 大谷，前掲「『ではけっしてない（nie）』か『でしかない（nur）』か」6〜7頁。
(48) 富塚，前掲「拡大再生産の構造と動態（Ⅱ）」（『資本論体系4』）294頁。
(49) 同上，前掲「再生産論の課題〔Ⅲ〕」（『再生産論研究』）216頁。

て，充用されるのだからである。」となるのでは，前後の文章のつながり具合がいかにも不自然であ」る⁽⁵⁰⁾，ということである。***

***　大村氏も，MEGA当該巻の編集者であるヴァーシナ氏に対して，同様の見解を指摘し，さらに，セミコロンの後の文がその前の文を「補足ないしは敷衍した」ものと理解されていないが，それはnieをnurと解読したことに起因している⁽⁵¹⁾，と批判している。

また，富塚氏は，「剰余価値の実現による生産の制約」を述べたものだとする大谷氏の把握に関しては，「nurと読む場合のその叙述は，「（生産される）剰余価値が実現されうる範囲内でのみ生産の潜勢力は充用される」ということを内容とするものであって，それは実は，資本制的生産の論理としては成立しえない命題なのである⁽⁵²⁾」，とし，さらに，「『セーの法則』は，（部分的な過剰・過少は生じえても）社会総体としては，生産されたものはすべて実現される，総需要は総供給とつねに等しくなる，ということを前提するものであるが，大谷氏の独特の読解による上記の命題は，<u>云わば逆の方向から，この『セーの法則』と事実上において同様の内容を述べたものに他なら</u>」ないとし，そして，「それは，実は，『再生産過程の攪乱』がそれによってもたらされる・<u>『実現』の問題そのものが成立しえない</u>，ということを言っていることになってしまう」⁽⁵³⁾****，と批判した。

****　大野節夫氏も，nurと解読することによって「マルクスの表現が……とうてい理解できないものに変化させられている」とし，大谷氏は，「マルクスの理論に『生産諸力能は剰余価値が生産され，実現されうるかぎりで充用されるだけである』というように理解できる箇所が他にあれば」，「これを掲げるべき」であり，また，「自分の理解であれば」，「どのような場合に，この命題が成立するか」を「展開」するべきである，と批判している⁽⁵⁴⁾。大村氏も，同様の理解から，「内容的な点で疑問である」としている⁽⁵⁵⁾。

---

(50)　同前，216頁。217頁も。
(51)　大村，前掲「エンゲルス版『資本論』第2部第2篇脚注32に対応するマルクス草稿の解読文をめぐるMEGA編集者間の論争について」63〜64頁。
(52)　富塚，前掲「再生産論の課題〔Ⅲ〕」（『再生産論研究』）217頁。
(53)　同上，前掲「再生産論の課題〔Ⅳ〕」206〜207頁。
(54)　大野，前掲「大谷禎之介さんのnieとnurの読み替えについて」50頁。

こうした批判を受けながらも，大谷氏にあっては，「前後の文脈」についての「立ち入った検討は……まだ控えておこう」，「いずれ立ち入って論じたい」，とされており，それは『経済』論文においてもなされてはいない*****。当該の文の内容理解，「前後の文脈のなかでどのように理解できるか，されるべきか，という問題」についての見解が提示されなければ，「価値および剰余価値の実現による，生産諸力能の充用の制約を真っ正面から問題にしているのは，まさに第2部第3篇である」と言っても，そこで何が問題とされるのかは，不明瞭のままである。

***** 大野氏と大村氏による批判は，大谷氏が著書において「エンゲルスが解読を誤った」と記述したことを契機としてなされ，それは「論証をいっさい欠いている」としたものであったが，解読に関しては，大谷氏は，nur とする論拠を，「マルクスの筆跡の解析」と「使用例」の調査によって明らかにしようとした。

解読についての大野氏の見解は，nie の i の点と nur の u の上につける横線は「識別でき」，nur の r も「紛れようもな」いとした上で，問題の語とその1行下の nur の文字は異なっており，近辺の nie と nur との「悉皆調査」から当該の語は nie であるとするものであった。これに対して，大谷氏は，「筆跡の解析」については，「nie および nun の場合には，語末が横に流れるか，ないしはいくらか下向きになる線で終わっているのにたいして，nur の場合は，一貫して，語末が，下から上に向かって書かれた……曲線で終わって」おり，「問題の一語」の「語末」は「下から上に向かって描かれた曲線」だから，それは「nur と読むほかはない」とし，さらに，nur とされる162個の使用例の中から，「この語だけを異質のものとして簡単に探し出すことができるとすれば，それが nur であることは疑わしい……，ということになる」とした。「使用例」について

---

(55) 大村，前掲「エンゲルス版『資本論』第2部第2篇脚注32に対応するマルクス草稿の解読文をめぐる MEGA 編集者間の論争について」60頁，63頁。
(56) 大谷，前掲「『ではけっしてない (nie)』か『でしかない (nur)』か」30頁，44頁。
(57) 同著，前掲書「あとがき」218～221頁。
(58) 大野，前掲「大谷禎之介さんの nie と nur の読み替えについて」47頁。大村，前掲「エンゲルス版『資本論』第2部第2篇脚注32に対応するマルクス草稿の解読文をめぐる MEGA 編集者間の論争について」57～58頁。
(59) 大野，前掲「大谷禎之介さんの nie と nur の読み替えについて」47頁，48頁，49頁。
(60) 大谷，前掲「『ではけっしてない (nie)』か『でしかない (nur)』か」同上，28頁。
(61) 同上，29頁。
(62) 同上。

は,「マルクスの著作からは, nicht so weit... als... ないしそれにたぐいする文章はただの一つも見つからなかった」のに対して,「nur so weit（または so far ないし so lange）…, als... という言い回しは, 彼のごく普通の口調であった, という事実」, を指摘した。[63]

これに対して, 大野氏は, 大谷氏の「筆跡の解析」の前提とされたテキスト自体に nur についての「誤認」箇所がある点を指摘し,「使用例」については, nicht soweit..., als... という使用例〔Ⅱ/11, S.389〕を「反証として指摘して」いる。[64]また, 富塚氏は, 大谷氏の「筆跡の解析」に対して, 問題の語の末尾が右上りなのは,「次の」so の s の「文字を書くペンの動きにつながるものとしてそうなったにすぎない」とし, さらに, nur の使用例中の「異質なもの」を「探し出」し, それは大谷氏が掲げた Fig. nur_090. だと特定した。[65]

こうした反論からすれば, 問題の語を nur と断定することはできない。また, nur であったとしても, マルクスの誤記やエンゲルスによる意識的な訂正の場合もありうるわけなので,「エンゲルスが解読を誤った」とも断定できない。その箇所の論述の「立ち入った検討」を行ない, その内容を明確に把握することこそが根本的な問題なのである。なお, *MEGA* において本文が nur とされ, 注釈も付けられずに, 大谷氏の論文のみが指示されている（Ⅱ/11, Apparat, S.1309, Ⅱ/13, Apparat, S.672）のは, 字間的な措置とは言えまい。*MEGA* への信頼が大きく揺らいでしまった, と感じざるをえない。

大谷氏の場合には,「内在的矛盾」については,「それの両項とそれらの対立」「について述べられて」いなければならないという把握があり, そこから, ここでは,「剰余価値の実現という制限と対立しそれを突破して進んでいくそれの対立項についてはまったく触れられていない」, という理解が引き出されていた。この「対立項」とは, マルクスの文言で表現すれば, 引用文Wに記されている,「生産諸力を, その限界をなすものがあたかも社会の絶対的な消費能力ででもあるかのように発展させようとする, 資本制的生産様式の衝動」（〔*K*.Ⅲ, S.501〕Ⅱ/4.2, S.540）である。こうした理解に対しては, 富塚氏は, 引用文Xにおける,「資本制的生産がその全潜勢力を発揮し, 限界点に達するまで生産する時期は, 過剰生産の時期となって現われる」という

---

(63) 同前, 33頁, 43頁。
(64) 大野, 前掲「大谷禎之介さんの nie か nur かの試金石」11頁, 12頁。
(65) 富塚, 前掲「再生産論と恐慌論の関連について」（『再生産論研究』「再生産論の課題〔4〕」）255～256頁, 254頁, 256頁。

叙述が,「それと全く同様の意味内容のもの」と批判した。

　この「対立項」に関しては,前節 *2*（288頁）で指摘したように,「直接的生産過程の諸結果」では,「生産のための生産」が「資本関係に内在する傾向」として明記され,「需要の予定限界にも既定限界にも制約されていない生産」（Ⅱ/4.1, S.107, 訳107～108頁）が指摘され,また,第二部第 2 稿で前提とされているのは第一部初版であるが,その「資本の蓄積過程」の章では,「生産のための生産」・「蓄積のための蓄積」や「致富衝動（Bereicherungstrieb）」（Ⅱ/5, S.479, 訳673頁〔K.Ⅰ, S.621〕）が論じられているのだから,引用文Ⅹの箇所においても,当然そうした問題は前提されていると見るべきである。そして,第二部初稿の場合には当の第 3 章の項目「 8 ）」で「資本制的生産様式」における「消費衝動に対する蓄積衝動の支配」が問題とされていたことからするならば,この「対立項」の問題も,第二部第 3 章の論述の際には関連付けられるべき論点として念頭に置かれていた,と考えるべきである。

　大谷氏のように,「内在的矛盾」の「両項とそれらの対立」が「述べられてはいなかった」ということから,「当該部分を,『内在的矛盾』の問題は第 3 篇に属する,とマルクス自身が明言している箇所と見なすことができない」と結論するならば,マルクスはここでは「次の章で」「過剰生産」を取り上げる際に,こうした「対立項」抜きに労働者階級の「消費制限」だけからそれを論じられると考えていたことになろう。マルクスは過少消費説を批判してもいるのだから,そのようなことは考えられまい。大谷氏にあっては,「第 2 部第 3 章で『再生産過程の攪乱』が論じられること自体にはなんの不思議もない」とされてはいるが,「『内在的矛盾』の問題は第 3 篇〔章〕に属する」とマルクス自身が考えていたかどうかについては不明なままである。

　しかも,引用文Ⅹの一文について,「ここでは,生産の諸力能は剰余価値の実現が可能なかぎりにおいてしか充用されえない……,ということが述べられている」,と解する場合に,「次の章」で「論じられる」「過剰生産」の問題とはどのようなものになるのであろうか。そうした内容とは逆の記述は,

---

(66)　同前,257頁。

『61-63年草稿』における，「市場の限界を顧慮しない生産こそ資本制的生産の本質である」(*Mw.*Ⅱ, S.522, Ⅱ/3 S.1143)，という箇所や，第三部草稿の「過剰取引の時期には，生産は生産諸力を極度に働かせて，生産過程の資本制的諸制限をも越えさせるまでに駆り立てる」(〔*K.*Ⅲ, S.507〕Ⅱ/4.2, S.543, 訳196頁)，という箇所など，容易に見つけられるが，氏のような内容の記述は見つけることができない。大谷氏による，「価値および剰余価値の実現による，生産諸力能の充用の制約を真っ正面から問題にしているのは，まさに第2部第3篇である」という記述は，「事後になってから初めて発現する」「社会的悟性」(*K.*Ⅱ, S.317, Ⅱ/11, S.307) を問題にしているとしか理解できない。再生産過程の進行を結果として・事後的に見た場合の記述として理解する他はないのである。再生産の条件を法則として把握するという眼でしか見ていないために，このような読解になったのではないかと思われる。

引用文Ⅹ部分についての現行版と草稿との相違に関しては，大谷氏にあっては取り上げられてはいないが，その箇所が現行版では脚注とされているのに対して草稿では本文の中に続けて書かれていた点と，末尾の文言の「問題にすべきこと」とされたのが，現行版では「これ（Dies）」であるのに対して草稿では「これら全ての事柄（Diese ganze Geschichte）」であるという点もあり，この2点から久留間・富塚論争では「次の章」への指示はどの範囲までの事柄を含むかということが問題とされた。次に，この問題の検討を手掛かりにして，長期の建設期間を要する固定資本投資の「再生産過程の攪乱」要因としての作用の論点の行方を追求しよう。

この問題についても見方は対立しており，久留間氏は現行版註32部分の「ずっと前から論じてきた問題の全体」とし，富塚氏は註32部分が草稿では「角括弧でくくられている」点に着目し，「角括弧内で述べられた事柄を指すにすぎない」とした。引用文Ⅹの「次の章」への指示が本文とは区別された

---

(67) 久留間，前掲「恐慌論体系の展開方法について（二）」11頁。
(68) 富塚，前掲「再生産論と恐慌論との関連について（二）」(『再生産論研究』) 92頁，94頁。

終章 「再生産過程の攪乱」の問題はどう理解すべきか　307

角括弧内にあることからすれば，その指示も角括弧内の論述に対するものと解することが自然である。しかし，引用文Xを含む角括弧に括られた部分の前の箇所では，久留間氏が言うように，第二部第３章を指示した初稿第２章の引用文Ⅴ（290〜291頁）と同様の問題が論述されているので，「前から論じてきた問題の全体」という理解も可能である。

　そこで，その論述箇所を見てみると，そこでは，「鉄道建設のように１年またはそれ以上の長期間にわたって生産手段も生活手段もその他のどんな有用効果も供給しないのに年間総生産から労働や生産手段や生活手段を引き上げる事業部門に，どれだけの労働や生産手段や生活手段を振り向けることができるか」という問題が取り上げられ，「資本制社会では絶えず大きな攪乱が生じうるのであり，また生ずるであろう」，とされている。そして，「第１に」「貨幣市場への圧迫」が，「第２に」「生産的資本への圧迫」が論じられている。後者に関しては，角括弧を付して「労働市場への圧迫」へ言及した上で，「支払能力ある需要がそれ自身からはなんの供給要素をも提供することなしに増大する」点や，「生産を急速に増やすことができる産業部門（本来の製造工業や鉱山業など）では価格の騰貴によって突然の拡張が引き起こされ，その後に崩落（Collapse）」がやってくる点など（〔K.Ⅱ, S.317〕Ⅱ/11, S.307）が記されている。そして，この「その後の崩落」の文言の後に，角括弧が付されていた論述が続いているのである。

　現行版では，この「崩落」の文言とその後の角括弧内の文章との間に，「労働市場」に関する文章がある。しかし，その文章は，エンゲルスによって全く新たに書き加えられたものではなく，草稿では「第２に」として「生産的資本への圧迫」と記した直後の角括弧内の文章（Ⅱ/11, S.307）であり，それが手入れの上で移されたものである。「労働市場への圧迫」に関する記述は全て角括弧内にあったのである。この点からすれば，ここでの角括弧の役割は，長期の建設期間を要する固定資本投資による「生産的資本への圧迫」とその帰結である「崩落」に対して，それに関連して記されている「労働市場への圧迫」の記述がそれの岐論であることを示すところにある。また，ここでの記述の内容自体は，初稿の引用文Ⅴ（291頁）と比べると，第三部草稿による

論述の進展を反映して，明確なものになっているが，この本文には第3章への指示は付されてはいない。しかし，初稿の引用文Vで「第3章に属する」とされていた，長期にわたる固定資本投資の際の供給なき需要の論点は，第2章のこの箇所で解明されうる問題ではない。その取り扱いに変化がないとすると，第2稿の引用文Xでの第3章への指示も，「生産的資本への圧迫」とその帰結である「崩落」に関するものでもあり，それが角括弧を付した岐論部分である「労働市場への圧迫」の記述まで進んで，その後で行なわれたものとして，解することができる。したがって，長期の建設期間を要する固定資本投資の「再生産過程の攪乱」要因としての作用の問題は，第2稿でも，初稿と同様に，第3章で扱われうるものと見ることができるのである。

では，「労働市場への圧迫」に関しては，第3章ではどのように問題にされるのであろうか。角括弧内の引用文Xの冒頭の省略部分の論述内容は，労働市場への「圧迫」によって「賃銀が一般的に上がり」，そういうことは，「不可避的な崩壊が労働者の予備軍を再び遊離させて賃銀が再びその最低限またはそれよりももっと下に押し下げられるまで続く」(K.Ⅱ, S.318, Ⅱ/11, S.308)というものである。こうした問題が初稿第3章で言及されていたと解される点は前節（293頁）で指摘したとおりで，この論点がここでも取り上げられている点は注目されるべきではある。ただ，本文中でも「労働市場への圧迫」の問題は角括弧によって岐論として区別されており，内容的にもそれは既に執筆されていた第三部第3章〔篇〕における資本の絶対的過剰生産の問題である。したがって，この問題は，引用文X末尾での指示された範囲には入ってはいても，例えば，第一部初版以来の「資本の蓄積過程」章〔篇〕で「諸資本の集中の法則」が「展開されえな」くとも「簡単な事実の描写」がなされていた（Ⅱ/5, S.504, 訳659頁〔K.Ⅰ, S.654〕）り，また，第三部の第3章〔篇〕「利潤率の傾向的低下の法則」の「反対に作用する諸要因」の箇所で「労働力の価値以下への労賃の引下げ」が「経験的事実に基づいてのみ挙げられ」ている（〔K.Ⅲ, S.245〕Ⅱ/4.2, S.305）のと同様に，事実として指摘されるだけで，分析の固有の対象となる論点の中には含まれていないと言うべきであろう。

さらに，第3章で論じられる生産と消費との矛盾に係わる論点と長期にわ

たる固定資本投資に係わる論点との関連を確認するために、第2稿の引用文Xを含む関連箇所と初稿の引用文Vとを比較しよう。第2稿の当該箇所の特徴は、「次の章」への指示が「労働市場への圧迫」に関連する論述の直後にあるのではなく、その前に引用文Xのような「資本制的生産様式における矛盾」の記述が置かれている点である。この文章自体の繋がりだけから見ても、「次の章」への指示の直前に自覚的に記載された「矛盾」の問題が「全ての事柄」に含まれないということはありえない。

******　この両者の比較は久留間氏によって行なわれているが、その場合には、「明らかになる」のは、「両者に共通な第三章（篇）への指示が、現行版の注32に書かれていることを指しているのではないこと」であるとされ、そこから、現行版のようにこの部分を「注32のような形で独立化させると」、第3章への指示も「注に入れた部分に書かれていることだけを指すもののように思われることにな」ったとされ、そして、その結論は、註32の記述によって「生産と消費の矛盾」に係わる内容が第二部第3篇で問題とされると解したこれまでの見解は「誤った前提から出発した無用の論議だった」、というものであった。こうした主張に対しては、富塚氏が、註32部分が本文に続けて書かれ、第3章への指示が「これら全ての事柄」であったとしても、そこから「最大限いえること」は、第二部第3章で問題にすべきとされた事柄が、「『生産と消費の矛盾』の問題だけでなく他の事柄をも当初は含んでいたのかもしれないということだけであ」り、「『生産と消費の矛盾』の問題がその事柄のなかに含まれていなかったというようなことは絶対にいえない」、と批判していた。

第3章への指示のうち「両者に共通な」意味は、長期にわたる固定資本投資に係わる問題であるが、第2稿で「生産と消費の矛盾」に係わる内容が書き加えられているのだから、第3章へ「指示」された「事柄」も拡張されているのであって、久留間氏のように、その意義を、その前の初稿の記述を基準にして判定しようとするのは、そもそも、方法的に逆立ちしている。第2稿で書き加えられた部分が第3章へ指示された「事柄」に入ることは否定できないのだから、富塚氏による批判の方が妥当であり、そして、従来の「論議」が「無用の」ものになるわけでもない。第2稿の引用文Xを含む関連箇所と初稿の引用文Vとの比較から、「生産と消費の矛盾」の問題が「次の章」へ指示された「これら全ての事柄」に含まれていない、というようなことは決して導き出せないのである。

この「矛盾」の論述については、久留間氏も、本文部分も含めた「全体と

---

(69)　久留間、前掲「恐慌論体系の展開方法について（二）」15頁。
(70)　富塚、前掲「再生産論と恐慌論との関連について（二）」（『再生産論研究』）96頁。

の関連でどのような意味をもっているのか」という問題を提起しはしたが，それは，「その前の部分で行なわれた考察に関連して当然問題になることを……書きしるしたもの」と言うに止まり，その内容は明らかにはされなかった。第三部草稿において引用文Wのように「恐慌の究極の根拠」が「生産と消費との矛盾」から定式化されていたのだから，ここで論述された「労働市場への圧迫」による賃銀の「一般的」な上昇や長期にわたる固定資本投資の際の供給なき需要といった諸問題だけでは，角括弧内およびその直前に記されている「崩落」の問題を根本から把握するには至らない，と考えられていたはずであろう。つまり，第2稿で書き入れられた「矛盾」は，「崩落」の究極的な根拠をなすものとして，初稿で提示され第2稿で論じられた長期にわたる固定資本投資に係わる問題とは次元の異なるものとして把握されているのである。現行版註32部分はそうしたより根底的な要因の注記として解されるべきであろう。したがって，第2稿の引用文Xを含む関連箇所からは，「次の章」第3章で「再生産過程の攪乱」の論述を行なう際の基本的論点は「生産と消費の矛盾」が総生産物の価値・剰余価値の実現を制約する関係の問題であり，長期にわたる固定資本投資に係わる問題は重要ではあっても副次的論点であることが読み取れるのである。

　以上のように，初稿で提示された「再生産過程の攪乱」の問題は，第2稿においては，単純再生産と拡大再生産についての論述を行なう項目「1）」に続く項目「2）」において，「生産と消費の矛盾」が社会の総生産物の価値・剰余価値の実現を制約する関係を基本的な論点として，長期の建設期間を要する固定資本投資の再生産過程の攪乱要因としての作用の論点などを加えて，論じられる予定であったのである。

　では，第8稿においては，「再生産過程の攪乱」の問題はどのように考えられていたのであろうか。次にそれを見よう。

---

(71)　久留間，前掲「恐慌論体系の展開方法について（二）」15頁。

終章　「再生産過程の攪乱」の問題はどう理解すべきか　311

4　第8稿における「再生産過程の攪乱」の問題の行方

　「再生産過程の攪乱」に関する論点の行方を第8稿の中に探る際に，着目されるべきは，「Ⅱ）蓄積すなわち拡大された規模での生産」の項目「3）」に見られる「恐慌の諸可能性」(K.Ⅱ, S.491, Ⅱ/11, S.795, 訳(上)49頁）への言及箇所である。そこでは，「m(Ⅰ)のうちの貨幣蓄蔵を行なう部分であるA, A'の単なる販売が，mⅠのうちの，蓄蔵貨幣を追加生産資本の諸要素に転化させる部分であるB, B'，等々と均衡を保っている」(K.Ⅱ, S.490, Ⅱ/11, S.795, 訳(上)47頁），というように，蓄積基金の積立と投下の対応関係の論述が展開され，それが対応しない場合として，「恐慌の諸可能性」が指摘されている。この点は，第2稿からの大きな前進として評価されるべきである。

　ところが，大谷氏の場合には，この点が指摘されながらも，「しかし，彼がここではじめて解明した最大の問題」は別の所にあるとされて，「拡大再生産の開始」＝「単純再生産から拡大再生産への移行」の問題が前面に押し出され，そこから，さらに，「拡大再生産の開始とは蓄積率がゼロからプラスに転じることであるから，第1に，諸要素の配置の変更が必要だということと，第2に，この変更は第Ⅱ部門での過剰生産をもたらすということとは，必要な変更を加えれば，すでに蓄積が進行しているさいに蓄積率が上昇する場合にも妥当するのであって，マルクスは3および4での分析によって，蓄積率が変動する場合一般についても示唆を与えている」(下172頁），として，「移行」の論理の「一般化」が主張されているのである。そして，項目「4）」において記されていた「相対的過剰生産（Ⅱにとっての）」と「再生産における不足(Ⅱ)」という「困難」が，拡大再生産表式分析の「帰結」として総括された，「蓄積の場合」に生ずる「3つの場合」のうちの「3) $(v+1/2m)(Ⅰ) < c(Ⅱ)$」の場合において，「生じることになる」(下172頁），ともされていた。

　さらに，拡大再生産表式分析の後のⅠ(v+m)とⅡcの関係についての論述における，「資本制的蓄積の場合でも，以前の一連の生産期間に行なわれえた幾つかの蓄積過程の進行の結果として，……，CⅡ＞(v+m)(Ⅰ)の場

合が徐々に起こってくるかもしれない。これはⅡでの過剰生産であって，それはただ大きな崩落によって調整され，その結果として資本はⅡからⅠに移動するであろう」(*K*.Ⅱ, S.516, Ⅱ/11, S.823-824, 訳(下)71頁) という記述が，「現実の再生産過程の分析にとって第二部第三篇の再生産論がもつ意義を示唆している」とされ，「現実の社会的総生産過程では，両部門の個別諸資本がさまざまの条件の変化に対応してそれぞれ独立に決定する蓄積率こそが独立変数であ」る（下183～184頁）という見解まで述べられている。このように，第8稿の内容の解説の中に，「移行」の論理の「一般化」によって，「蓄積率が変動するさいには，部門間の比率の変化の必要が生じ，またそれには必ず一定の諸困難がともなう」ということが明らかにされるとし，「蓄積率が独立変数で，部門間比率は従属変数[72]」と考えるべきだとする久留間氏や大谷氏の年来の主張が組み入れられているのである。[73]

*　この見解に関しても，富塚氏は，こうした「論理で一面的に割切ってゆく……考え方」を問題とし，それでは「『過剰蓄積』なる概念は『生産と消費の矛盾』の問題がそれに係わる『実現』の問題側面からは全く規定しえないものとなる[74]」と批判し，また，鶴田満彦氏は，その「論拠」が，「現実がそうであるから，それをそのまま認め」るというように，「たんに『現実』にもとめ」られている点を批判的に指摘している。[75] [76]

---

(72) 大谷「『恐慌Ⅰ』をめぐって——各項目の意味と内容——」（「マルクス経済学レキシコンの栞」No.6〔久留間編，前掲『マルクス経済学レキシコン6 恐慌Ⅰ』〕），のちに同著，前掲『マルクスに拠ってマルクスを編む』149頁。久留間編，前掲『マルクス経済学レキシコン6 恐慌Ⅰ』427頁，同稿，前掲「『恐慌Ⅱ』の編集にあたって」3～4頁。同稿，前掲「恐慌論体系の展開方法について（二）」31頁。前畑，前掲「『資本論』第二部第三篇の課題と恐慌論との関連についての一考察」113頁。

(73) 大谷，前掲「『恐慌Ⅰ』をめぐって」（『マルクスに拠ってマルクスを編む』）151頁。久留間，前掲「恐慌論体系の展開方法について（二）」26頁。前畑，前掲「『資本論』第二部第三篇の課題と恐慌論との関連についての一考察」106頁，113頁。

(74) 富塚，前掲「再生産論と恐慌論との関連について（二）」（『再生産論研究』）96頁。

(75) 大谷，前掲「『恐慌Ⅰ』をめぐって」（『マルクスに拠ってマルクスを編む』）151頁。久留間，前掲「恐慌論体系の展開方法について（二）」26頁。前畑，前掲「『資本論』第二部第三篇の課題と恐慌論との関連についての一考察」108頁。

(76) 鶴田満彦「社会的総資本の再生産と流通」『マルクス「資本論」の研究』下（新日本出版社，1980年）所収，63頁。

終章 「再生産過程の攪乱」の問題はどう理解すべきか 313

　久留間氏や大谷氏が依拠した現行版の「単純再生産から拡大再生産への移行」の叙述に関しては，「移行」規定はエンゲルスによるものであったが，さらに，本書第8章で明らかにしたように，現行版の論述内容は，エンゲルスによる角括弧の削除，マルクスの文章との差し替え，マルクスの「別の配置」という表現の「変化した配置」への変更の結果として，草稿とは，ずれが生じてしまっていた。マルクスにあっては，総生産物の諸要素の「配列」あるいは「機能規定」に関する拡大再生産の場合の独自性そのものの解明が主題とされていたのだから，そこでは，蓄積率の「変動」の場合の「諸要素の配置」の「変更」そのものが論じられていたわけではなかった。また，「4）」における再生産過程の「困難」に関する記述は，混乱や不充分さを含んでおり，マルクス自身によっても限定されたものと考えられていたし，「5）」冒頭の論述も，「4）」の論述とは論述対象や接近方法を異にしており，後者で指摘された「困難」の内容が「確認」されたり「詳しく考察」されてもいなかった。したがって，大谷氏のように，「マルクスは3および4での分析によって，蓄積率が変動する場合一般についても示唆を与えている」，と評価することはできない。また，項目「4）」における「困難」の問題が，表式分析の「帰結」に関する論述の「蓄積の場合」の「3）$(v+1/2m)(Ⅰ)<c(Ⅱ)$」の場合に生じることになる」と把握されていた点も，本書第12章 *4*（255〜257頁）で見たように，両者を結び付けることはできなかった。したがって，久留間氏や大谷氏が「単純再生産から拡大再生産への移行」の論理を「一般化」させて，「蓄積率が変動するさいには，部門間の比率の変化の必要が生じ，またそれには必ず一定の諸困難がともなう」とする見解は，マルクスのものではなく，それは第2部第3章に予定されていた「再生産過程の攪乱」に関する基本的論点とはなりえない。

　その他に，大谷氏による「再生産過程の攪乱」への言及としては，「第8稿でマルクスははじめて，社会的総再生産過程における固定資本の補塡を立ち入って論じた」とし，「償却ファンドの積立を行なう一方的販売の総額」と「償却ファンドの投資による一方的購買の総額」とが「一致する必然性はないので，固定資本の償却と更新という社会的再生産の契機は，同時に再生

産過程を攪乱させる契機でもある」ことが指摘されている（中134頁）。第8稿の記述で示せば，「不変資本のうち，その全価値が貨幣に再転化され，それゆえ毎年"現物で"更新されなければならない一方の固定的構成部分」は，「不変資本のうち，まだその古い現物形態で機能し続けて，その摩滅分……がさしあたり貨幣で補填されねばならない他方の固定的構成部分の年々の摩滅分に等しい」ことの論述が展開され，さらに，「このような均衡が前と変わらぬ規模での再生産の法則として現われる」(K.Ⅱ, S.461, Ⅱ/11, S.767)，とされたことは，第2稿からの大きな前進として評価できる。しかし，大谷氏の場合には，そこで行なわれている，「拡大された規模での生産（蓄積）にとっては」，「Ⅱc(1)がⅡc(2)よりも大きいか，または小さい場合」が「無条件的に起こりうる」(K.Ⅱ, S.462, Ⅱ/11, S.768)，という注目されるべき問題提起には触れられていない。久留間氏の『マルクス経済学レキシコン 6 恐慌Ⅰ』では，わざわざその文言だけが省略されているが，それと対応しているのかもしれない。大谷氏にあっては，第8稿における「固定資本の再生産」の論述が，初稿や第2稿で第2部第3章に予定されていた「再生産過程の攪乱」の問題とどのような関連にあるのかは明らかではない。

　大谷氏からは，結局のところ，第2部第3章に予定されていた「再生産過程の攪乱」の内容は聞くことはできなかったので，後景に押しやられた第8稿の項目「3）」に見られる「恐慌の諸可能性」への言及箇所を見ることにしよう。現行版とは大きな相違はないが，引用しておけば，下記のとおりである。

　　「しかし，単に一方的な諸変態，すなわち一方では大量の単なる購買，他方では大量の単なる販売が行なわれる限り……，均衡はただ，一方的な購買の価値額と一方的な販売の価値額とが一致することが前提されている場合に存在するだけである。──商品生産が資本制的生産の一般的形態だということは，貨幣が流通手段としてだけでなく貨幣資本としてそこで演じる役割を含んでおり，そして，そのことは，この生産様式に

---

(77) 久留間編，前掲『マルクス経済学レキシコン 6 恐慌Ⅰ』352頁，353頁。

固有な，正常な転換の一定の諸条件を，すなわち単純な規模のであれ拡大された規模のであれ再生産の正常な経過の一定の諸条件を生み出すのであるが，それらの条件はそれと同数の不正常な経過の諸条件に，恐慌の諸可能性に一転する。というのは，均衡は——この生産の自然発生的な形態のために——それ自身１つの偶然だからである。」(K.Ⅱ, S.490-491. Ⅱ/11, S.795. 訳(上) 49頁。) 〔引用文Ｙ。〕

さらに，引用文Ｙの後では，下記のように論じられている。

「資本Ⅰ)は，Ⅱ)には (vⅠについて) 一方的に商品の売り手として相対するが，自分の労働者階級には彼らの労働力の購買時には一方的に商品の買い手として相対する。また，労働者階級Ⅰは，資本家Ⅱには一方的に商品の買い手として相対するが，資本家Ⅰには一方的に商品の売り手として，つまり自分の労働力の売り手として相対する。／労働者階級Ⅰの側での労働力の絶えざる販売，〔Ⅰの〕可変資本部分の彼らの商品資本の１部分から貨幣資本への回復，彼ら〔Ⅱ〕の不変資本の１部分の彼らの商品資本の１部分から彼らの不変資本の自然形態への補塡，——これらは互いに条件となり合っているが，しかし非常に複雑な過程によって媒介されるのであって，この過程は実際には３つの互いに絡み合いながら互いに独立に進行する流通過程を含んでいる。／……。／過程そのもののこの複雑さが，それと同数の不正常な経過への誘因となる。]」(K.Ⅱ, S.491. Ⅱ/11, S.796. 訳(上)50頁，52頁。) 〔引用文Ｚ。〕

現行版と *MEGA* による草稿本文とを比べると，一部省略部分はあるが問題とされるような内容的な相違は見られない。着目されるべきは，ここでも角括弧の存在である。引用文Ｚの末尾の閉じる角括弧は，現行版では横線で区分された箇所の書き出しで，引用文Ｙの論述に繋がる箇所の「[ついでにここで再び次のことを述べておこう」という文の角括弧に対応するものであり，この引用文Ｚおよび引用文Ｙに関連する全体の論述箇所が角括弧に入れられ岐論的部分をなしていることを示している。こうした点は現行版でも横線や書き出しの文言，論述内容から読み取れはするが，草稿の角括弧によって明確に把握できる。この全体の論述箇所がまとまりのある１つの岐論的部

分にされているということは，再生産の「不正常な経過の諸条件」に関する論述が予定されていたことを示している。初稿や第2稿で第2部第3章に予定されていた「再生産過程の攪乱」の問題領域が，第8稿においても同様に想定されていたことが推察できるのである。

そうした「再生産過程の攪乱」の問題領域には，引用文Yで記されている，固定資本の償却基金の積立と投下の対応関係，蓄積基金の積立と投下の対応関係の問題から「恐慌の諸可能性」を導き出すという論点が属することになるが，拡大再生産過程では償却基金の積立と投下が等しくない場合が「無条件的に起こりうる」という点も重要な論点となる。そうした問題の解明を基礎として，「固定資本と流動資本との生産における不均衡」は「固定資本の単なる維持の際にも生じうるし，また生じざるをえない」(K.Ⅱ, S.465, Ⅱ/11, S.771) という問題，初稿と第2稿に見られた，長期の建設期間を要する固定資本投資の再生産過程の攪乱要因としての作用の問題が論じられることになろう。

そして，引用文Yにおける「恐慌の諸可能性」の指摘では終わらずに，それに続けて引用文Zが記述されているのだから，両者の関連も問題としなければならない。引用文Zは，引用文Yで指摘された「恐慌の諸可能性」の基本的要因としては，「資本家ⅠとⅡとの相互の商品のこの転換では，この両者による交換が行なわれるのではな」く，「労働者階級」の消費による媒介が重要な意味を持っていることを補足したものと解される。第2稿の現行版註32部分が担わされていた役割と同様である。第二部初稿第3章では「再生産過程の攪乱」の問題を規定する基本的要因とされていたと見られる「『生産と消費の矛盾』が社会の総生産物の〈実現〉を制約する関係」，また，第2稿では現行版註32「覚え書」部分で示された「資本制的生産様式における矛盾」の一側面が，ここで記されているのである。しかも，『資本論』第一部においては初版・第2版・フランス語版を通して，一方で「生産のための生産」・「蓄積のための蓄積」が論じられ，他方で資本制社会における「敵対的分配関係」が規定されており，ここでも，それらが前提とされていると解される。したがって，引用文Zは，ここでの一側面を含めた「『生産と消費

の矛盾』が社会の総生産物の〈実現〉を制約する関係」が，第3章で論じられることを，表わしているように思われる。

さらに，引用文Yと引用文Zにおける再生産の「不正常な経過の諸条件」＝「恐慌の諸可能性」の指摘は，「年間生産物のさまざまな構成部分の転換」の問題が前提とされた上でそれとの対比でなされている点にも留意されねばならない。引用文Yが含まれる箇所の始まりは，「年間生産物のさまざまな構成部分の転換，すなわちそれらの流通【これは同時に，資本の構成部分の回復……でなければならない】は，……決して後続する販売によって補われる単なる商品購買，または後続する購買によって補われる販売を前提していない」($K.\text{II}$, S.489-490, II/11, S.794, 訳(上)46頁）という記述であり，そして，「均衡がつくりだされる限りでは……貨幣の還流が行なわれる」とされた後では，「しかし，商品転換そのもの——年間生産物のさまざまな部分のそれ——に関する現実の均衡は，互いに転換される諸商品の価値額が等しいということを条件とする」($K.\text{II}$, S.490, II/11, S.795, 訳(上)48頁）という問題が記され，それがまた，「しかし」として引用文Yに続けられている。その引用文Yの後でも，「同様に既に見たように」として，「$v(\text{I})$と$c(\text{II})$のうちの対応する価値額との転換の際には，確かに$c(\text{II})$にとって最終的には同じ価値額の商品($v\text{I}$)による商品(II)の補塡が行なわれるのであり，したがって資本家IIの側では，この場合には自分の商品の販売が後から同じ価値額の商品Iの購買によって補われる。こうした補塡……は行なわれる。しかし，資本家IとIIとの相互の商品のこの転換では，この両者による交換が行なわれるのではない」($K.\text{II}$, S.491, II/11, S.795-796, 訳(上)50頁），とされて，それに続けて引用文Zの内容が記述されて行くのである。このように，再生産の「不正常な経過の諸条件」＝「恐慌の諸可能性」の論述には，「年間生産物のさまざまな構成部分の転換」の解明が前提とされているのである。こうした点からすれば，再生産の「不正常な経過の諸条件」＝「恐慌の諸可能性」の論述の場合にも，「年間生産物のさまざまな構成部分の転換」の解明の後に，貨幣的契機が導入されて「恐慌の諸可能性」が規定されるというように，二段構えの展開が予定されていることになる。

ところが，拡大再生産の場合の「年間生産物のさまざまな構成部分の転換」は，本書第10章および第12章で見たように，解明されきれてはいなかった。そこで問題として意識されたのは，大谷氏が表式分析の「帰結」とした箇所，現行版では「3 蓄積にあたってのⅡcの転換」の項目に編集された箇所で「蓄積の場合」について記されているように，「この場合にはなによりもまず蓄積率が問題になる」（K.Ⅱ, S.515, Ⅱ/11, S.822, 訳（下）68頁）ということであった。この「蓄積率」は，「これまでの事例では，Ⅰでの蓄積率が不変のままで，$m/_2$（Ⅰ）が蓄積されるものと仮定し」，その上で部門Ⅱの蓄積率は部門間均衡がなされるように決定されているのだから，大谷氏が考えているような，「両部門の個別諸資本がさまざまの条件の変化に対応してそれぞれ独立に決定する蓄積率」（下183頁）＝「現実の蓄積率」ではなく，「年間生産物のさまざまな構成部分の転換」が「均衡」するような「蓄積率」であった。ここでも，利潤率の傾向的低下法則の場合と同様に，「個別資本にとっての事実と社会の資本総体にとっての事実とが，明確に区別されなければならない」のである。[78]

　そして，第12章 *4*（256〜257頁）で見たように，ここに示された両部門間の転換に関連しての「蓄積の場合」には「なによりもまず蓄積率が問題になる」という問題把握は，「中間的総括」における拡大再生産の場合の部門間均衡条件の定式化の上でなされているのだから，そうした視点から，部門間の転態関係のあり方を探求し続けるならば，部門間均衡条件の把握と蓄積率決定の問題とを関連づける方向に進んで行けた。そうした蓄積率の大きさによって「蓄積の場合」には「3つの場合」が生ずるが，表式分析第2回目の第1年度で考えてみると，第3の（v＋mk）Ⅰ＜cⅡの関係は部門Ⅰの蓄積率が50％を越える場合に生じた。この第1年度に部門Ⅰが余剰生産手段500ΔPmの全てを自部門の蓄積に充てたとすると，追加資本は500mc＋125mv，蓄積額は625・蓄積率は62.5％で，mkは375となり，（1000v＋375mk）Ⅰ＜Ⅱ1500cで第3の場合になった。しかし，部門Ⅰの蓄積率が62.5％を越えた場

---

(78)　富塚，前掲『恐慌論研究』414頁。

合は，「事態は正常には進行」しない。部門Ⅰの蓄積率は，蓄積率に関する部門Ⅰの「先行的」決定・部門Ⅱの「従属的」対応という方法を採ったとしても，どんな値でも取りうるわけではなかった。

したがって，それ以上の蓄積を行なった場合には，「均衡」は成立せず，部門Ⅰは過剰蓄積したことになる。そうした蓄積率を見い出し，さらに，それと，基本的な論点として把握されている生産と消費との均衡の問題とを結び付けて，第8稿拡大再生産表式分析第1回目のように，蓄積率の両部門均等の想定を採るならば，その蓄積率を理論的基準として，初稿では「再生産の全体の均斉」を「攪乱」する「剰余生産物の資本への大き過ぎる再転化」とされた『要綱』以来の過剰蓄積の問題も解明されることになる。第8稿における理論的展開も，「再生産過程の攪乱」に関する論点として，過剰蓄積の問題を取り扱えるような方向になっているのである。

以上のように，第8稿時点においても，「再生産過程の攪乱」に関する論述箇所が別に想定されており，そこでは，「生産と消費の矛盾」が社会の総生産物の価値・剰余価値の実現を制約する関係が基本的な論点として考察され，その上で，<u>「年間生産物のさまざまな構成部分の転換」</u>が「均衡」するような「蓄積率」および蓄積基金の積立と投下との対応関係の論点から「大き過ぎる」蓄積が考察され，さらに，固定資本の償却基金の積立と投下の対応関係の問題が拡大再生産過程の場合も含めて考察され，それを基礎として，関連する「固定資本と流動資本との生産における不均衡」の問題，初稿と第2稿に見られた，長期の建設期間を要する固定資本投資の再生産過程の攪乱要因としての作用の問題が論じられることになっていたと推論することができる。さらに，拡大再生産表式分析の試行錯誤の中から，部門間均衡条件の把握と蓄積率決定の問題を関連づける視点にも近づいていた。そして，大谷氏が依然として主張し続けている，「移行」の論理を「一般化」させた「蓄積率の変動」の際に必要な「部門間の比率の変化」に伴う「困難」という問題は，「再生産過程の攪乱」に関する論述の主要論点にはなりえなかった。「再生産過程の攪乱」の問題も，初稿と第2稿と第8稿とは，基本的な枠組みとしては連続性において把握されうるのである。第8稿における理論的前

進は，初稿と第2稿と第8稿とを断絶させるようなものではないのである。

　大谷氏にあっては，第二部第3章に予定されていた「再生産過程の攪乱」の内容は明らかにされないままであるが，それだけに止まらない問題が今回の論稿には存在する。大谷氏も，第二部第3章に予定されていた「再生産過程の攪乱」の問題は，「ごく一般的，抽象的には」，「社会的総資本の再生産と流通の分析で明らかにされる再生産の諸条件が同時に恐慌の諸条件であり，社会的再生産の実体的諸条件の分析が同時に恐慌の発展した可能性の解明であって，ここで恐慌の抽象的形態が内容諸規定を受け取る」，と指摘していた。こうした把握と，本書前編で検討してきたような初稿・第2稿の第3章理解とは整合的でありうるのだろうか。この点を最後に検討しよう。

5　第2稿・第8稿断絶説で「再生産過程の攪乱」は把握できるのか

　まず，大谷氏たちのような初稿・第2稿の第3章理解からすれば，「再生産過程の攪乱」の項目で問題とされるであろう「恐慌の発展した可能性」の内容把握はどのようなものになって行くのかという点をはっきりさせよう。

　本書前編の第1章 *2*（14〜15頁）や第3章 *2*（43頁）で見たように，「社会的総再生産過程における『実体的諸条件』のかなめ」が「生産諸部門間の転態を制約する使用価値的諸条件であ」り，貨幣流通捨象の「結果として」考察されるのは「商品と商品との交換」・「素材変換だけ」で，生産手段生産部門と消費手段生産部門間の交換も「部門間の超歴史的な補塡関係」としてしか把握されえないとされて，商品資本の価値構成や価値補塡の問題が後景に退けられてしまえば，「再生産の諸条件」や，第一部「資本の生産過程」で析出されている「敵対的分配関係」と「恐慌の発展した可能性」との関係も把握しえないものとなる。その結果，「ひとまず」捨象された流通手段としての貨幣の機能を後に導入しても，「再生産過程の攪乱」の問題として指摘できるのは，「資本が商品でもありそして商品以外のものでない限り資本の運動の中に含まれている」（*Mw.* II, S.511, II/3, S.1132）問題にすぎなくなる。また，第2稿までの第3章に対して，本書前編の第6章 *1*（82頁以下）で見たような，

可変資本の循環と賃銀収入の流通との関連把握が混乱しているという評価をし，そして，本書前編の第3章*3*（47～48頁）で見たような，労働力商品の一方的販売と労働者による商品の一方的購買の関連の問題も把握されていないという評価をするならば，資本の再生産＝流通と賃銀収入の流通とが絡み合う運動の条件という「資本としての資本に固有の」問題も指摘できないということになろう。しかも，本書前編の第4章*1*（52～53頁）で見たような，再生産の「実体的諸条件」の分析を主題とする第2稿第3章では貨幣の役割は「もっぱら流通手段としての機能に限定されていた」とする理解からすれば，「再生産過程の攪乱」の項目における「恐慌の発展した可能性」の考察の前提をなす論点としては，流通手段に関連する「商業恐慌の一般的可能性」（*Kr.*S.77, Ⅱ/2, S.165）・「恐慌の一般的可能性——購買と販売との分裂」の問題だけとなり，『経済学批判』第2章の「3 貨幣」「b 支払手段」で指摘されている「貨幣恐慌」（*Kr.*S.122, Ⅱ/2, S.208）に係わる問題は含まれていないことになろう。したがって，「再生産過程の攪乱」の項目で取り上げられるのは，「購買と販売との分裂は更にすすんで一方の資本の商品形態から貨幣形態への転化は他方の資本の貨幣形態から商品形態への再転化に対応しなければならない……というように現われる」（*Mw.*Ⅱ, S.511, Ⅱ/3, S.1132）という恐慌の「内容規定」の「拡大」の問題に止まらざるをえない。それどころか，初稿・第2稿の第3章に関して，宮川氏のように，「二分法アプローチでは，……単純な交換かせいぜい単純な商品流通を対象設定するものでしかない」としたり，伊藤(武)氏のように，「事実上直接的な生産物交換」が「前提」され，「たんに素材的な交換の分析にとどまって」いると理解したのでは，マルクスの見解は，その点においては，『61-63年草稿』ノート13の「蓄積論」と題された箇所で批判されている「部分的過剰生産は認めても全般的過剰生産は否定する誤った諸理論」に関連して，大谷氏がそれらの「基礎に」あるものとして指摘している「貨幣を単なる流通手段としてとらえて，商品流通を物物交

---

(79) 宮川，前掲「マルクス再生産論の確立過程」（前掲書）323頁。
(80) 伊藤(武)，前掲「再生産論の課題」203頁。

換に，使用価値どうしの交換に還元する」「議論」と大差のないものとならざるをえまい。以上のように，初稿・第2稿における第3章の限界を強調する再生産論理解からすれば，初稿・第2稿の「再生産過程の攪乱」に関する箇所では，「資本としての資本に固有の」「恐慌の発展した可能性」の問題は説けないことになり，この論点の内容はきわめて貧弱なものにならざるをえなかったことになる。

　しかし，「恐慌の発展した可能性」については，「再生産過程の攪乱」の項目を立てた初稿の段階において，問題の所在の把握はかなり明確なものであった。まず，『61－63年草稿』において恐慌の可能性を否定しようとする謬論が詳細に批判されているのだから，その後の第二部初稿・第2稿において，「恐慌の発展した可能性」の考察の前提となる論述箇所で，そうした議論と同様の見解に陥ってしまっていたなどとは考えられない。また，「貨幣恐慌」は『経済学批判』において指摘され，『61－63年草稿』では，「支払手段としての貨幣の形態から生じる恐慌の可能性」($Mw.$ Ⅱ, S.511, Ⅱ/3, S.1132)が「恐慌の一般的可能性」と並んで恐慌の「内容規定」の「拡大」の問題として明確に把握されていたのだから，しかも，第4章 *1*（55～56頁）で見たように，不変資本の補塡に関連して，『61－63年草稿』「再生産における貨幣の還流運動」では，支払手段としての機能についても視野に収められているし，第二部初稿の第3章ではこの論点は項目「1）」の中の「2）」の構成部分として実際に論述されているのだから，「再生産過程の攪乱」の項目には「貨幣恐慌」に係わる問題も含まれていると解されるべきである。そして，『61－63年草稿』ノート13の「蓄積論」の，「資本と利潤を説明するよりも前に，流通過程または再生産過程を説明しなければならない」ことが記された箇所では，「資本の総－流通過程または総再生産過程」の「中に恐慌の一層発展した可能性または抽象的な形態が存在する」とされ，「資本としての資本に固有で，そして資本の商品および貨幣としての単なる定在の中には含まれていないところの形態諸規定から出てくる限りにおいて」の「潜在的恐慌の一

---

(81)　大谷，前掲「『恐慌Ⅰ』をめぐって」(『マルクスに拠ってマルクスを編む』) 134頁。

層の発展」が「いま問題である」と明言されており（$Mw.\mathrm{II}, \mathrm{S.513}, \mathrm{II}/3, \mathrm{S.1133}$-$1134$），第二部初稿第３章は『61-63年草稿』の関連箇所を下敷きとしているのだから，「再生産過程の攪乱」の項目においてもこの「恐慌の一層発展した可能性」の解明が意図され，そこに至るまでの項目での考察もその解明の前提となりうる内容をも備えるものとして展開されようとしていたと理解する方が自然である。初稿で「再生産過程の攪乱」の内容が論述されえなかったのは，蓄積＝拡大再生産過程の解明が不充分であり，その点の探求よりも，『資本論』草稿全体の一応の完成を目指して，中断した第三部草稿の執筆を優先したからである。その第三部草稿の第３章の，「剰余価値生産の諸条件」とその「実現の諸条件」との間の矛盾を論定した箇所で指摘されている，剰余価値・商品資本の実現は，「<u>相異なる生産諸部門間の比例性</u>」により，また，「敵対的分配関係」の基礎上での労働者階級の狭隘なる消費限界により，さらに，「蓄積衝動」による資本家階級の消費制限により制限される（$K.\mathrm{III}, \mathrm{S.254}, \mathrm{II}/4.2, \mathrm{S.313}$）という点は，第二部初稿第３章が念頭に置かれつつ，未完成な第二部第３章の執筆の際に展開すべき論点としてはっきりと自覚されていたであろう。その後の第二部第２稿において，初稿における「再生産過程の攪乱」の項目の未着手と第三部草稿における上記の論点の定式化が強く意識されていたことは明白であり，そのことは，第２稿そのものの第２章において，「次章に入ってから初めて問題にするべきことである」とされた「事柄」として「資本制的生産様式における矛盾」を記した「覚え書」（現行版註32）（$K.\mathrm{II}, \mathrm{S.318}, \mathrm{II}/11, \mathrm{S.308}$）にも鮮明に示されていた。

　しかも，第三部草稿で指摘された労働者階級の狭隘なる消費限界の問題，第２稿第２章の「覚え書」における「商品の買い手としての労働者は市場にとって重要である。しかし彼らの商品――労働力――の売り手〔買い手〕としては，これを価格の最低限に制限する傾向」という「矛盾」についても，第三部草稿における「生産諸部門間の比例性」の問題についても，初稿の段階において「再生産過程の攪乱」の項目に関連するものとして把握されていたと推論できた。というのも，『要綱』の「過剰生産」の「構図」を論じた箇所において，「労働者が消費者・交換価値措定者として資本に相対し，貨

幣所持者の形態，貨幣の形態で流通の単純な中心となる」ということと資本家は「労働者の消費すなわちその交換能力・その賃銀をできるだけ制限することを望んでいる」ということ（Gr.S.321, 322-324, Ⅱ/1, S.330, 334-335）との矛盾が指摘され，そして，前者の考察は「諸資本の蓄積」に予定され，この項目が『61-63年草稿』では「資本一般」の第二篇に導入され，それが『資本論』第二部初稿第3章に連なり，さらに，その初稿においても，本書前編第3章2（45〜46頁）で見たように，「年間に新たに付加された労働」と「過去の労働」との関係だけでなく，「支払労働」と「不払労働」との関係にまでも踏み込んで論じていたからである。また，『61-63年草稿』ノート22「剰余価値の資本への再転化」の項目の「再生産に属する」とされた箇所における蓄積に関連しての「恐慌の新たな可能性」への言及（Ⅱ/3, S.2259-2260）が，単純再生産の場合の生産手段生産部門と消費手段生産部門間の均衡条件の問題が「制限」と呼ばれている（Ⅱ/3, S.2257-2258）ことの延長線上にあり，マルクスにあってはこの条件の把握が「再生産過程の攪乱」の項目の展開に対して重要な意味を持っていると解されたからである。

　以上のような「恐慌の一層発展した可能性」の問題を展開するということが，初稿では，それまでの第3章の論述を前提とした「再生産過程の攪乱」の項目の重要な課題として，念頭に置かれていたであろうし，第2稿では，そうした課題を果たす前提にもなるものとして，第3章「1）」が「二段構えの叙述方法」・「構成」の下に構想され，その「A）単純再生産」の執筆がなされていたと見るべきである。したがって，マルクスにあっては，「再生産過程の攪乱」の箇所における「恐慌の発展した可能性」の考察の前提をなす第3章部分も，「資本としての資本に固有の」問題を解明するものとして認識されていたと理解されねばならない。そうした自覚を持つマルクスが，大谷氏たちが理解した内容に止まるような第3章の論述をするとは考えられないのである。

　大谷氏も，「社会的再生産の実体的諸条件の分析が同時に恐慌の発展した可能性の解明であ」るとまで述べて，その両者を不可分の対応関係で捉えているのだから，第2稿までになされた「恐慌の発展した可能性」に関連する

把握を積極的に評価するのなら，初稿・第2稿第3章への低い評価については考え直さざるをえまい。それとも，自身の初稿・第2稿第3章への評価に固執して，第2稿までの「恐慌の一層発展した可能性」把握の評価を，本節で見てきたような否定的なものにしてしまうのであろうか。『経済』の論稿でこの論点が取り上げられなかったのは，単なる手落ちというよりも，大谷氏たちのような第二部初稿・第2稿の第3章理解では，「恐慌の発展した可能性」に関する『61－63年草稿』「蓄積論」や第二部初稿・第三部草稿・第二部第2稿における論述を説明しようがなかったことによるのではないかと思われる。

　以上のように第2稿第3章から第8稿第3篇にかけての「理論的飛躍」を「決定的な」ものとして極めて強調する見解は，各草稿の綿密な検討によって導き出されているように見えはするが，その論拠を1つ1つ立ち入って検証して行くならば，決して首肯しうるものではない。それに止まらず，そうした見解は，第2稿までの成果の過小評価に繋がり，第2稿までに含まれている「再生産過程の攪乱」の問題の理論的展開への貴重な手掛かりを見失わせる結果にもなりかねないという重大な難点を孕んでおり，容認することは到底できないのである。

[著者略歴]

谷野　勝明（やの　かつあき）

1952年　神奈川県川崎市生まれ
1989年　中央大学大学院商学研究科博士課程後期課程修了
1995年　関東学院大学経済学部助教授
2005年　同教授，現在に至る
　　　　商学博士
著　書　『経済科学の生成』（時潮社，1991年）
主論文　「資本の絶対的過剰生産に関する一考察」（富塚良三・吉原泰助編集『資本論体系9-1』有斐閣，1997年），「マルクス恐慌理論の形成」（富塚・吉原編集『資本論体系9-2』有斐閣，1998年），「再生産（表式）論と商業資本」（上・下）（『経済』2006年1月号・7月号）

再生産・蓄積論草稿の研究

2015年3月15日　第1刷発行

著　者　　谷野　勝明
発行者　　片倉　和夫
発行所　株式会社　八朔社（はっさくしゃ）

東京都新宿区神楽坂2-19　銀鈴会館内
振替口座・東京00120-0-111135番
Tel 03-3235-1553　Fax 03-3235-5910

ⓒ谷野勝明，2015　　　　組版・アベル社／印刷製本・藤原印刷
ISBN978-4-86014-073-1

――― 八朔社 ―――

中田常男著
金融資本論と恐慌・産業循環 六八〇〇円

頭川博著
資本と貧困 二八〇〇円

小林賢齊著
マルクス「信用論」の解明
その成立史的視座から 八〇〇〇円

宮川彰著
再生産論の基礎構造
理論発展史的接近 六〇〇〇円

市原健志著
再生産論史研究 六〇〇〇円

鈴木春二著
再生産論の学説史的研究 四八〇〇円

定価は本体価格です

―― 八朔社 ――

中田常男著　株式会社論と経営者支配　七〇〇〇円

涌井秀行著　ポスト冷戦世界の構造と動態　三三〇〇円

寺田隆至著　経済循環と「サービス経済」の理論　批判的国民所得論の展開　五五〇〇円

譚暁軍著　現代中国における第３次産業の研究　サービス業および軍需産業の理論的考察　四〇〇〇円

守　健二著　資本と時間の政治経済学　六〇〇〇円

山内　清著　価値形態と生産価格　六〇〇〇円

定価は本体価格です

――― 八朔社 ―――

佐藤昌一郎著
陸軍工廠の研究
八八〇〇円

佐藤昌一郎著
官営八幡製鉄所の研究
六〇〇〇円

野田正穂・老川慶喜編
日本鉄道史の研究
政策・経営・金融・地域社会
五五〇〇円

藤井秀登著
交通論の祖型
関一研究
四二〇〇円

梅本哲世著
戦前日本資本主義と電力
五八〇〇円

白鳥圭志著
両大戦間期における銀行合同政策の展開
七八〇〇円

定価は本体価格です